***ACCESO GRATIS** a la Lectura en la Nube*

Para visualizar el libro electrónico en la nube de lectura envíe junto a su nombre y apellidos una fotografía del código de barras situado en la contraportada del libro y otra del ticket de compra a la dirección:

ebooktirant@tirant.com

En un máximo de 72 horas laborales le enviaremos el código de acceso con sus instrucciones.

EL DERECHO CONSTITUCIONAL AL BUEN GOBIERNO LOCAL

EL DERECHO CONSTITUCIONAL AL BUEN GOBIERNO LOCAL

Jaime Clemente Martínez

tirant lo blanch
Valencia, 2024

En caso de erratas y actualizaciones, la Editorial Tirant lo Blanch publicará la pertinente corrección en la página web www.tirant.com.

La presente obra ha sido sometida a la revisión de pares ciegos según el protocolo de publicación de la editorial a efectos de ofrecer el rigor y calidad correspondiente tanto en su contenido como en su forma, aplicándose los criterios específicos aprobados por la Comisión Nacional E 016 (BOE num. 286, de 26 de noviembre de 2016).

EDITA: TIRANT LO BLANCH
C/ Artes Gráficas, 14 - 46010 - Valencia
TELFS.: 96/361 00 48 - 50
FAX: 96/369 41 51
Email: tlb@tirant.com
www.tirant.com
Librería virtual: www.tirant.es
DEPÓSITO LEGAL: V-4016-2023
ISBN: 978-84-1197-435-6

Si tiene alguna queja o sugerencia, envíenos un mail a: *atencioncliente@tirant.com*. En caso de no ser atendida su sugerencia, por favor, lea en *www.tirant.net/index.php/empresa/politicas-de-empresa* nuestro procedimiento de quejas.

Responsabilidad Social Corporativa: http://www.tirant.net/Docs/RSCTirant.pdf

Índice

Agradecimientos

Quisiera dedicar unas líneas a aquellas personas a las que debo agradecer este trabajo de investigación que me ha ocupado en los últimos años.

Las primeras palabras son para mis directoras de tesis, Beatriz Tomás y Marta Oller, quienes siempre me dieron su estimable apoyo y han hecho que realizar este trabajo con ellas haya sido una etapa apasionante. Además, han sido fundamentales para ayudarme a decidir mi camino, y es que, como me dijeron: "todos sabíamos que ibas a volver a la universidad, menos tú". Gracias al tribunal de la tesis por sus constructivas aportaciones y por confiar en un trabajo de derecho público a caballo entre dos grandes áreas.

Debo continuar las palabras de elogio hacia el resto de mis compañeros del área con quienes trabajo día a día en un paraíso, gracias a Cristina Pauner y Chary García Mahamut por vuestra confianza, y a Jorge Viguri por ser mi gran compañero de despacho y brindarme su apoyo diario.

De aquello de lo que más me enorgullezco de haber sido secretario (y de dejar de serlo) es de las amistades que conseguí gracias a ello: Alberto, Javi, Jaime, Mercedes, Elisa, Pilar, María, Lucía, Ester, Anamari, Pablo, Paola, Marina, Belén, Mamen y una lista que crece cada día y con quienes el apoyo mutuo acabó siendo una amistad férrea. Gracias especiales a mis incondicionales soteros, sonejeros y oratevenses, a Laura, Alejandra, Charly e Inma, con quiénes no importan los kilométros de distancia.

Por último, he de dar gracias, una y otra vez, a las personas pilares en mi trayectoria: mi madre, Lucía y mi padre, Jacinto. Su apoyo incondicional en todas y cada una de las decisiones que he tomado así lo demuestran. Nunca he tenido un atisbo de duda de que siempre, siempre, estarán ahí.

Gracias

Abreviaturas

AGE Administración General del Estado

AVAF Agencia Valenciana Antifraude

BDNS Base de Datos Nacional de Subvenciones

BOE Boletín Oficial del Estado

CE Constitución española

CP Código Penal

CTBG Consejo de Transparencia y Buen Gobierno

ELoGE Sello Europeo de Excelencia en Gobernanza del Consejo de Europa

FEMP Federación Española de Municipios y Provincias

FFJJ Fundamentos jurídicos

FJ Fundamento jurídico

LCSP Ley 9/2017, de 8 de noviembre, de Contratos del Sector Público, por la que se transponen al ordenamiento jurídico español las Directivas del Parlamento Europeo y del Consejo 2014/23/UE y 2014/24/UE, de 26 de febrero de 2014

LOREG Ley Orgánica 5/1985, de 19 de junio, del Régimen Electoral General

LPACAP Ley 39/2015, de 1 de octubre, del Procedimiento Administrativo Común de las Administraciones Públicas

LPGE Ley de Presupuestos Generales del Estado

LRBRL Ley 7/1985, de 2 de abril, Reguladora de las Bases del Régimen Local

LTBG	Ley 19/2013, de 19 de diciembre, de Transparencia, Acceso a la Información Pública y Buen Gobierno
ODS	Objetivos de Desarrollo Sostenible
PAN	Plan Anual Normativo
PLACE	Plataforma de Contratación del Sector Público
RD	Real Decreto
ROF	Real Decreto 2568/1986, de 28 de noviembre, por el que se aprueba el Reglamento de Organización, Funcionamiento y Régimen Jurídico de las Entidades Locales
RPT	Relación de Puestos de Trabajo
SARA	Sujetos a Regulación Armonizada
STC	Sentencia del Tribunal Constitucional
STS	Sentencia del Tribunal Supremo
STSJ	Sentencia del Tribunal Superior de Justicia
TREBEP	Real Decreto Legislativo 5/2015, de 30 de octubre, por el que se aprueba el texto refundido de la Ley del Estatuto Básico del Empleado Público
UE	Unión Europea

Introducción[1]

Comprender qué es el buen gobierno necesita de una serie de referencias que pretenden lograr una ejecución de políticas públicas más ejemplarizante y que satisfaga el interés general de la ciudadanía. Si además nos referimos al ámbito local de este buen gobierno supone ampliar el nivel de exigencia sobre cómo de éticas y correctas deben ser las actuaciones de los responsables públicos municipales, pues la cercanía entre ciudadanía y administración local obliga a que exista una exigencia reforzada de integridad pública.

De tal manera, el reto que pretende abordar el presente estudio, en su primer capítulo, es cómo se originó el concepto de buen gobierno y qué antecedentes le precedían. Aunque empezó a tratarse el concepto de buen gobierno en España, especialmente a raíz de la Ley 19/2013, de 19 de diciembre, de Transparencia, Acceso a la Información Pública y Buen Gobierno (LTBG) lo cierto es que gran parte de los principios inspiradores del mismo se encontraban dispersos por la Constitución española. Ello sumado a que el buen gobierno no tiene una precisa definición fijada por la ley, sino que se basa en una serie de principios, hacen que la aproximación a lo que entendemos por buen gobierno diste ligeramente entre la doctrina. Autores como Aranda Álvarez[2] lo unen a la idea de ética

---

1 Este trabajo ha sido realizado en el marco del proyecto del Ministerio de Ciencia e Innovación "DATATRANSCO", referencia núm. PID2021-128309NB-I00.

2 Aranda Álvarez, E. "Una reflexión sobre transparencia y buen gobierno", en *Cuadernos Manuel Giménez Abad*, n.º 5, 2013, p. 216.

pública, mientras que otros como Canales y Romero[3] lo entienden como la antítesis de la corrupción. De hecho, Villoria Mendieta[4] indica que si se hubiera establecido una definición más consistente de buen gobierno la normativa de transparencia estatal habría implicado un "avance extraordinario en la regeneración democrática de España". En todo caso, hemos de reseñar que dichas definiciones aportadas por la doctrina no son incompatibles, ya que todas pretenden incluir la necesidad de que concibamos este concepto como un alto grado de eficiencia, eficacia e integridad en la gestión pública local para permitir satisfacer el interés general de la ciudadanía.

Precisamente, en este último elemento nos detenemos, ya que la inclusión de principios, como la eficacia, el cumplimiento de la ley y, en definitiva, el resto de los principios generales y de actuación de buen gobierno son los que permiten, en última instancia, garantizar el interés general de la ciudadanía previsto constitucionalmente en el artículo 103 de la carta magna. Es por ello por lo que hablamos de buen gobierno como un concepto estrechamente unido a la Constitución, ya que verdaderamente lograr un buen gobierno permite proteger este interés general que tantas afectaciones ha sufrido en las últimas décadas, fruto de los numerosos casos de corrupción en la administración pública[5].

---

3 Canales Aliende, J. M. y Romero Tarín, A., "Algunas consideraciones sobre la transparencia pública y el buen gobierno", en *Revista Española de Transparencia*, n.º 7, 2015, p. 116.

4 Villoria Mendieta, M., "El buen gobierno", en Troncoso Reigada, A. (dir.), *Comentario a la Ley de Transparencia, Acceso a la Información Pública y Buen Gobierno*, 2017, Cizur Menor, p. 154.

5 A este respecto, puede consultarse el repositorio de datos por procesos de corrupción del Consejo General del Poder Judicial (disponible en: https://www.poderjudicial.es/cgpj/es/Temas/Transparencia/Repositorio-de-datos-sobre-procesos-por-corrupcion/, consultado el 22/12/2022) donde se puede atestiguar la cantidad de procesos de

Así las cosas, como se ha avanzado, fue con la normativa estatal, con la LTBG donde se empezó a producir el anclaje normativo de lo que hoy entendemos por buen gobierno y qué tiene también su aplicación en el ámbito local. En este punto, se aborda el ámbito subjetivo de aplicación de la normativa estatal en la materia, que origina numerosas conflictividades debido al término de "alto cargo" o asimilado, un concepto pensado, especialmente para el ámbito estatal que dificulta su traslado al local. En consecuencia, se exponen las diferentes discrepancias doctrinales sobre aquellos colectivos y cargos electos de ayuntamientos y diputaciones que les sería de aplicación la normativa sobre buen gobierno. A ello es necesario sumar la normativa autonómica en la materia, que complementa la LTBG y por ello se realiza un estudio de aquellas regulaciones de las diferentes comunidades autónomas que recogen principios y elementos de buen gobierno que resultan de aplicación a las entidades locales de sus respectivos territorios. En este sentido, la normativa autonómica pretende complementar la regulación local del buen gobierno que fija la LTBG, la cual no resultaba siempre completa.

Prosigue este primer capítulo con un análisis de los principios generales y los principios de actuación de buen gobierno, que se encuentran recogidos en la ley estatal y en las normas autonómicas. En efecto, la distinción entre los generales y los de actuación se realiza en el artículo 26 de la citada Ley 19/2013 y se aprovecha dicha diferenciación para abordarlos separadamente, junto con los diferentes elementos de las normativas autonómicas que complementan dichos principios. La principal problemática a la hora de estudiar estos principios es descifrar aquellos conceptos jurídicos indeterminados que los componen. Así pues, para entender con más precisión los mismos se aborda cómo

---

corrupción que existen, ya que de hecho a fecha 1/10/2022 existen 89 reclusos por dichos delitos en España.

han sido definidos por la doctrina, la jurisprudencia y también la doctrina administrativa de consejos consultivos, juntas de contratación, consejos de transparencia y otros órganos. De hecho, la complejidad de este estudio radica en que habitualmente los operadores jurídicos que tratan la LTBG o las correspondientes normas autonómicas en la materia centran su estudio, principalmente, en los elementos de la transparencia activa y el derecho de acceso a la información pública; quedando el buen gobierno como un elemento minoritario y frecuentemente poco abordado en la jurisprudencia y la doctrina. Por ello mismo, se convierte en un reto realizar una aproximación precisa a qué debemos entender por todos y cada uno de los principios generales y de actuación previstos en la normativa de buen gobierno y cómo se configuran en el ámbito local.

A continuación, se abordan los principios generales en la normativa estatal, consistentes en la actuación con transparencia, ejercer las funciones con dedicación al servicio público, aplicar el principio de imparcialidad, de igualdad de trato, de diligencia debida en el cumplimiento de las obligaciones, mantener una conducta digna y asumir la responsabilidad de las decisiones. En cuanto a los principios de actuación, se expone con detalle los mismos, referidos a la plena dedicación, a guardar la debida reserva de los asuntos que pudiera conocer un cargo público, a ejercer los poderes atribuidos con la finalidad exclusiva por los que fueron otorgados, al no incurrimiento en situaciones de incompatibilidad, a no aceptar regalos que superen los usos habituales, a actuar con transparencia, a proteger adecuadamente los recursos públicos y a no utilizar la posición de la administración para obtener ventajas personales. Todo ello se ve apoyado por la normativa autonómica en la materia, en concreto la legislación catalana, extremeña, vasca, madrileña, murciana, navarra, valenciana y castellanomanchega.

Seguidamente resulta necesario abordar las infracciones y sanciones en la materia, que quizá es el elemento más desarrollado dentro del título II dedicado al buen gobierno por la

Ley 19/2013. En este caso, se diferencia entre las infracciones relativas a las incompatibilidades, las de gestión económica, presupuestaria y las disciplinarias. Las primeras de ellas, las referidas a las incompatibilidades, pretenden evitar conflictos de intereses en los que pueden incurrir cargos electos y sobre todo se basan en las previsiones ya establecidas tanto en la Ley 7/1985, de 2 de abril, Reguladora de las Bases del Régimen Local (LRBRL) como en la Ley 3/2015, de 30 de marzo, reguladora del ejercicio del alto cargo de la Administración General del Estado. Las relativas a una mala gestión económico-presupuestaria tienen su fundamento principal en el cumplimiento de las normas de estabilidad y sostenibilidad previstas principalmente en la Ley Orgánica 2/2012, de 27 de abril, de Estabilidad Presupuestaria y Sostenibilidad Financiera y en el propio artículo 135 de la Constitución. En última instancia se abordan las infracciones disciplinarias y se pone el foco de nuevo en la posibilidad de que un alto cargo tenga un interés particular en un asunto en el que hayan intervenido, lo cual se pretende evitar por la normativa con objeto de que no concurran conflictos de intereses que impidan garantizar una actuación lo más ética posible de la administración.

El segundo capítulo aborda la relevancia de los códigos y buen gobierno local. Una vez analizados el anclaje normativo estatal y autonómico en materia de buen gobierno que resultan aplicables a las entidades locales es el momento de analizar con precisión qué papel juegan los ayuntamientos y diputaciones para tratar de aportar su grano de arena a la consecución de un buen gobierno en su propia entidad. En efecto, para lograr una actuación íntegra y basada en principios de ética pública en la administración local, no solo es necesario cumplir la citada normativa aplicable y que han desarrollado los legisladores estatales y autonómicos, sino que debe existir una verdadera voluntad de la entidad local de querer cumplir y la mejor forma de demostrarlo es creando su propio código de buen gobierno en su municipio o provincia.

Como no existe una exigencia estatal de creación de códigos de buen gobierno para las entidades locales, tampoco estas se ven ligadas por unas instrucciones normativas de obligado cumplimiento para elaborar dichos códigos. Así pues, con el objeto de analizar pormenorizadamente las diferentes modalidades de estos códigos se ha realizado una distribución en seis temáticas que plantean gran parte de ellos y nos sirve para comprender qué ámbito de actuación abordan para garantizar el buen gobierno local, dichas áreas son: el valor de la actuación local para lograr el interés general, la ejemplaridad en el desarrollo del cargo por los representantes públicos, la optimización de recursos y la buena administración en los principales ámbitos de gestión municipal, la garantía de derechos ciudadanos al vecindario, la mejora de la atención ciudadana y de la relaciones internas y externas de la administración y, por último, el seguimiento del cumplimiento del buen gobierno.

Asimismo, existen en España numerosos códigos de buen gobierno realizados por las entidades locales, y ante la imposibilidad de analizar todos y cada uno de los existentes (debido a los miles de entidades locales[6] que conforman la planta municipal) se ha optado por elegir aquellos que se consideran más representativos o que aportan las novedades en referencia a las exigencias de un gobierno que ya estaban incluidas en la normativa estatal y autonómica. De este modo, se ha abordado, en primer lugar, el Código Europeo de Conducta para la Integridad Política de los Representantes Locales y Regionales Electos de 1999, que fue elaborado en el ámbito del Consejo de Europa. También se analiza la propuesta de código de buen

---

6 Según datos del Gobierno actualmente existen 9.280 en municipios, provincias, áreas metropolitanas, islas, comarcas y mancomunidades. Datos disponibles en: https://administracion.gob.es/pag_Home/espanaAdmon/comoSeOrganizaEstado/EntidadesLocales.html, consultado el 01/09/2022.

gobierno realizada por la Federación Española de Municipios y Provincias (FEMP) en 2009 y que posteriormente fue ampliada en 2015, aportando grandes novedades, debido a que en esta última fecha ya se había aprobado la Ley estatal 19/2013. Asimismo, se han elegido como documentos de referencia en la materia: el reglamento municipal de buen gobierno del Ayuntamiento de Jerez, el código de buen gobierno del Ayuntamiento de Barcelona, el código de ética pública y de buenas prácticas de la Diputación de Salamanca y, por último, varios códigos de la Diputación Foral de Gipuzkoa, que abordan la integridad pública en el ámbito de las ayudas y subvenciones, de la contratación pública y de los altos cargos y personal de dicha entidad. En definitiva, una selección que incluye tanto la propuesta realizada por el Consejo de Europa a finales del siglo pasado, como dos códigos elaborados por la FEMP, que pueden ser adoptados como propios por las entidades locales y, por último, varios códigos propios elaborados por ayuntamientos y diputaciones, donde han aportado grandes novedades en materia de buen gobierno, yendo más allá de las exigencias legales inicialmente previstas.

De este modo, al agruparse en las seis temáticas indicadas, se realiza una subdivisión de estas tal como han indicado los citados códigos. El primer elemento a analizar es la importancia de la actuación local, que permite recuperar la confianza pública, siguiendo por la prevalencia del interés general, constitucionalmente previsto en el artículo 103 y que debe informar toda política pública municipal, de ahí la importancia de validarlo en los diferentes códigos, ya que ello permite evitar cualquier actuación fraudulenta que implique una pérdida de la confianza de la ciudadanía en su administración municipal. Así pues, la ejemplaridad en el desarrollo del cargo por los representantes también adquiere importancia en los códigos a través de la ausencia de conflictos de intereses. El cumplimiento de la normativa sobre incompatibilidades es la siguiente temática que incluyen la mayoría de los códigos, ya que ello permite evitar los citados conflictos y que los cargos públicos no caigan en situaciones donde se vea afectada la objetividad e imparcialidad en el desempeño de su función pública. A ello se le suma la regulación de las retribuciones de los altos cargos, de forma que no superen los límites establecidos, para que la retribución valore adecuadamente el trabajo desempeñado por el cargo público sin que la misma sea excesiva y, por tanto, contraria a los intereses generales. Especial referencia se realiza aquí al ámbito de los regalos, donde el concepto de usos habituales genera incertidumbre y algunos códigos han llegado a cuantificar económicamente cuándo se podría considerar superado dicho uso habitual para mayor seguridad jurídica y para evitar que estas dádivas pudieran influir en el comportamiento futuro de un cargo público.

La motivación y asunción de las decisiones tomadas por los cargos públicos es el siguiente elemento incluido en los códigos, ya que en muchas ocasiones encontramos como una práctica de mal gobierno que un cargo público no se quiere hacer cargo de las consecuencias derivadas. Asimismo, deben respetar también el deber y sigilo profesional, una exigencia legal contemplada en la mayoría de los códigos, ya que, especialmente en el ámbito local, son frecuentes las filtraciones de información a personas que no desempeñan labores en el ayuntamiento, un elemento que además se puede ver agravado por el hecho de que la información que se filtre contenga datos personales. Se prosigue con la obligación de permitir las labores de supervisión internas y externas, es decir, tanto las funciones realizadas por los órganos de intervención y de control jurídico interno como el control externo que realiza el Tribunal de Cuentas y otros órganos ajenos a las entidades locales para verificar el cumplimiento de la legalidad.

El entorpecimiento de las labores de dichos órganos por parte de los cargos públicos implica una práctica de mal gobierno, que no permite una adecuada rendición de cuentas sobre las tareas desarrolladas por los representantes públicos municipales. De igual forma, se propone mejorar la relaciones con el resto de fuerzas políticas de la oposición, ya que en ocasiones el diálogo entre grupos municipales acaba siendo crispante, y eso también afecta al prestigio de la entidad local que tiene la ciudadanía; además de que una comunicación fluida con todos los partidos facilita el consenso en determinadas decisiones, lo cual permite conseguir de una forma más eficiente y efectiva lograr políticas públicas que verdaderamente satisfagan al conjunto de la ciudadanía local. El control de los gastos en la campaña electoral también se incluye en la mayoría de códigos de buen gobierno, debido al gran volumen económico que se realizan los partidos en periodos electorales, por tanto, se reiteran las obligaciones de límites establecidos en la Ley Orgánica 5/1985, de 19 de junio, del Régimen Electoral General (LOREG), lo que permite a los partidos políticos que puedan participar del debate electoral, en términos de igualdad, sin estar necesariamente condicionado el éxito de su campaña a la cantidad de fondos que tengan para la misma.

A continuación, se aborda la necesaria autorización de los recursos y de la buena administración en la gestión municipal, partiendo del respeto a la disciplina presupuestaria y financiera, que también se incluyen en la mayoría de los códigos. Asimismo, estos códigos garantizan un pago ágil a los proveedores, cumpliendo el periodo medio de pago, tratando además de reducirlo incluso por debajo del límite legal, como sucede, por ejemplo, en el código ético del Ayuntamiento de Barcelona.

Junto a ello necesariamente se incluye la potenciación de los principios de eficiencia, racionalización y optimización de recursos en los diferentes códigos; lo que se une a la modernización y simplificación administrativa para intentar que los trámites pueden realizarse con más sencillez y, por tanto, que la ciudadanía pueda acceder a ellos en mejores condiciones. Ello se une a la mejora de la regulación normativa, que habitualmente acostumbra a ser compleja y dejar numerosas lagunas o huecos a la interpretación, una circunstancia que, si se evita, garantiza un mejor buen gobierno al crear mayor seguridad jurídica en las disposiciones reglamentarias locales que se aprueben.

Prosigue este trabajo analizando como los códigos de buen gobierno abordan la contratación administrativa, un sector que ha generado numerosos fraudes y ante el cual los ayuntamientos han de establecer medidas proactivas para evitar futuras corruptelas. De hecho, destaca el código de conducta realizado por la Diputación Foral de Gipuzkoa, que expresamente se dedica solo a cuestiones de compra pública, de ahí la importancia de poner en valor este sector como esencial para lograr un buen gobierno. Así pues, la mayoría de los códigos establecen principios como el de reconocimiento mutuo para establecer una igualdad de trato entre empresas, la mejor eficiencia en el gasto público, la protección de causas de abstención para evitar conflictos de intereses en la contratación o incluso el cumplimiento de la prelación de pagos en el pago de facturas de contratación. Asimismo, también se trata de poner freno a la corrupción que suele derivarse de las modificaciones contractuales y se trata de acotar el cerco a las adjudicaciones arbitrarias, potenciando la publicidad y cumpliendo el principio de transparencia para realizar así un adecuado buen gobierno local en esta materia.

Las subvenciones es el siguiente ámbito abordado por los códigos de buen gobierno local como esencial para proteger los intereses generales. La mayoría de ellos priorizan la concurrencia competitiva frente a las subvenciones nominativas y tratan de exigir un cumplimiento estricto de la buena gestión a subvencionar, de forma que se garantice la integridad, la honestidad y la eficiencia entre otros valores públicos.

Continúan los códigos con un adecuada gestión de los recursos humanos, ya que un personal cualificado, adecuado y motivado permitirá conseguir también el resto de objetivos de buen gobierno; por ello se tratan de incluir elementos de imparcialidad y excelencia profesional en las actuaciones públicas, intentando, también, evitar que los empleados públicos se puedan ver influidos por conflictos de intereses al poder recibir eventuales regalos y se quiere potenciar un correcto desempeño de sus tareas, evaluando el trabajo recibido y permitiendo una promoción profesional adecuada, basada en los principios constitucionales de mérito y capacidad, así como una formación permanente durante todo el desempeño del puesto de trabajo.

El siguiente elemento abordado en los códigos de un gobierno es la garantía de los derechos ciudadanos del vecindario. Así pues, resulta frecuente encontrar códigos que aborden la protección de los derechos humanos, el asociacionismo, la protección del medio ambiente, la cohesión territorial, la igualdad, la protección de los colectivos más desfavorecidos, la diversidad lingüística y cultural entre otros derechos de las entidades locales juegan un papel esencial para garantizarlos, efectivamente.

Prosigue la mayoría de los códigos con la mejora de la atención ciudadana y de las relaciones internas y externas, partiendo de la importancia de que se dispense un trato esmerado a la ciudadanía, lo que implica que se le escuche y atienda tanto para un procedimiento concreto. Ello sumado a la necesidad de qué la actuación de la administración se haga de forma transparente, de forma que la ciudadanía pueda entender cómo actúa su administración, lo que le generará seguridad y confianza a la hora de acudir a la misma para cualquier trámite.

A ello se le suma la importancia de utilizar un lenguaje claro y que no esté demasiado tecnificado, de forma que no resulte inteligible para un ciudadano de a pie y que se potencie el uso de las redes sociales como mecanismo de comunicación directa con la población local para que ésta pueda comunicarse. Se propone también en la mayoría de los códigos la existencia de una administración dialogante y participativa, de forma se impulsen procesos en la mayoría de las políticas públicas, como, por ejemplo, mediante la utilización de un debate sobre el estado del municipio, la creación de presupuestos participativos u otros que permitan recoger la opinión ciudadana a la hora de ejecutar una actuación pública.

La atención diligente a los medios de comunicación se considera también un papel esencial en esta materia, de forma que garantice a dichos medios que puedan realizar una adecuada rendición de cuentas a la ciudadanía hacia sus entidades locales, lo cual permite garantizar dicho buen gobierno. Siguiendo la línea comunicativa, se pone en valor la conexión de la comunicación de los empleados y los responsables públicos, que, a pesar de ser dos colectivos diferenciados, deben de forma inexcusable entenderse en sus relaciones diarias, ya que una mala gestión de esta comunicación acaba perjudicando en última instancia al ciudadano que no consigue realizar el trámite solicitado ante una ineficiencia y mala gestión por parte de todos los operadores que trabajan en las entidades locales. También se pone en valor la importancia de mantener unas buenas relaciones con el sector privado, a fin de proteger también las pequeñas y medianas empresas.

El último elemento abordado en la mayoría de los códigos de buen gobierno es la importancia de realizar un adecuado seguimiento del buen gobierno, mediante un comité o una comisión ética y estableciendo, en su caso, un eventual régimen de infracciones de sanciones, al margen del previsto en la normativa estatal. En todo caso, también resulta altamente relevante la necesidad de realizar formación en materia de ética pública para concienciar a los empleados y cargos electos sobre la importancia del buen gobierno, y de esta manera, prevenir futuras corruptelas que nos alejen del interés general municipal.

En el capítulo tercero se aborda la importancia de la planificación como herramienta de buen gobierno. Una vez ya se ha establecido el anclaje normativo estatal y autonómico y se ha analizado cómo los códigos de gobierno local pueden servir como herramienta para garantizar el cumplimiento de un adecuado gobierno, procede abordar la principal herramienta para lograr alcanzar este objetivo. Ello es la planificación de las actuaciones públicas como forma de garantizar el buen gobierno, lo que supone una forma de trabajar que permite prevenir la corrupción al evitar actuaciones improvisadas que se alejen del interés general.

De este modo, se pone en valor la importancia de la planificación para lograr los objetivos de buen gobierno citados anteriormente en el artículo 26 de la Ley 19/2013, de forma que dicha programación permite garantizar una eficiencia, eficacia, objetividad, y cualquier otra actuación íntegra a la que se referían los principios generales y de actuación. Así pues, en este capítulo se realiza un análisis de los principales ámbitos de planificación de las políticas públicas municipales que, a nuestro juicio, contribuyen más a conseguir un buen gobierno al mejorar la organización y, por tanto, la posterior ejecución conforme al interés general de las políticas públicas. El primer ámbito es el referido a la planificación normativa, una exigencia prevista de la legislación del procedimiento administrativo común y con una clara obligación constitucional, pero que, a pesar de ello, no es abundante en las entidades locales. De esta forma, se analizan las principales tipologías de planes normativos que ha sido desarrollados por las entidades locales españolas, agrupando, aquellos que resultan más ejemplarizantes y, por tanto, aportan un valor añadido a cómo organizar adecuadamente la aprobación futura de reglamentos y ordenanzas en los ayuntamientos y diputaciones.

Se prosigue con el ámbito de las subvenciones, otro donde también existe una exigencia de planificación prevista legislativamente y que además su ausencia acaba implicando graves sanciones de nulidad sobre las ayudas otorgadas. Las entidades locales no acostumbran a organizar sus subvenciones y ello acaba generando una asignación arbitraria de las mismas, sin tener en cuenta el interés general, ni en la mayoría de las ocasiones, procedimientos donde se garantiza adecuadamente la concurrencia competitiva. Asimismo, también se estudia las diferente estructura y temporalidad que debería darse a los planes de subvenciones para mayor efectividad y cómo garantizar su seguimiento y cumplimiento adecuado para que se adecúe la ejecución a lo previsto inicialmente en el plan. Finaliza este apartado con un análisis de los principales fraudes en materia de subvenciones y de cómo dichos planes pueden ayudar a prevenirlos de forma que se garantice plenamente el buen gobierno local.

Otro elemento abordado a la hora de planificar las políticas públicas locales es el de la contratación administrativa. Un ámbito de especial calado debido al gran volumen de obras, servicios y suministros que las entidades locales se ven obligadas a contratar externamente, ante la insuficiencia de recursos materiales y humanos para poder ejecutar por su cuenta. En este caso, la exigencia de la planificación viene dada a raíz de la contratación y se reitera en las reglas de buen gobierno dada la necesidad de cumplir con los principios que pretenden conseguir todos los planes locales, estos son los referidos a la transparencia, la eficiencia, la rendición de cuentas, la igualdad de trato y la ausencia de conflictos de intereses. Prosigue el apartado analizando las mejoras de la gestión contractual a través del contenido de los planes, donde se abordan los diferentes enfoques que se han realizado por las entidades locales a estos instrumentos de planificación y ante la importancia de hacer un cerco al contrato menor, mediante una adecuada planificación contractual. Es precisamente uno de los ámbitos más relevantes, ya que reducir el número de adjudicaciones directas permite aumentar la concurrencia competitiva y por tanto ganar en integridad pública a la hora de ejecutar las políticas de compras públicas. De hecho, continúa con la visión de cómo evitar los fraudes y conseguir una mayor integridad institucional en la compra pública, mediante la utilización de instrumentos como los pactos de integridad o la búsqueda de una tecnificación en las mesas de contratación, todo ello para alejar intereses particulares de la búsqueda del interés general en esta materia. Finaliza el apartado de contratación con un estudio de cómo en el momento de la adquisición de bienes y servicios y de contratar obras públicas puede realizarse igualmente un fomento de los colectivos desfavorecidos y, por tanto, realizar una compra pública con un claro carácter social. El objeto que se pretende conseguir es una contratación que no solo tenga en cuenta elementos de precio, sino que tenga en cuenta cuestiones de calidad relacionados especialmente con la mejora de las condiciones laborales de los empleados, el fomento de la contratación de aquellos colectivos con más dificultades de inserción, entre otros criterios laborales qué ayudan a que no solo la compra pública se haga en base a elementos de integridad, imparcial, eficiencia, sino que además permita asimismo satisfacer el interés general de una forma más adecuada.

El último elemento que se considera clave en la planificación de las políticas públicas locales para conseguir un buen gobierno es el ámbito de los recursos humanos. En una administración local resultan esenciales las políticas destinadas a mejorar la situación de su personal, ya que éste contribuye claramente a la ejecución de las políticas municipales y, por tanto, en última instancia a satisfacer el interés general. Por ello, se reitera la obligación de la planificación de personal para mejorar la eficiencia en la gestión de recursos humanos y evitar la improvisación en un ámbito donde, para cumplir adecuadamente los principios constitucionales de igualdad, mérito y capacidad y conseguir unos empleados públicos que persigan la calidad en sus actuaciones, es necesario organizarse adecuadamente.

En suma, se trata de garantizar derechos a los empleados públicos, mediante la planificación, esto es, configurando adecuadamente una promoción profesional, una formación permanente, una seguridad en el trabajo, una conciliación laboral y familiar, entre otros elementos para mejorar la satisfacción de los empleados en las entidades locales. Muchos de ellos se encuentran garantizados en la legislación sectorial, pero es necesario que la entidad local los incluya en planes para hacerlos efectivos, de lo contrario, no se acabarán cumpliendo totalmente y ello desincentiva a los empleados a seguir procurando unos servicios públicos de calidad a su ciudadanía. Este apartado se abordan también los principios constitucionales con una planificación de la selección y provisión de puestos de trabajo, donde resulta más que necesaria una correcta aplicación del artículo 103 de la carta magna, ya que la experiencia de las últimas décadas ha mostrado que no siempre en los procesos selectivos se ha garantizado la total objetividad y ha hecho que la selección del personal no sea la más idónea. Por ello pueden utilizarse estos planes de recursos humanos como un instrumento para garantizar, en todo caso, la selección del personal más preparado. Prosigue el epígrafe con un análisis de la importancia de reestructurar las plantillas y las relaciones de puestos de trabajo para mejorar la situación de los empleados públicos, ya que encontramos un personal pensado para una administración que no es la actual y que imposibilita cumplir adecuadamente los objetivos de la entidad local.

De igual modo, se estudia la reestructuración de las retribuciones del personal en dichos planes, especialmente debido a que la práctica ha venido demostrando que las retribuciones no se adecúan necesariamente a las funciones desempeñadas y acaban estando fijadas dependiendo de decisiones tomadas por dirigentes públicos de cada momento, que no necesariamente están basadas en principios de eficiencia y mejora. De tal modo, resulta necesario utilizar los planes de recursos humanos como elemento para repensar el salario de los empleados locales, porque sirve para mejorar de nuevo sus condiciones laborales y, por tanto, motivarlos para que puedan prestar, en última instancia, un mejor servicio a la ciudadanía.

Como no podía ser de otra forma, se estudia la problemática de la temporalidad en la administración local que supone la historia interminable que acaba generando problemas de falta de eficiencia, y, por tanto, crea figuras de empleados municipales que se encuentran en una estación de inseguridad jurídica permanente frente a una temporalidad que debería haber desaparecido hace años. Una coyuntura donde los planes de personal pueden ayudar en gran medida a paliar dicha situación y favorecer un buen gobierno en la materia.

El último elemento abordado en este capítulo es la mejora de las herramientas organizativas del personal para lograr un buen gobierno en este ámbito. Instrumentos basados principalmente tanto en elementos informáticos como en registros de personal y otros instrumentos de gestión integrada que ayudan a conseguir mayor eficiencia en la gestión de unos recursos humanos locales cada vez son más complejos y donde es necesario realizar un exhaustivo control de los efectivos para conseguir que puedan satisfacer adecuadamente las demandas ciudadanas.

En definitiva, el presente trabajo analiza qué debe entenderse por buen gobierno local, partiendo de un análisis de la situación normativa estatal, autonómica y la realizadas por las propias entidades locales a través de códigos de buen gobierno. En este último caso, a través de un análisis de las diferentes temáticas principales que estos códigos han considerado esenciales para garantizar el interés general municipal. Un estudio donde además se incluye un necesario apartado sobre la planificación de las políticas públicas como modo de conseguir de forma efectiva los principios de buen gobierno, ello basado en los principales ámbitos de actuación municipal: el normativo, el subvencional, el de contratación y el de recursos humanos, que son aquellos que, de mejorarse, consiguen notoriamente una administración local más íntegra que consiga alcanzar lo establecido en el artículo 103 de la Constitución española y así permitir una adecuada rendición de cuentas de la ciudadanía hacia su administración.

Capítulo I:

Regulación estatal y autonómica del buen gobierno local

1. ORIGEN Y CONCEPTUALIZACIÓN DEL BUEN GOBIERNO: ESPECIAL REFERENCIA AL ÁMBITO LOCAL

En este capítulo abordaremos pormenorizadamente cuál ha sido el resultado de la regulación normativa en entidades locales del buen gobierno en nuestro ordenamiento jurídico español. Si bien, ya podemos adelantar que esta regulación, aunque es necesaria y pertinente para garantizar la rendición de cuentas hacia la ciudadanía, no deja de ser una regulación mínima que pueden y deberían ampliar cada uno de los gobiernos locales.

Resulta preciso destacar como el buen gobierno en el ámbito local es un concepto nuevo legislativamente, aunque muy anterior al surgimiento de la Ley 19/2013, de 9 de diciembre, de transparencia, acceso a la información pública y buen gobierno, que lo regula actualmente. Lograr este concepto de buen gobierno ha dependido y dependerá sobre todo de la voluntad de los dirigentes políticos, más allá de las normas que lo regulen; por eso encontramos antecedentes sobre el buen gobierno reflejados de una forma genérica, apelando sobre todo a que los dirigentes políticos deben realizar una buena gestión en beneficio de los intereses generales.

Por todo, los principios de buen gobierno tienen su origen en conductas éticas adecuadas, algunas de las cuales se implementaron hace siglos[1]. Un primer antecedente en España destacable en materia de buen gobierno lo podemos encontrar en la denominada "toma de cuentas" que se utilizó durante el siglo XV, como una forma de inspección contable sobre las haciendas municipales[2]. Por tanto, encontramos aquí un ejemplo de cómo los gobernantes de la Edad Media española también establecieron un procedimiento por el que la ciudadanía de a pie, que hubiera visto agraviado sus derechos, pudiera exigir las correspondientes responsabilidades con motivo del cese del cargo público que les había agraviado.

---

1 Arias Martín se refiere a los siguientes antecedentes históricos del buen gobierno: "Código de Hammurabi, obra del rey de Babilonia y fechado en el S. XVIII a. C. donde ya se indicaban los principios que tenían que ser respetados por los gobernantes, los cuatro grandes libros de Confucio, S. V a.C., de donde se derivan los llamados Principios chinos de conducta pública, en la antigua Grecia tenemos las obra Ética de Aristóteles y las Obras morales de Plutarco (S. IV a.C.) y nacidos en el seno del Imperio Romano tenemos El tratado sobre los deberes de Cicerón (S. I a.C.) y Los tratados morales de Séneca (S. I d.C.)". Arias Martín, J. L., "Códigos éticos y de buen gobierno", en *Revista Digital CEMCI*, n.º 28, 2015, p. 5.

2 González Alonso, B., "Los procedimientos de control y exigencia de responsabilidad de los oficiales regios en el Antiguo Régimen (Corona de Castilla, siglos XIII-XVIII)", en *Anuario de la Facultad de Derecho de la Universidad Autónoma de Madrid*, 2000, p. 258.
Además, destacamos el denominado juicio de residencia o simplemente residencia, que trataba de permitir a los "súbditos agraviados por la actuación de los jueces temporales y sus colaboradores obtuviesen la satisfacción de sus legítimos intereses a raíz del cese en el cargo de los oficiales que habían lesionado injustamente sus derechos". González Alonso, B., "Los procedimientos de control y exigencia de responsabilidad de los oficiales regios en el Antiguo Régimen (Corona de Castilla, siglos XIII-XVIII)", *op. cit.*, p. 261.

El siguiente antecedente de buen gobierno lo situamos en la Constitución de Cádiz de 1812. Descalzo González[3] así lo expone al referirse al breve preámbulo de la Constitución: "las Cortes generales y extraordinarias de la Nación española decretan la siguiente Constitución política para el buen gobierno y recta administración del Estado" y también en el artículo 241 de dicha Constitución que establecía otra obligación de buen gobierno al indicar que los consejeros de Estado no debían fijarse en intereses privados. De esta forma, se apela de nuevo en el siglo XIX a la necesidad de ausencia de conflictos de intereses para lograr el buen gobierno.

De tal modo, nos situamos ya en nuestra actual Constitución del año 1978, donde sin duda encontramos muchas más referencias a cuestiones de buen gobierno; por ello, partiendo de la carta magna procedemos a aproximarnos al concepto de buen gobierno. Aunque el término buen gobierno no aparece como tal en el texto constitucional evidentemente nos referimos al mismo cuando, por ejemplo, en el artículo 9 se refiere a que los ciudadanos y los poderes públicos están sujetos a la Constitución o que los poderes públicos deben promover las condiciones de igualdad y libertad y remover los obstáculos que dificulten estás cuestiones, ya que sin duda garantizar a toda la ciudadanía sus derechos es una aplicación del principio de buen gobierno. La referencia a la igualdad formal, recogida en el artículo 14 de la Constitución, es también un buen ejemplo de la aplicación del buen gobierno, ya que cuando hablamos de que a toda la ciudadanía se le aplican por igual los derechos y obligaciones y, por tanto, no hay favoritismos, estamos

---

3 Descalzo González, A., "Buen gobierno, altos cargos y derecho disciplinario (comentario a los artículos 25, 27, y a la disposición final segunda)" en Troncoso Reigada, A. (dir.) *Comentario a la ley de transparencia, acceso a la información pública y buen gobierno*, 2017, Civitas, pp. 1566-1569.

ante ausencia de conflictos de intereses y por tanto ante una aplicación de buena parte de los principios de buen gobierno que posteriormente fueron recogidos en la Ley 19/2013.

En referencia al artículo 14 CE podemos destacar la STC n.º 56/2014, de 10 de abril de 2014[4] que considera la Junta Consultiva de Contratación Administrativa de la Comunidad Autónoma de Aragón en su Informe n.º 14/2018, de 13 de junio[5], como un pronunciamiento constitucional de referencia a la hora de hablar de la igualdad de trato entre licitadores y, por ende, de buen gobierno en materia de contratación pública; un aspecto del que profundizaremos con más detalle.

Encontramos en el artículo 23 de la Carta magna una importante referencia al buen gobierno al indicarse: "Los ciudadanos tienen el derecho a participar en los asuntos públicos, directamente o por medio de representantes, libremente elegidos en elecciones periódicas por sufragio universal", lo que conecta con el artículo 1.1 CE, ya que dicha participación se enmarca dentro del Estado democrático[6], por ello, permitir una adecuada participación ciudadana en los asuntos públicos es una garantía de buen gobierno. Así, se reafirmó también en la STC

---

4 Como ejemplo la STC 56/2014, de 10 de abril, define esta igualdad entre licitadores: "como la consideración del contenido sustancial de la norma como básica aparece unida a aspectos directamente relacionados con los principios básicos de la contratación administrativa, en atención a las garantías de igualdad y libre concurrencia de la contratación pública"

5 Informe 14/2018, de 13 de junio, de la Junta Consultiva de Contratación Administrativa de la Comunidad Autónoma de Aragón sobre el "Anteproyecto de Ley de uso estratégico de la contratación pública en Aragón".

6 Canosa Usera, R., *Sinopsis artículo 23*. Congreso de los Diputados, 2003. Disponible en línea en: https://app.congreso.es/consti/constitucion/indice/sinopsis/sinopsis.jsp?art=23&tipo=2 Consultado el 09/10/2020

n.º 192/2012 de 28 de noviembre de 2012, donde se indicó que los procesos de elección de candidatos tras unos comicios electorales tienen una especial trascendencia constitucional que "se manifiesta también en que aborda una cuestión jurídica de relevante y general repercusión social, en cuanto afecta a la estabilidad y buen gobierno de una institución pública". De esta manera, el Alto Tribunal une indisolublemente el artículo 23 de la Constitución con el concepto de buen gobierno.

El artículo 103 de la Constitución también nos permite aproximarnos al concepto de buen gobierno en la medida en que el mismo establece en su apartado primero: "La Administración Pública sirve con objetividad los intereses generales y actúa de acuerdo con los principios de eficacia, jerarquía, descentralización, desconcentración y coordinación, con sometimiento pleno a la ley y al Derecho". Por tanto, encontramos el buen gobierno de forma implícita cuando la carta magna se refiere a la necesidad de que se actúe con objetividad y primando la ley y el interés general frente a cualquier actuación particular; si bien, nos referimos en este artículo a conceptos jurídicos indeterminados que, como expone García Trevijano[7] "ni el artículo 103 ni ningún otro precepto de la Constitución ofrecen una definición "y quizá no podrían hacerlo de lo que deba considerarse como tal interés público".

Así pues, llegamos a la definición del concepto de buen gobierno, que no se encuentra expresamente recogido en el derecho positivo español y de hecho la Ley 19/2013 lo aborda a través de la aplicación de una serie de principios, que posteriormente analizaremos. Por tanto, partiendo de los citados artículos de la Constitución española podemos adoptar como

---

7 García Trevijano, E., *Sinopsis artículo 103.* Congreso de los Diputados, 2003. Disponible en línea en: https://app.congreso.es/consti/constitucion/indice/sinopsis/sinopsis.jsp?art=103&tipo=2

adecuada la definición de buen gobierno de Almonacid Lamelas[8], consistente en: "aquel que se ejerce de una manera objetivamente correcta, persiguiendo el cumplimiento de los intereses generales, y consiguiendo en un alto grado una buena gestión, alcanzando cotas muy aceptables de transparencia, eficacia, eficiencia, cumplimiento de la legalidad y un alto grado de satisfacción en el ciudadano".

Esta se trata de una definición pertinente en la medida en qué tienen cuenta el concepto ya indicado en el artículo 103 de la Constitución incluso aborda otros de los aspectos que posteriormente la Ley de Transparencia regula como principio de buen gobierno en su artículo 26. En esta línea se pronuncia también Rodríguez-Arana[9], al entender el concepto de buen gobierno como que el "poder sea abierto, plural, moderado, equilibrado, realista, eficaz, eficiente, socialmente sensible, cooperativo, atento a la opinión pública, dinámico y compatible".

La definición de buen gobierno aportada por el diccionario panhispánico del español jurídico[10] también considera el mismo como que la administración acomode sus actuaciones a diversos principios, como son: "transparencia, dedicación al servicio público, imparcialidad, igualdad y corrección en el trato a los ciudadanos, responsabilidad, reserva, así como el respeto a los derechos fundamentales y las libertades públicas". De he-

---

8 Almonacid Lamelas, V., ¿Qué es buen gobierno?, *Nosoloaytos*, 2015. Disponible en línea: https://nosoloaytos.wordpress.com/2015/04/18/que-es-buen-gobierno/

9 Rodríguez Arana, J., "El derecho fundamental al buen gobierno y a la buena administración de instituciones públicas", en *Revista de Derecho Público*, n.º 113/2008, 2008, p. 36.

10 Definición del diccionario panhispánico del español jurídico, dispone en: https://dpej.rae.es/lema/buen-gobierno

cho, Galán Juárez[11], entiende también el buen gobierno como un concepto de amplitud ya que son: “muchas cosas pero una de las más importantes es que nos gobiernen de acuerdo con las reglas de la ética pública. También significa que los servicios públicos sean eficaces, eficientes y que se sometan al derecho y que tengan en cuenta al ciudadano como centro de su actividad y que sirvan a los intereses generales”

Así, entendemos el buen gobierno como hacer “las cosas bien” y diferenciando claramente entre criterio de oportunidad y el criterio de legalidad[12] , en la medida si un gobernante público conoce la diferencia entre la obligación de cumplir la ley y el margen de discrecionalidad que le permite la norma es donde se considera la virtud y, por tanto, el buen gobierno.

Al utilizar el término de “hacer las cosas bien” entramos, en el ámbito de la ética, y de hecho la relación entre un gobierno y ética ya es plasmada por Aranda Álvarez[13] al indicar que junto al concepto de buen gobierno “se encuentra la idea de ética pública, entendida ésta como la disciplina que se ocupa de estudiar y analizar el comportamiento capaz, responsable y comprometido de aquellos que se encargan de los asuntos públicos.”. La idea de que el buen gobierno va ligado a conceptos éticos también la comparten Tomás Mallén y Oller Rubert[14], que lo definen como: “un concepto complejo relaciona-

---

11 Galán Juárez, M., “Formas del estado de derecho y delimitación del derecho al buen gobierno”, *op. cit.*, p. 903

12 Almonacid Lamelas, V., ¿Qué es buen gobierno?, *op. cit.*

13 Aranda Álvarez, E., “Una reflexión sobre transparencia y buen gobierno”, *op. cit.*, p. 216.

14 Tomás Mallén, B. y Oller Rubert, M., *Informe. Aplicación de la Ley 2/2015, de 2 de abril, de la Generalitat de transparencia, buen gobierno y participación ciudadana de la Comunidad Valenciana en los municipios de la provincia de Castellón. 2016-2019,* Universitat Jaume I de Castellón, 2021, p. 45.

do con la ética pública, la calidad institucional y la rendición de cuentas y, en última instancia, con la mejora de la calidad democrática". De hecho, las autoras consideran que un buen gobierno debe ir más allá del simple cumplimiento de la ley, sino que implica además un compromiso de los gobernantes para realizar sus políticas públicas de una forma que satisfaga verdaderamente a la ciudadanía, lo que no solo se cumple con el respecto a la normativa en vigor, una idea sobre la que también incide Ochoa Monzó[15] al indicar que el buen gobierno y en concreto la creación de códigos (elemento que se abordará en el capítulo tercero de este trabajo) permite dar un "valor añadido al cumplimiento de la legislación aplicable".

Si nos detenemos en el ámbito jurisprudencial, no resulta fácil encontrar en éste un concepto de buen gobierno, en la medida en que los principales asuntos litigiosos que han llegado los tribunales sobre la LTBG son sobre ámbitos del derecho de acceso; aunque sí que podemos citar la STSJ de la Comunitat Valenciana, n.º 1745/2008 de 10 de noviembre de 2008, en el que Ayuntamiento de Genovés cometió un acto de mal gobierno en el sentido de quién en un procedimiento administrativo sobre un proyecto actuación integrada, de ámbito urbanístico, cometió errores significativos a la hora de incluir en expediente a una interesada que sí se vio afectada por el proyecto. De forma tal que en el fundamento de jurídico cuarto de la citada sentencia se refiera a cómo dicho error ha alargado el proceso innecesariamente, lo que ser podría haber solucionado en vía administrativa: "con la simple aplicación del sentido común o, si se prefiere, del *buen gobierno* que de toda Administración cabe esperar".

---

15 Ochoa Monzó, J., "La responsabilidad social como parte del sistema de integridad institucional de las administraciones públicas", en *Revista General de Derecho Administrativo*, n.º 61, 2022.

De esta forma, el Tribunal entiende un buen gobierno como una aplicación del sentido común y por tanto de un "buen hacer" en la actuación administrativa, un concepto acertado que es consonante con lo indicado anteriormente y en todo caso teniendo en cuenta que la citada sentencia se dictó años antes de la aprobación de la Ley 19/2013.

Según Villoria Mendieta y Izquierdo Sánchez[16] el buen gobierno es aquel que "promueve instituciones formales (normas y reglamentos) e informales (lógicas de lo apropiado en cada organización pública) que fomentan la transparencia, la rendición de cuentas, la efectividad, la coherencia y la participación", por tanto dicha definición nos muestra no sólo gran parte de los principios de buen gobierno de la norma estatal, sino que además nos abre la puerta a que entendamos esta adecuada gobernanza no solo como el cumplimiento de las normas formales sino también la implementación de actuaciones informales que mejoren la gestión pública y que no tienen por qué estar ligadas necesariamente al cumplimiento de la ley. Para Castellanos Claramunt[17] el buen gobierno es la idea en la que descansa la gobernabilidad: "un espacio social para la expresión, organización y ejercicio de aquel conjunto de derecho y deberes que nos definen como ciudadanos", por tanto, se entiende esta institución como una forma de garantizar los derechos del vecindario[18].

---

16 Villoria Mendieta, M. y Izquierdo Sánchez, A., *Ética pública y buen gobierno,* Tecnos, Madrid, 2020, p. 438.

17 Castellanos Claramunt, J., *La participación ciudadana en el ámbito local. La integración democrática de lo local y de lo global en la era digital,* Corts Valencianes, Valencia, 2020, p. 54.

18 De hecho, en el capítulo III de este trabajo abordamos con más detenimiento como una forma que han establecido los códigos de buen gobierno de garantizarlo es mediante apartados que incluyan un elenco de derechos ciudadanos para protegerlos.

También la STSJ de la Comunitat de Madrid n.º 573/2019, de 18 de septiembre de 2019, en su fundamento jurídico segundo expone que "la transparencia, el acceso a la información pública y las normas de buen gobierno deben ser los ejes fundamentales de toda acción política, acción sometida al escrutinio de los ciudadanos para que puedan conocer cómo se toman las decisiones que les afectan, cómo se manejan los fondos públicos, entre otras cuestiones". De tal forma, unidos el concepto de buen gobierno surgen otros[19] como el de transparencia y acceso a la información pública en la medida en que se regulan en la misma norma, la Ley 19/2013 y además el propio preámbulo de esta ley indica qué aspectos concretos del acceso a la información pública son una extensión del buen gobierno[20].

De hecho, esta unión, prácticamente indisoluble, entre transparencia y buen gobierno que realiza la Ley 19/2013 es compartido por la doctrina, ya que a la hora de definir el buen gobierno Canales y Romero[21] lo entienden como "la antítesis, prevención y remedio ante la aparición de la corrupción política y administrativa, contribuyendo notablemente la exigen-

---

19 Por ejemplo, Montero Caro une también buen gobierno con gobierno abierto, aunque matiza que son convergentes y por tanto ello nos permite deducir que persiguen ambos objetivos semejantes: Montero Caro, Mª. D., *Gobierno abierto como oportunidad de cambio*, Dykinson, Madrid, 2020, p. 59.

20 Así lo expone el preámbulo al indicar: "Las disposiciones adicionales abordan diversas cuestiones como la aplicación de regulaciones especiales del derecho de acceso, la revisión y simplificación normativa –en el entendido de que también es un ejercicio de buen gobierno y una manifestación más de la transparencia el clarificar la normativa que está vigente y es de aplicación".

21 Canales Aliende, J.M. y Romero Tarín, A., "Algunas consideraciones sobre la transparencia pública y el buen gobierno", en *Revista Española de Transparencia*, n.º 7, 2015, pp. 115-127, p. 116.

cia de la transparencia". Además, los autores lo equiparan "al paradigma de la Gobernanza"[22] e incluso establecen una lista pormenorizada de qué otros elementos, además de la transparencia, integran el buen gobierno[23].

De tal forma, el buen gobierno es síntoma de la calidad democrática[24], un acercamiento entre ambos conceptos que Abellán López y Pardo Beneyto[25] consideran también necesario al indicar que: "si bien es cierto que los objetivos de lucha contra la corrupción y el fortalecimiento de la legitimidad del sistema político-administrativo y de sus actores solo se pueden analizar a largo plazo, no por ello es desdeñable conocer de manera aproximativa, en primera instancia, cómo los gobiernos —nuevos y viejos— encaran la difícil temática de la calidad democrática, de la legitimidad y del buen gobierno." Así pues, los autores consideran que, junto a las políticas de buen gobierno, es necesario también abordar la temática de la calidad democrática[26], puesto que alcanzar el primero hará que se logre también el segundo, ya que la normativa sobre buen gobierno

---

22 *Idem.*

23 Dicha lista incluye: a) transparencia y apertura (Open Government); b) receptividad; c) integridad ética; d) vías de participación internas para sus empleados, y de la ciudadanía en el exterior; e) rendimiento de cuentas, y exigencia de responsabilidades; f) eficacia, eficiencia y economía; g) accesibilidad física y documental a sus instituciones; h) legalidad y calidad de las leyes aprobadas; i) respeto y garantía de los derechos humanos; j) resultados de la gestión; k) emprendimiento y l) ecología.

24 Canales Aliende, J.M. y Romero Tarín, A., "Algunas consideraciones sobre la transparencia pública y el buen gobierno", *op. cit.*, p. 116.

25 Abellán López, M.A y Pardo Beneyto, G., "Las políticas públicas simbólicas para el buen gobierno y la calidad democrática en la Comunitat Valenciana", en *INGURUAK, Revista Vasca de Sociología y Ciencias Política*, n.° 62, 2017, p. 40.

26 Sobre cómo el buen gobierno ayuda a conseguir una mejor calidad democrática véase:

permite establecer cauces legales para mejorar la calidad de la administración[27].

Otro concepto que va estrechamente unido al de buen gobierno es el de buena administración. La primera aproximación al concepto de buena administración lo encontramos en el artículo 41 de la Carta de Derechos Fundamentales de la Unión Europea que establece en su primer apartado que, en referencia a las instituciones europeas, este derecho supone que: "Toda persona tiene derecho a que las instituciones, órganos y organismos de la Unión traten sus asuntos imparcial y equitativamente y dentro de un plazo razonable". Tomás Mallén[28] para definir la buena administración expone que no existen demasiados "criterios positivos sobre las pautas que han de impregnar la buena administración" y de hecho se remite la autora al concepto de "mala administración" que expuso el Ombudsman en 1998 al indicar que ésta "reconducía a los casos de irregularidades administrativas, injusticia, discriminación, abuso de poder, falta o denegación de información y demoras innecesarias". Una definición, por tanto, que aun no siendo idéntica a la de buen gobierno, en esencia, guardan ambas relaciones entre ellas, ya que tanto el buen gobierno como la buena administración[29] van destinadas a mejorar la gestión pública de cara a la ciudadanía.

Jimena Quesada, L., "Perfiles actuales del buen gobierno como imperativo de calidad democrática: Una visión desde Europa y España", en *Anuario de la Red Eurolatinoamericana de Buen Gobierno y Buena Administración*, n.º 1, 2020.

27 Castel Galán, S., "El buen gobierno y la buena administración", en Canales Aliende, J.M. y Valencia Sáiz, A. (dir.), *Estrategias para la calidad y la regeneración de la democracia*, 2018, Comares, pp. 95-118, p. 117.

28 Tomás Mallén, B., *El derecho fundamental a una buena administración*, Instituto Nacional de Administración Pública, Madrid, 2004, pp. 68-70.

29 Para comprender más sobre el concepto de buena administración véase:

En efecto, Ponce Solé[30] a la hora de definir la corrupción pública indica que supone: "Una mala administración o un mal gobierno dolosos en el ejercicio de poderes públicos que no busca el interés general sino el beneficio de una persona física o jurídica". De esta forma, el autor indica que tanto la mala administración como el mal gobierno acaban desembocando en la lacra social de la corrupción, de ahí que se tratan de dos conceptos que van de la mano.

Incluso podemos entender el buen gobierno como un concepto relacionado con los derechos humanos. En este sentido, el artículo 21 de la Declaración Universal de Derechos Humanos[31] también incluye el buen gobierno, en concreto en el apartado 3° al establecer: "La voluntad del pueblo es la base de la autoridad del poder público". De manera que queda unido, de forma indisoluble, que la posibilidad que tiene la administración de ejercer el poder público solo está legitimada cuando aquellos que dirigen la administración han sido elegidos por el pueblo y por tanto representan su voluntad. Encontramos aquí el enlace en España con el citado artículo 103 de la Cons-

---

Tomás Mallén, B., "El derecho a una buena administración. Nuevos perfiles de una vieja aspiración ciudadana", en Peces-Barba Martínez, G., Fernández García, E., Asís Roig, R., Ansuátegui Roig, F. J., Fernández Liesa, C. R. (dirs.), *Historia de los Derechos Fundamentales. Tomo IV (Siglo XX), Volumen VI (El derecho positivo de los derechos humanos), Libro III (Los derechos económicos, sociales y culturales)*, Dykinson, 2014.

30 Poncé Solé, J. "La prevención de la corrupción mediante la garantía del derecho a un buen gobierno y a una buena administración en el ámbito local (con referencias al Proyecto de Ley de transparencia, acceso a la información pública y buen gobierno)", en *Anuario del Gobierno Local*, 2012, p. 100.

31 Declaración Universal de Derechos Humanos adoptada y proclamada por la Asamblea General de la Organización de la Naciones Unidas en su resolución 217 A (III), de 10 de diciembre de 1948. Disponible en línea en: https://www.un.org/es/about-us/universal-declaration-of-human-rights, consultado el 10/04/2022.

titución española, porque dicha carta magna establece que la administración debe actuar en base al interés general, que en definitiva no es más que satisfacer la voluntad del pueblo, que se reconoce como esencial por la Declaración Universal de los Derechos Humanos.

Así mismo, encontramos también referencias al buen gobierno en el apartado primero del artículo 21 de la Declaración Universal de los Derechos Humanos, al indicar: "Toda persona tiene derecho a participar en el gobierno de su país, directamente o por medio de representantes libremente escogidos". Por tanto, como aquí encontramos el derecho de toda persona a participar en los asuntos públicos mediante un sistema de participación directa o indirecta. En el ámbito español, encontramos en la Constitución el artículo 23.1: "Los ciudadanos tienen el derecho a participar en los asuntos públicos, directamente o por medio de representantes, libremente elegidos en elecciones periódicas por sufragio universal", una redacción prácticamente idéntica a la de la Declaración Universal, que recoge de nuevo los derechos de participación política en los cuales el gobierno no estaría legitimado y en consecuencia sería un "mal gobierno". De hecho, como indica la Oficina del Alto Comisionado de las Naciones Unidas para los Derechos Humanos[32]: "si no hay una buena gobernanza, los derechos humanos no pueden ser respetados y protegidos de manera sostenible".

---

[32] Guía de prácticas de buen gobierno para la protección de los derechos humanos del Oficina del Alto Comisionado de las Naciones Unidas para los Derechos Humanos, 2008. Disponible en línea en: https://www.ohchr.org/sites/default/files/Documents/Publications/GoodGovernance_sp.pdf, p. 2, consultado el 10/09/2022.

Precisamente, Rodríguez Arana[33] entiende el buen gobierno como parte de un derecho humano en el que se pone a la persona en el centro al indicar que: "Esta toma de conciencia del buen gobierno o de la buena administración como derecho humano pone en relieve que el centro de la acción del gobierno o de la acción administrativa es la persona y sus derechos y libertades". Precisamente, dicha unión también se realiza en terceros países, como por ejemplo Costa Rica, donde Soley Gutiérrez[34] expone que: "el segundo reto que se plantea la democracia actual, desde el buen gobierno, esencialmente en los países pobres, es el desarrollo humano de la sociedad, entendido en la visión más amplia del concepto y unido a los derechos humanos".

Con el objeto de realizar una aproximación final al concepto de buen gobierno local puede servir como referencia el Sello Europeo de Excelencia en Gobernanza (ELoGE)[35] que otorga el Consejo de Europa a aquellas entidades locales[36] que cumplen unos 12 principios que son: elecciones justas, capacidad de respuesta a las demandas ciudadanas, eficiencia y eficacia, apertura y transparencia, imperio de la ley, conducta ética, competencia y capacidad, innovación y apertura al cambio,

---

33 Rodríguez Arana, J., *El buen gobierno y la buena administración de las instituciones públicas*, Thomson-Aranzadi, Pamplona, 2006, p. 11.

34 Soley Gutiérrez, D., "Democracia en el buen gobierno instituciones, inversión social y desarrollo humano" en *Quórum: revista de pensamiento iberoamericano*, n.º 21, 2008, p. 40.

35 Puede obtenerse más información sobre dicho Sello del Consejo de Europa en: https://www.coe.int/en/web/good-governance/eloge , consultado el 10/04/2022.

36 Actualmente el sello ELoGE en España se ha otorgado a los siguientes municipios: Andoain, Bermeo, Bilbao, Basauri (2 veces), Eibar, Ermua (2 veces), Irún (2 veces), Laudio, Legazpi, Leioa, Urnieta (2 veces), Vitoria-Gasteiz, Alcantarilla, Cartagena y Parets del Vallès.

sostenibilidad, buena gestión financiera, derechos humanos, diversidad cultural y cohesión social y responsabilidad. De este modo, estos principios nos acercan al concepto de buen gobierno local, ya que si una entidad local los consigue puede ser premiada con este Sello del Consejo de Europa.

El ELoGE se trata de un mecanismo de certificación, esto es, una norma técnica que excede de las "meras iniciativas de autorregulación hacia su emplazamiento como marco técnico con directas implicaciones en el ámbito jurídico"[37] pero que, a su vez, su implementación no asegura el pleno cumplimiento de las salvaguardas legales, "sino una presunción e interés en el respeto de la legislación sumamente relevante y pertinente para aquellos productos, servicios o sistemas TI que requieren de continuas modificaciones"[38], en todo caso, sí que queda evidenciado que la concesión de dicho Sello a una entidad local supone una evidencia de que se encuentra en el adecuado camino del buen gobierno.

De hecho, hemos de indicar mayoría de los elementos de ELoGE son también principios de buen gobierno recogidos en el artículo 26.2 LTBG, tales como la eficiencia o la responsabilidad, si bien, al mismo tiempo introduce otros elementos que también garantizan una buena gobernanza, como la sostenibilidad o la diversidad cultural, todo ello circunstancias que ayudan a conseguir un gobierno mejor también en el ámbito local.

Con todo, una vez abordado cómo se entiende el buen gobierno local por la doctrina, podemos realizar una aportación

---

[37] Viguri Cordero, J.A., "Las normas ISO/IEC como mecanismos de responsabilidad proactiva en el Reglamento General de Protección de Datos", en *Revista de Internet, Derecho y Política*, n.º 33, 2021, p. 10.

[38] Viguri Cordero, J.A., "La adopción de instrumentos de certificación como garantía eficiente en la protección de los datos personales", en *Revista Catalana de Dret Públic*, n.º 62, 2021, p. 172.

propia sobre qué entendemos por este concepto. Así pues, consistiría en una actuación íntegra y libre de conflictos de intereses particulares, que se base no solo en la estricta aplicación de la normativa en vigor, sino también en una conducta que favorezca y permita generar el mayor valor público a toda actuación, todo ello para conseguir lograr un adecuado interés general en el municipio.

Analizado el concepto de buen gobierno y su especial trascendencia en el ámbito local, nos detenemos ahora en si podemos considerar al buen gobierno local como un derecho constitucional. En primer lugar, como se ha avanzado, una búsqueda del término buen gobierno en la Constitución española nos daría un resultado infructuoso. Si bien, recordemos que el concepto de buen gobierno indicado se fundamenta en unos principios generales y de actuación, previstos en el artículo 26 de la Ley 19/2013[39], algunos de los cuales son los previstos en el artículo 103 CE, como la objetividad, la eficacia y la persecución del interés general. De hecho, Poncé Solé[40] expone que el buen gobierno se fundamente en: "auténticos deberes jurídicos derivados de principios constitucionales", en efecto, el autor[41] se refiere a principios de la carta magna como la prohibición de la arbitrariedad (artículo 9.3 CE), el principio de no

---

39 En el siguiente epígrafe de este capítulo se abordarán con detalle que implican dichos principios de buen gobierno previstos en la normativa estatal.

40 Poncé Solé, J., "La prevención de la corrupción mediante la garantía del derecho a un buen gobierno y a una buena administración en el ámbito local: (con referencias al Proyecto de Ley de transparencia, acceso a la información pública y buen gobierno)", en *Anuario de Gobierno Local,* 2012, p. 119-120.

41 Ponce Solé, J., "El derecho a una buena administración y el derecho administrativo iberoamericano del siglo XXI. Buen gobierno y derecho a una buena administración contra arbitrariedad y corrupción", en Alonso Regueira, E. M. (dir.), *El control de la Actividad Estatal, Asociación*

discriminación (artículo 14 CE), la igualdad material (artículo 9.2 CE) o la eficiencia en el gasto público (artículo 31.2 CE). Por tanto, parece evidente que el buen gobierno está estrechamente ligado con principios constitucionales, una idea que también apunta Rodríguez-Arana Muñoz[42], lo que permiten garantizar una actuación apartada de intereses particulares y que suponen la mejor forma de gobernar en una administración pública

Siguiendo esta argumentación, podemos también afirmar que el buen gobierno se configura como un derecho subdividido en otros, ya que pretende garantizar actuaciones basadas en una serie de principios generales y de actuación (tales como transparencia, imparcialidad, responsabilidad, eficacia, etc.) por lo que el buen gobierno no implica un único proceder concreto, sino que integra varias formas de actuación éticas en la administración; un razonamiento que realizó Tomás Mallén[43] a la hora de definir la buena administración, donde también consideró que la misma incluía "subderechos", al igual que ocurre con el buen gobierno. De hecho, al denominar al buen gobierno como un derecho[44] subdividido en varios, que

---

de Docentes de la Facultad de Derecho y Ciencias Sociales de la Universidad de Buenos Aires, Buenos Aires, 2016, p. 230.

42 De tal modo, indica que "la acción de gobierno y la actuación administrativa han de orientarse en los parámetros y valores constitucionales" en Rodríguez-Arana Muñoz, J., *El Buen Gobierno y la Buena Administración de Instituciones Públicas*, Thomson Aranzadi, 2006, p. 12.

43 Tomás Mallén, B., *El derecho fundamental a una buena administración*, Instituto Nacional de Administración Pública, *op. cit.*, p. 31.

44 Aprovechando que nos referimos en este punto al derecho fundamental a la buena administración (a la hora de comparar los subprincipios en los que se subdivide, como ocurre con el buen gobierno) resulta relevante reseñar que según Rodríguez-Arana Muñoz el buen gobierno tiene también naturaleza de derecho fundamental, ya que el autor lo une indisolublemente con la buena administración, que tiene claramente dicha naturaleza a raíz del artículo 41 de la Carta

se fundamentan en una serie de principios, podemos entender también al buen gobierno como un principio[45] informador de la actuación de la administración, ya que, de hecho, se subdivide en otros principios generales y actuaciones (previstos en el citado artículo 26 LTBG).

Hasta el momento hemos concebido al buen gobierno como un derecho-principio[46], ya que la falta de cumplimiento por los gobernantes públicos de algunos de los principios genera la posibilidad a cualquier ciudadano a poder exigir en

---

de los Derechos Fundamentales de la Unión Europea de diciembre de 2000. De hecho, como iremos poniendo de manifiesto durante el trabajo, buen gobierno y buena administración van estrechamente unidos ya que ambos persiguen la satisfacción del interés general. Las referencias que realiza Rodríguez-Arana Muñoz al buen gobierno como derecho fundamental las encontramos, por ejemplo, en: "El derecho fundamental al buen gobierno y a la buena administración de instituciones públicas", en *Revista de derecho público*, n.° 113, 2008; y en "La buena administración como principio y como derecho fundamental en Europa", en *Misión Jurídica*, n.° 6, 2013, p. 55.

45 Parte de la doctrina ha denominado también al buen gobierno como un principio (no sólo como un derecho), es el caso de: Ruiz-Rico Ruiz, G., "La dimensión constitucional del principio de transparencia y el derecho de información activa", en *Revista de Derecho Político*, n.° 110, 2021, p. 51 o también Jiménez Asensio, R., "Ética pública, política y alta administración. Los códigos éticos como vía para reforzar el buen gobierno, la calidad democrática y la confianza de la ciudadanía en sus instituciones", en *Revista Vasca de Gestión de Personas y Organizaciones Públicas*, n.° 5, 2013, p. 57.

46 Sobre la idea de que el buen gobierno es un derecho ciudadano y por ello debe entenderse el mismo tomando al individuo como centro puede consultarse: Rodríguez-Arana Muñoz, J., "El derecho fundamental a la buena administración y la centralidad del ciudadano en el Derecho Administrativo", en Sánchez Blanco, A., *El nuevo Derecho administrativo: libro homenaje al prof. Dr. Enrique Rivero Ysern*, Ratio Legis Librería Jurídica, 2011, p. 424.

vía administrativa o judicial[47] que la administración actúe en base a dichos principios, ya que no hacerlo supone un incumplimiento de la normativa vigente. Si bien, no podemos olvidar que el buen gobierno se configura como un derecho para la ciudadanía, en la medida en que es un deber para los gobernantes; en efecto, Galán Juárez[48] considera también al buen gobierno como derecho en la medida en que: "coloca a su vez al Estado en una posición de deber de cumplir esta prestación" para que pueda garantizarse a la ciudadanía.

Encontramos referencias al buen gobierno como deber en la doctrina, una expresión que utilizan Poncé Solé[49] o Rodríguez-Arana Muñoz[50], éste último se refiere a: "buen gobierno y la buena administración de instituciones públicas, en su doble modalidad de obligación de los poderes públicos y derecho fundamental de las personas", por tanto, el autor enumera claramente la doble modalidad de derecho-deber del buen gobierno al ser "dos caras de la misma moneda". También autores

---

47 Rodríguez Arana afirma también que el buen gobierno, junto con la buena administración, es exigible ante los tribunales en caso de incumplimiento: Rodríguez-Arana Muñoz, J., El ciudadano y el poder público: el principio y el derecho al buen gobierno y a la buena administración, Editorial Reus, 2012, p. 13. De nuevo, esta idea de que el buen gobierno es un derecho ciudadano exigible ante los tribunales lo reitera el autor en Rodríguez-Arana Muñoz, J., *El Buen Gobierno y la Buena Administración de Instituciones Públicas*, *op. cit.*, p. 11.

48 Galán Juárez, M., "Formas del estado de derecho y delimitación del derecho al buen gobierno", en *Arbor: Ciencia, pensamiento y cultura*, n.º 745, 2010, p. 902.

49 Poncé Solé enuncia un apartado de su artículo como deber de buen gobierno en: Ponce Solé, J., "El derecho a una buena administración…", *op. cit.*, p. 230.

50 Rodríguez-Arana Muñoz, J., *El ciudadano y el poder público: el principio y el derecho al buen gobierno y a la buena administración*, *op. cit.*, p. 160.

como Bejarano Lucas[51], enuncian al buen gobierno como una serie de obligaciones, que suponen, por tanto, un deber para los dirigentes públicos.

Con todo, el buen gobierno, incluido el local[52], puede tener un claro encaje de derecho constitucional en la medida en que se fundamenta en principios de la carta magna, en especial en el artículo 103 CE, que trata de buscar el interés general en la actuación de la administración y que se consigue plenamente con una aplicación íntegra de los principios de buen gobierno y ante posibles incumplimientos de los principios citados se puede exigir a los órganos administrativos o judiciales que adecuen su actuación a dicho buen gobierno local.

2. PRINCIPIOS DE BUEN GOBIERNO EN LA LEY ESTATAL 19/2013 Y SU COMPLEMENTACIÓN CON LA NORMATIVA AUTONÓMICA

Después de haber analizado los antecedentes históricos y ya situándonos en nuestro actual derecho positivo, procederemos ahora a analizar la regulación del buen gobierno aplicable a los ayuntamientos y diputaciones provinciales. Hay que decir, en primer lugar, que la normativa estatal sobre buen gobierno establece unos principios generales de actuación, que posteriormente analizaremos, que quedan vacíos de conteni-

---

51 Bejarano Lucas, J.M. "Obligaciones de buen gobierno en el ámbito local", en *Gabilex: Revista del Gabinete Jurídico de Castilla-La Mancha*, n.º 19, 2019, p. 15.

52 En tanto en cuanto entendamos el buen gobierno como un derecho constitucional, también lo será el buen gobierno local, al ser la administración local una administración pública más de las que forman el Estado español.

do si verdaderamente los responsables políticos no deciden implantarlos.

En cuanto a las normativas autonómicas que regulan los aspectos de buen gobierno, han ayudado a poder ampliar el marco de obligaciones que deben cumplir los ayuntamientos respecto a estas materias. Si bien es cierto que tampoco han supuesto un verdadero cambio de paradigma a cómo aplicar las políticas públicas en los ayuntamientos, ya que en la mayoría de los casos la regulación autonómica viene a reproducir los principios ya establecidos estatalmente; o los que establece nuevos no han supuesto verdaderamente un cambio significativo en la conducta de los altos cargos. Aunque sin duda todas las nuevas obligaciones en esta materia son bienvenidas, deben ser acompañadas de la voluntad política para que se logren.

Ello es así porque cuando un dirigente político local quiere cometer una infracción de buen gobierno (por ejemplo, una situación en la que se dé un conflicto de intereses), en muchas ocasiones el ciudadano se encuentra desprotegido, puesto que los mecanismos legales para solucionar estos problemas son difíciles de implantar a corto plazo, o en ocasiones ni siquiera permiten saber al ciudadano que se ha cometido dicho conflicto de intereses si no se examina concienzudamente el expediente. En este sentido, adquiere un papel importante las agencias anticorrupción o el Defensor del Pueblo y sus homólogos autonómicos, para proteger a la ciudadanía de estos conflictos sin necesidad de llegar a una vía judicial, pero de nuevo insistimos en la necesidad de que exista una voluntad política clara de cumplir con el buen gobierno para que verdaderamente se aplique.

Como se exponía, el buen gobierno tuvo su primera regulación propia a través de la citada Ley 19/2013, de 9 de diciembre, de Transparencia, Acceso a la Información Pública y Buen Gobierno, donde se abordaron principalmente las cuestiones sobre publicidad activa y publicidad pasiva y se incluyó la regulación de buen gobierno en su título II, aunque, evidentemente, se le dio un peso mucho menor del que tuvo la regulación de transparencia en esta Ley. Así las cosas, se dedicaron 23 artículos a tratar la transparencia activa y pasiva, mientras que sólo 8 artículos trataron el buen gobierno. Evidentemente, al legislador le preocupó principalmente desarrollar la normativa sobre transparencia (puesto que había una exigencia de que España fuera también un país europeo con una normativa en esta materia) y respecto al buen gobierno, se adoptó más bien como una cuestión secundaria y menos concretizada con el detalle al que se llegó con la regulación sobre publicidad activa y pasiva.

Por tanto, la regulación estatal sobre el buen gobierno que viene establecida por esta Ley 19/2013 se centró en establecer una serie de principios de buen gobierno a cumplir por los responsables políticos correspondientes. Junto a estos principios a cumplir, el legislador estableció una serie de infracciones diferenciando entre aquellas relativas a conflictos de intereses (artículo 27 Ley 19/2013), aquellas relativas a la gestión económico presupuestaria de la administración que corresponda (artículo 28 Ley 19/2013) y las infracciones denominadas disciplinarias (artículo 29 Ley 19/2013). Por último, en este título II se incluyeron las sanciones asociadas a dichas las infracciones y los órganos competentes para instruir los correspondientes procedimientos y los plazos de prescripción que le son aplicables tanto a infracciones como a sanciones[53].

---

[53] Desde noviembre de 2021 existe un subgrupo de trabajo para la reforma de la Ley 19/2013, impulsado por el Ministerio de Hacienda y Función Pública, si bien no se prevé que el mismo aborde la modificación de título II sobre el buen gobierno, ya que en el reparto de ponencias establecido no se establece. Puede seguirse la actividad de dicho subgrupo en:

Así pues, vamos a proceder a analizar, en primer lugar, a quién le es de aplicación estos principios e infracciones de buen gobierno que establece este título II, ya que no se trata de una cuestión menor y sobre el tema existe doctrina dispar, como ahora se expondrá.

2.1. Ámbito subjetivo de aplicación conforme a la normativa estatal

Cómo es habitual, el legislador estatal viene a regular la mayoría de las cuestiones centrándose en la propia Administración General del Estado y suele olvidar regular con detalle aquellas cuestiones locales. Así pues, en lo que aquí nos interesa, que es la aplicación del buen gobierno en el ámbito local, en el artículo 25.2 se indica: "Este título será de aplicación a los altos cargos o asimilados que, de acuerdo con la normativa autonómica o local que sea de aplicación, tengan tal consideración, incluidos los miembros de las Juntas de Gobierno de las Entidades Locales". Esta se trata de una clara indeterminación subjetiva del legislador en este artículo 25.2 a cómo aplicar el buen gobierno en el ámbito local[54].

Por tanto, aquí la clave se encuentra en la definición de este concepto jurídico indeterminado de altos cargos o asimilados. Como punto de partida, Descalzo González[55] afirma que, en todo caso, al ámbito local "tanto concejales como alcaldes, en

---

https://transparencia.gob.es/transparencia/transparencia_Home/index/Gobierno-abierto/Grupo-Trabajo-de-Reforma-Ley-de-Transparencia.html, consultado el 04/01/2022.

54 Corchero, M. y Sánchez Pérez, L., "Régimen sancionador en materia de transparencia y buen gobierno local" en *El Consultor de los Ayuntamientos*, n.º 12, 2015, p. 1434.

55 Descalzo González, A., "Buen gobierno, altos cargos y derecho disciplinario (comentario a los artículos 25, 27, y a la disposición final segunda)", *op. cit.*, p. 1492.

cuanto responsables públicos de confianza política originaria, merecen tal calificación de altos cargos o, cuanto menos, su condición de asimilados a los efectos de la aplicación del régimen de buen gobierno prevista en la Ley de Transparencia", por tanto partimos con que se considera alto cargo local, en todo caso, al alcalde y a los concejales a efectos de aplicación del buen gobierno de la Ley de Transparencia 19/2013.

En primer lugar, hay que detenerse en si la normativa sobre gobierno es o no también de aplicación a aquellos concejales de los ayuntamientos que no ostentan funciones delegadas y únicamente participan en sus deliberaciones en los órganos de gobierno que no sean la Junta de Gobierno Local (esto son, solo los que forman parte del Pleno y las comisiones informativas). Sobre este asunto se ha pronunciado Mínguez Macho[56] al considerar que sería de aplicación la normativa sobre buen gobierno a aquellos concejales con dedicación exclusiva o parcial por suponer el ejercicio de unas funciones delegadas por alcaldía, haciendo el autor una interpretación sistemática del artículo 75 de la Ley 7/1985, de 2 de abril, Reguladora de las Bases de Régimen Local. En concreto este artículo 75.2 de la Ley 7/1985 establece que: "Los miembros de las Corporaciones locales que desempeñen sus cargos con dedicación parcial por realizar funciones de presidencia, vicepresidencia u ostentar delegaciones, o desarrollar responsabilidades que así lo requieran"; por tanto, si desempeñan funciones en dedicación parcial o exclusiva y tienen funciones delegadas les será de aplicación la normativa sobre buen gobierno.

Para seguir avanzando en la aplicación subjetiva del buen gobierno en el ámbito local tenemos que hacer la clásica diferenciación entre municipios de régimen común y municipios

---

56 Mínguez Macho, L., "Obligaciones de buen gobierno y régimen jurídico de los altos cargos en la Administración Local" en *El Consultor de los Ayuntamientos*, n.º 2, 2019, p. 174.

de gran población que encontramos en el título X de la LRBRL. En el artículo 130 de esta Ley 7/1985 se establecen cuáles son los órganos superiores y directivos de los municipios de gran población podríamos entender a éstos como los altos cargos o asimilados a los que se refiere el artículo 25.2 de la Ley 19/2013. Si bien este artículo 130 diferencia entre órganos superiores refiriéndose a los cargos políticos de alcalde y miembros de la Junta de Gobierno Local y por otro lado encontramos a los órganos directivos, estos son los coordinadores generales de cada área o concejalía, los directores generales, los titulares del órgano de apoyo a la Junta de Gobierno Local el titular de la asesoría jurídica como el secretario general del Pleno, el interventor general del Pleno, el órgano de gestión tributaria entre otros enumerados en el articulado y los titulares de los máximos órganos de dirección de los organismos autónomos y de las entidades públicas empresariales locales. Estos órganos directivos se tratan generalmente de funcionarios que ostentan altas responsabilidades dentro de la gestión local y por ello, sin duda, se les tienen que atribuir una buena gestión en su desempeño profesional para que se logre un buen gobierno en esa entidad local. Ahora bien, la doctrina se encuentra dividida en si a estos órganos directivos (que no órganos superiores) de los ayuntamientos de gran población se les debe aplicar o no principios del régimen infracción de buen gobierno previsto en este título II de la Ley 19/2013.

En este sentido, por un lado encontramos autores como Mínguez Macho[57] que indica que respecto al personal directivo local "no parece dudoso su carácter de altos cargos en la Administración local" por considerar que a este personal directivo le es de aplicación la regulación de los Conflictos de Intereses de los miembros del Gobierno y de los Altos Cargos de

---

57 Mínguez Macho, L., "Obligaciones de buen gobierno y régimen jurídico de los altos cargos en la Administración Local", *op. cit.*, p. 174.

la Administración General del Estado, en los términos en que establece el artículo 75.8 de la Ley 7/1985, de 2 de abril, Reguladora de las Bases del Régimen Local (LRBRL) y por tanto también debería aplicarles la normativa sobre buen gobierno.

Por otro lado, encontramos autores como Arias Martín[58] que defienden que no se aplica a los órganos directivos las previsiones de buen gobierno, ni siquiera mediante un reglamento orgánico municipal que así lo establezca (que sería la normativa local que sea de aplicación a la que se refiere el artículo 25.2 la Ley 19/2013). Consideramos más aconsejada esta segunda corriente doctrinal en la que se considera que no es de aplicación a los órganos directivos. La razón es que no es posible a través de un reglamento orgánico ampliar las previsiones de buen gobierno a los órganos directivos, los cuales ostentan principalmente funcionarios, puesto que esto supondría una posible infracción del principio de legalidad en la determinación de las infracciones administrativas de carácter disciplinario[59].

Hay que considerar que este personal directivo, pueden "ser o no empleado público y que el mismo puede ser funcionario público de cualquier administración o personal laboral tanto de la Administración Pública como de la empresa privada al que se le vincularía con un contrato de trabajo de alta dirección"[60]. Si bien es cierto que en la mayoría de circunstancias será personal funcionario o laboral al que ya se les establece unos principios de buena conducta y éticos en los artículos 52 a 54 del Real Decreto Legislativo 5/2015, de 30 de octubre,

---

58 Arias Martín, J. L., "Códigos éticos y de buen gobierno", *op. cit.*, pp. 39-40.

59 Arias Martín, J. L., "Códigos éticos y de buen gobierno", *op. cit.*, p. 39.

60 Rodríguez Duque, F., "El personal directivo de las Entidades Locales en la actualidad", en *El Consultor de los Ayuntamientos*, n.º 4, 2020, p. 62.

por el que se aprueba el texto refundido de la Ley del Estatuto Básico del Empleado Público (TREBEP), por lo que la aplicación de los principios e infracciones sobre buen gobierno dejaría de tener sentido al ostentar este personal directivo, de forma habitual, la condición de empleado público y por tanto ya tener la mencionada regulación sobre buen conducta y principios éticos de los citados artículos del TREBEP.

Si bien, resulta necesario mencionar que hay autores como Ballina Díaz[61] que exponen que "los puestos reservados a la habilitación estatal, el órgano de gestión tributaria y el de la asesoría jurídica no deberían ser considerados órganos directivos, en tanto, lo que van a ejercer son unas funciones definidas legalmente". Así lo considera el autor al afirmar que no actúan conforme a lo que les indican los órganos de gobierno sino en base a el cumplimiento de la ley de la que: "considerarles directivos parece erróneo, desdibujando aún más un concepto poco claro en el ámbito local"[62]. De forma tal, se considera que la inclusión de los habilitados nacionales de los municipios de gran población como personal directivo no es acertada. En todo caso, como hemos expuesto, aunque sean considerados directivos no se les aplicaría la normativa de altos cargos citada como defiende la indicada doctrina.

Nos hemos referido especialmente a la cuestión de si sería o no posible la aplicación de las previsiones de buen gobierno a los órganos directivos en los municipios de gran población; en cuanto municipios de régimen común (que son la mayoría de consistorios en la planta municipal española) en base a la misma doctrina en la que nos posicionamos, tampoco sería aplicable a los funcionarios que asuman responsabilidades di-

---

61 Ballina Díaz, D., "El Directivo en la Administración Local", en *El Consultor de los Ayuntamientos,* n.º 22, 2012, p. 2544.

62 *Idem.*

rectivas en los municipios de régimen común las previsiones de buen gobierno.

Especial referencia hay que realizar a los funcionarios de administración local con habilitación de carácter nacional, ya que en los municipios de régimen común estos empleados públicos acabarán siendo los que suman las principales funciones directivas. En este sentido, tampoco cabe adscribirlos al régimen de buen gobierno de la Ley 19/2013 ya que no pueden ser considerados altos cargos en ningún caso.

Así lo defiende también Campos Acuña[63] al hacer también una interpretación restrictiva al realizar una interpretación restrictiva del concepto de alto cargo: "secretarios, Interventores y Tesoreros de Administración Local no son Altos Cargos, ni a efectos del régimen sancionador de la LTBG ni a ningún otro. Con independencia de prestar sus servicios en municipios de régimen común o municipios de gran población, en su posible condición de órganos directivos". Por ello, de nuevo, la autora considera que no es aplicable el régimen de buen gobierno a los habilitados nacionales, puesto que el mismo tendrá su propio régimen disciplinario, ya que generalmente son funcionarios, y sin posibilidad de que ningún reglamento de ámbito local les atribuye la condición de alto cargo según el artículo 25 de la citada Ley 19/2013.

Así pues, como el propio Arias Martín[64] mantiene, el ámbito de aplicación de esta normativa de buen gobierno de la Ley 19/2013 en el ámbito local, tanto en los municipios de régimen común como los municipios de gran población, quedaría circunscrito a los alcaldes y presidentes, concejales delegados,

---

63 Campos Acuña, M. C., "¿Quién es alto cargo en la Administración Local? A propósito del régimen sancionador del Buen Gobierno" en *El Consultor de los Ayuntamientos,* n.º 2, 2017, p. 199.

64 Arias Martín, J. L., "Códigos éticos y de buen gobierno", *op. cit.*, p. 40.

diputados delegados, y miembros de las Juntas de Gobierno Local cómo órganos de decisión principales en los ayuntamientos y diputaciones provinciales.

Por tanto, para concluir en cuanto al ámbito subjetivo de aplicación del buen gobierno previsto en el título II de la Ley 19/2013, además de la lista indicada en el párrafo anterior, habría que atender a la normativa autonómica, ya que el artículo 25.2 de la Ley 19/2013 establecía que "Este título será de aplicación a los altos cargos o asimilados que, de acuerdo con la normativa autonómica".

De esta forma, también podría ser considerado alto cargo a efectos de este título II quien determine la normativa autonómica, siendo ésta la única opción para quién pudiera aplicarse las posiciones de buen gobierno, por ejemplo, a los órganos directivos en el ámbito local. Así pues, en el ámbito de Cataluña, la Ley catalana 19/2014, de 29 de diciembre, de transparencia, acceso a la información pública y buen gobierno sí incluye a los órganos directivos locales entre el concepto de altos cargos para la aplicación de la normativa de buen gobierno. En concreto, el artículo 54.2 de esta norma autonómica establece que tiene la consideración de altos cargos las personas que determina el artículo 4.2 de esta ley. Este artículo 4.2 de la Ley 19/2014 incluye a los órganos directivos del ámbito local y por tanto sí permite la aplicación del régimen de buen gobierno con sus principios, infracciones y sanciones a los funcionarios del ámbito local que cumplan la condición de directivos.

Esta configuración que ha realizado el legislador catalán para ampliar a los órganos directivos locales el buen gobierno se considera viable desde un punto de vista constitucional en la medida en que se reserva al principio de legalidad (artículo 9.3 CE) la tipificación de las infracciones aplicables a los funcionarios; en este caso, mediante la aprobación de una ley de carácter autonómico para hacerse extensivo a este personal al servicio de las administraciones locales la regulación sobre buen gobierno. Así pues, serán de aplicación la regulación sobre buen gobierno regulada en esta Ley 19/2014 de Cataluña a los órganos directivos locales y también será de aplicación el título II de la LTBG a estos órganos directivos locales, que ejerzan sus tareas en entidades locales catalanas, puesto que una ley (en este caso, autonómica) les ha considerado altos cargos a efectos de buen gobierno.

En la normativa del País Vasco encontramos también regulación sobre buen gobierno en su Ley 2/2016, de 7 de abril, de Instituciones Locales de Euskadi[65]. Dicha legislación vasca hace una regulación extensa sobre el directivo público local en su artículo 41 y establece la responsabilidad por la gestión estableciendo que los directivos deben cumplir los principios éticos y aplicar sus actuaciones en base a principios de eficacia y eficiencia, que son también principios generales establecidos en el artículo 26.2.a LTBG[66].

Este personal directivo tiene también su regulación, en el caso de municipios de gran población, en el citado artículo 103.b LRBRL, pero no encontramos más regulación aplicable a las entidades locales. Puede también que el hecho de la poca regulación del directivo público local sea más bien debido a que es un concepto del ámbito anglosajón que del continental[67]. En todo caso, resulta patente la necesidad de que lleve a

---

65 Encontramos la regulación del directivo local en el Capítulo III (Personal directivo público profesional), del título IV (Organización municipal y funcionamiento. Estatuto de sus representantes. Personal directivo público profesional) de la Ley 2/2016, de 7 de abril, de Instituciones Locales de Euskadi.

66 En concreto, el artículo 26.2.a.1 LTBG establece como principio general de buen gobierno: "Actuarán con transparencia en la gestión de los asuntos públicos, de acuerdo con los principios de eficacia, economía y eficiencia y con el objetivo de satisfacer el interés general".

67 Almonacid Lamelas, V., "El personal directivo profesional en la Administración Local", en *El Consultor de los Ayuntamientos*, n.º 17229/2012, 2012.

cabo un desarrollo legislativo adecuado en materia de buen gobierno que permita establecer claramente que se entiende por personal directivo en las entidades locales[68].

En definitiva, el ámbito subjetivo al que le es de aplicación el buen gobierno en el ámbito local sigue siendo un aspecto que requiere, con urgencia, de regulación estatal y al que solo algunas normas autonómicas se han atrevido a regular en todo el territorio español. Por tanto, es necesario que se delimite el concepto de alto cargo en el ámbito local, ya que ello permite la aplicabilidad del régimen sancionador de la LTBG, lo que podría conseguirse con una evaluación "ex post" de la redacción de la LTBG[69], con el objeto de adecuarla y que resulte más adecuada para las entidades locales.

Por tanto, es necesario esta pronta regulación para conseguir una correcta aplicación del régimen sancionador[70], lo cual no es una cuestión menor, ya que la falta de detalle por parte del legislador acaba suponiendo la falta de aplicación de un principio de buena regulación del artículo 129 de la Ley 39/2015 justo a la hora de regular los principios de buen gobierno.

---

68 De hecho, recientemente se ha aprobado en el Consejo de Ministros del 20 de diciembre de 2022 el anteproyecto de Ley de Función Pública donde se regulará el personal directivo profesional de las AGE, pero de nuevo se trata de una oportunidad perdida para el ámbito local, ya que dicho desarrollo no se aplicará a ayuntamiento y diputaciones, que siguen teniendo un perfil de directivos públicos sin regulación uniforme para todo el estado.

69 Bejarano Lucas, J. M., "Obligaciones de buen gobierno en el ámbito local", *op. cit.*, p. 37.

70 *Idem.*

2.2. Principios generales de buen gobierno en la normativa estatal y su desarrollo autonómico

Una vez abordada la cuestión sobre a quién es de aplicación el título segundo sobre buen gobierno de la Ley 19/2013, procede ahora abordar el análisis de aquellos principios de buen gobierno que se establecen en esta Ley. Como anteriormente se ha apuntado, estos principios de buen gobierno suponen un punto de partida de cómo tiene que ser la actuación de los altos cargos en el ámbito local. Se trata de unos principios donde se establecen unas obligaciones genéricas de conducta, que deberán ser aplicados a cada caso concreto en el que se tenga que adoptar una decisión pública.

El artículo 26 de esta Ley 19/2013 es el que enumera los principios de buen gobierno diferenciándolos entre principios generales y principios de actuación. Mínguez Macho[71] considera que esta diferenciación se debe a que los principios generales son verdaderamente principios mientras que los principios de actuación se podrían calificar como deberes de los altos cargos. En todo caso, se trata de unas exigencias que deben ser de obligado cumplimiento también para los considerados como altos cargos en el ámbito local.

Por tanto, procedemos a analizar pormenorizadamente cada uno de los principios de buen gobierno, establecidos en la Ley estatal 19/2013. Con el fin de complementar lo indicado en la ley estatal, se abordarán también otros principios de buen gobierno que se encuentran recogidos en normas autonómicas, en concreto se han seleccionado aquellas normas de las Comunidades Autónomas que recogen aspectos de buen gobierno aplicables al ámbito local.

---

[71] Mínguez Macho, L., "Obligaciones de buen gobierno y régimen jurídico de los altos cargos en la Administración Local", *op. cit.*, p. 174.

El primer principio lo encontramos en el del artículo 26.2.a.1.º LTBG el referido a que: "Actuarán con transparencia en la gestión de los asuntos públicos, de acuerdo con los principios de eficacia, economía y eficiencia y con el objetivo de satisfacer el interés general". Hay que decir que este primer principio es el que guarda más similitudes con el artículo 103 de la Constitución puesto que en ambos se encuentran los conceptos de eficiencia y búsqueda del interés general. En referencia al concepto de eficiencia, viene a suponer una utilización más adecuada de los recursos públicos para lograr los objetivos previstos. En este sentido, el Tribunal Económico Administrativo Central en la resolución n.º 4868/2020, de 22 de enero de 2021, ha indicado, referido al ámbito de la administración electrónica[72] en concreto, que "no sólo sirve mejor a los principios de eficacia y eficiencia, al ahorrar costes a ciudadanos y empresas, sino que también refuerza las garantías de los interesados" por ello, queda patente que un uso eficiente de los recursos no tiene porqué llevar aparejado una disminución de derechos ciudadanos.

El interés general como eje central en la actuación de la administración está expresamente recogido en este primer principio y su consideración de esencial para entender dicho interés general como elemento clave del buen gobierno lo podemos ver en la STSJ de Cataluña de 25 de abril de 2019 que expone que: "lo que es indiscutible que su Administración ha

---

[72] Sobre como la utilización de medios electrónicos permea en todos los trámites de la administración abriendo una nueva forma de configurar las relaciones con la ciudadanía véase: Ochoa Monzó, J. y Martínez Gutiérrez, R., "La permeabilidad de la actividad administrativa al uso de las tecnologías de la información y de la comunicación: hacia la administración electrónica y el procedimiento administrativo electrónico", en Fabra Valls, M. J y Blasco Díaz, J. L, (coord.), *La administración electrónica en España: experiencias y perspectivas de futuro*, Universitat Jaume I de Castelló, 2007.

de servir con objetividad el interés general cuando actúa en uno de estos sectores y, de acuerdo con los principios de eficacia y buen gobierno".

En cuanto a este concepto de interés general el en la STC n.º 111/1983, de 14 de diciembre de 1983 lo define como el sacrificio de los intereses particulares en aras un mejor bien común, en concreto establece que: "la aplicación de los conceptos constitucionales de utilidad pública e interés general. Las expresiones utilidad pública e interés social son conceptos sujetos a un constante cambio histórico; lo que en cada momento una sociedad entiende que justifica el sacrificio de derechos e intereses privados y que, por tanto, justifica la atribución al Estado de potestades de sacrificio de esos derechos". En pronunciamiento más recientes la STC n.º 37/2019 de 25 de abril de 2019 ha profundizado más en este concepto y ha entendido el interés general como "la preservación de la integridad del Ordenamiento Jurídico y la correcta aplicabilidad de las normas legales dictadas por las Cortes Generales, que representan la voluntad popular", por ello se ha ligado el interés general al principio de sometimiento pleno al derecho positivo, como guía para lograr el buen gobierno.

Ponemos en conexión con la eficiencia y economía en la gestión pública recogido en estos principios del artículo 26.2.a.1.º LTBG son la mejora en la calidad normativa recogido en el capítulo III del título V de la Ley catalana 19/2014, centrándose especialmente esta norma en la simplificación y la consolidación normativa. Es necesario efectivamente hacer un especial hincapié en estos aspectos puesto que, en muchas ocasiones, en nuestro país se viene legislando de forma desproporcionada sin valorar la necesidad de derogar normas anteriores que pudieran resultar casi incompatibles con las nuevas que se aprueban.

Además, es necesaria una planificación en la regulación normativa para establecer una verdadera hoja de ruta sobre qué es lo que verdaderamente se va a realizar y evaluar si ciertamente conviene aprobar una norma, otra o ninguna. Nos centraremos con más detalle en el capítulo tercero sobre estos aspectos de planificación para lograr una mejora normativa, Si bien, destacar la regulación que ha hecho la legislación catalana en este aspecto resultando más avanzada que la estatal y por tanto apostando mucho más por el buen gobierno.

Relacionado con una actuación eficiente y eficaz reglada en el artículo 26.2.a.1.º LTBG encontramos también el principio de austeridad del artículo 31.2.c de la Ley 4/2013, de 21 de mayo, de Gobierno Abierto de Extremadura, un principio que no encontramos en el artículo de la Ley estatal 19/2013 pero sí en su preámbulo, apartado tercero, al exponer: "Este sistema busca que los ciudadanos cuenten con servidores públicos que ajusten sus actuaciones a los principios de eficacia, austeridad, imparcialidad y, sobre todo, de responsabilidad". De forma tal que la Ley de transparencia entiende la actitud austera como una forma más de buen gobierno.

También en la normativa vasca encontramos referencias a la necesidad de hacer un seguimiento a la política municipal para asegurar los principios de eficacia, economía y eficiencia del artículo 26.2.a.1.º de la Ley estatal 19/2013. En concreto, la Ley 2/2016, de 7 de abril, de Instituciones Locales de Euskadi en el artículo 35 se establece que las entidades locales deberán establecer un código de conducta, aprobado por el Pleno y la norma vasca regula unas directrices de los elementos básicos que deben incluir todos los códigos de conducta, como ahora el seguimiento, control y evaluación de la actividad municipal (artículo 35.5 Ley vasca 2/2016) y en todo caso se establece por la ley vasca que será de aplicación principios de actuación y de conducta previstas en la disposición adicional segunda de la Ley vasca 1/2014, de 26 de junio, Reguladora del Código de Conducta y de los Conflictos de Intereses de los Cargos Públicos, donde se regulan principios de conducta individual que mayoritariamente son similares a los establecidos en la Ley estatal 19/2013.

En segundo lugar encontramos el siguiente principio en el artículo 26.2.a.2.º de la Ley 19/2013: "Ejercerán sus funciones con dedicación al servicio público, absteniéndose de cualquier conducta que sea contraria a estos principios". Así pues, entendemos este principio como la necesidad de que los responsables políticos y también los funcionarios actúen de una manera que permita el correcto funcionamiento de la actuación pública, lo cual requiere una acción proactiva para lograr que los servicios prestados por la administración sean los que verdaderamente permitan satisfacer el interés general. En este sentido, podemos encontrar varias resoluciones de Consejos Consultivos o de Juntas Consultivas de Contratación Administrativa[73] donde insisten en la necesidad de que la administración preste un servicio adecuado en beneficio de la ciudadanía.

Relacionado con el principio de actuar con dedicación al servicio público que fija la Ley 19/2013 lo podemos relacionar con el principio de buen gobierno que regula la Ley catala-

---

73 Podemos encontrar muchísimas resoluciones de Consejos Consultivos o Juntas Consultivas de Contratación Administrativa donde se insiste en la necesidad de la prestación de un servicio público adecuado para garantizar las necesidades ciudadanas, como ejemplo podemos citar las siguientes resoluciones: Dictamen n.º 266/2003, de 26 de junio del Consejo Consultivo de Andalucía. sobre responsabilidad patrimonial de la Administración , Informe n.º 2/2004, de 26 de abril de la Junta Consultiva de Contratación Administrativa sobre la exigencia de acreditar el cumplimiento de conformidad en los contratos de gestión de servicios públicos o Dictamen del Consejo Consultivo de Canarias n.º 60/2011, de 24 de enero, solicitado por el alcalde del Ayuntamiento de Arona en relación con un procedimiento de responsabilidad patrimonial iniciado por daños ocasionados en el vehículo privado, como consecuencia del funcionamiento del servicio público viario.

na 19/2014, de 29 de diciembre, de transparencia, acceso a la información pública y buen gobierno, que establece como principio ético la buena fe (artículo 55.1.l Ley 19/2014). Este se trata de un principio clásico en nuestro derecho, incluido en el Código Civil, en su artículo 7.1: "Los derechos deberán ejercitarse conforme a las exigencias de la buena fe" y que podría resultar innecesario establecer por escrito en una norma ya en el siglo XXI; máxime cuando también el artículo 3.1.b de la Ley 40/2015, de 1 de octubre, de Régimen Jurídico del Sector Público lo establece al indicar: "Buena fe, confianza legítima y lealtad institucional". Si bien, la mayoría de los casos de corrupción en nuestro país han sido en el ámbito local, por lo que regular el principio de buena fe[74] por escrito en la normativa de transparencia autonómica acabe siendo no solo recomendable, sino incluso necesario[75].

---

[74] Sobre como la buena fe se trata de un principio propio del buen gobierno y de la buena administración véase: Maldonado-Meléndez, M. A., "La doctrina de los actos propio como ejercicio del principio de buena administración", en *Anuario de la Red Eurolatinoamericana de Buen Gobierno y Buena Administración,* n.º 2, 2022.

[75] Jiménez Sánchez, F., 40 años de ayuntamientos democráticos: es hora de desmontar los incentivos para la corrupción, Instituto de Derecho Local de la Universidad Autónoma de Madrid, 2019. Disponible online: https://www.idluam.org/blog/40-anos-de-ayuntamientos-democraticos-es-hora-de-desmontar-los-incentivos-para-la-corrupcion/, consultado el 10/04/2021.

En este artículo Jiménez Sánchez expone claramente la problemática de la corrupción local en las últimas décadas y en qué ámbitos de la administración municipal: "la mayor parte de los escándalos de corrupción en los 40 años del período democrático en España han afectado principalmente al ámbito local. La gran mayoría se han producido en áreas de políticas públicas como la contratación pública y el urbanismo. De hecho, en estos años ha habido en torno a un centenar de alcaldes imputados en diversas investigaciones judiciales sobre la corrupción y, de acuerdo con diversos informes policiales, en los últimos años se han desarrollado varios centenares

La parte final del principio del artículo 26.2.a.2.º de la Ley estatal 19/2013 establece la necesidad de que la actuación se realice absteniéndose de cualquier situación contraria al servicio público, en este sentido podemos destacar la STC n.º 77/1985 de 17 de julio de 1985, que establece que existe un "mandato de mantener a los servicios públicos a cubierto de toda colisión entre intereses particulares e intereses generales". Al abordar la necesidad de abstención en todo aquello que no vaya en favor de los servicios públicos este principio general del 26.2.a.2.º se relaciona con los dos siguientes, que son los del artículo 26.2.a.3.º: Respetarán el principio de imparcialidad, de modo que mantengan un criterio independiente y ajeno a todo interés particular." y del artículo 26.2.a.4.º: "Asegurarán un trato igual y sin discriminaciones de ningún tipo en el ejercicio de sus funciones".

Esta necesidad de trato imparcial la ubicamos en numerosa jurisprudencia, como elemento esencial, así pues, podemos destacar la STS n.º 262/2007, de 18 de enero de 2007 donde en referencia a un proceso selectivo aborda la posible necesidad de abstención de miembros del tribunal calificador y expone que: "sólo un trato imparcial puede proyectar la imagen externa de un Tribunal calificador que asume la función decisoria en el concurso de méritos.". También encontramos referencias de la necesidad del principio de imparcialidad en STSJ de Andalucía n.º 182/2011, de 26 de enero de 2011 donde en el ámbito tributario se indica que existe un derecho del contribuyente "a recibir un trato imparcial e igualitario".

---

de operaciones policiales contra la corrupción que han dado lugar a la detención de un millar de personas y a la intervención de bienes valorados en más de tres mil millones de euros. La mayor parte de los afectados por estas operaciones han sido personas vinculadas a la política municipal".

Por último, resulta también ejemplarizante la STSJ de Extremadura n.º 650/2007, de 13 de julio de 2007 donde en un proceso selectivo entiende la recusación (artículo 24 de la Ley 40/2015) como "los mecanismos legales existentes para garantizar el trato imparcial de las actuaciones de los organismos públicos, es precisamente a los que hay que acudir en caso de dudas de su imparcialidad".

También encontramos en la doctrina administrativa referencias a la necesidad de actuar siempre conforme al criterio independiente y ajeno al interés particular que expone el artículo 26.2.a.3.º, como es el caso del Dictamen n.º 424/2005 del Consejo Consultivo de Andalucía, de 22 de noviembre de 2005, donde en el ámbito de las prohibiciones para contratar expuso claramente que se debe: "preservar la imagen de rectitud y objetividad que los ciudadanos deben tener de sus instituciones, y ello a fin de evitar percepciones de favoritismo". Por tanto, los favoritismos suponen una práctica tradicional de "mal gobierno" que debe desterrarse para garantizar el interés general.

Encontramos así mismo referencias a la necesidad de evitar los intereses particulares en todo tipo de actuaciones regladas por el sector público, también en el ámbito de la competencia, donde la resolución de Consejo de la Comisión Nacional de los Mercados y la Competencia n.º R/AJ/088/18, de 4 de diciembre de 2018, indicó que la terminación convencional en materia de competencia: pretende "satisfacer el interés general y restaurar la competencia en los mercados analizados, no responder al interés particular de los que presuntamente han cometido prácticas prohibidas."

Podemos destacar también la Resolución de la Dirección General de Registros y del Notariado de 22 de octubre 2013 que en un supuesto de venta directa de una vivienda de un ayuntamiento a un particular estableció que aunque la administración actúa en base al interés general, ello no impide que un acto administrativo concreto pueda beneficiar a un particular si existe una disposición normativa que lo permite.

Resulta reseñable cómo la Ley madrileña 10/2019, de 10 de abril, de Transparencia y de Participación de la Comunidad de Madrid establece un código ético en su artículo 70 donde se enumeran una serie de principio muy ligados a los del artículo 26.2.a.3.º y 26.2.a.4.º de la Ley estatal 19/2013, que son los referidos a actuar de forma imparcial. En concreto, la norma madrileña establece en su código ético autonómico que los cargos públicos no influyen ni intentarán hacerlo de forma deshonesta en la toma de decisiones o no representarán intereses contradictorios o adversos. Incluso encontramos alguna obligación muy detallada referida a no vender a terceros copias o documentos obtenidos de las administraciones públicas, de forma que se desarrolla la obligación de imparcialidad de los cargos públicos hasta el punto de enumerar actos muy concretos de "mal gobierno", como el citado sobre vender copias de documentos oficiales.

La norma castellanomanchega sobre buen gobierno, la Ley 4/2016, de 15 de diciembre, de Transparencia y Buen Gobierno de Castilla-La Mancha, asegura un control de la imparcialidad de los cargos públicos regulando los grupos de interés en el artículo 43. De tal forma, se establece la obligación de crear un registro de los mismos que asegura que se pueden hacer un seguimiento de aquellas entidades que han podido influir en las políticas públicas y por tanto ver en qué situaciones se puede haber visto comprometida la imparcialidad de los dirigentes públicos. La forma en que los grupos de interés pueden actuar es muy variada y obedece a motivos diversos como ahora el sistema representativo, la tradición administrativa y la cultura política[76]y por dichas razones regular la gestión de

---

76 Molins López-Rodó, J. M., "El Estado, el interés general y los grupos de interés", en *Gestión y análisis de políticas públicas*, n.º 5-6, 1996, p.192.

los grupos de interés en la administración es esencial para que siga habiendo un trato imparcial en la misma y se siga garantizando el interés general constitucionalmente recogido en el artículo 103 CE.

Estrechamente relacionado con el principio general del artículo 26.2.a.4.º de la Ley 19/2013 que aborda el trato igual e imparcial en el ejercicio de potestades públicas encontramos también el artículo 57 de la Ley catalana 19/2014, de 29 de diciembre, de transparencia, acceso a la información pública y buen gobierno donde se hace una referencia a la publicidad en las condiciones de acceso a los puestos de alto cargo, ya que si se publicita un puesto se permite la concurrencia a él de candidatos que puedan actuar con un trato igual frente a todos los ciudadanos ya que no se tienen que mover, necesariamente, por intereses personales o políticos .

Cuando hablamos de altos cargos nos referimos generalmente a representantes políticos, que han obtenido los votos necesarios mediante sufragio en las elecciones correspondientes. Si bien, como hemos comentado, el artículo 54.2 de la Ley catalana 19/2014 también incluye dentro del concepto de altos cargos, entre otros, a los órganos directivos locales que estén en Cataluña, que son en muchos casos funcionarios públicos y precisamente dicho artículo 57 de la Ley 19/2014 parece estar especialmente pensado para que haya publicidad en condiciones de acceso a un puesto mediante un procedimiento de libre designación.

Estos procedimientos de libre designación, definidos en el artículo 80.1 del Real Decreto Legislativo 5/2015, de 30 de octubre, por el que se aprueba el texto refundido de la Ley del Estatuto Básico del Empleado Público cómo: "la apreciación discrecional por el órgano competente de la idoneidad de los candidatos en relación con los requisitos exigidos para el desempeño del puesto". Aunque para participar en dicho proceso se debe ser funcionario de carrera, existe una discrecionalidad relevante del órgano de selección para optar entre un candidato u otro, pero siempre justificando los motivos profesionales de competencia en el ámbito del trabajo que va a desempeñar ese alto cargo que se está seleccionando[77]. Por tanto, debería publicarse en las convocatorias públicas de libre designación cuáles han de ser los criterios de selección y además en la resolución indicar, aunque sea someramente, las razones por las que se adjudica a un candidato frente a otro; en la aplicación ello del buen gobierno local como exige dicha Ley catalana 19/2014; ya que si se ha seguido un procedimiento transparente para seleccionar un puesto de libre designación, dicho funcionario podrá ejercer su cargo con independencia y "sin deber favores a nadie".

El siguiente principio del artículo 26.2.a.5.º de la Ley 19/2013 es el referido a: "Actuarán con la diligencia debida en el cumplimiento de sus obligaciones y fomentarán la calidad en la prestación de servicios públicos". El primer elemento de este principio es la actuación diligente, una exigencia que el Tribunal Constitucional ha considerado fundamental en STC n.º 54/2003, de 16 de abril de 2003 donde en referencia a un procedimiento sancionador instruido contra un ciudadano indicó que la administración: "no ha actuado con la diligencia que le era exigible y ha generado a la recurrente en amparo, al impedirle ejercer el derecho de defensa en el procedimiento administrativo sancionador, una situación de indefensión constitucionalmente relevante." Esta necesidad de diligencia, que siempre es exigible a la administración, se manifiesta incluso en los supuestos en que haya una falta de coordinación entre

---

77 De hecho, la adecuada motivación de un puesto de libre designación es un elemento cada vez más necesario; a este respecto puede consultarse el siguiente artículo: Huergo Lora, A., ¿Es realmente libre la "libre designación"?, *Almacén de Derecho,* 2017. Disponible en línea en: https://almacendederecho.org/realmente-libre-la-libre-designacion, consultado el 10/04/2021.

varias administraciones y como consecuencia de ello un administrado se vea perjudicado, así se ha manifestado también por STC n.º 54/2003, de 16 de abril de 2003, al exponer que "la falta de diligencia de una Administración, o la indebida coordinación entre aquellas, no puede perjudicar al administrado".

El principio del 26.2.a.5.º aborda así mismo el fomento de la calidad en las administraciones. La calidad puede entenderse como una acción continua de mejora para satisfacer las expectativas[78], por tanto, en el ámbito de la administración la calidad es lograr satisfacer adecuadamente las necesidades ciudadanas. El Tribunal Constitucional en STC n.º 236/2015, de 30 de diciembre de 2015, ha indicado también la unión entre calidad e interés general de la ciudadanía al exponer que: "principios de simplificación y racionalización de la estructura organizativa a las exigencias de la atención a la ciudadanía, del interés general y de la calidad de los servicios públicos, así como a la consecución del objetivo de garantizar los derechos e intereses de los ciudadanos, actuando en beneficio de estos y del interés general".

También encontramos referencia a la calidad en la Ley catalana 19/2014, de 29 de diciembre, de transparencia, acceso a la información pública y buen gobierno que recoge el concepto del acceso y uso de unos servicios públicos de calidad reconocidos. Así pues, la gestión de la calidad supone un elemento trascendental para conseguir una efectividad en las políticas públicas aplicables. Conseguir unos servicios públicos de calidad son los que (como propone la ley catalana) harán conseguir un derecho a una buena administración entendiéndose este concepto como autónomo dentro del concepto de buen gobierno.

---

78 Camarasa Casterá, J. J., "La Calidad en la Administración Pública", en *Educar en el 2000*, 2004, p. 11.

En referencia a este concepto de calidad, Merino Estrada[79] la define en el ámbito local no como un conjunto de técnicas sino como una: "mejora integral de los rendimientos" en la entidad. En el artículo 59 de esta Ley 19/2014 se expone que el elemento fundamental para lograrla es a través de las cartas de servicio. Estas cartas contendrán unos estándares mínimos que deben cumplir todos los centros gestores de las administraciones, identificando qué servicios ofrece cada órgano gestor, los responsables de los servicios que se prestan, en qué condiciones se realizan y cuáles son los derechos y deberes los usuarios; entre otros aspectos que garanticen un servicio de calidad para lograr una buena administración y por extensión un buen gobierno. Mediante dichas cartas las administraciones consiguen mejorar su calidad y compromisos de los servicios que deben prestar, en definitiva, se logra un "plus en la calidad prestada que permite alcanzar un buen gobierno[80].

En el ámbito de la contratación administrativa (uno de los principales en la gestión pública) la Ley 9/2017 de Contratos del Sector Público ya hizo una apuesta clara por la calidad en su artículo 131.2 al establecer que la adjudicación debe ser teniendo en cuenta la calidad-precio[81] y de hecho se observa en la Resolución n.º 235/2019, de 8 de marzo de 2019 del Tribu-

---

79 Merino Estrada, V., "Calidad en la gestión de los servicios locales. Las cartas de servicios", en Carbonero Gallardo, J.M. (dir.), Teoría y práctica para la gestión de los servicios públicos locales", *El Consultor de los Ayuntamientos*, Madrid, 2010.

80 Tejeiro Lillo, M. E., "La transparencia y su implantación en la Administración Local", en Zambonino Pulito, M., *Buen gobierno y buena administración. Cuestiones claves*, p. 69.

81 De hecho, la propia exposición de motivos de la Ley 9/2017 ya indica que se apuesta por lograr una "gran calidad", al indicar que: "por primera vez se establece la obligación de los órganos de contratación de velar por que el diseño de los criterios de adjudicación permita obtener obras, suministros y servicios de gran calidad, concretamente

nal Administrativo Central de Recursos Contractuales como la administración recurrida defiende enérgicamente los criterios de calidad incluidos argumentado que van destinados "precisamente a mejorar la calidad del servicio, por eso están inextricablemente unidos al objeto del contrato" de forma que se incluye como elemento esencial la calidad.

Continuamos con el principio del artículo 26.2.a.6.º de la Ley 19/2013 referido a: "Mantendrán una conducta digna y tratarán a los ciudadanos con esmerada corrección". Para definir una conducta digna debemos aproximarnos al ámbito de la ética, donde "llamamos ética a la elección de la conducta digna, al esfuerzo por obrar bien, a la ciencia y al arte de conseguirlo"[82], de esta forma podemos entender como buen gobierno la realización de una conducta digna en la medida en que, como dicho autor expone, dicha conducta supone "obrar bien".

Dicha conducta digna supone una actitud ejemplarizante de cara a la ciudadanía y de hecho este principio del artículo 26.2.a.6.º LTBG lo unimos al principio de ejemplaridad recogido en el artículo 31.2.c de la Ley 4/2013, de 21 de mayo, de Gobierno Abierto de Extremadura. Dicha ejemplaridad en la actuación pública que regula la ley extremeña no la encontramos en el articulado de la Ley estatal 19/2013, aunque sí en su apartado segundo del preámbulo, donde se expone: "los responsables públicos (...) deben ser un modelo de ejemplaridad en su conducta".

Así mismo, también la STC n.º 123/2017, de 2 de noviembre de 2017, se ha referido a este concepto remarcando que "existe una necesidad de que el cargo público goce de la confianza y respeto de los ciudadanos, por lo que resulta exigible

---

mediante la inclusión de aspectos cualitativos, medioambientales, sociales e innovadores vinculados al objeto del contrato"

82 Ayllón, J. R., *Ética razonada*, Editorial Palabra, Madrid, 2012, p. 11.

ejemplaridad en su conducta, más aún en aquellos cargos cuya función es de representación de los ciudadanos, siendo importante reforzar el valor ético de la actividad política y el vínculo de confianza entre la ciudadanía y sus dirigentes"; de tal forma, la ejemplaridad es un elemento más a considerar dentro del principio del artículo 26.2.a.6.º LTBG sobre buen gobierno.

El segundo elemento de este principio del artículo 26.2.a.6.º LTBG es el relativo a tratar a la ciudadanía con esmerada corrección, lo que en la práctica supone realizar una atención ciudadana de calidad. La definición de atención ciudadana ha evolucionado a un concepto más complejo, ya que actualmente en la administración hemos pasado de un sistema bidireccional a uno multicanal[83]. Además, la ciudadanía demanda una atención más rápida y por ello juegan aquí un papel fundamental las nuevas tecnologías a las que debe adaptarse la administración[84].

Relacionado con el concepto de un trato esmerado a la ciudadanía encontramos el derecho a formular propuestas y sugerencias en relación con el funcionamiento de los servicios públicos, ya que permitir a la ciudadanía hacer aportaciones sobre la gestión pública es una forma más de darle un trato adecuado al respetar y atender adecuadamente sus pretensiones. Dicho derecho a las quejas y sugerencias lo encontramos en el artículo 59.3.i de la Ley catalana 19/2014.

Debe este derecho entenderse como una extensión del derecho de petición constitucionalmente reconocido en el artí-

---

83 Herrero López, M. R., "Atención al ciudadano en las administraciones públicas e inspección de educación. Retos de la administración electrónica", en *Supervisión 21. Revista de educación e inspección*, n.º 47, 2018, p.4.

84 Moreno Cegarra, J. L., *Evaluación del gobierno electrónico del Ayuntamiento de Cartagena en la atención ciudadana*, Universidad Politécnica de Cartagena, Cartagena, 2012, p. 50.

culo 29.1 CE: "Todos los españoles tendrán el derecho de petición individual y colectiva, por escrito, en la forma y con los efectos que determine la ley". Ahora bien, aquí en concreto se hace una referencia más específica a un derecho más concreto con relación a la calidad de los servicios públicos.

Se trata, por tanto, de poder formular propuestas y sugerencias, que generalmente se hacen a través de formularios web, algo que está bastante extendido en el ámbito privado y que en los últimos años ha venido a aplicarse más en las administraciones públicas, incluidas las locales. Como determina el Ministerio de Administraciones Públicas[85]: "una queja es una oportunidad de mejora (…) es valiosa porque da información de primera mano sobre cómo es percibida por los usuarios la calidad de los servicios", por lo que la queja permite subsanar los errores de calidad que ha tenido la administración al prestar un servicio a la ciudadanía.

Evidentemente este derecho de formular propuestas y sugerencias adquiere un valor importante, pero quizás el legislador catalán debería haber exigido también que cada administración constituyera algún tipo de comité o mecanismo de seguimiento a efectos de garantizar el seguimiento, y en su caso la evaluación, de todas y cada una de estas propuestas de mejora sobre los servicios públicos. Ya que no se trata de un derecho de petición más (que pueda ser legítimo y de interés para un ciudadano particular) sino que, en el ámbito de las mejoras sobre servicios públicos, en muchas ocasiones, estas propuestas acaban beneficiando no a un único ciudadano sino al conjunto del vecindario local, y por ello deben hacerse un especial

---

85 Ministerio de Administraciones Públicas, *Guía para la gestión de las quejas y sugerencias*, Madrid, 2006, p. 4. Disponible en línea en: https://www.hacienda.gob.es/Documentacion/Publico/SGT/CATALOGO_SEFP/038_Guia-Gestion-de-Q-y-S-03-06.pdf, consultado el 10/04/2021.

hincapié en cuáles son las propuestas que han llegado y las razones por las cuales se aceptan o se rechazan.

El último de los principios generales de buen gobierno que establece la Ley 19/2013 es el del artículo 26.2.a.7.º: "Asumirán la responsabilidad de las decisiones y actuaciones propias y de los organismos que dirigen, sin perjuicio de otras que fueran exigibles legalmente". Por ello, nos encontramos aquí una necesidad de que aquellos que adoptan una decisión se responsabilicen de sus consecuencias, de la índole que sean. Podemos destacar el voto particular de Xiol Ríos en STC n.º 133/2018, de 15 de enero de 2019 donde se muestra partidario de que se puedan asumir responsabilidades políticas incluso por empleados públicos que no sean cargos electos. Se trata esta de la Sentencia del accidente de la línea 1 de Metrovalencia ocurrido el 3 de julio de 2006 donde la opinión mayoritaria del Tribunal Constitucional es que se ha vulnerado el derecho al honor del recurrente, del artículo 18.1 CE, porque una comisión de investigación de les Corts Valencianes le declaró responsable de los hechos. El magistrado que emite el voto particular dice que dichas responsabilidades determinadas por el parlamento autonómico son correctas puesto que "es una función con expreso reconocimiento constitucional y configuradora del ejercicio del ius in officium" y añade que si no se permite dicha calificación de responsabilidades a dichas comisiones ello "amenaza con hacer inoperante el papel de las comisiones de investigación, ya que resulta inimaginable que los hechos de los cuales pueden derivarse responsabilidades políticas sean siempre ajenos a responsabilidades penales o jurídicas de otro tipo" por tanto, expone así Xiol Ríos que la asunción de responsabilidades puede empezar en el ámbito político para acabar en otras responsabilidades administrativas, penales o jurídicas de cualquier tipo.

En sentido contrario, esta asunción de la propia responsabilidad tampoco puede suponer que un particular pretenda adjudicar a una administración las responsabilidades de un acto en la que la propia administración no ha participado, ya que el sentido de este principio es cuando la administración ha intervenido de alguna forma y debe responsabilizarse de su acción u omisión, pero no implica que la administración acabe siendo la responsable de todo aquello que acontece en su ámbito territorial. A modo de ejemplo, podemos destacar la STSJ de la Comunitat Valenciana n.º 133/2001, de 2 de febrero de 2001 donde el tribunal expone que el consistorio local no es responsable de un acto taurino que se realizó en su término municipal pero el cual no organizó el Ayuntamiento de Benifaió de les Valls, por tanto, siendo este caso los responsables de sus actos los particulares que los causaron y no por defecto la administración territorialmente competente.

2.3. *Principios de actuación de buen gobierno en la normativa estatal y su desarrollo autonómico*

Finalizado el análisis de los principios generales procedemos ahora a estudiar los principios de actuación que prevé también el artículo 26.2 la Ley 19/2013. Si bien, antes de abordar con detalle los principios de actuación de la norma estatal hemos de referirnos también a la norma autonómica catalana, la Ley 19/2014 de 29 de diciembre de transparencia, acceso a la información pública y buen gobierno, que en su artículo 55 incluye también principios de actuación y en su enumeración va un poco más allá de la norma estatal e incluye otros principios, bajo la denominación de éticos o de reglas de conducta. Destaca entre estos principios de actuación de la Ley catalana 19/2014 el ajuste y la aplicación de los recursos públicos a la legalidad presupuestaria, se incluye el respeto a la Constitución y al Estatuto de Autonomía, así como al principio de legalidad o la protección de los derechos fundamentales. Evidentemente, aunque la enumeración que realiza la ley catalana es más extensa (hasta quince principios) que la de los principios que realiza la ley estatal[86], prácticamente todos los principios catalanes podrían inferirse de los fijados en la norma estatal.

Por tanto, centrándonos ahora en la Ley estatal 19/2013, se recogen nueve principios de actuación, siendo el primero de ellos el del artículo 26.2.b.1.º: "Desempeñarán su actividad con plena dedicación y con pleno respeto a la normativa reguladora de las incompatibilidades y los conflictos de intereses", de hecho, la dedicación plena es un valor fundamental del buen gobierno[87]. De esta forma, se considera necesario tener una actitud ejemplarizante y con dedicación plena por parte de los dirigentes públicos, que deberán aplicar los principios ligados al buen gobierno[88] . Esta dedicación plena no solo es aplicable a los dirigentes políticos, ya que determinados puestos reservados a funcionarios pueden tener la obligación de aplicar este principio, así nos lo recuerda la STC n.º 190/2001, de 6 de noviembre de 2001 donde expone en referencia a un puesto de libre designación de Radio Televisión Española: "implica

---

86 En la Ley autonómica de Cataluña 19/2014 se regulan hasta quince principios de actuación mientras que en la Ley estatal 19/2013 solo se recogen nueve principios de actuación.

87 Diego Bautista, Ó., "Los códigos éticos en el marco de las Administraciones Públicas contemporáneas: Valores para un Buen Gobierno", en *Revista de las Cortes Generales*, n.º 65, 2005, p. 136.

88 De hecho, autores como De Miguel, Ribes, y Del Val Segarra consideran la dedicación plena como un principio de conducta, una denominación similar a la que hace la Ley 19/2013 a este principio al entenderlo como de actuación, en el sentido de que requiere una voluntad expresa del dirigente en realizar la labor adecuadamente. De Miguel, Ribes, y Del Val Segarra, "El buen gobierno en la administración pública española: principios incluídos y excluidos", en *XV Congreso Nacional de Ética de la Economía y de las Organizaciones El Buen Gobierno de las Organizaciones*, 2007, p. 6. Disponible en línea: http://www.eben-spain.org/docs/Papeles/XV/deMiguelRibesdeMigueldelVal.pdf, consultado el 10/04/2021.

absoluta dedicación, plena disponibilidad y remuneración correspondiente a nivel directivo".

La necesidad de que la plena dedicación esté también relacionada con la plena disponibilidad nos hace abordar el segundo elemento de este principio, que es el relativo al "pleno respeto a la normativa reguladora de las incompatibilidades y los conflictos de intereses"[89] siendo por tanto aquí aplicable, en el caso de concejales de entidades locales, el artículo 178.2 de la Ley Orgánica 5/1985, de 19 de junio, del Régimen Electoral General como incluso la Ley 53/1984, de 26 de diciembre, de Incompatibilidades del Personal al Servicio de las Administraciones Públicas en el caso de que los concejales tengan dedicación exclusiva (según artículo 5.1.b de la Ley 53/1984). En el caso de empleados que les es aplicable los principios de buen gobierno solo habría que considerar la citada Ley 53/1984.

De hecho, la Ley 10/2019, de 10 de abril, de Transparencia y de Participación de la Comunidad de Madrid regula con tanto detalle la obligación de cumplir la normativa de conflictos de intereses e incompatibilidades que en su artículo 70.f determina que los altos cargos no deben tener personal a su servicio incurso en incompatibilidades. De forma que no solo existe la obligación de los altos cargos de cumplir la normativa de incompatibilidades, sino que además deben exigir a su personal que la cumplan expresamente.

También la normativa autonómica catalana recoge en el artículo 56 de la Ley catalana 19/2014 un régimen de incompatibilidades y además se refiere a las obligaciones de presentar declaraciones de actividades, de bienes patrimoniales y de intereses. La ley catalana también regula en el artículo 56.2 de su norma que la declaración de actividades será pública algo necesario

---

89 Artículo 26.2.b.1.º de la Ley 19/2013, de 9 de diciembre, de transparencia, acceso a la información pública y buen gobierno.

para lograr una rendición de cuentas y llegar a alcanzar un buen gobierno local, algo que ya fijaba el citado artículo 75.5, párrafo 5.º LRBRL: "Tales declaraciones se inscribirán en los siguientes Registros de intereses, que tendrán carácter público"

Los supuestos de incompatibilidades que podemos inferir de este principio de actuación del artículo 26.2.b.1.º de la Ley estatal 19/2013 pueden ser muy diversos. En el caso de los ediles locales han sido interpretados originalmente de forma restrictiva, así lo podemos observar en STSJ de Castilla y León n.º 816/2017, de 23 de junio de 2017, donde se declaró que "no cabe compatibilizar la condición de concejal con la de prestar servicios como empleado público a la misma administración" incluso cuando la contratación sea de carácter temporal[90]. También en este ámbito se ha pronunciado la Junta Electoral Central al establecer que la incompatibilidad de los concejales "alcanza a cualquier personal al servicio del propio Ayuntamiento sea cual sea el régimen jurídico aplicable a la relación de servicio de ese personal con el Ayuntamiento"[91], incluso aunque la retribución de ese contrato sea parcial o totalmente subvencionada por otra administración, ya que así lo ha indicado la Junta: "aunque no sea ésta la entidad que abona su retribución"[92].

Si bien, la última doctrina del Tribunal Supremo ha venido a flexibilizar este régimen de incompatibilidades cuando un

---

90 En estos casos de incompatibilidad de concejales debe procederse conforme establece el artículo 178.3 LOREG que determina que: "Cuando se produzca una situación de incompatibilidad los afectados deberán optar entre la renuncia a la condición de Concejal o el abandono de la situación que, de acuerdo con lo establecido en el apartado anterior, dé origen a la referida incompatibilidad".

91 Acuerdo de la Junta Electoral Central n.º 339/1991, de 12 de abril de 1991, exp. n.º 000/91041208.

92 Acuerdo de la Junta Electoral Central n.º 32/1991, de 4 de abril de 1991, exp. n.º 000/91040401.

concejal pretende ocupar un puesto en su administración de forma temporal y financiado por otra administración, ya que la STS n.º 575/2020, de 28 de mayo de 2020, ha determinado que: "conviene insistir que en la medida en que las causas de incompatibilidad, que prevé la LOREG, constituyen excepciones a los criterios generales de participación en tareas de carácter público, han de ser interpretadas, por tal razón, de modo restringido". En este mismo sentido, se ha pronunciado más recientemente la Junta Electoral Central en acuerdo n.º 375/2007 de 6 de julio de 2007 donde afirma que "si bien no incurre en dicha incompatibilidad cuando no se integre en la plantilla del Ayuntamiento al que pertenece ni sea éste quien le abona la retribución (...) ni tampoco cuando se trate de obras de corta duración y financiadas con fondos ajenos al Ayuntamiento, siempre que no se convierta en contratista de la Corporación local".

Por tanto, actualmente nos encontramos en un sistema más permisivo donde se permite una mayor compatibilidad del cargo de concejal con el de personal temporal subvencionado del mismo consistorio, si bien evitando en todo caso conflictos de intereses a la hora de compatibilizarlos, como expone la STS n.º 3001/2002, de 26 de abril de 2002, al indicar que se permite dicha compatibilidad pero se debe "garantizar la objetividad, imparcialidad, eficacia y transparencia en el desempeño del cargo de Concejal, preservándole de influencias ajenas al interés público que pudieran contaminar la toma de decisiones"[93].

---

93 Sobre la incompatibilidad de los cargos electos locales con desempeñar un puesto de trabajo en la misma administración local en la que ejercen sus funciones políticas puede verse el estudio realizado en la materia en: Clemente Martínez, J., "La incompatibilidad del artículo 178.2.b) LOREG entre los cargos de concejal y empleado de una misma entidad local: una difícil ponderación de intereses constitucionales", en *Cuadernos de Derecho Local*, n.º 60, 2022.

Precisamente, la necesidad de que no subsistan conflictos de intereses en las actuaciones de la administración es el siguiente elemento de este primer principio de actuación de buen gobierno. El ámbito de la contratación público es uno de los más proclives a tener dichos conflictos por ello, encontramos en este ámbito más definiciones de que supone, por ejemplo, en Informe n.º 31/2015, de 13 de julio de 2017. de la Junta Consultiva de Contratación Administrativa del Estado se establece que el concepto más adecuado es "el concepto contenido en la directiva[94] es de aplicación para determinar cuándo existe el conflicto de intereses" y de hecho a la luz de la directiva puede parecer que se compromete su independencia e imparcialidad en el procedimiento de contratación[95].

Si bien esta definición está diseñada para el ámbito de la contratación sus últimas palabras sirven para fijar el conflicto de interés en otros ámbitos de la administración, es decir, existirá dicho conflicto cuando el tramitador del expediente tenga una relación directa o indirecta que comprometa su imparcialidad[96].

El segundo de los principios de actuación de buen gobierno es el fijado en el artículo 26.2.b.2.º de la Ley 19/2013: "Guardarán la debida reserva respecto a los hechos o informaciones conocidos con motivo u ocasión del ejercicio de sus competencias". En el ámbito local, este deber de reserva ya está impuesto a los concejales desde la aprobación del Real Decreto 2568/1986, de 28 de noviembre, por el que se aprueba el Re-

---

94 Lo define en concreto el artículo 24 de la Directiva 2014/24/UE del Parlamento Europeo y del Consejo de 26 de febrero de 2014 sobre contratación pública y por la que se deroga la Directiva 2004/18/CE.

95 Folguera Fondevila, R., "La fiscalización de los conflictos de interés", en *Auditoría Pública*, n.º 70, 2017, p. 100.

96 *Idem.*

glamento de Organización, Funcionamiento y Régimen Jurídico de las Entidades Locales (ROF), en concreto en el apartado d del artículo 16.3[97].

En este sentido, juega un papel fundamental la protección de datos personales, ya que si bien el concejal puede tener acceso a la información del ayuntamiento para ejercer sus funciones políticas, pero no podrá divulgarla, para cumplir con su deber de secreto. Precisamente la Agencia Española de Protección de Datos, ha emitido resoluciones donde expone que se "atribuye a los concejales la posibilidad de consultar la documentación obrante en el Ayuntamiento en el ejercicio de su actividad de control de los órganos de la Corporación (...) se encuentra habilitada por Ley"[98].

Si bien, como el Tribunal Supremo ha indicado en su STS n.º 792/1998, de 9 de febrero de 1998, el acceso a la información "no les exime de que, cumplido el fin, queden obligados a sujetarse al deber de secreto respecto a aquellos datos personales que puedan atentar al derecho a la intimidad de los concernidos". Por tanto, a pesar de que el derecho de los concejales a obtener información municipal está amparado en el artículo 23 CE y en la citada normativa legal, se debe de seguir cumpliendo el límite a la reserva[99].

---

97 Dicho artículo 16.3 ROF establece: "Los miembros de la Corporación tienen el deber de guardar reserva en relación con las informaciones que se les faciliten para hacer posible el desarrollo de su función, singularmente de las que han de servir de antecedente para decisiones que aún se encuentren pendientes de adopción, así como para evitar la reproducción de la documentación que pueda serles facilitada, en original o copia, para su estudio".

98 Resolución de la Agencia Española de Protección de Datos de 30 de marzo de 2005.

99 En caso de incumplirse dicha obligación de reserva procede actuar contra dicho concejal. En este sentido, el Ayuntamiento de Galapagar publicó un modelo de requerimiento a un concejal que incumplió

El tercero de los principios de actuación es el contenido en el artículo 26.2.b.3.º: "Pondrán en conocimiento de los órganos competentes cualquier actuación irregular de la cual tengan conocimiento". Se trata de una obligación que encontramos también, por ejemplo, expresamente recogida en el Código de conducta del personal de la Comisión Nacional de los Mercados y la Competencia[100] que establece en la norma 4.4 en cuanto a las obligaciones específicas de los miembros del Consejo y los Directores de la Comisión Nacional de los Mercados y la Competencia que establece que: "Pondrán en conocimiento de los órganos competentes cualquier actuación irregular de la cual tengan conocimiento".

Este principio de actuación requiere una verdadera voluntad del responsable político para dar a conocer a la autoridad que corresponda una actuación no adecuada a la normativa. El ámbito de la gestión de los recursos humanos en la administración se tercia mucho a tener situaciones que requieren de una denuncia por ser ilegales y por tanto de una actuación proactiva para solucionarlas, en este sentido en el ámbito de los trabajadores indefinidos no fijos que es esencial para control el problema y exigir responsabilidades a quienes han perpetrado esta práctica fraudulenta[101]. Por tanto, este principio de buen

---

dicho deber. Ayuntamiento de Galapagar, "Incumplimiento del deber de reserva por concejal", *en Anuario de Derecho Municipal*, n.º 4, 2010, Madrid, p. 493.

100 Acuerdo de 18 de marzo de 2015, del Pleno del Consejo de la Comisión Nacional de los Mercados y la Competencia, por el que se aprueba el Código de conducta del personal de la Comisión Nacional de los Mercados y la Competencia.

101 Fondevila Antolín, J., "Algunas propuestas para una necesaria revisión de la cuestionable doctrina judicial del reconocimiento, al personal laboral temporal y funcionarios interinos, de la condición de "indefinidos no fijos", en *Gabilex: revista del Gabinete Jurídico de Castilla-La Mancha*, n.º 13, 2018, p. 72.

gobierno supone no solo no realizar una actuación ilegal sino impedir que otros las hagan, denunciándolas cuando proceda.

Muy ligado a esta obligación del artículo 26.2.b.3.º LTBG de poner en conocimiento de los órganos competentes actuaciones irregulares, encontramos en la ley madrileña 10/2019, de 10 de abril, de Transparencia y de Participación de la Comunidad de Madrid la obligación, en el artículo 70.k, de colaborar con las personas que llevan a cabo las actuaciones de control y fiscalización dentro de la administración pública. Resulta ello de especial relevancia ya que generalmente los órganos interventores o de control suelen encontrarse, en no pocas ocasiones, con dificultades para conseguir realizar sus funciones. Puesto que la ocultación de información suele ser habitual para tratar de encubrir casos de corrupción[102] y por tanto la obligación de los altos cargos locales de facilitar la labor de los interventores resulta más que necesaria.

El siguiente principio es el del artículo 26.2.b.4.º LTBG que establece que: "Ejercerán los poderes que les atribuye la normativa vigente con la finalidad exclusiva para la que fueron otorgados y evitarán toda acción que pueda poner en riesgo el interés público o el patrimonio de las Administraciones". Por tanto, el primer elemento de este principio es que no debe utilizarse los poderes públicos otorgados para aspectos que no son propios del cargo, de lo contrario nos encontraríamos en abuso de poder, que surge, en parte, fruto de la gestión de servicios públicos por entidades privadas[103]. La jurisprudencia del

---

[102] Sobre cómo evitar las actuaciones corruptas a través de conductas transparentes y participativas con la ciudadanía véase: Castellanos Claramunt, J., "Transparencia y participación ciudadana: la lucha contra la corrupción como eje vertebrador del proceso democrático", en *Revista española de la transparencia*, n.º 15, 2022.

[103] Aranda Álvarez, E., "Una reflexión sobre transparencia y buen gobierno", *op.cit.*, p. 221.

Tribunal Constitucional en STC n.º 56/2019, de 10 de junio de 2019 también nos define que entenderíamos por abuso de poder y por tanto como evitarlo para lograr un buen gobierno; una definición consistente en que la administración actúe: "deliberadamente, sin una finalidad u objetivo legítimo, con abuso de poder o arbitrariedad".

El segundo elemento de este principio del artículo 26.2.b.4.º es: "evitarán toda acción que pueda poner en riesgo el interés público o el patrimonio de las Administraciones." ello supone que los obligados por estos principios de buen gobierno deben tratar de buscar, en palabras de la Junta Consultiva de Contratación Administrativa de Andalucía en Informe n.º 3/2016, de 28 de julio de 2016 sobre un rescate de una concesión pública: "la opción que puede ser la menos traumática para el interés público, que implique menos coste económico y de riesgo de desaparición del servicio" y además dicho principio exige, como expone STSJ de la Comunidad Valenciana n.º 556/2019, de 28 de julio de 2019, que en las actuaciones de los obligados al buen gobierno eviten el "descuido o negligencia en el ejercicio de sus funciones, negligencia que se desprende de su actuación y los perjuicios que su actuación ha podido generar, creando un riesgo patrimonial".

El artículo 26.2.b.5.º LTBG determina que: "No se implicarán en situaciones, actividades o intereses incompatibles con sus funciones y se abstendrán de intervenir en los asuntos en que concurra alguna causa que pueda afectar a su objetividad". Como expone la STC n.º 48/2002, de 3 de abril de 2002, este principio supone que: "una Administración Pública, que ha de actuar siempre con objetividad y plena sumisión a la legalidad (artículos 103.1 y 106.1 CE), sin asomo alguno de arbitrariedad (artículo 9.3 CE)". Dicha actuación objetiva resulta necesaria en la medida en que de actuarse así se benefician o perjudican unos ciudadanos sobre otros sin causa justificada, así se expuso en STS n.º 854/1996, de 28 de octubre de 1996 en un supuesto de retraso en tramitación de licencias que generó una: "desigualdad de trato que se traduce en retrasos innecesarios, en exigencias no justificadas legalmente y sin precedentes, en una falta de objetividad, en definitiva, que perjudica a terceros".

La Ley 4/2013, de 21 de mayo, de Gobierno Abierto de Extremadura, en su artículo 34, regula otro elemento estrechamente relacionado con el principio de actuación del artículo 26.2.b.4.º de la Ley estatal 19/2013, que es la obligación por la que el gobierno cesante facilita el traspaso de poderes al nuevo gobierno. Éste se trata de un aspecto novedoso, no regulado previamente en la normativa estatal de buen gobierno, y que permiten garantizar una práctica que, en ocasiones, acaba siendo de obstruccionismo en la medida en que el gobierno que ha perdido las elecciones puede llegar a querer impedir o entorpecer la incorporación del nuevo. Por tanto, entendemos también como un buen gobierno facilitar este traspaso de poderes, que supone la aplicación del citado principio de buen gobierno estatal del artículo 26.2.b.4.º LTBG de ejercer los poderes públicos para la única finalidad por la que fueron concebidos.

El siguiente principio es el del artículo 26.2.b.6.º LTBG: "No aceptarán para sí regalos que superen los usos habituales, sociales o de cortesía, ni favores o servicios en condiciones ventajosas que puedan condicionar el desarrollo de sus funciones. En el caso de obsequios de una mayor relevancia institucional se procederá a su incorporación al patrimonio de la Administración Pública correspondiente". Dicha exigencia de no aceptar regalos que puedan tener por objeto conseguir favores tiene su traducción penal en el artículo 422 del Código Penal que establece: "La autoridad o funcionario público que, en provecho propio o de un tercero, admitiera, por sí o por persona interpuesta, dádiva o regalo que le fueren ofrecidos en consideración a su cargo o función, incurrirá en la pena de prisión de seis meses a un año y suspensión de empleo y cargo público de uno a tres años". En este sentido, el auto del TSJ de la Comunidad Valenciana n.º 20/2012, de 25 de mayo de

2012 expone que precisamente estos tipos penales pretenden "impedir la instrumentalización del cargo con fines extraños a los públicos". La exigencia de abstenerse de obtener regalos ha sido más desarrollada por el artículo 52.2.f de la Ley 12/2014, de 16 de diciembre, de Transparencia y Participación Ciudadana de la Comunidad Autónoma de la Región de Murcia[104], que establece que: "Rechazarán cualquier regalo u obsequio, que sea en efectivo o en especie, ni favores o servicios que procedan de una persona física o jurídica relacionada directa o indirectamente con su actividad política, orgánica o administrativa y cuyo valor supere los 60 euros. No podrán acumular regalos procedentes de la misma persona, organismo o empresa cuya suma de sus valores sea superior a los 100 euros durante el período de un año". De esta forma, al individualizar un importe a partir del cual debe rechazarse un obsequio se consigue que los cargos locales puedan cumplir más adecuadamente esta obligación, en la medida en que un regalo que supere los "usos habituales" (que es el concepto utilizado por la normativa estatal) deja de ser un concepto jurídico indeterminado a partir de una cifra concreta, con lo cual los dirigentes locales no tienen excusa para evitar cumplir esta exigencia. Precisamente por

---

104 De la lectura del ámbito de aplicación de la Ley 12/2014 de la Región de Murcia no queda claro si dicho artículo 52.2.f sería aplicable a las entidades locales murcianas, ya que dicho ámbito de aplicación para las normas de buen gobierno se establecen en el artículo 51.2 de la citada Ley 12/2014 y determina: "Asimismo, será de aplicación a los cargos electos de las entidades locales de la Comunidad Autónoma de la Región de Murcia y de la Asamblea Regional de Murcia en aquellos aspectos que vengan expresamente recogidos" y el citado artículo 52.2.f no parece referirse expresamente a que dicho principio ético también sea aplicable a cargos de entidades locales. En todo caso, sí que nos sirve dicho precepto como referencia para entender cuando un regalo podría considerarse que supera los usos habituales y, por tanto, ayuda a dar más seguridad jurídica a esta exigencia de buen gobierno.

esto, dicha concreción nos parece muy positiva, como también estimamos razonables las cantidades concretas establecidas por la ley murciana de transparencia, una iniciativa que deberían realizar también el resto de comunidades autonómicas a la hora de regular los aspectos de buen gobierno local.

El séptimo principio de actuación que establece la Ley 19/2013 es: "Desempeñarán sus funciones con transparencia" (artículo 26.2.b.7.º). Se trata de una obligación que implica no realizar actuaciones opacas en la gestión pública, tanto con la ciudadanía como con la oposición política. De hecho, esta actuación transparente cada vez más se extiende porque permite legitimar mejor las actuaciones del gobierno local[105]. Debemos recordar que las exigencias de transparencia las encontrábamos también en el principio general del artículo 26.2.a.1.º de la Ley 19/2013 al indicar: "Actuarán con transparencia en la gestión de los asuntos públicos".

Dicha necesidad de actuar de forma transparente se aplica a todos los ámbitos de la administración pública, si bien el primero en que hay que actuar de dicha forma es el presupuestario, en la medida en que determina los ingresos y los gastos para llevar a cabo las políticas públicas. Así pues, la ausencia de transparencia es frecuentemente realizada para encubrir determinadas decisiones tomadas[106] y por ello, una actuación transparente en materia de gasto evita que se adopten decisiones públicas incorrectas.

Estrechamente relacionado con la actuación transparente encontramos la participación ciudadana, que está más regulada en el artículo 69.1 de esta Ley catalana 19/2014: "Las per-

---

105 Tejedo-Romero, F. y Ferraz J.F., "Transparencia en los municipios españoles: determinantes de la divulgación de información", en *UAEM,* n.º 78, 2018, p. 159.

106 Barea, J., "La necesidad de transparencia en la gestión pública", en *Auditoría Pública,* n.º 33, 2004, p. 16.

sonas tienen el derecho a participar, mediante la presentación de propuestas y sugerencias, en las iniciativas normativas que promueve la Administración pública. Este derecho puede ejercerse con relación a las iniciativas normativas en que, por su importancia o por la materia que regulan, la Administración pública considera pertinente abrir este proceso participativo desde el inicio de la tramitación del procedimiento administrativo". En la medida en que para conseguir un gobierno abierto[107] es necesario hacer partícipe de las decisiones a la ciudadanía, para que no solo sean los dirigentes políticos quienes acaben tomando las decisiones públicas.

Aunque sin diferentes, resulta evidente que el concepto de participación ciudadana también tiene mucho que ver con el buen gobierno, en la medida que cuando abordamos principios de buen gobierno referidos a la dedicación al servicio público o sobre cómo fomentar la calidad de los servicios públicos, para lograrlos los mecanismos de participación ciudadana son fundamentales. En consecuencia, buen gobierno y participación ciudadana suelen ir en la práctica muy de la mano. Con todo, esta Ley catalana 19/2014 dedica dentro del título de gobierno abierto, un apartado más amplio a la participación ciudadana en la elaboración de normas y regula un derecho a proponer iniciativas normativas, desarrollando un poco más el concepto de iniciativa popular en el caso autonómico catalán.

De esta forma, aunque se incluyen los conceptos de participación ciudadana (título VI Ley 19/2014) en un título diferenciado al del buen gobierno (título V Ley 19/2014), es evidente que las similitudes con el buen gobierno son notorias ya que

---

107 Sobre cómo entender el gobierno abierto en nuestras administraciones véase: Carmona Garias, S., "La permanente renovación administrativa y la necesidad de regenerar la democracia: reinterpretación del panóptico a través del Open Government", en *Revista Vasca de Administración Pública*, n.º 99-100, 2014.

se regulan dentro del título de gobierno abierto una serie de principios que tanto son aplicables al buen gobierno como a la participación ciudadana. Así pues, encontramos en el artículo 65 de la Ley 19/2014, por ejemplo, la transparencia para la mejora de la calidad de los servicios, la rendición de cuentas y asunción de la responsabilidad ante los ciudadanos, que son principios regulados para el gobierno abierto y también son principios de buen gobierno del artículo 26 de la Ley estatal 19/2013. También el artículo 5.h de la Ley Foral 5/2018, de 17 de mayo, de Transparencia, acceso a la información pública y buen gobierno de Navarra establece como principio la necesidad de promover la cultura de la evaluación[108] para fomentar la rendición de cuentas, de aquí la relevante de que dicha revisión periódica de las políticas públicas se efectúe como forma de buen gobierno local.

Junto con la participación ciudadana, otro elemento que ponemos en conexión con este principio del artículo 26.2.b.7 LTBG: "Desempeñarán sus funciones con transparencia" es el principio de transparencia en las agendas oficiales, del artículo 35.2.a de la Ley 4/2016, de 15 de diciembre, de Transparencia y Buen Gobierno de Castilla-La Mancha. Así pues, la comunidad castellanomanchega da un paso más de las obligaciones de transparencia y regula dicha obligación de forma más precisa, ya que en la Ley estatal 19/2013 no se incluye expresamente la referencia a las agendas. Según la Recomendación n.º 1/2017 del Consejo de Transparencia y Buen Gobierno, de 23 de abril del 2017

---

[108] La evaluación de las políticas públicas supone un nuevo reto fundamental a abordar en toda administración; de hecho, en el ámbito de la Administración General del Estado se ha aprobado recientemente la Ley 27/2022, de 20 de diciembre, de institucionalización de la evaluación de políticas públicas en la Administración General del Estado, lo que supone una oportunidad para esta administración. Por ello, implementar medidas de evaluación también en las políticas públicas locales permite también lograr el buen gobierno local.

sobre información de las agendas de los responsables públicos, la transparencia en las mismas incluirá: "la información acerca de la actividad pública diaria de los responsables públicos -siempre que tenga trascendencia pública y con exclusión, por tanto, de aquella estrictamente relacionada con el funcionamiento interno o cotidiano de los correspondientes organismos-, debe ser publicada con la mayor extensión posible".

También la Ley extremeña sobre buen gobierno, la Ley 4/2013, de 21 de mayo, de Gobierno Abierto de Extremadura, en su artículo 35, expone la transparencia en la acción de gobierno y rendición de cuentas, donde se expone la necesidad de compartir las decisiones políticas, logros y dificultades y dar cuenta de cómo se utilizan y administrar los recursos públicos sobre esta cuestión de la necesidad de publicidad e informar a la ciudadanía de las actuaciones realizadas, por tanto, este principio extremeño de buen gobierno supone un desarrollo del principio de actuación del artículo 26.2.b.7º de la Ley estatal 19/2013.

Encontramos otro caso de regulación de la normativa autonómica sobre buen gobierno en la Ley 10/2019, de 10 de abril, de Transparencia y de Participación de la Comunidad de Madrid, que también establece disposiciones de buen gobierno relacionados con el artículo 26.2.b.7º de la Ley estatal 19/2013 que establece el citado principio de desempeñar las funciones con transparencia. En concreto, en el artículo 65 y siguiente de la norma autonómica madrileña, la Ley 10/2019, un registro de transparencia en el que deben inscribirse los altos cargos locales y como consecuencia de dicha inscripción deberán también suscribir un código ético, regulado en el artículo 70 de esta norma autonómica.

El penúltimo principio de actuación es: "Gestionarán, protegerán y conservarán adecuadamente los recursos públicos, que no podrán ser utilizados para actividades que no sean las permitidas por la normativa que sea de aplicación" (artículo

26.2.b.8º LTBG). La propia carta magna, en su artículo 31.2 establece también la eficiencia en la gestión de los recursos públicos y así lo ha reiterado el Tribunal Constitucional[109]. La gestión adecuada de dichos recursos es esencial porque no nos podemos conformar con los mecanismos actuales de asignación de recursos sino que es preciso establecer mecanismos más complejos y desarrollados[110].

Se refiere dicho principio también a evitar un uso indebido de los recursos públicos (al indicar que no podrán utilizarse para actividades no permitidas por la normativa) para lo cual tienen un papel fundamental los órganos de control externos (Tribunal de Cuentas, en particular) ya que los mismos generan efectos positivos al garantizar una mejor gestión pública[111].

Encontramos referencias también a la buena gestión de los recursos públicos en la obligación de no utilización de tarjetas de crédito, previsto en el artículo 35.2.d de la Ley 4/2016, de 15 de diciembre, de Transparencia y Buen Gobierno de Castilla-La Mancha., una circunstancia que también recoge la norma valenciana en el artículo 54.1.n de la Ley 1/2022, de 13 de abril, de Transparencia y Buen Gobierno de la Comunitat Valenciana al prohibir el uso de dichas tarjetas[112].

---

109 En particular, encontramos la STC n.º 41/2016, de 8 de abril de 2016, que establece: "El Estado, en particular, tiene la responsabilidad de promover la eficacia de la actuación administrativa (artículo 103.1 CE), la eficiencia en el uso de los recursos públicos (artículo 31.2 CE)".

110 García Fernández, A., "La evaluación de la gestión de los recursos públicos: análisis crítico de la situación actual, descripción de una experiencia y propuestas", en *Auditoría Pública,* n.º 35, 2005, p. 38.

111 Sánchez Sánchez, L. C., "El impacto de la actividad fiscalizadora de las entidades públicas de control en el buen uso de los recursos públicos", en *Revista española de control externo,* n.º 22, p. 53.

112 Sobre la regulación valenciana de buen gobierno, que fue inicialmente recogida en la Ley 2/2015, de 2 de abril, de Transparencia, Buen Go-

También una cuestión recogida en la ley castellanomanchega es el uso adecuado de los elementos materiales y dispositivos electrónicos o de telecomunicaciones necesarios para el buen desarrollo del ejercicio de sus funciones regulados en los principios de buen gobierno que establece el artículo 35.2.e de la Ley 4/2016, de 15 de diciembre, de Transparencia y Buen Gobierno de Castilla-La Mancha. Esta última cuestión recientemente ha suscitado polémica, en el sentido de que en muchas ocasiones los políticos a los que se les deja dispositivos electrónicos para poder realizar sus funciones públicas pueden llegar realizar un uso indebido de los mismos o devolverlos en un estado no adecuado.

Podría parecer innecesario e impropio de una norma con rango de ley que se pronuncie sobre la necesidad de que los responsables políticos hagan un uso adecuado y devuelvan en las condiciones adecuadas aquellos dispositivos electrónicos que se les han dejado para realizar su función. Si bien, sorprendentemente, la práctica ha venido a enseñarnos que sí es necesario establecer legalmente estas obligaciones puesto que podemos encontrar un ejemplo de mala prácticas en la gestión

---

bierno y Participación Ciudadana de la Comunitat Valenciana, puede verse: Jimena Quesada, L., "Título II. Buen gobierno: Artículo 25. Ámbito de aplicación, Artículo 26. Principios de actuación, Artículo 27. Código de buen gobierno, Artículo 28. Obligaciones", en Díez Sánchez, J.J. y García Macho, R.J. (coords.), *Comentarios a la Ley 2/2015 de 2 de abril, de Transparencia, Buen Gobierno y Participación Ciudadana de la Comunitat Valenciana*, Reus, 2019.

Sobre la regulación más reciente que se ha realizado en la Comunidad Valenciana en materia de buen gobierno, que ha surgido a raíz de la Ley 1/2022, de 13 de abril, de Transparencia y Buen Gobierno de la Comunitat Valenciana, puede verse: Clemente Martínez, J., "Los principios de buen gobierno de la nueva ley valenciana 1/2022", en *Estudios De Deusto*, vol. 70, n.º 2, 2022.

de ordenadores cedidos a parlamentarios valencianos[113] ya que algunos parlamentarios colocan pegatinas en los mismos y ello ha supuesto que los técnicos informáticos elevaran una queja a la Mesa de les Corts de la Comunitat Valenciana para que indicar que: "las pegatinas resultan difíciles de despegar y dejan rastro y recuerdan que los diputados están obligados a mantener el ordenador en las mejores condiciones". Encontramos aquí un ejemplo de mal gobierno en la gestión de aparatos electrónicos cedidos a parlamentarios, por tanto, dicha obligación de buena gestión de los mismos resulta también perfectamente trasladable al ámbito local.

El último de los principios de actuación del artículo 26.2.b LTBG es: "No se valdrán de su posición en la Administración para obtener ventajas personales o materiales". Encontramos aquí una situación ejemplarizante en la STSJ de Castilla y León, n.º 242/2016, de 18 de noviembre de 2016 donde se expone que: "La concejala, por ser aparejadora responsable de la ejecución de las obras autorizadas, debió abstenerse pues obtiene una ventaja personal y un beneficio." donde se ve un supuesto de un concejal que debió no participar en un acuerdo municipal por tener interés personal en un asunto, ya que como la misma sentencia afirma la abstención: "trata de evitar el riesgo objetivo de que la esperanza de cualquier utilidad, ventaja o beneficio personales pueda pervertir el sentido de la decisión".

Una situación relacionada con este principio del artículo 26.2.b.9º Ley 19/2013, de no valerse de la situación como cargo público indebidamente, la encontramos en la prohibición de conceder condecoraciones a personas condenadas judicialmente, como prevé el artículo 54.1.p de la Ley valenciana

---

113 Puede verse una noticia de prensa sobre esta cuestión en: https://www.levante-emv.com/comunitat-valenciana/2020/11/10/tiron-orejas-diputados-tunean-ordenadores-22752086.html, consultado el 10/04/2021.

1/2022, que establece una novedad respecto a la normativa estatal. Ante esta situación se establece una imposibilidad de otorgar un reconocimiento a personas cuyo prestigio social no es el idóneo fruto de las actuaciones incorrectas que han realizado y la justicia ha castigado; de forma que se impide aquí que los cargos públicos aprovechen su situación para otorgar condecoraciones a personas que, a pesar de ser de su agrado, han sido condenadas.

Encontramos un ejemplo similar de prohibición de reconocimiento y de retirada de los que ya se han concedidos a vestigios del franquismo, con la Ley 52/2007, de 26 de diciembre, por la que se reconocen y amplían derechos y se establecen medidas en favor de quienes padecieron persecución o violencia durante la Guerra Civil y la dictadura, que obligaba a retirar los elementos conmemorativos al franquismo, y ante esta situación, las administraciones adquirieron una obligación que no podían omitir[114]. Por tanto, en este principio de actuación de la Ley 1/2022 la administración autonómica también debe evitar dichas conmemoraciones a condenados penales, y si incumple este principio, se vería sometida al oportuno control judicial.

Como en otras ocasiones ya se ha apuntado, estos principios generales y de actuación sobre buen gobierno, para poder ser efectivos también en el ámbito local, requieren necesariamente de una voluntad política clara de actuar en base a los mismos, ya que son formulados de una manera genérica. Por tan-

---

114 Sobre este particular Boix Palop afirma que existe "un mandato claro y expreso en los casos ejemplificados (...) sin que las Administraciones municipales puedan excusarse en una supuesta indeterminación que les deje margen de apreciación". Boix Palop, A., "Deberes municipales en materia de retirada de reconocimientos como resultado de la Ley de Memoria Histórica", en *Diario de Derecho Municipal*, 1-8, 24 de octubre de 2012.

to, son unos conceptos jurídicos indeterminados a concretar a la hora de tomar cada decisión pública en los ayuntamientos y diputaciones provinciales. ya que, sin un compromiso claro por cada consistorio local de llevar a cabo políticas públicas mediante la aplicación de estos principios, el buen gobierno local no podrá conseguirse.

3. INFRACCIONES Y SANCIONES DE BUEN GOBIERNO

Los artículos 27 a 32 de la Ley 19/2013 vienen a establecer las infracciones y sanciones sobre buen gobierno, así como otras cuestiones relevantes sobre su aplicación. Estas infracciones han sido reguladas como forma de evitar el incumplimiento por parte de los altos cargos, también el ámbito local, de los principios de buen gobierno anteriormente enumerados. Si bien no nos detendremos extensamente en estos seis artículos (por tratar este trabajo principalmente sobre los principios de buen gobierno y como aplicarlo), si requiere una mención a las infracciones y sanciones por incumplimiento de los principios cómo forma que ha previsto legislador para garantizar la efectividad de este título segundo de la Ley 19/2013. En todo caso, es necesario advertir que el legislador ha querido en el artículo 26.3 de la Ley 19/2013 dar a los principios generales y de actuación expuestos en el epígrafe anterior un valor de interpretación y aplicación del régimen sancionador.

Así pues, las infracciones son divididas entre aquellas en materia de conflicto de intereses, aquellas en materia de gestión económico-presupuestaria e infracciones disciplinarias. Las primeras, relativas a conflictos de intereses, según Mínguez Macho[115] puede subdividirse en tres supuestos: "el incumpli-

---

115 Mínguez Macho, L. "Obligaciones de buen gobierno y régimen jurídico de los altos cargos en la Administración Local", *op. cit.*, p. 174.

miento del régimen de incompatibilidades durante el ejercicio del alto cargo, el incumplimiento del régimen de incompatibilidades aplicable en los dos años siguientes al cese en el cómo cargo y el incumplimiento de la obligación de formular las declaraciones de actividades y de bienes".

3.1. Infracciones relativas a incompatibilidades

Por tanto, el primer aspecto a considerar son las infracciones relativas a incompatibilidades, que también son de aplicación a los altos cargos locales cuando desempeñan sus funciones en el consistorio como si se trataran de empleados públicos[116]. En el caso de las infracciones por incumplimiento del régimen de incompatibilidades después del cese, se remite el artículo 78.8 de la Ley 7/1985 al artículo 15 de la Ley 3/2015, de 30 de marzo, reguladora del ejercicio del alto cargo de la Administración General del Estado[117]. Por último, dentro de las infracciones en materia de conflicto de intereses encontramos aquellas relativas a no formular la declaración de actividades y de bienes, donde cabría utilizar de nuevo el artículo 78.4 LRBRL para sancionar estas conductas en el caso de que se trate de concejales, que son los sujetos obligados a presentar estas declaraciones[118].

Estas obligaciones de presentación de dichas declaraciones vienen incluso reguladas ya en la Ley 7/1985 Reguladora de las Bases de Régimen Local en su artículo 75.5, que establece: "Los representantes locales, así como los miembros no electos de la Junta de Gobierno Local, formularán declaración sobre causas de posible incompatibilidad y sobre cualquier actividad

---

116 *Idem.*

117 *Idem.*

118 *Idem.*

que les proporcione o pueda proporcionar ingresos económicos. Formularán asimismo declaración de sus bienes patrimoniales y de la participación en sociedades de todo tipo, con información de las sociedades por ellas participadas y de las autoliquidaciones de los impuestos sobre la Renta, Patrimonio y, en su caso, Sociedades".

Si bien la experiencia local ha venido demostrando, en muchas ocasiones, que las declaraciones de bienes que presentan los concejales (con motivo de su toma o cese en su cargo público local) se aportan de forma incompleta, extemporánea o directamente no se presentan. Esto supone una grave infracción, pero se acaba convirtiendo en algo frecuente en las entidades locales[119].

La necesidad de presentar la declaración de intereses en cuestión viene también regulada por el artículo 108.8 de la Ley Orgánica 5/1985, de 19 de junio, del Régimen Electoral General que establece que "En el momento de tomar posesión y para adquirir la Plena condición de sus cargos, los candidatos electos deben jurar o prometer acatamiento a la Constitución, así como cumplimentar los demás requisitos previstos en las Leyes o reglamentos respectivos".

Aunque no suele ser habitual puede darse el supuesto de que algún concejal no esté dispuesto a presentar dicha decla-

---

119 Encontramos varias noticias de prensa que recogen aspectos de dicha falta de declaración de intereses:
· Las declaraciones de bienes y actividades de alcaldes y concejales. https://blogs.elconfidencial.com/espana/fuera-de-gobierno/2011-04-28/las-declaraciones-de-bienes-y-actividades-de-alcaldes-y-concejales_470579/, consultado el 15/07/2021.
· El concejal Guillermo Zapata "obvió por despiste" una cuenta con 20.000 euros en su declaración de bienes: https://www.eldiario.es/politica/zapata-aclara-despiste-incluir-declaracion_1_2323771.html, consultado el 15/07/2021.

ración de bienes antes, por ejemplo, de la toma de posesión de su cargo como representante local. En este sentido encontramos la que establece dicha obligatoriedad de presentar dicha declaración (que supone un ejemplo más de políticas de buen gobierno) antes de la toma de posesión, en concreto la Junta Electoral Central emitió la siguiente consulta con n.º 439/2011[120] que lo establece como requisito previo necesario para: "participar en la elección de Alcalde (Ac. de 17 y 30 de Junio de 1987, 8 de junio de 1991, 27 de marzo de 1992, 30 de mayo de 1994, 7 de noviembre de 1997, 21 de septiembre de 2000 y 20 de junio de 2003). Asimismo, esta Junta ha reiterado que sin cumplimentar, o sin cumplimentar correctamente la declaración de intereses no perfeccionan su condición de Concejal, ni participan en las sesiones de la Corporación (13 de septiembre de 1999)".

La Junta Electoral Central ha resultado muy taxativa en esta necesidad de que se presente dicha declaración con anterioridad a la toma de posesión, así lo ha indicado en consulta n.º 524/2003, de 20 de junio de 2003; ahora bien, matiza que: "no es causa de pérdida de la condición de concejal ni comporta consecuencia alguna de régimen electoral la no presentación por el mismo de la declaración de bienes y actividades a los efectos de su inscripción en el Registro de Intereses".

En referencia a si la falta de presentación de esta declaración de intereses supone inmediatamente la imposibilidad de dicho concejal de tomar posesión, aunque la Junta Electoral Local indica que es un requisito previo el hecho de no presentarse tampoco impide tomar posesión en el cargo. En este

---

120 Consulta de la Junta Electoral Central de fecha 16/06/2011, expediente 251/446, número de acuerdo 439/2011. Disponible en línea: http://www.juntaelectoralcentral.es/cs/jec/doctrina/acuerdos?anyosesion=2011&idacuerdoinstruccion=28378&idsesion=727&template=Doctrina/JEC_Detalle, consultado el 15/07/2021.

sentido podría considerarse esta opción no es viable y el cargo electo sigue siéndolo, ya que puesto que no tener que considerarse "de peor condición" un concejal que no ha presentado declaración frente a uno que pueda verla presentada falseada, porque en algunas corporaciones ni siquiera existe registro de intereses o por qué, de forma analógica, y comparándolo con el Congreso de los Diputados y el Senado la falta de presentación de estas declaraciones tampoco impiden a diputados y senadores tomar posesión en sus cargos[121].

En este mismo sentido, encontramos la STC n.º 155/1995, de 24 de octubre de 1995 donde este tribunal se pronuncia sobre el acuerdo por el que se impidió a un concejal del Ayuntamiento de Almenara (Castellón) tomar posesión de su cargo argumentando la falta de presentación de la declaración que regula la LRBRL y en este procedimiento judicial ya declaró el Tribunal Superior de Justicia de la Comunitat Valenciana en fecha 12 de julio de 1995, que dicha actuación era contraria a derecho y nulo el acto impugnado y se ordenó que se volviera e iniciar el proceso de elección del alcalde.

Por tanto, podemos concluir en este sentido que, aunque la falta de presentación de esta declaración no impedirá tomar cargo a los concejales, cómo se trata de una obligación legal (sobre la que además se ha pronunciado reiteradamente la Junta Electoral Central) la falta de presentación de la misma puede llevar a cabo la instrucción de un expediente sancionador por una infracción de conflicto de intereses, que se enmarca dentro de aquellas de buen gobierno que regula el título Segundo de la citada Ley 19/2013, la cual, en el artículo 27 de esta norma establece que: "será sancionado de conformidad con lo dispuesto en la normativa en materia de conflictos

---

121 La Redacción del Consultor de los Ayuntamientos, "Debe presentarse la declaración de bienes y actividades antes de la toma de posesión" en *El Consultor de los Ayuntamientos*, n.º 9, 1999, p. 1397.

de intereses de la Administración General del Estado y para el resto de Administraciones de acuerdo con su propia normativa que resulte de aplicación".

3.2. Infracciones relativas a gestión económico-presupuestaria

En segundo lugar, encontramos las infracciones relativas a la gestión económico-presupuestaria artículo 28 de la Ley 19/2013, las cuales son calificadas éstas como muy graves por el legislador. Estas infracciones hacen referencia a que un alto cargo local se vea incurso en un alcance contable, una mala gestión recaudatoria de los recursos de la Hacienda Pública, en comprometer reconocer y ordenar pagos sin créditos consignados u omitir el trámite de intervención previa para gastos. También son infracciones de esta materia el incumplimiento de la obligación de destinar los ingresos contenidos por encima de los previstos a la amortización de la deuda pública según la Ley Orgánica 2/2012, la ausencia de justificación de inversión de fondos en concertar operaciones de crédito sin la respectiva autorización, en la no adopción el plazo de las medidas necesarias para evitar el riesgo de incumplimiento del objetivo de estabilidad presupuestaria[122], regla de gasto o el objetivo ayuda pública según establece el artículo 19 de la Ley 2/2012. Se incluyen también en esta categoría el incumplimiento de las obligaciones de publicación o de suministro de información, la falta de justificación de la desviación sobre cumplimiento de las medidas del plan económico financiero el plan de reequilibrio, la no adopción de estos planes cuando sea necesario

---

[122] Sobre la configuración de la estabilidad presupuestaria puede verse: Adnane, A., "La regla de estabilidad presupuestaria y la posible involución del estado social autonómico", en *Nuevas políticas públicas: anuario multidisciplinar para la modernización de las administraciones públicas,* n.º 8, 2013.

según el artículo 21 y 22 Ley Orgánica 2/2012, la no adopción, en el plazo previsto, de acuerdo de no disponibilidad cuando sea necesario, el incumplimiento de las instrucciones dadas por el Gobierno en materias relativas al artículo 26.1 de la Ley Orgánica 2/2012 y en el incumplimiento de la obligación de rendir las cuentas prevista en la Ley General Presupuestaria.

En este sentido, hay que indicar que es bastante frecuente que muchos altos cargos locales incumplan alguna de estas disposiciones, aunque son consideradas como muy graves. En concreto, por ejemplo, la no adopción en el plazo necesario de medidas para restablecer la estabilidad presupuestaria o sostenibilidad financiera o la no adopción o ejecución de acuerdos de no disponibilidad sobre partes de presupuestos como consecuencia de haber incumplido las reglas fiscales. De hecho, se prevé un mecanismo correctivo para las entidades locales que se nieguen a cumplir dichas normas fiscales mediante el artículo 26 de la Ley Orgánica 2/2012, de 27 de abril, de Estabilidad Presupuestaria y Sostenibilidad Financiera y en el propio artículo 155 de la Constitución española, que establecen mecanismos de cumplimiento forzoso. Aunque no podemos dejar de indicar que el hecho de que se produzca una gran defensa de las reglas fiscales podría incluso afectar negativamente a la autonomía local[123].

Así pues, debido a que las sanciones ligadas a estas infracciones en rara ocasión se han puesto en práctica, es necesario una concienciación de los alcaldes y concejales que deciden cómo utilizar los fondos públicos para realizar una política más austera y no apartar la errónea idea de qué es necesario "gastar dinero sin límite" para satisfacer el interés general, puesto que cumplir los límites legales citados también son esenciales para

---

123 Serrano Ortega, J., "El incumplimiento de las reglas fiscales por las Corporaciones locales españolas", en *El Consultor de los Ayuntamientos*, n.º I, 2020, p. 126.

la colectividad del municipio ya que los mismos existen para evitar situaciones de endeudamiento cuando que no haya más consignación en un momento futuro en el que sea necesario gastar para servicios esenciales locales.

Por ello, todas estas infracciones en materia de gestión económico-presupuestaria son, una regulación más detallada de las obligaciones constitucionales del artículo 135 de la carta magna, donde se establecen los principios de estabilidad presupuestaria y sostenibilidad financiera[124]. Además, la regulación de estas infracciones, aunque se entiende como acertada, el legislador vuelve a cometer un grave error de regulación al considerar que sólo pueden cometer dichas infracciones los altos cargos locales; así pues, es necesario destacar "la *archidenunciada* oscuridad del concepto de *alto cargo local* especialmente a nivel de normativa básica"[125]. Por tanto, como no se ha legislado eficientemente sobre el concepto de alto cargo local, ello hace que estas infracciones en materia de gestión económico-presupuestaria no se puedan aplicar actualmente, por ejemplo, a funcionarios de administración local con habilitación de carácter nacional.

Así pues, son los secretarios-interventores, los secretarios, los interventores y los tesoreros de los Ayuntamientos quienes, tanto en municipios de régimen común como en municipios de gran población, acaban siendo los principales obligados a cumplir las obligaciones en materia económico-financiera a qué se refiere el artículo 28 de la Ley 19/2013. Por tanto, si el legislador estatal quiere que verdaderamente estas obligaciones se cumplan debería ampliar de forma expresa el concepto de alto cargo local a estos funcionarios con habilitación

---

124 Bejarano Lucas, J. M., "Obligaciones de buen gobierno en el ámbito local" *op. cit.*, p. 58.

125 Bejarano Lucas, J. M., "Obligaciones de buen gobierno en el ámbito local" *op. cit.*, p. 62.

de carácter nacional, ya que de lo contrario no se les podría aplicar[126]. Por ello, con la regulación actual y salvo que una normativa autonómica lo establezca, los secretarios interventores, interventores y tesoreros no son considerados altos cargos locales y por tanto no se les aplica el título Segundo de esta Ley 19/2013.

3.3. Infracciones disciplinarias

Las últimas infracciones que regula el legislador son las disciplinarias en el artículo 29, haciendo una distinción aquí entre muy graves, graves y leves. En las infracciones muy graves el legislador enumera algunas que fácilmente también podrían llegar a ser consideradas delitos penales, como por ejemplo el incumplimiento del deber de respeto a la Constitución o a los Estatutos de Autonomía, la discriminación por razón de raza religión. edad, etcétera. el acoso laboral como la obstaculización del ejercicio de libertades públicas y derechos sindicales, la negligencia en la custodia de secretos oficiales. Se pueden considerar infracciones muy graves según este articulado otras como, por ejemplo, la publicación indebida de documentación la violación de la imparcialidad la prevalencia de la condición de alto cargo, entre otras consideradas de especial gravedad.

A continuación, el legislador enumera las infracciones graves indicando que son el abuso de la autoridad en el alto cargo, la participación en un procedimiento en el que tenía el alto cargo un interés particular, la emisión de informes o acuerdos manifiestamente ilegales, no guardar el sigilo por razón del cargo, en incumplimiento de los plazos otros procedimientos en materia de incompatibilidades. Por último, encontramos las

---

126 Campos Acuña, M. C., "¿Quién es alto cargo en la Administración Local? A propósito del régimen sancionador del Buen Gobierno" *op. cit.*, p. 199.

infracciones leves indicando que suelen ser una actitud incorrecta a los superiores, compañeros, subordinados o el descuido o negligencia en el ejercicio de sus funciones cuando no suponen una infracción grave o muy grave.

De la lista de estas infracciones también podemos concluir que muchas, en la práctica, solo pueden ser aplicables a funcionarios o difícilmente pueden tener cabida para cargos públicos. Así pues, por ejemplo, encontramos la infracción grave de emisión de informes manifiestamente ilegales del artículo 29.2.c LTBG. De hecho, el propio artículo 92.3 Ley 7/1985, de 2 de abril, Reguladora de las Bases del Régimen Local establece que les corresponde solo a los funcionarios la emisión de informes al considerarse potestades públicas[127].

Así pues, difícilmente va a poder ser aplicable la infracción del artículo 29.2.c LTBG a un responsable político de un consistorio local, por ser la labor profesional de emisión de informes una tarea asignada a empleados públicos y en concreto a funcionarios de carrera, que, como se ha expuesto, si no habido ninguna normativa autonómica en la materia, no podrán ser considerados altos cargos locales a ningún efecto de título de la Ley 19/2013.

Parece que el legislador ha regulado estas infracciones disciplinarias tanto para políticos como para funcionarios, pero

---

[127] En concreto dicho artículo 92.3 LRBRL establece que: "Corresponde exclusivamente a los funcionarios de carrera al servicio de la Administración local el ejercicio de las funciones que impliquen la participación directa o indirecta en el ejercicio de las potestades públicas o en la salvaguardia de los intereses generales. Igualmente son funciones públicas, cuyo cumplimiento queda reservado a funcionarios de carrera, las que impliquen ejercicio de autoridad, y en general, aquellas que, en desarrollo de la presente Ley, se reserven a los funcionarios para la mejor garantía de la objetividad, imparcialidad e independencia en el ejercicio de la función".

si nos fijamos en las infracciones de buen gobierno (en concreto aquellas de régimen disciplinario) para que estén más bien diseñadas para empleados que para cargos electos[128] y difícilmente tendrán cabida para cargos electos[129]. Así pues, parece que se ha producido una vulneración del principio de non bis in Ídem. en el sentido de que parte de estas infracciones también son reguladas en la legislación sobre empleados públicos[130]. Si bien, es cierto que se permite que dos normas regulen las mismas infracciones, pero una vez se ha impuesto un expediente disciplinario por unos hechos en base a una de las normativas no se podrá acudir a la otra para volver a sancionar los mismos hechos[131].

En todo caso, ellos supone que en el caso de la normativa sobre transparencia que se le da: "una notable dosis de discrecionalidad en la elección del régimen sancionador a aplicar por parte del órgano correspondiente"[132]. Adquiere sentido esta postura en la medida de que no parece lógico que precisamente a la hora de regular las infracciones en materia de buen gobierno estamos regulando aspectos ya mencionados por otras normas y por tanto dejando este amplio margen de discrecionalidad a la hora de elegir el régimen sancionador aplicable a un mismo supuesto de hecho.

---

128 Bejarano Lucas, J.M., "Obligaciones de buen gobierno en el ámbito local" *op. cit.*, p. 66.

129 Ochoa Monzó, J., "El derecho administrativo sancionador en la legislación española de transparencia y buen gobierno", en *Derecho & Sociedad*, n.º 54, p.108.

130 *Idem.*

131 En este sentido, véase la Sentencia del Tribunal Constitucional n.º 86/2017, BOE 171/2017, de 19 de julio de 2017, rec. 3766/2066.

132 Bejarano Lucas, J.M., "Obligaciones de buen gobierno en el ámbito local" *op. cit.*, p. 67.

Las sanciones que prevé el artículo 30 de esta Ley 19/2013 en caso de que se produzcan las citadas infracciones por conflictos de intereses gestión económico-presupuestaria o infracciones disciplinarias, se diferencian dependiendo de si la infracción fue leve, grave o muy grave. En el caso de las leves simplemente se establece como sanción la amonestación y en el caso de las graves se establecen como sanción la publicación en un boletín oficial de dicha circunstancia y la no percepción, en caso de que hubiera, de la indemnización que haya con motivo del cese del alto cargo público. Estas sanciones resultan poco relevantes y que difícilmente pueden generar un efecto disuasorio, así pues, por ejemplo, si se produce una infracción grave de abuso de autoridad en el ejercicio del cargo, lo cual sin duda supone una práctica corrupta muy relevante, al ser simplemente una infracción grave la máxima sanción que se le puede poner es la no percepción de la indemnización por cese en el cargo, algo que quizás se queda corto para evitar "este tipo de prácticas".

En el caso de que se produzcan infracciones muy graves, las acciones que llevan aparejadas pueden ser la destitución del cargo que ocupen y la prohibición de ocupar otro nuevo cargo de alto cargo durante una etapa de 5 a 10 años. En este supuesto, sí que hablamos de una sanción más adecuada al tipo de infracción que se pueda producir, de hecho, incluso resultaría aconsejable realizar una reforma de la LOREG para prever esta sanción, puesto que en la práctica se trata de una inhabilitación para ejercer puestos de alto cargo[133]. Si bien aquí se produce la problemática de que no parece probable que

---

133 Rozados Oliva, M. J., "Las sanciones por infracciones en materia de buen gobierno en la Ley 19/2013, de 9 de diciembre, de Transparencia, Acceso a la información pública y buen gobierno", en Troncoso Reigada (dir.) *Comentario a la Ley de Transparencia, acceso a la información pública y buen gobierno*, Thomsons – Reuters, Navarra, 2017, p. 1610.

quien haya nombrado a un alto cargo vaya a cesarlo por haber incurrido en una infracción muy grave de buen gobierno, ya que quien lo nombró lo hizo porque le otorgaba la confianza al supuesto infractor[134].

Así, cuando hablamos de destitución en el cargo se nos plantea igualmente la problemática de la definición de alto cargo local, ya que si no existe una regulación autonómica al respecto y el Estado no amplía el concepto de alto cargo local, en la normativa básica quedarían fuera de aplicación de ese título segundo muchos órganos directivos de los consistorios locales por no tener la consideración de alto cargo[135].

Por último, los artículos 31 y 32 de la Ley 19/2013 establecen el órgano competente y procedimiento para la imposición de las sanciones y los plazos de prescripción de éstas. Sin extendernos excesivamente en estos artículos, ya que el trabajo pretende centrarse especialmente en los principios de buen gobierno y su aplicación en el ámbito local, sí que podemos destacar algunos aspectos relevantes de los órganos competentes. De nuevo nos situamos ante una legislación pensada para la Administración General del Estado y remitiéndose a la normativa autonómica y local en la materia para estas otras administraciones territoriales.

Resulta especialmente llamativo que cuando se refieren a qué órgano de los ayuntamientos o diputaciones provinciales tendrá la competencia para el régimen disciplinario del buen gobierno en caso de que no haya más normativa en el caso de los ayuntamientos el artículo 31.4.c LTBG se refiere al "Pleno de la Junta de Gobierno de la Entidad Local de que se trate".

---

134 Rozados Oliva, M. J., "Las sanciones por infracciones en materia...", *op. cit.*, p. 1609.

135 Bejarano Lucas, J.M. "Obligaciones de buen gobierno en el ámbito local" *op. cit.*, p. 71.

Se trata ésta de una definición absolutamente errónea y confusa[136], ya que como tal el Pleno de la Junta de Gobierno Local no es un concepto que se utilice en unos consistorios locales. La ley puede estar aquí refiriéndose a que la competencia sea del Pleno del Ayuntamiento o bien de la Junta de Gobierno Local, pero como tal "el Pleno de la Junta de Gobierno Local", no es un órgano existente o una formación específica de un órgano local.

Cabría la opción de que el legislador se refiera a que la competencia es de la Junta de Gobierno Local que tendrá que reunirse entera (con todos sus miembros), no una parte concreta de la misma; algo que tampoco tiene sentido porque la Junta de Gobierno Local cuando se reúne solo puede reunirse de una forma no existe ninguna especie de subórgano dentro de esta Junta de Gobierno Local que sea más pequeño.

En este sentido, la posibilidad de crear un subórgano dentro de la Junta de Gobierno Local debería está regulada en la legislación básica estatal, ya sea en la citada Ley 7/1985, de 2 de abril, Reguladora de las Bases del Régimen Local o en el Real Decreto 2568/1986, de 28 de noviembre, por el que se aprueba el Reglamento de Organización, Funcionamiento y Régimen Jurídico de las Entidades Locales; si bien, ninguna de estas normativas se encuentra regulada. Así pues, descartada la posibilidad de que alguna normativa autonómica de régimen local lo establezca, no cabe la opción de crear este subórgano dentro de la Junta de Gobierno Local.

En este sentido podemos citar la STC n.º 214/1989, de 11 de enero de 1990, donde se indica en su fundamento jurídico

---

136 Así lo indican tanto Bejarano Lucas, J. M. "Obligaciones de buen gobierno en el ámbito local" *op. cit.*, p. 77 como Pérez Monguio, J. M., "Buen gobierno y procedimiento sancionador" en Troncoso Reigada, A. (dir.), *Comentario a la Ley de Transparencia, Acceso a la Información Pública y Buen Gobierno, Thomson Reuters*, Navarra, 2017, pp. 1634-1635.

sexto que además de la normativa estatal y autonómica de régimen local también los municipios pueden regular cuestiones de organización interna en base al artículo 140 de la Constitución española. Si bien, en este caso queda patente que se trata de un error de redacción de la normativa y, por tanto, el legislador ha demostrado desconocer el mundo local en la formulación de la ley, teniendo en cuenta todos los trámites a los que se somete una ley debería haber podido advertir y corregir antes de su publicación oficial[137].

Al final, la única esperanza en este ámbito la encontramos en la normativa autonómica que pueda haber, que arroje un poco más de luz a la gran oscuridad que ha dejado el legislador en materia de buen gobierno en el ámbito local. Es el caso de la Ley 19/2014, de 29 de diciembre, de Transparencia, Acceso a la información pública y buen gobierno, de Cataluña que establece en su artículo 86 y siguientes en qué situaciones le corresponderá al alcalde o presidente de las entidades locales o al Pleno la instrucción y resolución de estos expedientes disciplinarios sobre buen gobierno dependiendo de cada supuesto, solucionando así las entidades locales de la comunidad autónoma catalana la oscuridad que ha dejado en este ámbito la normativa estatal.

Queda por mencionar el aspecto de la prescripción de las infracciones y sanciones, que será de 5 años para las infracciones muy graves y las sanciones derivadas de ellas, 3 años para las infracciones graves y sus sanciones derivadas y 1 año para las infracciones leves y sus sanciones.

---

137 Bejarano Lucas, J. M., "Obligaciones de buen gobierno en el ámbito local", *op. cit.*, p. 77.

Capítulo II:

Códigos de buen gobierno local

1. EL PAPEL DE LOS CÓDIGOS Y JUSTIFICACIÓN DE LOS ELEGIDOS PARA ABORDAR EL ANÁLISIS DEL BUEN GOBIERNO LOCAL

Un código de buen gobierno pretende, en palabras de Prieto Romero[1], "promover una actuación eficiente, íntegra y transparente en la organización" y para lograrlo los diferentes consistorios locales han establecido numerosos códigos de buen gobierno local con contenidos muy diversos.

Según la Ley 19/2013 no existe la obligatoriedad de aprobar dichos códigos para las entidades locales españolas. Solo encontramos dicha exigencia en algunas normas autonómica, como la norma castellanomanchega que exige a las entidades locales de su territorio la aprobación de dichos códigos en su artículo 35.3 de la Ley 4/2016, de 15 de diciembre, de Transparencia y Buen Gobierno de Castilla-La Mancha[2]. También se establece esta obligatoriedad en Comunitat Valenciana que establece también dicha exigencia para las entidades locales en

---

1 Prieto Romero, C., "Medidas de transparencia y ética pública: los códigos éticos, de conducta o de buen gobierno", en *Anuario del Gobierno Local,* 2011, p. 318.

2 En concreto, el artículo 35.3 de la Ley castellanomanchega 4/2016 establece: "Los principios de buen gobierno podrán ser objeto de concreción, desarrollo y complemento reglamentario por los sujetos del artículo 4.1 de la presente ley, que deberán elaborar un código ético al que ajustarán su conducta todos sus altos cargos o personal directivo o asimilado".

el artículo 55.1 de la Ley 1/2022, de 13 de abril, de Transparencia y Buen Gobierno de la Comunitat Valenciana[3], y también para el País Vasco que establece la exigencia de un código de conducta en su artículo 35 de la Ley 2/2016, de 7 de abril, de Instituciones Locales de Euskadi, por último también es el caso de Cataluña que lo exige en el artículo 55.3 de la Ley 19/2014, de 29 de diciembre, de transparencia, acceso a la información pública y buen gobierno[4].

Por tanto, estas normas autonómicas van más allá de las exigencias estatales que en la Ley 19/2013 no establece una obligatoriedad de elaboración de dichos códigos para los ayuntamientos, circunstancia que hace que en el resto del territorio español solo se aprueben dichos códigos por los ayuntamientos y diputaciones sí existe un compromiso claro con la ética pública. En todo caso, de establecerse estos códigos de conducta en una entidad local, deberá cumplirse adecuadamente por sus dirigentes, ya que, de hecho, respetar lo fijado en dicho código supone un principio para la norma navarra de buen gobier-

---

3 En concreto, dicho artículo 55.1 de la Ley valenciana 1/2022 establece: "Con el objetivo de fomentar la integridad, la ética pública y el buen gobierno, las entidades incluidas en el artículo 3 elaborarán un código ético o de conducta que concrete y desarrolle los principios de actuación incluidos en este título".

4 El artículo 55.3 de la Ley catalana 19/2014 establece: "El Gobierno, los entes locales y los demás organismos e instituciones públicas incluidos en el artículo 3.1 deben elaborar un código de conducta de sus altos cargos que concrete y desarrolle los principios de actuación a los que se refiere el apartado 1, establezca otros adicionales, en su caso, y determine las consecuencias de incumplirlos, sin perjuicio del régimen sancionador establecido por la presente ley".

no[5] y también para la norma extremeña[6], con lo cual queda claro la necesidad de someterse los responsables públicos a dicho código. Una obligatoriedad de sujeción a dichos códigos que pueda existir que para que sea efectiva debe realizarse un esfuerzo cotidiano por parte de los operadores públicos para poder alcanzar los principios de buen gobierno[7].

Procedemos, por tanto, a analizar aquellos códigos más relevantes o significativos de España mediante un estudio transversal de los mismos, organizando la exposición por temática. El objetivo es ver cuáles son las principales líneas de actuación de los mismos obteniendo así una visión general de los grandes ámbitos en los que se centran estos códigos para lograr la aplicación de un buen gobierno en ayuntamientos y diputaciones provinciales. De hecho, la aprobación de un código es signo de la madurez y autorresponsabilidad de una institución, que pretende ir más allá de las exigencias legales[8].

Así pues, se dividirá la exposición en seis temáticas: el valor de la actuación local para lograr el interés general, la ejempla-

---

5 Así se establece en el artículo 5.i de la Ley Foral 5/2018, de 17 de mayo, de Transparencia, acceso a la información pública y buen gobierno: "Principio de respeto del código de conducta: La Administración Pública y sus dirigentes respetarán en todo momento el compromiso ético de conducta asumido frente a la ciudadanía a la que han de servir".

6 En concreto el artículo 4.m de la Ley 4/2013, de 21 de mayo, de Gobierno Abierto de Extremadura. establece: "Principio de respeto del código de conducta: la Administración pública y sus dirigentes respetarán en todo momento el compromiso ético de conducta asumido frente a la ciudadanía a la que han de servir".

7 Rodríguez-Arana, J., *El buen gobierno y la buena administración de las instituciones públicas*, *op. cit.*, p. 161.

8 López Donaire, B., "Los códigos de conducta en el ámbito local: pieza clave de un sistema de integridad", en *El Consultor de los Ayuntamientos*, n.º V, 2019, p. 216.

ridad en el desarrollo del cargo por los representantes públicos, la optimización de recursos y buena administración en los principales ámbitos de la gestión municipal, la garantía de los derechos ciudadanos a todas las generaciones, la mejorar de la atención ciudadana y las relaciones internas y externas de la administración, y, por último, el seguimiento del cumplimiento del buen gobierno.

Dichas temáticas se han extraído de la elección de varios códigos de buen gobierno local que hemos considerado referentes ya que incluyen los aspectos más representativos del buen gobierno regulado por las entidades locales de España.

Así pues, el primer código elegido ha sido el Código Europeo de Conducta para la Integridad Política de los Representantes Locales y Regionales Electos del año 1999, que fue aprobado en el ámbito del Congreso de autoridades locales y regionales del Consejo de Europa[9]. Sabemos que este Congreso se enmarca en la organización internacional del Consejo de Europa en el ámbito local por parte de los Estados miembros que forman parte del mismo.

Así pues, un primer paso en el ámbito del buen gobierno se hizo con este código para regular la integridad política de los representantes más cercanos a la ciudadanía, que son los locales. Como vemos, el código se centra especialmente en cuestiones éticas que, en la práctica, son principios de buen gobierno que deberían aplicarse ya desde hace más de 20 años.

También se analizará la primera propuesta de código de buen gobierno aplicable al ámbito local que realizó la Fede-

---

9 Código Europeo de Conducta para la Integridad Política de los Representantes Electos Locales del año 1999 disponible en línea en este enlace: https://www.caib.es/sites/codietic/ca/normativa/archivopub.do?ctrl=MCRST7725ZI229155&id=229155, consultado el 11/09/2021.

ración Española de Municipios y Provincias (FEMP) en el año 2009[10]. Este código surge a raíz, principalmente, de que el Congreso de poderes locales y regionales del Consejo de Europa elaboró el ya expuesto código de integridad los representantes públicos en el ámbito local por el año 1999, y en desarrollo del mismo y para darle una aplicación más amplia al ámbito español la Federación editó una propuesta propia para el año 2009.

Lo importante de esta propuesta es que la Federación Española de Municipios y Provincias es una asociación de municipios a la que se puede adherir voluntariamente un consistorio y además tampoco se encuentran obligados todos los integrantes a suscribir la totalidad de sus resoluciones. Ello se trata de una circunstancia interesante en el ámbito del buen gobierno, ya que, como se ha expuesto, en la mayoría de las ocasiones la aplicación de estos principios solo se producirá si existe una clara voluntad del alto cargo local de aplicarlos; por tanto, la herramienta que facilita la Federación (esto es, la propuesta de un modelo código de buen gobierno) permite ayudar a esta labor y al mismo tiempo no obliga a todos los ayuntamientos a adoptarlo como propio.

En el preámbulo de este código del año 2009 la Federación insiste en la necesidad de que haya funcionamiento del sistema democrático[11] adecuado más próximo a la ciudadanía de

---

10 Código de buen gobierno de la Federación Española de Municipios y Provincias del año 2009 disponible online en: https://www.sevilla.org/transparencia/informacion-sobre-la-corporacion-municipal/pdf/codigo-buen-gobierno-femp, consultado el 11/09/2021.

11 En este ámbito hemos de referirnos también al Consejo de Municipios y Regiones de Europa (CMRE) (véase en: https://www.ccre.org/en/activites/index) del que forma parte la FEMP, ya que incluye entre sus acciones a fomentar el buen gobierno público, siendo, por tanto, un compromiso que deben asumir las entidades que forman parte

nuevo incidiendo en la necesidad de que los ayuntamientos y diputaciones tengan una conducta ética adecuada. Por tanto, podemos hablar de buen gobierno en ellos en la medida en que muchas ocasiones van a ser la ventana a través de la cual la ciudadanía mira a la administración pública española y se forma una imagen en base a cómo se le ha tratado en el ayuntamiento donde reside.

Hay que decir que la distribución de este código de la FEMP del 2009 no se realiza por artículos, sino por párrafos o apartados. Tal hecho permite que el mismo resulte más atractivo y no tanto una disposición normativa de obligado cumplimiento con la que muchas veces los altos cargos no se sentirán tan cercanos a la misma. Así pues, al hacerse una enumeración según temáticas y sin una distribución de artículos, se intenta "seducir" al alto cargo local para que aplique estos principios.

Después de haberse establecido un primer código de buen gobierno local por la FEMP en el año 2009 esta entidad decidió en el año 2015 actualizarlo[12]. Los motivos de la revisión son varios, sobre todo destaca el hecho de que después de la aprobación del código del 2009 tuvo lugar la entrada en vigor de la LTBG y por tanto era lógico actualizar las previsiones del Código de Buen Gobierno de la Federación a los nuevos objetivos que establece esta norma estatal básica. Si bien, hay que destacar que muchos aspectos ya fueron regulados en el código del 2009, esta actualización permitió ir un paso más allá y

---

de dicho Consejo y por ello la FEMP al realizar dicha propuesta de código de buen gobierno cumple con los fines a la entidad de la que forma parte.

12 Código de Buen Gobierno de la Federación Española de Municipios y Provincias del año 2015 disponible en línea en: https://redtransparenciayparticipacion.es/wp-content/uploads/2021/04/codigo-de-buen-gobierno-femp-2.doc, consultado el 11/09/2021.

establecer nuevos mecanismos para lograr un buen gobierno local. Como la propia FEMP expone, el objeto de la nueva regulación de este código en el año 2015: "surge en un escenario económico, social y político en el que la ciudadanía manifiesta un alto grado de desconfianza respecto de la política, las instituciones y los responsables públicos. (...) Para ello, es necesario que los gobiernos locales realcen los valores públicos, los estándares de conducta y la actitud ética de los cargos públicos y de los directivos locales"[13].

En primer lugar, este código del 2015 regula el ámbito objetivo del mismo y establece que el mismo tiene por objeto integrar la dimensión ética del funcionamiento de las entidades locales, definir las líneas básicas de actuación como conseguir una democracia[14] real y efectiva, así como fomentar la participación ciudadana y el gobierno abierto y regular las relaciones entre el Gobierno y la Administración, para facilitar las relaciones entre funcionarios y responsables políticos.

Respecto al ámbito subjetivo encontramos más novedades que las del ámbito objetivo, las cuales ya fueron establecidas en el Código del 2009. Así pues, en cuanto a quién se le aplica este código se introducen novedades relevantes ya que además de aplicarse a los miembros las corporaciones locales, entendidos como responsables políticos, se hace una alusión expresa a los titulares de órganos directivos e incluso a personas con funcio-

---

13 Carta Local. Revista de la Federación Española de Municipios y Provincias. Edición de marzo de 2015, p. 18. Disponible en línea aquí: http://cartalocal.es/files/824-1266-fichero/Cuadro%20Consulta%20Previa.pdf, consultado el 11/09/2021.

14 Sobre cómo la democracia se encuentra estrechamente unida a la transparencia y también al buen gobierno véase: Arenas Ramiro, M., "Transparencia, acceso a la información pública y democracia: elementos inseparables", en *Revista transparencia & sociedad,* n.º 4, 2016, pp. 113-131.

nes predirectivas en el ámbito de la administración local. En este sentido, se va más allá de las previsiones del artículo 25 de la Ley 19/2013. Como hemos analizado anteriormente, no sería posible aplicar a los órganos directivos, en su mayoría formados por funcionarios de carrera, las previsiones de buen gobierno de la Ley de Transparencia, pero en cambio, este código de la FEMP del 2015 sí pretende que sus contenidos sean aplicables a estos órganos directivos e incluso a otros predirectivos.

El concepto de predirectivos lo define este Código de la FEMP, junto con el de directivos, como: "aquéllos que ejerzan funciones de gestión o ejecución de carácter superior, ajustándose a las directrices generales fijadas por el órgano de gobierno de la Corporación, adoptando al efecto las decisiones oportunas y disponiendo para ello de un margen de autonomía, dentro de esas directrices generales"[15]. Por tanto, nos encontramos aquí un concepto nuevo, pero que adquiere sentido en la medida en que son muchos los supuestos en que puede haber funcionarios o asesores políticos que en sus actuaciones diarias acaben realizando políticas públicas que afecten tanto al ciudadano.

Aunque estos predirectivos no pueden tener la consideración de altos cargos o de órganos directivos como tal, es necesario que en su gestión apliquen políticas de buen gobierno, para que la ciudadanía no se vea perjudicada. Por tanto, visto que este código de la FEMP del año 2015 es una opción a la que pueden o no adherirse las entidades locales, resulta relevante su adhesión para aquellos que quieren verdaderamente comprometerse a un buen gobierno dentro de su consistorio local, ya que ello abarcaría a muchas más personas que a las

---

15 Así se define en el apartado *d* del Ámbito subjetivo Código de Buen Gobierno de la Federación Española de Municipios y Provincias del año 2015.

que les es aplicable las previsiones de buen gobierno que establece la Ley 19/2013.

Otro sujeto nuevo que se añade en el ámbito subjetivo de este código de la FEMP del 2015 son los funcionarios de administración local con habilitación de carácter nacional. En primer lugar, hay que decir que estos ya podrían haberse entendido incluidos en la referencia a los órganos predictivos, ya que realizan funciones que sin duda permitirían dicha categorización. Aun así, el código los menciona específicamente[16], porque las tareas que desempeñan tienen especial relevancia. A estos funcionarios la legislación les atribuye las funciones de fe pública, asesoramiento legal, fiscalización y control interno, dirección de la contabilidad, gestión de los pagos y recaudación de los ingresos locales. Sin duda, se tratan de funciones de tanta relevancia que, si las mismas no se desarrollan en base a principios éticos, los primeros perjudicados van a ser los ciudadanos, al margen de que sus dirigentes políticos de cada ayuntamiento cumplan o no otros compromisos de buen gobierno local. Por tanto, su inclusión expresa a este código tiene especial relevancia, si bien recordemos que la adhesión al mismo es solo optativa por los ayuntamientos que así decidan acordarlo por acuerdo plenario.

Hay que reseñar también que el Código establece que durante su texto se referirá a los empleados públicos a los que les es aplicable el presente código como directivos públicos locales. Un concepto que no ha tenido una adecuada regulación, y sólo algunas comunidades autónomas se atreven a legislar específicamente, pero que adquiere especial sentido en este caso, para referirse con esta terminología a los funcionarios o

---

16 De tal forma, el apartado *y* del ámbito subjetivo Código de Buen Gobierno de la Federación Española de Municipios y Provincias del año 2015 incluye expresamente a los funcionarios de administración local con habilitación de carácter nacional.

empleados públicos, a los que se les aplica las previsiones de buen gobierno de este código de la FEMP. En todo caso, es necesario mejorar la regulación del directivo público, ya que no un buen directivo es que más genera valor público[17].

También se analizará el Reglamento Municipal de Buen Gobierno del Ayuntamiento de Jerez.[18] El mismo fue regulado por el Ayuntamiento en la modalidad de reglamento, ya que se trata de la forma más adecuada en la medida en que para aprobarlo es necesario el acuerdo plenario, como máximo órgano colegiado de representación política, que interesa que se pronuncie sobre el buen gobierno.

En este sentido, hay que indicar la adhesión al Código de Buen Gobierno de la Federación Española de Municipios y Provincias, también se requería un acuerdo plenario para adherirse, como regla general, por lo que en principio optar por establecer unos principios de buen gobierno a través de un reglamento es la forma más adecuada. Además, se utiliza la nomenclatura reglamento y no ordenanza porque en este caso nos referimos a situaciones ad intra del consistorio local.

El siguiente código a analizar será el del Ayuntamiento de Barcelona[19]. Recordemos que en el caso de las administraciones locales situadas en la Comunidad Autónoma de Cataluña

---

17 Romero Canales, L., "La regulación de la dirección pública profesional en la administración local: una asignatura pendiente", en El Consultor de los Ayuntamientos, n.º 7, 2021, p. 94.

18 Reglamento Municipal de Buen Gobierno del Ayuntamiento de Jerez disponible en línea: https://www.jerez.es/fileadmin/news_import/Reglamento_de_Buen_Gobierno.pdf, consultado el 11/09/2021.

19 Código Ético y de Conducta del Ayuntamiento de Barcelona disponible en línea: https://ajuntament.barcelona.cat/transparencia/es/codigo-conducta, consultado el 11/09/2021.

les es de aplicación también la Ley 19/2014 de Transparencia y Buen Gobierno catalana, que incluye elementos de buen gobierno también para los ayuntamientos y diputaciones provinciales. En este caso, analizamos un código de buen gobierno de un ayuntamiento que también ha decidido ir un paso más allá en esta materia, regulando aspectos específicos que no estaban previstos en la normativa de referencia ni estatal ni autonómica.

Este código barcelonés parte de la premisa de que el artículo 41 de la Carta de Derechos Fundamentales de la Unión Europea del año 2000 establece entre sus derechos el de una buena administración[20]. También se toma como referencia el artículo 30 el Estatuto de Autonomía de Cataluña, que establece que "todas las personas tienen derecho a ser tratadas por los poderes públicos de Cataluña, en los asuntos que les afectan, de forma imparcial y objetiva, y a que la actuación de los poderes públicos sea proporcionada a las finalidades que la justifican". Asimismo, también se parte de la Ley 22/1988 de 30 de diciembre de la Carta Municipal de Barcelona, ya que como municipio especialmente grande en el caso español tiene algunos aspectos regulados por ley, también se expone en su artículo 11.1.b[21] la necesidad de aprobar un código ético de buena actuación.

Así pues, tomando estos puntos de partida, el Código de Buen Gobierno del Ayuntamiento de Barcelona regula una serie de principios éticos de actuación. En cuanto a su ámbito

---

20 Sobre cómo se define la buena administración en la Carta de Derechos Fundamentales de la Unión Europea del año 2000 puede verse: Tomás Mallén, B., "El derecho fundamental a una buena administración", *op. cit.* p. 177 y ss.

21 El artículo 11.1.b de la Ley 22/1998, de 30 de diciembre, de la Carta Municipal de Barcelona establece como competencia del Consejo Municipal del consistorio: "Aprobar el Código Ético de actuación de todo el personal al servicio del municipio".

subjetivo el artículo 3.3, establece que incluirá a los miembros electos, los comisionados, los consejeros de distrito, los titulares de órganos de gobierno. También se incluyen al personal directivo del ayuntamiento y personal de alta dirección, al personal de dirección de servicios, a los titulares la Secretaría General, la Intervención General y la Tesorería y al personal eventual del Consistorio. Por tanto, aquí encontramos una enumeración que no solo incluye al concepto de altos cargos regulado en el artículo 25 de la Ley 19/2013, sino que permite ampliar las obligaciones de buen gobierno también a personal directivo y a otros funcionarios del consistorio al amparo del artículo 54.2 de la Ley catalana 19/2014.

También se abordará el Código de Ética Pública y Guía de Buenas Prácticas de la Diputación de Salamanca[22]. En cuanto a su ámbito de aplicación, resulta de obligado cumplimiento a cargos electos como empleados públicos, sea cual fuera su situación administrativa o laboral, superándose así el concepto de a quién es aplicable buen gobierno según la Ley 19/2013. Asimismo, se establece la posibilidad de que los municipios de la provincia de Salamanca que quieran adherirse pueden hacerlo para que así también puedan cumplir este código los cargos electos y empleados de los municipios salmantinos.

Por último, se abordarán varios códigos de la Diputación Foral de Gipuzkoa que abordan materias concretas, a saber: el Código de conducta y marco de integridad institucional aplicable a ayudas y subvenciones de la Diputación Foral de Gipuzkoa

---

22 Código de Ética Pública y Guía de Buenas Prácticas de la Diputación de Salamanca disponible en línea en: http://transparencia.lasalina.es/opencms/opencms/transparencia/compromisosdetransparencia/informaciondiputacion/normaseinstitucionesprovinciales/documentos/Codigo_Etico_y_Buenas_Practicas.pdf, consultado el 11/09/2021.

y de su sector público[23], el Código ético y de buena gestión del empleo público foral de Gipuzkoa[24], el Código de conducta y marco de integridad institucional aplicable a la contratación pública[25] y el Código de conducta y buenas prácticas de los miembros de la Diputación Foral y de los altos cargos públicos y personal asimilado de la administración foral de Gipuzkoa y de las entidades de su sector público de garantía[26].

Por tanto, expuestos todos los códigos de buen gobierno local que se consideran de referencia procedemos a analizarlos agrupándolos por las temáticas anteriormente indicadas.

---

23 Código de Conducta y Marco de Integridad Institucional aplicable Ayudas y Subvenciones de la Diputación Foral de Gipuzkoa disponible en línea en: https://www.gipuzkoa.eus/documents/20933/923643/dirulaguntza_kodea-es.pdf/6e05ca33-eb92-03bc-d2d6-10d8e549e629, consultado el 11/09/2021.

24 Código Ético y de Buena Gestión del Empleo Público de la Diputación Foral de Gipuzkoa, disponible en línea en: https://www.gipuzkoa.eus/documents/20933/923643/Enplegu_kodea-es.pdf/7c32f6dc-4f10-58ec-cd85-0d9d6cdb583c, consultado el 11/09/2021.

25 Código de Conducta y Marco de Integridad Institucional aplicable a la Contratación Pública de la Diputación Foral de Guipúzcoa, disponible en línea en: https://www.gipuzkoa.eus/documents/20933/923643/Kontratazio_kodea-es.pdf/e014801b-3e70-fd79-8ac2-d63ea19aa374, consultado el 11/09/2021.

26 Código de conducta y buenas prácticas de los miembros de la Diputación Foral y de los altos cargos públicos y personal asimilado de la administración foral de Gipuzkoa y de las entidades de su sector público de garantía. disponible en línea en: https://www.gipuzkoa.eus/documents/20933/923643/Kargu_publikoaren_kodea-es.pdf/6cf03d08-6ca9-10f3-fd20-0337afdf4358, consultado el 11/09/2021.

2. ÁMBITOS DE ACTUACIÓN DE LOS CÓDIGOS DE BUEN GOBIERNO LOCAL

2.1. El valor de la actuación local para lograr el interés general

2.1.1. La importancia de la actuación local

La primera temática de actuación es el valor de la actuación local para lograr el interés general, un elemento esencial en toda actuación pública y que supone quizás el gran ámbito de actuación que debe regir toda acción pública y del que se derivan el resto de los principios y actos de buen gobierno local.

Esta temática la dividimos en dos subtemáticas, siendo la primera de ellas dar valor a la actuación local y en segundo lugar la prevalencia del interés general. El primer elemento, dar valor a la actuación local, lo encontramos en el preámbulo del Código Europeo de Conducta para la Integridad Política de los Representantes Locales y Regionales Electos, incide en la necesidad de dar valor a la actuación local[27], porque sus representantes deben tomar decisiones que tienen la misma responsabilidad que la que pueden tener las decisiones políticas de autoridades estatales y que no por ser de un ámbito territorial

---

[27] Ello lo encontramos en dicho Código Europeo de Conducta para la Integridad Política de los Representantes Locales y Regionales Electos del año 1999 en el preámbulo cuando se indica: "Subrayando que los representantes locales y regionales electos desempeñan sus deberes en el marco de la ley y con arreglo al mandato que les ha conferido el electorado y que son responsables ante el conjunto de la población local o regional" y también inferimos la necesidad de poner en valor el trabajo de los representantes públicos locales en el preámbulo de dicho Código cuando se indica: "Convencido de que dicho código debe incluir en la mayor medida posible todo el trabajo desarrollado por los representantes electos".

tradicionalmente considerado como inferior suponen que tengan que ser decisiones sometidas a una conducta ética inferior.

Para dar valor a la actuación local es necesario también que se actúe con ejemplaridad para que la ciudadanía perciba que se realiza una adecuada gestión pública. Ubicamos en el artículo 5 del Código Ético y de Conducta del Ayuntamiento de Barcelona, varios principios éticos, dentro de aquellos principios rectores de la actividad municipal, entre los que se encuentra principio de ejemplaridad[28], donde se pretende que la actuación de quienes les es de aplicación este código ético del Ayuntamiento de Barcelona se hagan base al principio de buen hacer con el Ayuntamiento. El objetivo es que nunca se perjudique la imagen del consistorio; por tanto, aquí se pretende no solo cumplir, sino también dar ejemplo de que se aplican efectivamente políticas de buen gobierno. Así lo expuesto la STC n.º 151/1999, de 14 de septiembre de 1999, que abordó la ejemplaridad en los cargos públicos, en concreto la de un alcalde que también era senador e indicó el Alto Tribunal claramente que: "es exigible una cierta ejemplaridad social a quien ejerce cualquier función pública".

Por último, para que se ponga en valor la actuación local es fundamental la confianza pública en los ayuntamientos y por ello el propio Código del Ayuntamiento de Barcelona incorpora en la letra l de este artículo 5 el principio de confianza pública[29], que no es otro que permitir a la ciudadanía confiar en el propio Ayuntamiento y en sus empleados. La clave está en que

---

28 El artículo 5.j del Código Ético y de Conducta del Ayuntamiento de Barcelona indica en concreto: "Ejemplaridad: actuarán de acuerdo con el principio de lealtad y buena fe con el Ayuntamiento, contribuyendo al prestigio, la dignidad y la imagen de la institución, sin adoptar conductas o actitudes que puedan perjudicar esta imagen".

29 El artículo 5.l del Código Ético y de Conducta del Ayuntamiento de Barcelona indica en concreto: "Confianza pública: se comportarán

los mismos actúen en base a conductas íntegras, imparciales y eficaces. Como afirman algunos autores, el objetivo a conseguir a largo plazo es recuperar la confianza de la ciudadanía en la administración[30].

2.1.2. La prevalencia del interés general

La segunda sistemática de este primer bloque es la prevalencia del interés general. Su reconocimiento constitucional en el artículo 103.1 lo convierte así en uno de los principales elementos para lograr el buen gobierno.

Dicha importancia de seguir el interés general la encontramos en varios códigos de buen gobierno, destacando en primer lugar el del Ayuntamiento de Jerez que en su artículo 9[31] establece el principio de prevalencia del interés general, que debe priorizarse en cualquier política pública y también se in-

---

siempre de tal modo que las personas puedan confiar en la integridad, la imparcialidad y la eficacia en sus actuaciones".

30 De esta manera se refería también Manuel Arenilla Sáez, quien fue el director del Instituto Nacional de la Administración Pública, en su intervención sobre "Reforma administrativa y transparencia en las administraciones públicas" celebrado en julio de 2016 en la Universidad Internacional Menéndez Pelayo; al afirmar que la transparencia es el camino para recuperar la confianza de la sociedad civil sobre las administraciones públicas.

31 El artículo 9 del Reglamento Municipal de Buen Gobierno del Ayuntamiento de Jerez establece: "La actuación de los sujetos municipales perseguirá en todo caso la satisfacción de los intereses generales de la ciudadanía. Dicha actuación se ajustará a los principios de lealtad y buena fe con la Administración y con sus superiores, compañeros, subordinados y con la ciudadanía. 2. En la actividad administrativa del Ayuntamiento prevalecerá el interés público sobre los intereses particulares. En los casos en que ambos intereses no sean compatibles, se expresará justificación racional en la correspondiente disposición o acto administrativo".

dica que deben justificarse todas las decisiones administrativas para quede acreditado que en las mismas no hay ningún tipo de interés particular de la persona que adopta la actuación administrativa.

Precisamente, dicha prevalencia se traduce en la mayoría de las ocasiones en la obligación del ciudadano de soportar un daño en su esfera privada si el mismo es para el interés general, como expone claramente el Consejo Consultivo de Andalucía en Dictamen n.º 83/2017, de 15 de febrero de 2017, donde no se aprecia posible responsabilidad patrimonial a abonar por la administración en la medida en que, en este caso, existía (respecto al daño que se acusaba al participar) una "obligación legal de soportarlo, ante la prevalencia del interés general".

También el Código de Ética Pública y Guía de Buenas Prácticas de la Diputación de Salamanca refleja en numerosos apartados de su articulado[32] la prevalencia siempre del interés general en la actuación administrativa, algo que incluso se regula junto a otros principios como el de desempeño del cargo con profesionalidad[33], en la medida que una actuación profesional será aquella que se rija por el interés general.

Para lograr dicha prevalencia es necesario un cumplimiento de la normativa vigente y, en este sentido, el artículo 5 del ci-

---

32 A modo de ejemplo, destacamos la referencia a la importancia del interés general que se realiza en la parte Segunda.m).5 de la Guía de Buenas Prácticas de la Diputación Provincial de Salamanca que incluye este Código de Ética Pública y Guía de Buenas Prácticas de la Diputación de Salamanca que expone: "La defensa del interés general será el criterio fundamental para dotar de la máxima coherencia a las decisiones y actuaciones de todo el personal de la Institución".

33 En el apartado 9.2.j del Código de Ética Pública que incluye este Código de Ética Pública y Guía de Buenas Prácticas de la Diputación de Salamanca, que expone: "Gestión y Servicio Público de carácter profesional, innovador, de calidad y con orientación a la ciudadanía".

tado Código Europeo de Conducta establece la obligatoriedad de primar la ley y el interés público frente a cualquier otra decisión personal[34]. Así mismo, el artículo 5 de dicho Código añade que se establece la obligatoriedad de actuar con transparencia y diligencia en sus actuaciones públicas[35]. Por tanto, en el caso español, aunque la ley de transparencia se produjo muchos años después (en el 2013) ya encontrábamos está obligatoriedad de actuar conforme a este buen hacer en la gestión pública en base a la aplicación de este Código de Conducta.

De hecho, años antes de dicho Código Europeo de Conducta ya el Tribunal Constitucional español detalló pormenorizadamente en su STC n.º 34/1995, de 10 de marzo de 1995 la relevancia de la primacía de la ley en la actuación de la administración público y, por tanto, la forma de garantizar así un buen gobierno al amparo de las normas de la Constitución: "el reconocimiento de la sumisión de la Administración a la Ley y al Derecho, que la Constitución eleva a núcleo central que preside el obrar administrativo (artículo 103.1 C.E)". Reiterando también dicha sentencia que los tribunales de justicia son los garantes del cumplimiento del buen gobierno en la ad-

[34] El artículo 4 del Código Europeo de Conducta para la Integridad Política de los Representantes Locales y Regionales Electos del año 1999 establece: "Los representantes electos deberán desempeñar su cargo con arreglo a la legislación y actuar en todo momento con arreglo a la misma. En el desempeño de sus funciones, los representantes electos deberán servir al interés público y no exclusivamente a su interés personal, ya sea directo o indirecto, o al interés privado de personas o grupos de personas con el fin de obtener un beneficio personal directo o indirecto de los mismos.

[35] El artículo 5 del Código Europeo de Conducta para la Integridad Política de los Representantes Locales y Regionales Electos del año 1999 establece: "Los representantes electos deberán comprometerse a desarrollar sus funciones con diligencia, transparencia y voluntad de responder por sus decisiones".

ministración, ya que para lograrlo se debe cumplir el derecho positivo existente.

También el Código europeo de conducta desarrolla más ampliamente la primacía de la ley y, por tanto, la consecución del interés general, al incluir en su artículo 13[36] una prohibición de la corrupción. También en el Código de Buen Gobierno del 2009 de la FEMP se propone que se cumplan sus normas éticas porque los municipios ya han sido el motor de cambio de las grandes transformaciones sociales y económicas en España[37]; con lo cual es necesario seguir potenciando esta parte, tan positiva, del ámbito local.

De hecho, es uno de los aspectos clave para conseguir la recuperación de la confianza en la ciudadanía haciendo ver al vecindario de un municipio que sus ayuntamientos no son, de oficio, corruptos o que realizan prácticas no adecuadas a la ley. Así pues, es necesario cambiar la perspectiva y no solo realizar un buen gobierno sino también difundirlo, ya que, de lo contrario, por mucho esfuerzo que se realice, si no se consigue recuperar la confianza de la ciudadanía, aunque los representantes políticos actúen en base a la ley y a un buen hacer, de

---

36 El artículo 13 del Código Europeo de Conducta para la Integridad Política de los Representantes Locales y Regionales Electos del año 1999 expone: "En el desempeño de sus funciones, los representantes electos deberán abstenerse de cualquier conducta que se considere, con arreglo a la legislación penal nacional o internacional en vigor, como un soborno pasivo o activo"

37 En concreto, así se indica en el preámbulo del Código de Buen Gobierno de la Federación Española de Municipios y Provincias que expone: "los Gobiernos Locales hemos sido protagonistas de los cambios de nuestro tiempo y determinantes de las transformaciones económicas y sociales para el progreso colectivo, el desarrollo sostenible y la igualdad de oportunidades en nuestro país. Nuestros Ayuntamientos han contribuido al avance hacia la igualdad y la justicia social, la consolidación y el desarrollo de nuestra democracia"

nada servirán las políticas de buen gobierno porque las mismas estarán vacías de contenido si la ciudadanía no vuelve a confiar en sus ayuntamientos. La ciudadanía exige honestidad a los dirigentes locales y quieren sentir que les administran adecuadamente en todos los niveles, pero especialmente en el local, el más cercano a ellos[38].

Ello es así, porque es evidente que cualquier actividad fraudulenta acaba suponiendo una pérdida de la confianza de la ciudadanía en los consistorios locales y por tanto una actividad, sin duda, de mal gobierno. En este sentido, es complejo minimizar el impacto de la falta de valores y el deterioro de la imagen pública que genera la corrupción[39]. De este modo, la inclusión de la prohibición de corrupción en este tipo de códigos de conducta resulta no solo es lógica sino también necesaria para lograr un buen gobierno.

Algunos ayuntamientos que se adhirieron a este Código de Buen Gobierno de la FEMP, como es el caso por ejemplo del Ayuntamiento de Palma, publican en su web[40] información sobre el grado de cumplimiento de cada uno de los indicadores éticos que establecen el Código y así permitir a la ciudadanía ver si el mismo tiene un impacto real en la gestión local.

---

38 Díaz Hernández, R. F. y Parreño Castellano, J. M., "Territorio, participación ciudadana y nivel de confianza en las instituciones oficiales", en *Scripta Nova: Revista electrónica de geografía y ciencias sociales,* n.º extra 12, 2008.

39 Prats Català, J., "La lucha contra la corrupción como parte integrante del Derecho, el deber y las políticas de buena administración", en *Cuadernos de Derecho Público,* n.º 31, 2007, p.14.

40 Puede verse la web del Ayuntamiento de Palma con dicha información del cumplimiento de los indicadores del Código de la Federación Española de Municipios y Provincias del 2009 en: https://www.palma.cat/portal/PALMA/contenedor1.jsp?seccion=s fdes_d4_v1.jsp&contenido=78035&tipo=6&nivel=1400&codResi=1& language=es#.YAXql0ljgGo.whatsapp, consultado el 11/09/2021.

Por último, para lograr alcanzar la prevalencia del interés general y el cumplimiento del ordenamiento jurídico vigente algunos códigos han incluido en su articulado que las administraciones cumplan con las decisiones judiciales, como ha sido el caso del Código de Buen Gobierno de la FEMP del año 2009[41] y en el Reglamento Municipal de Buen Gobierno del Ayuntamiento de Jerez[42]. Sin duda este se trata de un aspecto clave y básico que en principio no debería ser retirado, ya que las decisiones judiciales son de obligado cumplimiento. En este sentido, citamos la exposición de motivos de la Ley 29/1998, de 13 de julio, reguladora de la Jurisdicción Contencioso-Administrativa (LJCA): "el punto de partida reside en la imperiosa obligación de cumplir las resoluciones judiciales (...) La negativa, expresa o implícita, a cumplir una resolución judicial constituye un atentado a la Constitución frente al que no caben excusas".

En el mismo sentido, el artículo 118 de la Constitución española dispone, como un deber constitucional, que: "es obligado cumplir las sentencias y demás resoluciones firmes de los Jueces y Tribunales, así como prestar la colaboración requerida por estos en el curso del proceso y en la ejecución de lo

---

41 Dentro del apartado de "Medidas para mejorar la gestión y la calidad de la democrática local" del Código de Buen Gobierno de la Federación Española de Municipios y Provincias elaborado en el año 2009 se incluye: "Igualmente adoptarán las medidas adecuadas para garantizar la eficacia de las decisiones judiciales".

42 El artículo 21.1 del Reglamento Municipal de Buen Gobierno del Ayuntamiento de Jerez incluye la obligación de cumplir las resoluciones judiciales, en los mismos términos que establece el Código de Buen Gobierno de la FEMP del año 2009: "El Gobierno Local colaborará con las instancias que defiendan los derechos de la población, dando respuesta a sus requerimientos y solicitudes. Igualmente adoptará las medidas adecuadas para garantizar la eficacia de las decisiones judiciales"

resuelto". Este precepto se desarrolla en el artículo 17.2 de la Ley Orgánica 6/1985, de 1 de julio, del Poder Judicial de conformidad con el cual: "las Administraciones Públicas, las Autoridades y funcionarios, las Corporaciones y todas las entidades públicas y privadas, y los particulares, respetarán y, en su caso, cumplirán las sentencias y demás resoluciones judiciales que hayan ganado firmeza o sean ejecutables de acuerdo con las leyes". Por último, citamos el artículo 103.2 LJCA señala, más específicamente, que: "las partes están obligadas a cumplir las sentencias en la forma y términos que en éstas se consignen".

Por tanto, queda evidenciado el cumplimiento de las resoluciones judiciales, si bien, no son pocas las ocasiones en que los consistorios locales han eludido o retrasado deliberadamente la aplicación de una decisión judicial. En muchas ocasiones es por acumulación de tareas, pero en otras es por dejadez en las funciones públicas y ello genera un grave perjuicio al interesado, por ejemplo, encontramos un supuesto de incumplimiento de una sentencia del Tribunal Supremo por parte de la empresa pública local de Mercats Centrals de Proveïment de València, S.A. [43].

Dada la importancia de satisfacer el interés general en toda actuación local, una propuesta que los códigos de buen gobierno podrían implementar para garantizarlo es crear un comité o consejo que supervisara las principales decisiones que se adopten en un municipio. Así pues, determinadas actuaciones, como por ejemplo las aprobaciones presupuestarias, podrían ser sometidas a dicho comité que se encarga de vigilar que, verdaderamente, satisface ese acuerdo el interés conjunto a la

---

43 Puede consultarse una noticia de prensa al respecto en: http://ugt-ficapv.org/ver/3005717/UGT-demanda-a-Merca-Valencia—empresa-participada-al-50-por-el-Ayuntamiento-de-Valencia—ante-el-incumplimiento-de-una-Sentencia-referida-al-pago-de-las-vacaciones-.html, consultado el 11/09/2021.

ciudadanía. Incluso, podría optarse por un modelo en el que cualquier decisión que se tomen en una entidad local, independientemente de su especial trascendencia o no, fuera revisada por dicho comité en un sistema aleatorio de auditoría, de forma que una determinada acción pudiera ser revisada por el comité con objeto de vigilar cumplimiento de este deber constitucional previsto en artículo 103 de la Constitución española.

2.2. Ejemplaridad en el desarrollo del cargo por los representantes públicos

2.2.1. Ausencia de conflictos de intereses y prohibición de favoritismos

A continuación, procede analizar los códigos de buen gobierno local que se refiere a la ejemplaridad en el desarrollo del cargo por los representantes públicos locales. En este apartado se analizará diversas obligaciones que deben cumplir dichos representantes para poder realizar una actuación catalogada de buen gobierno para ello encontramos 8 subtemáticas, a saber: ausencia de conflicto de intereses y prohibición de favoritismos, cumplimiento de la normativa de incompatibilidades para altos cargos, retribuciones económicas de cargos electos, divulgación, motivación y asunción de responsabilidades de las decisiones tomadas, deber de secreto y sigilo, permitir labores de supervisión internas y externas, mejorar las relaciones con el resto de las fuerzas políticas y por último el cumplimiento de los límites de los gastos de las campañas electorales.

Por tanto, la primera subtemática es la referida a ausencia de conflictos de intereses y prohibición de favoritismos, la cual encontrábamos ya en varios principios generales de la Ley 19/2013, en los artículos 26.2.a.3° y 4° y también en el principio de actuación del artículo 26.2.b.1°, todos ellos anteriormente analizados.

El primer código que regula la prohibición de favoritismos y la ausencia de conflictos es el Código Europeo de Conducta para la Integridad Política de los Representantes Locales y Regionales Electos del año 1999. En el artículo 8 de este código europeo encontramos la prohibición del favoritismo y en el 9 y el 10 la prohibición de ejercer la autoridad en beneficio propio o de incurrir en conflictos de intereses[44]. Sin duda, los conflictos de intereses acaban siendo en muchas ocasiones el principal escollo que deben superar los representantes locales para lograr un buen gobierno.

Por ello, para evitar estos conflictos, es muy importante que el representante local realice una política activa y consciente para tratar de evitarlos en multitud de ocasiones en que pueden producirse, especialmente en el ámbito local. Podemos encontrar especiales referencias a la importancia de que no existan favoritismos en el ámbito de la contratación pública,

---

[44] En concreto, el Código Europeo de Conducta para la Integridad Política de los Representantes Locales y Regionales Electos del año 1999 establece en los artículos 8, 9 y 10 lo siguiente:
Artículo 8: "Los representantes electos deberán abstenerse de ejercer sus funciones o utilizar las prerrogativas de su cargo en el interés privado de personas o grupos de personas con el objetivo de obtener un beneficio personal directo o indirecto de los mismos".
Artículo 9: "Los representantes electos deberán abstenerse de desempeñar sus funciones o utilizar las prerrogativas de su cargo para promover sus intereses personales o privados, ya sean directos o indirectos".
Artículo 10: "Cuando los representantes electos tengan un interés personal directo o indirecto en cuestiones que estén siendo estudiadas por consejos locales o regionales o por organismos ejecutivos, deberán comprometerse a hacer públicos dichos intereses antes de que se produzcan las deliberaciones y se proceda a cualquier votación. Los representantes electos deberán abstenerse en cualquier deliberación o votación de una cuestión en la que tengan un interés personal, ya sea directo o indirecto".

que es uno de los que más se tercia a ello. Así pues, resulta especialmente relevante la Sentencia del Tribunal de Justicia de la Unión Europea[45] de 29 de abril de 2004. Comisión/CAS Succhi di Frutta SpA, apartado n.º 111 que expone que: "Por lo que respecta al principio de transparencia, que constituye su corolario, tiene esencialmente por objeto garantizar que no exista riesgo de favoritismo y arbitrariedad por parte de la entidad adjudicadora"[46].

De hecho, una aplicación rigurosa de estos principios (donde se pretende evitar el conflicto de intereses) tendría que acabar suponiendo que más que los familiares del político se benefician de que éste esté en el gobierno local, si hay una aplicación rigurosa de los principios para evitar conflictos de intereses, acabaría suponiendo que estos familiares acaban incluso perjudicándose de que tengan un familiar o amigo que sea el representante político local. Esto es así, ya que, en todas las situaciones en que pudiera haber un conflicto de intereses

---

[45] Para entender cómo interpreta el buen gobierno el Tribunal de Justicia de la Unión Europea véase:
Tomás Mallén, B., "La noción de buen gobierno en el Tribunal de Justicia de la Unión Europea", en *Anuario de la Red Eurolatinoamericana de Buen gobierno y Buena Administración*, n.º 2, 2022.

[46] Así mismo, dicho apartado 111 de la Sentencia del Tribunal de Justicia de la Unión Europea de 29 de abril de 2004. Comisión/CAS Succhi di Frutta SpA, asunto C-496/99 P añade también que, como consecuencia de la obligación de que no existan favoritismos, ello: "Implica que todas las condiciones y modalidades del procedimiento de licitación estén formuladas de forma clara, precisa e inequívoca en el anuncio de licitación o en el pliego de condiciones, con el fin de que, por una parte, todos los licitadores razonablemente informados y normalmente diligentes puedan comprender su alcance exacto e interpretarlos de la misma forma y, por otra parte, la entidad adjudicadora pueda comprobar efectivamente que las ofertas presentadas por los licitadores responden a los criterios aplicables al contrato de que se trata".

el representante político debería abstenerse del expediente o justificar muy debidamente todas y cada una de sus decisiones para que pudiera. De tal forma que si el día de mañana alguien externo fiscaliza al expediente viera toda ausencia de conflicto de intereses, algo que no suele suceder, pero es la más correcta aplicación de este principio de buen gobierno local.

También encontramos en el Código de Buen Gobierno de la FEMP del año 2009[47] referencias a la necesidad de aplicar una objetividad imparcialidad y ausencia de conflictos de intereses en la aplicación de las políticas locales, y que sin duda ayudará mucho a evitar posibles casos de corrupción en los ayuntamientos y diputaciones provinciales españoles. Así mismo, también en el Código de Ética Pública y Guía de Buenas Prácticas de la Diputación de Salamanca[48] encontramos referencia a la imparcialidad y objetividad en las actuaciones públicas.

La posterior regulación del Código del Buen Gobierno de la FEMP del año 2015 incluye un apartado de los compromisos

---

47 En concreto, dentro del apartado de "Principios del código del buen gobierno local" del Código de Buen Gobierno de la Federación Española de Municipios y Provincias elaborado en el año 2009 se incluye: "Regirán nuestras actuaciones la eficiencia, la modernización de la Administración y el buen servicio a la ciudadanía, defendiendo los intereses generales con honestidad, objetividad, imparcialidad, confidencialidad, austeridad y cercanía a la ciudadanía".

48 En particular, los artículos 5.1 y 5.3 del Código de Ética Pública y Guía de Buenas Prácticas de la Diputación de Salamanca establecen: "Imparcialidad. El interés general ha de guiar las decisiones y actuaciones de todo el personal empleado en esta Institución, sea cual fuere su condición, sin que medie en ningún caso inclinación a favor o en contra, en la aplicación de normas, procesos, contrataciones, adjudicaciones o acciones de cualquier otro carácter.
Objetividad. Toda actuación deberá regirse por criterios objetivos relacionados con el objeto sometido a consideración y nunca con los sujetos interesados ni con el sentir personal de quien actúa".

éticos en materia de conflicto de intereses[49]. Éste es un aspecto que siempre se ha desarrollado extensamente en todos los códigos de buen gobierno y legislaciones en la medida en que evita actuar con subjetividad y conseguir una actuación imparcial en las políticas públicas locales hace que sea muy sencillo aplicar todas las políticas de buen gobierno, porque sin duda

---

[49] Dicho apartado de compromisos éticos en materia de conflictos de intereses del Código de Buen Gobierno de la Federación Española de Municipios y Provincias del año 2015 es bastante prolijo, en concreto su contenido es el siguiente:
"Compromisos éticos en materia de conflictos de intereses:
1. El desempeño de responsabilidades públicas exigirá el respeto a la normativa en materia de conflicto de intereses basando su actuación en los siguientes compromisos
2. En el ejercicio de sus facultades discrecionales, se abstendrán de conceder ninguna ventaja a ellos mismos o a otra persona o grupo de personas con el fin de obtener un beneficio personal directo o indirecto de los mismos.
3. Se abstendrán de participar en cualquier deliberación, votación o ejecución de aquellos asuntos en los que tengan un interés personal, ya sea directo o indirecto.
4. No influirán en la agilización o resolución de trámite o procedimiento administrativo sin justa causa y, en ningún caso, cuando ello comporte un privilegio en beneficio propio o su entorno o cuando suponga un menoscabo de los intereses de terceros o del interés general.
5. No aceptarán, recibirán o solicitarán, directamente o a través de terceros, regalos que sobrepasen los usos habituales, sociales o de cortesía por parte de entidades o personas o, en cualquier caso, que sobrepasen la cuantía de ciento cincuenta euros.
6. Rechazarán cualquier favor o servicio en condiciones ventajosas por parte de personas físicas o entidades privadas que puedan condicionar el desempeño de sus funciones.
7. El desempeño de cargos en órganos ejecutivos de dirección de partidos políticos y organizaciones sindicales dicha actividad en ningún caso menoscabará o comprometerá el ejercicio de sus funciones".

se está actuando en base al interés general y no en base al interés particular.

Así pues, este apartado del Código regula qué actuaciones deben realizarse para evitar conflictos de intereses. En primer lugar, estableciendo que deben abstenerse de obtener ninguna ventaja para ellos mismos u otras personas. Así mismo, también se establece la necesidad de que los responsables políticos no realicen deliberaciones votaciones o ejecuciones de asuntos sobre los que ellos tengan algún interesado, al margen de que la decisión es beneficioso o no al interesado. Un caso sonado en este ámbito fue el de la exconcejala de Rivas VaciaMadrid, Tania Sánchez, que votó en un asunto relacionado con un familiar suyo, en que se consideró que debería haberse producido la abstención de la edil[50]. El asunto fue bastante sonado en la prensa, incluido en la nacional, y fue uno de los últimos ejemplos claros donde se vio en medios de comunicación la importancia de la institución de la abstención en el ámbito local.

Otro aspecto es no influir en la agilización de un trámite sin justa causa, puesto que, aunque la decisión del mismo no beneficia a él, solo con que sí beneficie a una persona allegada, el simple hecho de agilizarlo por ser familiar o conocido del responsable político o directivo público, también supone un ejemplo de conflicto de interés que debe evitarse.[51]

---

[50] Puede verse noticia de prensa sobre el asunto: https://www.abc.es/madrid/20141119/abci-contratos-irregulares-tania-sanchez-201411182123.html y en https://www.lavanguardia.com/local/madrid/20150109/54423174315/un-informe-juridico-dice-que-tania-sanchez-no-tenia-deber-de-abstenerse-en-la-adjudicacion-a-su.html, consultado el 11/09/2021.

[51] De hecho, esta obligación no agilizar un trámite sin justa causa también se encuentra regulada en las obligaciones de los empleados públicos en el artículo 53.9 del Real Decreto Legislativo 5/2015, de 30 de octubre, por el que se aprueba el texto refundido de la Ley del

Por último, dentro de estos compromisos éticos nos encontramos la necesidad de rechazar cualquier favor o servicio ventajoso por parte de terceros que pueda entenderse que condiciona una decisión pública. También se establece así la necesidad de separar la labor que realizan los altos cargos locales en órganos ejecutivos de partidos políticos y organizaciones sindicales respecto a la que realizan como alcaldes y concejales, ya que no se debe mezclar un aspecto con otro. En este sentido, podemos destacar los votos particulares de Conde-Pumpido Tourón, Montoya Melgar y Xiol Ríos en la STC n.º 151/2017, de 21 de diciembre de 2017[52], donde se enumera un supuesto de transfuguismo local donde un intercambio de favores puede suponer una clara pérdida de la confianza de la ciudadanía en la administración al ser una práctica de "mal gobierno local", ya que dichos votos particulares indican que cuando dicho transfuguismo: "se acompaña en la práctica de acusaciones o sospechas de corrupción o de intercambio de favores, el peligro para la credibilidad de las instituciones puede ser muy alto".

Estatuto Básico del Empleado Público., que establece: "No influirán en la agilización o resolución de trámite o procedimiento administrativo sin justa causa y, en ningún caso, cuando ello comporte un privilegio en beneficio de los titulares de los cargos públicos o su entorno familiar y social inmediato o cuando suponga un menoscabo de los intereses de terceros" y de hecho tiene idéntica redacción este apartado en el apartado de "Compromisos éticos en materia de conflicto de intereses" en el Código de Buen Gobierno de la Federación Española de Municipios y Provincias del año 2015.

52 Dicha STC n.º 151/2017, de 21 de diciembre de 2017 estableció la inconstitucionalidad del apartado tercero del artículo 197.1.a de la Ley Orgánica 5/1985, de 19 de junio, del Régimen Electoral General (LOREG) pero los magistrados Conde-Pumpido Tourón, Montoya Melgar y Xiol Ríos no se consideraron partidarios de dicha inconstitucionalidad al opinar que no concurrían circunstancias suficientes de desproporcionalidad sobre dicho precepto de la LOREG.

En este sentido hay que decir que muchas ocasiones los responsables políticos u otras personas de la organización del ayuntamiento realizan muchas de sus actuaciones pensando exclusivamente en los partidos u organizaciones, no debiéndose actuar de dicha forma; de hecho, el Código de la FEMP del 2015 establece la necesidad de separar los intereses de ambos partidos[53]. No se trata necesariamente de actuaciones explícitas, sino que muchas veces se trata de una actuación implícita en todas sus políticas y acciones de gobierno donde se deja ver que claramente esa persona piensa en muchas ocasiones más en el beneficio de su partido o sindicato antes que en el interés general de la ciudadanía local. En efecto, la jurisprudencia ha reflejado en múltiples ocasiones que, aunque los futuros concejales se presenten bajo las siglas de un partido político o agrupación de electores una vez son elegidos solo deben estar sometidos al mandato del pueblo; así pues la sentencia TSJ Andalucía n.º 809/2001, de 26 de noviembre de 2001 determinó que: "el cese en el cargo al que se accede en virtud del sufragio no puede depender de una voluntad distinta de la de los electores o del elegido, porque el derecho a participar corresponde a los ciudadanos y no a los partidos políticos ", una interpretación jurisprudencia que ya fue iniciada por STC n.º 5/1983, de 9 de marzo de 1983 y STC n.º 10/1983, de 23 de marzo de 1983.

---

53 En el apartado de "Compromisos éticos en materia de conflicto de intereses" en el Código de Buen Gobierno de la Federación Española de Municipios y Provincias del año 2015 encontramos: "El desempeño de cargos en órganos ejecutivos de dirección de partidos políticos y organizaciones sindicales dicha actividad en ningún caso menoscabará o comprometerá el ejercicio de sus funciones". Por tanto, se evidencia la importancia de que ostentar cargos en partidos políticos no suponga una injerencia inadecuada en las funciones públicas que también se desempeñan simultáneamente.

En este sentido, no puede hacerse más que una autorreflexión por parte de cada uno de los directivos públicos locales y altos cargos sobre si esas actuaciones que realicen en su día a día van más pensadas en la ciudadanía o en el partido político correspondiente actuar en consecuencia en beneficio, por supuesto, del interés general y de la ciudadanía para lograr un buen gobierno local.

Encontramos referencias a la necesidad de una actuación objetiva y con ausencia de conflicto de intereses en el Reglamento Municipal de Buen Gobierno del Ayuntamiento de Jerez[54], donde se incluye la necesidad de que deba producirse la abstención de un responsable en el caso de que en la decisión que se adopte "influyan prejuicios, posiciones personales, familiares, corporativas, clientelares o cualesquiera otras que puedan colisionar con este principio".

Profundiza abundantemente sobre la necesidad de abstención en un procedimiento donde puedan existir conflictos de intereses el Código Ético y de Conducta del Ayuntamiento de Barcelona, que regula con acierto en su artículo 8[55] las nor-

---

54 En concreto, el artículo 7.2 del Reglamento municipal de Buen Gobierno del Ayuntamiento de Jerez establece: "A tal efecto, los instructores de los procedimientos y los responsables de sus resoluciones respetarán escrupulosamente las normas de abstención que les sean aplicables, evitando en todo caso que en las decisiones que se adopten influyan prejuicios, posiciones personales, familiares, corporativas, clientelares o cualesquiera otras que puedan colisionar con este principio. En concreto, se abstendrán en aquellos asuntos en los que tengan un interés personal, así como de toda actividad privada o interés que pueda suponer un riesgo de plantear conflictos de intereses con su puesto público".

55 En concreto, la primera parte del artículo 8 del Código Ético y de Conducta del Ayuntamiento de Barcelona establece:
"A los efectos de este Código se entiende que existe, o puede existir, conflicto de interés cuando concurren intereses públicos y privados

mas de conducta relativas a los conflictos de intereses. Supone una extensión de la normativa estatal, en concreto los artículos 23 y 24 de la Ley 40/2015, de 1 de octubre, de Régimen Jurídico del Sector Público, ya que regula con más detalle en este caso en qué situaciones en el ámbito local podemos encontrarnos con un conflicto de intereses. Destaca como ejemplo el artículo 8.1.f del Código de Barcelona donde se regula con más detalle la obligación de abstención del artículo 23.1.e de la Ley estatal 40/2015, ya que considera que existirá conflicto de

---

de tal manera que pueden afectar negativamente al ejercicio de las funciones públicas de forma independiente, objetiva, imparcial y honesta.

El conflicto de interés surge cuando las personas sujetas a este Código adoptan decisiones vinculadas al Ayuntamiento que afectan a sus intereses personales, de naturaleza económica o profesional, por suponer un beneficio o perjuicio a estos.

Se consideran intereses personales los siguientes:

a) Los intereses propios.

b) Los intereses familiares, incluidos los del cónyuge o la persona con la que conviva en análoga relación de afectividad, y los de los familiares de cuarto grado de consanguinidad o segundo grado de afinidad.

Por tanto, las personas sujetas a este Código no pueden permitir que sus intereses personales entren en conflicto con sus cargos públicos. Es su responsabilidad evitar estos conflictos de intereses.

c) Los de las personas con quienes tengan una cuestión litigiosa pendiente.

d) Los de las personas con quienes tengan amistad íntima o enemistad manifiesta.

e) Los de las personas jurídicas o entidades privadas a las que las personas destinatarias del Código hayan estado vinculadas por una relación laboral o profesional en los dos años anteriores al nombramiento.

f) Los de las personas jurídicas con ánimo de lucro o sin este o entidades privadas a las que los familiares de la letra b) estén vinculados por una relación laboral o profesional, siempre que esta implique ejercicio de funciones de dirección, asesoramiento o administración".

interés y deber de abstención cuando se produzca la situación de personas jurídicas con ánimo de lucro que estén vinculados por una relación laboral o profesional, siempre que ésta implique ejercicio de funciones de dirección, asesoramiento o administración[56].

Seguidamente, el Código Ético de Barcelona regula qué decisiones se consideran vinculadas al Ayuntamiento, a efectos de abstención. Aquí se regulan dos situaciones: "Suscribir un informe preceptivo, una resolución administrativa o un acto equivalente sometido a derecho privado" e "Intervenir, mediante voto o la presentación de la propuesta correspondiente, en sesiones de los órganos colegiados en los que se adopte dicha decisión"[57], entendiendo estas como causas en las que, en todo caso, se considera que se está tomando una decisión vinculada a la entidad local. Por tanto, en estas situaciones reguladas en este reglamento se pretende que se produzca la abstención del afectado para que no haya ningún conflicto de interés. Continúa este artículo 8.2 del Código de Barcelona indicando una serie normas de conducta que deben de cumplirse para evitar situaciones de conflicto de interés[58]. De hecho,

---

56 Ello supone por tanto una regulación más detallada de la obligación de abstención del artículo 23.1.e de la Ley 40/2015 que determina que: "Tener relación de servicio con persona natural o jurídica interesada directamente en el asunto, o haberle prestado en los dos últimos años servicios profesionales de cualquier tipo y en cualquier circunstancia o lugar"

57 Así lo regula el artículo 8.1 in fine del Código Ético y de Conducta del Ayuntamiento de Barcelona.

58 A modo de ejemplo, se enumeran algunas de las normas de conducta del artículo 8.2 del Código Ético y de Conducta del Ayuntamiento de Barcelona que se consideran esenciales para evitar conflictos de intereses:
"A los efectos de evitar situaciones de conflicto de interés, las personas sujetas a este Código, en el ejercicio de las funciones y competencias

esta amplia regulación de la obligación de abstención resulta más que necesaria, ya que como expuso en STSJ de Navarra

---

que les sean atribuidas, deben respetar las siguientes normas de conducta:
a) Inhibirse de participar en cualquier asunto en el que pueda considerarse que concurren intereses personales que perjudiquen la consecución de los intereses públicos que motiva y guía su actuación, o en los que puedan concurrir cualquier otra causa de abstención o recusación legalmente prevista, y comunicar esta situación de forma inmediata.
(…)
c) Abstenerse de utilizar el cargo para agilizar o entorpecer procedimientos o para proporcionar algún beneficio a una tercera persona, con infracción del principio de igualdad de trato.
d) Abstenerse de desarrollar cualquier actividad ajena a las funciones municipales, o participar de manera indirecta en ella, que pueda interferir en los intereses públicos municipales.
e) No hacer uso de la posición institucional o prerrogativas derivadas del cargo o puesto de trabajo para obtener ventajas personales o para favorecer o perjudicar a otras personas, físicas o jurídicas, que puedan relacionarse con la Administración.
(…)
h) En el caso de los cargos electos, comisionados y comisionadas, consejeros y consejeras y altos cargos, deben formular la declaración de los bienes patrimoniales, de las actividades que les proporcionen o puedan proporcionar ingresos económicos y de la participación en sociedades de cualquier tipo, tanto en el momento de tomar posesión del cargo como en el momento de cese, tal como disponen las diferentes normativas a las que están sujetos.
Estas declaraciones se publicarán en la sede electrónica del Ayuntamiento de Barcelona y, en el caso de los altos cargos, se aplicará lo dispuesto en el artículo 56 de la Ley 19/2014, de 29 de diciembre, de transparencia, acceso a la información pública y buen gobierno, y en la normativa específica vigente, relativa a este personal, aprobada por la Generalitat".
Existen otros apartados en este artículo 8.2 del Código de Barcelona, en concreto los apartados b, f y g que se expondrán más adelante cuando se aborde el régimen de la gestión de personal, los regalos y los viajes de los cargos electos.

n.º 1629/2000, de 31 de julio de 2000: "La abstención, en esos casos, es *condictio sine qua non* de la imparcialidad, cuya garantía debe revestirse de la necesaria publicidad en evitación de cualquier duda sobre esa tacha".

Así las cosas, es innegable que conflictos de intereses son notoriamente frecuentes en el ámbito local, principalmente por la cercanía entre la administración y la ciudadanía, que hace que, con más probabilidad, los cargos públicos y funcionarios que desempeñan sus labores en un ayuntamiento puedan tener un conflicto de interés con un interesado de un procedimiento de dicho consistorio. Por este motivo, una medida que pueden implantar dichos códigos de buen gobierno es crear un comité, como el que se proponía anteriormente para la revisión del interés general, pero en este caso para analizar un sistema de auditorías en el que cualquier decisión adoptada en el marco del ayuntamiento pueda ser escogida para que se revise en profundidad si existía algún conflicto de interés cuando se adoptó.

Tengamos en cuenta que la mayoría de los conflictos pasan desapercibidos y por ello la creación de un comité que supervisa aleatoriamente cualquier decisión que salte un ayuntamiento para evaluar si puede haber conflictos puedo ayudar en la medida lograr un buen gobierno local.

2.2.2. El cumplimiento de la normativa de incompatibilidades para altos cargos

Procede aquí analizar cómo regulan los códigos de buen gobierno local la exigencia de sometimiento al régimen de incompatibilidades al que están sujetos los altos cargos de los consistorios municipales. De esta forma, la regulación que establezcan dichos códigos supondrá una ampliación de la obligación fijada en el ya expuesto artículo 26.2.b.1º de la Ley 19/2013, que establece: "Desempeñarán su actividad con plena dedicación y con pleno respeto a la normativa reguladora de las incompatibilidades y los conflictos de intereses".

De esta forma, el primer código que regula aspectos en esta materia es el Código Europeo de Conducta para la Integridad Política de los Representantes Locales y Regionales Electos del año 1999. Dicho Código, en su artículo 11[59], regula la obligación de que los representantes políticos no desempeñen uno o más cargos. Evidentemente cada una en las legislaciones estatales de los países que forman parte del Consejo de Europa tendrá sus propias normas sobre cuándo se puede o no repetir en un cargo ostentar más de uno al mismo tiempo. Las normas pueden ser muy dispares y dependen de la legislación estatal, autonómica o local, pero en todo caso lo que este Código Europeo pretende es que estas normas se cumplan ya que no hacerlo supone una injerencia más en contra del buen gobierno local.

En el caso español, la normativa estatal básica local no establece un límite máximo de tiempo por el que puede ostentar un cargo público local aunque sí existen causas de inelegibilidad e incompatibilidad en los artículos 177 y 178 de la Ley Orgánica 5/1985, de 19 de junio, del régimen electoral gene-

---

[59] Así pues, el artículo 11 del Código Europeo de Conducta para la Integridad Política de los Representantes Locales y Regionales Electos del año 1999 establece: "Los representantes electos deberán cumplir las normas en vigor dirigidas a limitar al desempeño concurrente de uno o más cargos políticos.
Los representantes electos deberán abstenerse de ejercer cualquier otro cargo político que les impida desempeñar sus funciones como representante electo.
También deberán abstenerse de disfrutar o desempeñar funciones, mandatos electos, cargos o nombramientos oficiales que impliquen la supervisión de sus propias funciones como representante electo o de funciones que se suponga que ellos mismos supervisan en su capacidad de representante electo".

ral que deben respetarse por los cargos locales.[60] Así las cosas, como expone el Dictamen n.º 1003/2007, de 22 de noviembre del 2007 del Consejo Jurídico Consultivo de la Comunidad Valenciana "el régimen de incompatibilidades (...) no obedecía a una mera exigencia formal, o de simple legalidad, sino que, más allá, constituía un verdadero mecanismo jurídico destinado a garantizar la moralidad pública, y proscribir el favoritismo y la corrupción".

También encontramos referencias al régimen de incompatibilidades que existen como miembro activo de la política local en el Código Ético y de Conducta del Ayuntamiento de Barcelona. En concreto, varios artículos del Código[61] establecen las remisiones a la normativa general de incompatibilidades que debe cumplirse para altos cargos locales, que es tanto la citada LOREG, y si, además, el alto cargo tiene dedicación exclusiva también en la Ley 53/1984, de 26 de diciembre, de Incompatibilidades del Personal al Servicio de las Administraciones Públicas. Como ha expuesto la STS n.º 575/2020, de 28 de mayo de 2020: "hay que recordar que, desde luego, el régimen de incompatibilidades, con carácter general, pretende salvaguardar la objetividad e imparcialidad en el desempeño de la función

---

60 En el apartado segundo de esta tesis, en el apartado de conflictos de intereses, se incidirá en las causas de inelegibilidad e incompatibilidad de la LOREG aplicables a los cargos locales.

61 Entre los artículos del Código Ético y de Conducta del Ayuntamiento de Barcelona que se refieren al régimen de incompatibilidades encontramos:
Artículo 7.1: "Ejercer el cargo con dedicación absoluta, de acuerdo con lo que establece la legislación sobre incompatibilidades".
Artículo 15.4: "A las personas que integran el Comité de Ética les es de aplicación el régimen general de incompatibilidades establecido por la ley".
Artículo 18.1: "El incumplimiento de las normas sobre incompatibilidades o declaraciones es sancionado de acuerdo con el régimen específico establecido por la legislación aplicable en esta materia".

pública.", por tanto, estos deben ser los criterios interpretativos del régimen de incompatibilidades, cuya finalidad no es otra que garantizar una buena gestión pública y, por ende, un buen gobierno.

Estrechamente ligado con el cumplimiento de la citada normativa de incompatibilidades, encontramos la obligación de no incurrir en las denominadas "puertas giratorias", que establece el artículo 15 del Código Europeo de Conducta para la Integridad Política de los Representantes Locales y Regionales Electos[62]. Se establece así la prohibición de que el representante local que ha dejado un consistorio pueda luego estar realizando actividades en una empresa para la que gestionó actuaciones en el ámbito público como son las denominadas "puertas giratorias" que cada vez son más frecuentes y sobre todo adquieren formas más diversas[63]. Las diferentes posibi-

---

62 El artículo 15 del Código Europeo de Conducta para la Integridad Política de los Representantes Locales y Regionales Electos del año 1999 establece: "En el desempeño de sus funciones, los representantes electos deberán abstenerse de tomar cualquier medida encaminada a concederse una ventaja profesional personal una vez que haya renunciado a sus funciones:
- en organismos públicos o privados que hayan supervisado en el desempeño de dichas funciones;
- en organismos públicos o privados que con los que hayan establecido una relación contractual en el desempeño de dichas funciones;
- en organismos públicos o privados que se hayan creado durante su mandato o en virtud de los poderes que se le hubieran conferido".

63 Encontramos en medios de comunicación numerosas noticias sobre "puertas giratorias" en el ámbito local, a modo de ejemplo:
En el Ayuntamiento de Cádiz: "El PP denuncia "puertas giratorias" en el Ayuntamiento": https://www.diariodecadiz.es/cadiz/PP-denuncia-giratorias-contratos-Ayuntamiento_0_1442256123.html, consultado el 11/09/2021.
En el Ayuntamiento de Nuevo Baztán: "Las puertas giratorias de Podemos: la alcaldesa que enchufó a su hijo acaba colocada a dedo"

lidades que permite nuestro ordenamiento jurídico hace que resulte difícil regular todas los posibles supuestos en los que puedan darse estos conflictos de intereses con motivo del abandono de un cargo público. Por ello, la única solución consiste en una verdadera concienciación de los excargos locales de que no deben aceptar puestos en entidades si dicho ofrecimiento se hace como consecuencia de haber ostentado un cargo local o incluso de haber realizado un favor dentro de ese ámbito local hacia la empresa.

La importancia de no caer en estas "puertas giratorias" ha sido considerada de importancia también fuera del ámbito local, de hecho, el Parlamento Europeo, que en Resolución de 14 de septiembre de 2017, sobre transparencia, responsabilidad e integridad en las instituciones de la Unión (2015/2041(INI)) 2018/C 337/18 expuso que se: "Reconoce que el efecto «puertas giratorias» puede ser perjudicial para las relaciones entre las instituciones y los representantes de intereses; pide a las ins-

---

https://www.elespanol.com/reportajes/20210427/puertas-giratorias-podemos-alcaldesa-enchufo-acaba-colocada/576693799_0.html, consultado el 11/09/2021.

En el Ayuntamiento de Barcelona, donde incluso la Comisión de Ética del citado Código Ético y de Conducta del Ayuntamiento de Barcelona intervino: "El Comité de Ética del Ayuntamiento de Barcelona reprueba a Colau por un caso de "puertas giratorias" https://www.catalunyapress.es/texto-diario/mostrar/2788506/colau-permite-caso-puertas-giratorias-propio-partido, consultado el 11/09/2021.

En el Ayuntamiento de Riba-roja del Turia se estableció incluso un reglamento interno que lo reguló: "El Ayuntamiento impide a los concejales usar las 'puertas giratorias' al dejar la política" https://www.infoturia.com/riba-roja-de-turia/8377-el-ayuntamiento-impide-a-los-concejales-usar-las-puertas-giratorias-al-dejar-la-politica.html, consultado el 11/09/2021.

tituciones de la Unión que desarrollen un enfoque sistemático y proporcional para este problema”[64].

Se regula también en el Código Ético y de Conducta del Ayuntamiento de Barcelona[65] una serie de incompatibilidades durante los dos años siguientes a la fecha de cese de altos cargos de este Ayuntamiento éste se trata de un aspecto que amplía lo fijado por la normativa estatal en este ámbito, que es en el artículo 75.8 de la Ley 7/1985, que establece que “Durante los dos años siguientes a la finalización de su mandato, a los representantes locales (...) les serán de aplicación en el ám-

---

64 Apartado n.º 30 de Resolución del Parlamento Europeo de 14 de septiembre de 2017, sobre transparencia, responsabilidad e integridad en las instituciones de la Unión (2015/2041(INI)) 2018/C 337/18.

65 El artículo 8.3 del Código Ético y de Conducta del Ayuntamiento de Barcelona establece en concreto:
“Durante los dos años siguientes a la fecha de cese, los destinatarios de este Código que hayan tenido responsabilidades ejecutivas en el Ayuntamiento y en las entidades municipales vinculadas deberán atenerse a lo siguiente:
a) No podrán prestar servicios a entidades privadas que hayan resultado afectadas por decisiones en las que hayan participado.
b) Si antes de ocupar el puesto público han ejercido su actividad en empresas privadas a las que quieren reincorporarse, no incurrirán en la limitación de la letra a) cuando la actividad que vayan a ejercer se desarrolle en puestos de trabajo no relacionados directamente con las competencias del cargo público ocupado y siempre que no puedan adoptar decisiones que afecten a este.
c) A quienes reingresen en la función pública y tengan concedida la compatibilidad para prestar servicios retribuidos de carácter privado, les será aplicable la limitación de la letra a).
El Comité de Ética elaborará unas directrices o guías para resolver situaciones de conflicto de interés y determinar pautas de comportamiento. Estas directrices deberán ser aprobadas por la Comisión de Presidencia.
Este punto no será de aplicación a los sujetos de este Código cuando no hayan ejercido responsabilidades ejecutivas”.

bito territorial de su competencia las limitaciones al ejercicio de actividades privadas establecidas en el artículo 15 de la Ley 3/2015, de 30 de marzo, reguladora del ejercicio del alto cargo de la Administración General del Estado".

Al final, acabará siendo cada uno de los representantes políticos el que sepa una situación en la que puede darse verdaderamente una "puerta giratoria" y por tanto cuando debe evitarla, ya que como digo, las situaciones son muchas (como muchas otras en materia de buen gobierno) y al final depende del buen hacer del excargo local.

2.2.3. Retribuciones económicas de altos cargos

En este apartado se abordará el cumplimiento de los límites correspondientes a las retribuciones que pueden percibir los altos cargos locales por el desarrollo de sus labores. Encontramos así una primera regulación de estos aspectos en el Código de Buen Gobierno de la Federación Española de Municipios y Provincias del año 2009[66] regula un apartado sobre retribu-

---

[66] En concreto, el Código de Buen Gobierno de la Federación Española de Municipios y Provincias del año 2009 regula un apartado de "Retribuciones económicas de los electos" que establece:
"Desde el respeto a la autonomía local, las retribuciones de los electos de los Gobiernos Locales deben responder a criterios objetivos tales como la población, el presupuesto o la situación financiera municipal. Igualmente deberá establecerse una relación de Concejales de gobierno y oposición con retribución y dedicación plena en función de los mismos criterios.
Se recomienda la dedicación exclusiva de los alcaldes y alcaldesas de los Municipios de más de dos mil habitantes.
Las cuantías retributivas se fijarán partiendo de unos baremos que utilizarán, como límites y criterios comparativos, el régimen retributivo de cargos públicos de otras instituciones y/o funcionarios públicos que desempeñen cargos de similar responsabilidad ya sea en el ámbito local, estatal o autonómico.

ciones económicas de los cargos electos. Dichas retribuciones vendrán condicionadas por leyes, en concreto por el artículo 75 LRBRL y artículo 75 bis LRBRL y por las Ley de Presupuestos Generales del Estado[67] que establece en el ámbito local los límites las retribuciones tanto en medicación parcial como exclusiva de los altos cargos locales, algo que también ha sido reiterado por múltiple jurisprudencia, sirva como ejemplo la STSJ de Madrid n.º 380/2018, de 23 de mayo de 2018.

Podemos reseñar especialmente la recomendación de establecer en todo caso un régimen de dedicación exclusiva para los alcaldes y alcaldesas de municipios de más de 2.000 habitantes. De esta manera, el código de la FEMP del 2009 pretende destacar el gran trabajo que realiza el primer edil de todos los municipios con una población superior a los 2.000 habitantes. Por tanto, proponiéndole una dedicación exclusiva se le quitan otras obligaciones privadas o públicas que pueda desarrollar cuando no era alto cargo local y de esta manera se retribuye adecuadamente un trabajo que realiza como alcalde o alcaldesa, que sin duda no es una labor sencilla.

Las remuneraciones de los cargos electos serán publicadas para conocimiento de la ciudadanía.
Los electos locales actuarán de acuerdo con criterios de austeridad y prudencia en su política de gastos.
Las Federaciones Territoriales de Municipios recomendarán las cuantías retributivas de aplicación en su territorio respectivo.
Promoveremos la creación de un fondo en las CCAA a los efectos de garantizar las retribuciones de los electos locales en Ayuntamientos de menos de 5.000 habitantes".

67 Actualmente está regulado en la disposición adicional vigésima séptima de la Ley 31/2022, de 23 de diciembre, de Presupuestos Generales del Estado para el año 2023, que establece el límite máximo total que pueden percibir los miembros de las Corporaciones Locales por todos los conceptos retributivos y asistencias, atendiendo a la población de su municipio.

La necesidad de que los cargos locales tengan, aunque sea una dedicación parcial, adquiere especial importancia para los alcaldes o concejales con bastantes funciones delegadas. Son múltiples las resoluciones que deberán firmar cada día y la responsabilidad que asumen en cada uno de sus actos responsabilidad no solo política sino también jurídica. Por ello, resulta lógico que necesitan dedicar el tiempo suficiente a poder meditar y decidir cada acto administrativo local de lo contrario, no solo se verán perjudicados ellos mismos por una actuación imprudente que puedan generarse responsabilidades, sino también la ciudadanía al encontrarse con actividades precipitadas o poco planificadas por falta de tiempo del alcalde o concejal para decidir un asunto de un expediente local.

En muchas ocasiones, la ciudadanía ve con malos ojos que un alcalde de un municipio no especialmente grande cobre o lo que perciba de retribución sea elevado[68], porque consideran

---

68 A este respecto, puede consultarse varias noticias de prensa sobre el tema:
"Se busca alcalde que cobre cero euros": https://elpais.com/sociedad/2013/03/10/actualidad/1362942604_210931.html (consultado el 17/12/2021) donde se expone que las limitaciones presupuestarias que impuso la Ley 27/2013, de 27 de diciembre, de racionalización y sostenibilidad de la Administración Local hizo que se pusiera en peligro la autonomía local al limitar más el límite salarial que podían percibir los alcaldes.
"El alcalde de un pueblo de 4.000 habitantes se sube el sueldo y cobrará 48.000€ anuales" https://diariodeavisos.elespanol.com/canariastequiero/2021/06/el-alcalde-de-un-pueblo-de-4-000-habitantes-se-sube-el-sueldo-y-cobrara-48-000e-anuales/ (consultado el 17/12/2021) donde se critica una subida salarial a un alcalde.
"¿Cuánto cobran los alcaldes de España?": https://www.publico.es/politica/cobra-alcalde-cobran-alcaldes-espana.html (consultado el 17/12/2021) donde se aborda la media de salarios de alcaldes en España
"El alcalde de Pastriz lanza un vídeo exigiendo a los políticos que donen la mitad de su sueldo como ha hecho él": https://www.heraldo.

que buscaba el cargo para obtener una retribución. En muchas ocasiones no es así, ya que las responsabilidades que se asumen son tantas que, si no se retribuyen, sin duda estaríamos hablando de una verdadera "trampa", en la medida en que asumiría muchísimo trabajo y responsabilidad sin ningún tipo de retribución en contrapartida.

Para contrarrestar las posibles retribuciones excesivas, se establece la obligatoriedad de publicitarlas, de esta manera la ciudadanía puede fiscalizarlas. Así pues, dicha obligación de publicar dichos salarios se produce, de conformidad con el artículo 75.5 de la LRBRL[69] y también conforme al artículo 8.1.f de la LTBG[70].

En consecuencia, se debe tener siempre en cuenta el trabajo que realiza un alcalde, que no solo es sentarse en un des-

---

es/noticias/aragon/2020/04/04/alcalde-aragon-pastriz-lanza-video-exigiendo-politicos-donen-mitad-sueldo-coronavirus-1368088.html (consultado el 17/12/2021) en este caso se trata de una noticia sobre cómo un alcalde plante a otros concejales que se bajen el sueldo durante la época del COVID-19.

69 El artículo 75.5 de la LRBRL establece que: las Corporaciones locales consignarán en sus presupuestos las retribuciones, indemnizaciones y asistencias a que se hace referencia en los cuatro números anteriores, dentro de los límites que con carácter general se establezcan, en su caso. Deberán publicarse íntegramente en el "Boletín Oficial" de la Provincia y fijarse en el tablón de anuncios de la Corporación los acuerdos plenarios referentes a retribuciones de los cargos con dedicación exclusiva y parcial y régimen de dedicación de estos últimos, indemnizaciones y asistencias, así como los acuerdos del Presidente de la Corporación determinando los miembros de esta que realizarán sus funciones en régimen de dedicación exclusiva o parcial".

70 El artículo 8.1.f. de la LTBG establece que: "Las retribuciones percibidas anualmente por los altos cargos y máximos responsables de las entidades incluidas en el ámbito de la aplicación de este título. Igualmente, se harán públicas las indemnizaciones percibidas, en su caso, con ocasión del abandono del cargo"

pacho e ir dando órdenes, sino asumir todas y cada una de las responsabilidades de sus actos, que como digo, de no realizarse correctamente, pueden acarrear consecuencias administrativas o penales incluso. Así mismo, el Código de Buen Gobierno de la FEMP del año 2015 también aborda el régimen de retribuciones[71] exigiendo de nuevo un cumplimiento conforme a los citados límites presupuestarios y además indicando que las retribuciones deben ser adecuadas a las funciones públicas ejercidas.

En todo caso, como es una decisión de los concejales de la corporación que deben decidir las retribuciones exclusivas y parciales de los mismos, al final va a depender de la mayoría existente en el Pleno y del consenso que puede haber en ese ayuntamiento. Por ello, de nuevo es necesario que para conseguir verdaderamente un buen gobierno local que los concejales se conciencien sobre esta cuestión y sólo alcancen los límites salariales indicados si verdaderamente queda acreditado que las tareas que deben merecen dicha retribución. En definitiva, será una práctica de buen gobierno retribuir adecuadamente las responsabilidades que ejercen los altos cargos, puesto que de lo contrario se acabará perjudicando a la ciudadanía por decisiones no suficientemente meditadas por falta de tiempo o de interés del alto cargo local que la ha adoptado.

Ligado con el aspecto de las retribuciones encontramos el uso de los medios de transporte por parte de los cargos electos.

---

71 En concreto, el apartado de "Régimen de incompatibilidades y retribuciones" del Código de la FEMP del año 2015 establece: "El régimen de dedicación exclusiva y parcial, así como las demás retribuciones de los representantes locales se fijarán, con pleno respeto a los límites establecidos en la legislación de Régimen Local, con proporcionalidad y atendiendo a características de la entidad y del puesto a desempeñar tales como población, presupuesto, situación financiera y competencias y responsabilidades a ejercer".

De tal forma, el Código de la FEMP del 2015 establece la necesidad de utilizar un medio de transporte adecuado al objeto del desplazamiento que tiene que realizar el miembro de la corporación local[72]. Son muchos aquí los casos[73] en los que los

---

72 En el apartado de "Estándares de conducta para la mejora de la democracia local" del Código de Buen Gobierno de la FEMP del año 2015 se establece: "Con motivo de los desplazamientos derivados del ejercicio de las funciones propias de cargo, utilizarán el medio de transporte adecuado al objeto del mismo, teniendo siempre en cuenta las necesidades de la Corporación y la mejor relación en cuanto al coste".

73 Existen numerosos ejemplos que podemos encontrar en prensa:
"Un concejal de Podemos gasta 400€ en taxi de Burriana a Elche" https://www.elmundo.es/comunidad-valenciana/2016/06/03/575128a522601d403f8b456c.html (consultado el 17/12/2021) donde se expone un supuesto en que un concejal eligió un medio de transporte notoriamente caro para realizar un viaje oficial que podría haberse realizado en otro medio más asequible, como por ejemplo el tren.
"Ciudadanos destinó casi 19.000 euros, la cuarta parte de sus gastos municipales, en más de 1.600 carreras de taxis en dos años y medio" https://maldita.es/malditodato/20200227/ciudadanos-destino-casi-19-000-euros-cuarta-parte-sus-gastos-mas-1600-carreras-de-taxis-1700-cafes-almuerzos-empresas-medios-comunicacion/ (consultado el 17/12/2021) donde se expone el total de gasto en taxis que se realizó por parte de los concejales de Ciudadanos en el Ayuntamiento de Madrid.
"El viaje en business de Carmena está en las excepciones de la instrucción por su edad y por tratarse de un vuelo largo" https://www.lavanguardia.com/vida/20170622/423600997240/el-viaje-en-business-de-carmena-esta-en-las-excepciones-de-la-instruccion-por-su-edad-y-por-tratarse-de-un-vuelo-largo.html en su supuesto en que la exalcaldesa de Madrid fue criticada por no usar la clase turista en un desplazamiento.
"El alcalde de Vitoria gasta 2.700 euros en viajes y comidas en medio año de mandato" https://www.elcorreo.com/bizkaia/politica/201601/13/alcalde-vitoria-gasta-euros-20160113102210.html?voctag=elcorreo&%3Bm_i=407mrWb0aBclrNFSeuA6gG-6YOFYLEp72Uacgo3kUofd9F6mr76cFZoZLSGrLjo9XzX5wNRM4pZF24ETP4ob8l3U44I donde se enumera la lista de desplazamiento

desplazamientos de los altos cargos locales no han sido adecuados en los últimos años y por eso se establece la necesidad de hacer aquí una política mucho más restrictiva en cuanto a los desplazamientos, para conseguir que la ciudadanía no perciba que los responsables políticos y los directivos públicos locales se aprovechan de su situación pública para realizar viajes por encima de lo que serían las posibilidades normales de un ciudadano de a pie.

También el consistorio barcelonés, en su Código[74], regula un apartado sobre un uso razonable de los viajes, indicando que solo deben efectuarse aquellos que resulten estrictamente necesario para sus competencias. Además, se regula que aquellos a los que les es de aplicación dicho Código no pueden aceptar el pago de desplazamientos, alojamiento y manutención de terceros salvo que sea para invitarles a participar en actos que estén estrechamente ligados con sus funciones en el ayuntamiento.

El Código del Ayuntamiento de Barcelona regula también un aspecto estrechamente relacionado con las retribuciones

---

que ha realizado un edil con cargo a las arcas municipales durante un periodo.

74 En concreto, en el artículo 8.2.g del Código Ético y de Conducta del Ayuntamiento de Barcelona se establece: "En cuanto a los viajes, deberán efectuarse en aquellos casos en que sea imprescindible para el desarrollo de las funciones o competencias, y deberán efectuarlos las personas indispensables y directamente vinculadas a estas.
Solo se aceptará, por parte de terceras personas, el pago del desplazamiento, el hotel y la manutención cuando las personas sujetas a este Código tengan que asistir, invitadas oficialmente por instituciones privadas o públicas, a actividades sobre materias directamente relacionadas con sus funciones o competencias.
El régimen de invitaciones a terceras personas por actividades desarrolladas por el Ayuntamiento se regirá, también, por estas normas de conducta".

de los altos cargos locales, como es la obligación de asistir a los órganos colegiados de los que formen parte, en la medida en que si perciben retribución por su cargo deben cumplir, con más motivo aún, sus responsabilidades políticas. Por tanto, se establece, según el mismo[75] la obligación de todo cargo público de justificar su ausencia en los órganos colegiados en los que forme parte. Éste se trata de un aspecto en principio también previsto por la legislación de bases local, en concreto el artículo del 72.1 Real Decreto Legislativo 781/1986, de 18 de abril, por el que se aprueba el texto refundido de las disposiciones legales vigentes en materia de Régimen Local[76] y el artículo 12.1 del ROF[77]. En ambos se establece la obligación de concurrir a las sesiones del pleno y a las de aquellos otros órganos colegiados de que formen parte salvo causa justificada que deben comunicar al presidente de la corporación, pudiendo ser sancionados por falta no justificada de asistencia a las

---

75 En el artículo 7.g del Código Ético y de Conducta del Ayuntamiento de Barcelona se establece: "Todo cargo tendrá la obligación de justificar su ausencia en los órganos colegiados de los que forme parte y en los que tenga que participar o intervenir".

76 El artículo 72.1 del Real Decreto Legislativo 781/1986, de 18 de abril, por el que se aprueba el texto refundido de las disposiciones legales vigentes en materia de Régimen Local establecen: "Los miembros de las Corporaciones locales están obligados a concurrir a todas las sesiones, salvo justa causa que se lo impida, que deberán comunicar con la antelación necesaria al Presidente de la Corporación"

77 El artículo 12.1 del Real Decreto 2568/1986, de 28 de noviembre, por el que se aprueba el Reglamento de Organización, Funcionamiento y Régimen Jurídico de las Entidades Locales determina, de forma muy similar al RDL 781/1986: "Los miembros de las Corporaciones locales tienen el derecho y el deber de asistir, con voz y voto, a las sesiones del Pleno y a las de aquellos otros órganos colegiados de que formen parte, salvo justa causa que se lo impida, que deberán comunicar con la antelación necesaria al Presidente de la Corporación".

sesiones o incumplimiento reiterado de sus obligaciones, en virtud del artículo 78.4 de la LRBRL.

La STSJ de Extremadura n.º 345/2012, de 13 de abril de 2012 ha reiterado que: "La participación de los concejales en las sesiones plenarias constituye una de las manifestaciones más importantes de la función representativa que tienen encomendada por la Ley, de ahí que las normas jurídicas reguladoras de la materia sean especialmente rigurosas en su ordenación", por ello, la inasistencia a dichos plenos debe estar especialmente justificada.

En este sentido, resulta necesario que los cargos electos se comprometan a asistir a los órganos colegiados en los que forman parte, ya que de lo contrario su ausencia puede suponer una pérdida de legitimidad de los órganos colegiados. Dicha pérdida de legitimidad se produciría porque la ausencia de varios de los representantes supone que el órgano colegiado no tiene presentes todas las opiniones que representantes a la ciudadanía para adoptar una decisión. Además, implica que el alto cargo no se está responsabilizando adecuadamente con aquello a lo que se había comprometido, con lo cual encontramos aquí una práctica de mal gobierno que sin duda genera una sensación de rechazo de la ciudadanía hacia estos cargos electos.

Otro elemento ligado a las retribuciones de los altos cargos locales que merece especial referencia son los regalos que puedan recibir por el cargo que ostentan. En el expuesto artículo 26.2.b.6.º de la Ley 19/2013 ya se incluía la referencia a no recibir regalos que superen los usos habituales como un principio de actuación de buen gobierno[78]. En este sentido, el

---

78 En concreto, el artículo 26.2.b.6º de la Ley 19/2013 establece: "No aceptarán para sí regalos que superen los usos habituales, sociales o de cortesía, ni favores o servicios en condiciones ventajosas que puedan condicionar el desarrollo de sus funciones. En el caso de obsequios de

Código de la FEMP del año 2015 establece que "No aceptarán, recibirán o solicitarán, directamente o a través de terceros, regalos que sobrepasen los usos habituales, sociales o de cortesía por parte de entidades o personas o, en cualquier caso, que sobrepasen la cuantía de ciento cincuenta euros"[79].

Por tanto, en el código de la FEMP del año 2015 se exige que no acepten regalos que excedan de los usos habituales e incluso se indica que debe, en todo caso, rechazarse un regalo que supere los 50€ de importe, en este sentido sí es conveniente reseñar que en el ámbito local son muchas las situaciones en las que está normalizado que quizás una empresa del municipio regale al alcalde un regalo navideño o cualquier otro detalle periódicamente todos los años.

Podría entenderse que este regalo entra en los usos habituales, pero aun así deberían hacerse una revisión por parte de los altos cargos locales sobre los mismos. De observarse que dichos regalos normalizados superan los usos habituales deberían darse indicaciones para rechazar los de ahora en adelante, ya que el hecho de que "toda la vida se haya regalado eso" no es una fuente del derecho suficiente como para considerar que no se trate de un regalo que exceda de los usos normales[80].

---

una mayor relevancia institucional se procederá a su incorporación al patrimonio de la Administración Pública correspondiente".

79 En el apartado de "Compromisos éticos en materia de conflictos de intereses" del Código de Buen Gobierno de la Federación Española de Municipios y Provincias elaborado en el año 2015.

80 Pueden verse noticias de prensa sobre dichos regalos a alcaldes en: "APdeC critica que el alcalde acepte cestas de Navidad y este asegura que no ha recibido ninguna": lavozdegalicia.es/noticia/coruna/2008/12/18/apdec-critica-alcalde-acepte-cestas-navidad-asegura-recibido-ninguna/0003_7406416.htm

"El concejal de Urbanismo devuelve varios regalos de Navidad de empresas locales": https://www.diariodecadiz.es/elpuerto/concejal-Urbanismo-devuelve-Navidad-empresas_0_987501523.html(consultado

Así las cosas, son muchas las ocasiones en que los directivos o responsables políticos locales consideran que la costumbre en todas las actuaciones políticas del ayuntamiento, no solo está referida a los regalos, acaba siendo un elemento que va por encima de la ley y en este sentido es necesario entender que no es así. Para evitarlo juega un papel muy relevante la planificación de las políticas públicas para evitar actuaciones precipitadas o actuaciones que todos los años se han realizado correctamente, sobre este aspecto nos referiremos más en el capítulo tercero.

En este sentido podemos destacar el Acuerdo de la Junta de Gobierno Local del Ayuntamiento de Madrid de 5 de noviembre de 2015 sobre régimen de regalos[81] que establece en el apartado tercero que: "Las personas comprendidas dentro del ámbito de aplicación no podrán recibir, directamente o a través de terceros, ningún tipo de regalo, salvo las muestras de cortesía habitual o atención protocolaria".[82]

---

el 17/12/2021). En este caso, el concejal recibió regalos de Navidad por empresas, pero al devolverlos logró evitar conflictos de intereses.

81 Acuerdo de la Junta de Gobierno Local del Ayuntamiento de Madrid de 5 de noviembre de 2015 sobre: "Régimen de regalos que reciban el Alcalde, los Miembros de la Junta de Gobierno, los Concejales con responsabilidades de gobierno, los Concejales, Presidentes de los Distritos, los titulares de los órganos directivos y los empleados públicos del Ayuntamiento de Madrid y sus organismos autónomos" publicado en Boletín Oficial del Ayuntamiento de Madrid de fecha 10/11/2015 núm. 7535 pág. 6 -7. Disponible online en: https://sede.madrid.es/FrameWork/generacionPDF/ANM2015_72.pdf?idNormativa=575a670d951f0510VgnVCM2000000c205a0aRCRD&nombreFichero=ANM2015_72&cacheKey=16, consultado el 17/12/2021.

82 Estableciéndose además en el apartado cuarto de dicho Acuerdo lo que se entiende como una muestra de cortesía o atención protocolaria y, por tanto, como un regalo excluido, que son:

Además, dicho acuerdo del Ayuntamiento de Madrid destaca por regular la gestión de los regalos recibidos indicando, en su apartado quinto, que si no es un regalo excluido "se devolverá a quien lo haya enviado o, de no ser posible, se entregará a una entidad sin ánimo de lucro, en el supuesto de bienes perecederos y que sean en número o volumen significativo". Así mismo, el consistorio madrileño establece en su web municipal un apartado con preguntas frecuentes[83] sobre el régimen de regalos de los concejales, que sirve como una orientación más sencilla y didáctica de cara a los concejales y a la ciudadanía, para que conozcan cómo funciona dicho acuerdo de la Junta de Gobierno Local.

"a) Los regalos que no sobrepasen el importe de 50 euros. No se podrán acumular regalos procedentes de la misma persona física o jurídica, cuando la suma de sus valores sea superior a 150 euros durante el periodo de un año.
b) Los obsequios oficiales o de carácter protocolario que se puedan intercambiar o recibir en el ejercicio de los cargos o de misiones institucionales, así como las atenciones enmarcadas en actos públicos o promocionales.
c) Los gastos de manutención y hospedaje y las atenciones derivadas de la participación en un acto público o visita oficial en razón de su cargo, así como de la participación o presencia en ponencias, congresos, seminarios o actos similares de carácter científico, técnico o cultural.
d) Los artículos de propaganda o publicidad por debajo del importe mencionado en el párrafo a), así como las invitaciones a actos de contenido cultural o a espectáculos públicos por razón del cargo o función que se ostente".

83 Puede accederse a dicha web de "Preguntas frecuentes sobre el régimen de regalos" aquí: https://transparencia.madrid.es/portales/transparencia/es/Organizacion/Regalos/Preguntas-frecuentes-sobre-el-regimen-de-regalos/?vgnextfmt=default&vgnextoid=b844c4e788bf5610VgnVCM1000001d4a900aRCRD&vgnextchannel=5439508929a56510VgnVCM1000008a4a900aRCRD#, consultado el 31/12/2021.

Debemos, así mismo, hacer especial referencia al Código Ético del Ayuntamiento de Barcelona, que en su artículo 8.2.g[84] establece de nuevo la obligación de abstenerse de aceptar regalos que superen los usos habituales, refiriéndose a que, en todo caso, deben rechazarse regalos superiores a 50 euros, cifra que también consideran de referencia el Ayuntamiento de Madrid y el Código de la FEMP del año 2015.

En materia de regalos, cabe concluir con la referencia al artículo 9 del Código de Buen Gobierno de Barcelona[85], el

---

84 En concreto, el artículo 8.1.f del Código Ético y de Conducta del Ayuntamiento de Barcelona establece: "Abstenerse de aceptar regalos o presentes que superen los usos habituales, sociales o de cortesía, y también favores o servicios en condiciones más favorables que puedan condicionar el desarrollo de sus funciones.
En todo caso, se considera que superan los usos habituales, sociales o de cortesía los regalos o presentes que, individualmente o agrupados, superen los 50 EUR.
En caso de recibir regalos o presentes de valor superior, se tendrán que devolver, o, si la devolución no es posible o es excesivamente onerosa, deberán ser entregados al órgano competente para que sean incorporados al patrimonio de la Corporación".

85 El artículo 9 del Código Ético y de Conducta del Ayuntamiento de Barcelona establece:
"Cuando las personas que están sujetas al presente Código tengan la sospecha de que se les están ofreciendo ventajas indebidas, deberán tomar las siguientes medidas para protegerse:
a) Rechazar la ventaja indebida; no es necesario aceptarla para utilizarla como prueba.
b) Intentar identificar a la persona que ha hecho el ofrecimiento.
c) Evitar contactos largos, aunque averiguar el motivo del ofrecimiento puede ser útil como prueba.
d) Si el obsequio no se puede rechazar o no se puede devolver al remitente, se tiene que conservar, pero con la menor manipulación posible.
e) Buscar testigos cuando sea posible, como, por ejemplo, compañeros que trabajen cerca.

cual se refiere incluso a la reacción que debe tener un concejal ante un ofrecimiento irregular de un regalo, acreditando debidamente que no lo ha aceptado. Se indica por dicho Código barcelonés que debe rechazarse y que no es necesario aceptarlo como medio de prueba, además se debe tratar de identificar a la persona que ha hecho el ofrecimiento y evitar contactos largos con esa persona. En el caso de que el regalo no pueda devolverse se debe conservar, pero con la menor manipulación posible y siempre que sea posible buscar testigos que hayan observado dicho ofrecimiento. Por último, se establece la necesidad de crear cuanto antes un informe escrito sobre esa posibilidad de tentativa e informar de la misma a un órgano ejecutivo o al secretario del Comité de Ética.

Es esta una regulación novedosa en cuanto a cómo actuar en caso de un ofrecimiento indebido y que permite garantizar que estos regalos no se produzcan en ningún caso. Además, establecer con detalle este procedimiento de rechazo del regalo impide a los altos cargos que pueden argumentar que no sabían cómo actuar cuando les ofrecieron un regalo para rechazarlo; estableciendo pormenorizadamente qué actuaciones deben realizarse para garantizar un buen gobierno local.

Por último, debido a la responsabilidad que asumen los cargos locales en nuestra opinión resulta más que necesario que se retribuya adecuadamente la labor pública que desempeñan. De lo contrario, se desincentivarán y, como hemos advertido, se acabará perjudicando a la ciudadanía. Por ello, se propone como una medida a establecer en los códigos de buen gobierno local que, en todas las legislaturas, independientemente de la composición del pleno y del partido político gobierne, se

---

f) Preparar lo antes posible un informe escrito de la tentativa, preferiblemente como documento oficial.
g) Informar de la tentativa con la mayor brevedad posible al órgano ejecutivo y al secretario o la secretaria del Comité de Ética".

garantice una retribución justa para los cargos públicos que diariamente ejercen su labor en una entidad local. De esta manera se consigue dar valor al trabajo en las entidades locales y evitar que los mismos puedan abusar de gastos de transporte inadecuados o incluso se negarán más fácilmente a recibir regalos inapropiados, ya que al tener una retribución digna no verán la necesidad de aceptarlos.

2.2.4. Divulgación, motivación y asunción de responsabilidades de decisiones tomadas

Resulta esencial a la hora de hablar de buen gobierno que las decisiones que se adopten se motiven jurídicamente (como exige el artículo 35 de la Ley 39/2015), pero además es necesario que se dé a conocer dicha decisión a la ciudadanía para que ésta pueda realizar la oportuna rendición de cuentas y proceder a la asunción de las responsabilidades que correspondan por quienes adoptaron el acuerdo.

En primer lugar, encontramos en el apartado quinto del Código Europeo de Conducta para la Integridad Política de los Representantes Electos Locales del año 1999 encontramos las relaciones con el público y aquí nos referimos a la divulgación y motivación de las decisiones[86]. Un aspecto importante para

---

[86] En particular, el artículo 19 del Código Europeo de Conducta para la Integridad Política de los Representantes Electos Locales del año 1999 establece:
"Los representantes electos serán responsables ante toda la población local durante todo su mandato.
Los representantes electos deberán ofrecer motivos detallados de cualquier decisión que tomen, especificando todos los factores en los que se basa la misma, y en particular, las normas aplicables, e indicando cómo la decisión cumple dichas normas.
Si dicha información fuera confidencial, deberán explicarse los motivos de dicha confidencialidad.

recuperar la confianza y conseguir un buen gobierno local es sin duda dar transparencia y explicar el porqué de cada una de las decisiones especialmente puesto que cualquier decreto de alcaldía, por mínimo que pueda pensarse que es, puede tener un efecto muy grande sobre un vecino o vecina de ese municipio.

Por tanto, motivar los actos administrativos, un aspecto requerido actualmente por el artículo 35 de la Ley 39/2015, como hemos comentado y que la jurisprudencia ha considerado esencial, entre otras, en STS de 16 de julio de 2001 y ha advertido que: "la falta de esa motivación o su insuficiencia notoria, en la medida que impiden impugnar ese acto (...) en cuanto dejan al interesado en situación de indefensión.". De este modo, motivar un acto es el elemento esencial para permitir un buen gobierno y así no producir la indefensión jurídica de las personas interesadas en los procedimientos administrativos. Si además le sumamos la necesidad de divulgar, ya sea a través de redes sociales u otros medios de comunicación[87], las

---

Los representantes electos deberán responder diligentemente a cualquier solicitud del público relativa al desempeño de sus funciones, los motivos de su actuación, o el funcionamiento de los servicios y departamentos de los que son responsables.
Deberán incentivar y promover cualquier medida que fomente la transparencia en relación con sus facultades, el ejercicio de las mismas y el funcionamiento de los servicios y departamentos de los que son responsables".

87 Sin duda los medios de comunicación tienen un papel clave para difundir información sobre las actuaciones realizadas por las administraciones locales, pero recordemos que deben hacerlo manteniendo un principio de neutralidad, especialmente durante campañas electorales. En ese sentido véase: García Mahamut, M. R. y Rallo Lombarte, A., "Neutralidad y pluralismo en los medios de comunicación en las campañas electorales: la reforma de la LOREG de 2011", en *Revista española de derecho constitucional,* n.º 98, 2013.

decisiones tomadas que afectan al conjunto de la ciudadanía, todavía adquiere más importancia.

El Código de la FEMP del año 2015 regula unos estándares de conducta para la mejora de la democracia local, donde se incluye la necesidad de que los representantes locales y los directivos públicos asuman la responsabilidad de sus decisiones y sus actuaciones propias[88] . En este sentido, la STS n.º 3688/2008, de 30 de junio de 2008 expone que: "los acuerdos se adoptan con su voto favorable que es personal e indelegable como es también personal la responsabilidad de los Concejales que hubieran votado favorablemente por los acuerdos de los órganos colegiados del Ayuntamiento" de forma que, los concejales deben asumir las responsabilidades sobre los acuerdos en los que hayan votado a favor sin que puedan delegar en nadie más dicha responsabilidad.

Cabe reseñar por último que también el Código de Ética Pública y Guía de Buenas Prácticas de la Diputación de Salamanca que en su artículo 6.3 regula el principio de responsabilidad efectiva[89] entendida como: "Toda actuación personal del Servicio Público estará sujeta al recto proceder de los actos y actuaciones de gestión que le correspondan en el ámbito de sus competencias, por cuya inobservancia deberá responder ante el órgano que proceda". De esta forma, se destaca la im-

---

88 En concreto, dentro del apartado de "Estándares de conducta para la mejora de la democracia local" del Código de la FEMP del año 2015 encontramos: "Asumirán la responsabilidad en todo momento de las decisiones y actuaciones propias y de los organismos que dirigen, sin derivarla hacia sus subordinados sin causa objetiva y sin perjuicio de otras que fueran exigibles legalmente".

89 Código de Ética Pública y Guía de Buenas Prácticas de la Diputación de Salamanca disponible en línea en: http://transparencia.lasalina.es/opencms/opencms/transparencia/compromisosdetransparencia/informaciondiputacion/normaseinstitucionesprovinciales/documentos/Codigo_Etico_y_Buenas_Practicas.pdf, consultado el 31/12/2021.

portancia de la asunción de responsabilidades por la autoridad local correspondiente en numerosos códigos de buen gobierno, para permitir un control adecuado de las actuaciones públicas.

2.2.5. Deber de secreto, sigilo y confidencialidad

A la hora de realizar actuaciones públicas se debe actuar, como se ha ido analizando, con transparencia y apertura a la ciudadanía. Si bien, junto con estos principios reseñados se deben acompañar los relativos al secreto, el sigilo y la confidencialidad, que también son piedra nuclear en la gestión pública local. De tal forma, se considera necesario incluirlo como parte de los principios de buen gobierno ya que de hecho el artículo 29.2.d de la Ley 19/2013 considera que no respetar dicho sigilo es una infracción grave[90]. Encontramos así mismo la regulación más detallada sobre el deber de sigilo de los concejales en el artículo 16.3 del ROF que establece la exigencia de los miembros de las corporaciones guarden reserva sobre la información que han recibido en el ejercicio de su cargo y que no realicen una reproducción de la documentación recibida sin autorización[91]. De esta forma, existe una obligación

---

90 El artículo 29.2.d de la Ley 19/2013, de 9 de diciembre, de transparencia, acceso a la información pública y buen gobierno establece en concreto: "No guardar el debido sigilo respecto a los asuntos que se conozcan por razón del cargo, cuando causen perjuicio a la Administración o se utilice en provecho propio".

91 En concreto, el artículo 16.3 del Real Decreto 2568/1986, de 28 de noviembre, por el que se aprueba el Reglamento de Organización, Funcionamiento y Régimen Jurídico de las Entidades Locales establece: "Los miembros de la Corporación tienen el deber de guardar reserva en relación con las informaciones que se les faciliten para hacer posible el desarrollo de su función, singularmente de las que han de servir de antecedente para decisiones que aún se encuentren pendientes de

de guardar sigilo respecto a las informaciones recibidas, pero, como ha afirmado la STSJ Extremadura n.º 2524/2002, de 19 de noviembre de 2002 ello: “no impide que se pueda entregar copia de la información solicitada al Concejal demandante (...) sino una obligación legal de guardar sigilo en relación con la información que se les facilite por ser miembros de esa Corporación”, jurisprudencia que ha sido reiterada en STSJ de Extremadura n.º 143/2011, de 2 de junio de 2011. Por tanto, lo que la legislación pretende garantizar es que los concejales tengan acceso a la documentación que necesitan para ejercer su cargo político y así garantizar el artículo 23 CE, pero al mismo tiempo que se respete dicho deber de sigilo adecuadamente.

Existe de nuevo dicha referencia al deber de sigilo en el Código de la FEMP del año 2015 en la referencia a la confidencialidad[92] y también resulta relevante la inclusión en el artículo 16 del Reglamento de Buen Gobierno Municipal del Ayuntamiento de Jerez el principio de confidencialidad[93], don-

---

adopción, así como para evitar la reproducción de la documentación que pueda serles facilitada, en original o copia, para su estudio”.

92 En el apartado de Gobierno y administración: relaciones entre cargos electos y empleados públicos del Código de Buen Gobierno Local de la Federación Española de Municipios y Provincias del año 2015, que regula en concreto: “Las relaciones entre cargos electos y empleados públicos se ajustarán a los principios éticos recogidos en la normativa en materia de transparencia y empleo público, entre otros: respeto de la Constitución y el resto de normas que integran el ordenamiento jurídico, lealtad institucional, objetividad, integridad, neutralidad, responsabilidad, imparcialidad, confidencialidad, dedicación al servicio público, transparencia, ejemplaridad, austeridad, accesibilidad, eficacia, honradez, promoción del entorno cultural y medioambiental, y respeto a los derechos humanos y a la igualdad entre mujeres y hombres”.

93 En particular, los primeros tres apartados del artículo 16.3 del Reglamento Municipal del Ayuntamiento de Jerez, que regulan el principio de confidencialidad, establecen:

de el Ayuntamiento lo relaciona especialmente con el derecho a la protección de datos personales. Así pues, se incluye aquí la obligación de las unidades administrativas del Ayuntamiento de utilizar adecuadamente los datos personales a los que tengan acceso, estableciéndose responsables de los ficheros y encargados del tratamiento. Se incluye aquí las obligaciones en materia de protección de datos para incluirlas dentro de una de las políticas de buen gobierno de la entidad local[94], ya que no son pocos las situaciones en las que un ayuntamiento, aunque sea de forma involuntaria, ha filtrado datos personales de vecinos generando una situación contraria a la ley y además

---

"1. Guardarán secreto de las materias clasificadas u otras cuya difusión esté prohibida legalmente, y mantendrán la debida discreción sobre aquellos asuntos que conozcan por razón de su cargo, sin que puedan hacer uso de la información obtenida para beneficio propio o de terceros, o en perjuicio del interés público.
2. Cumplirán con el principio de sigilo profesional en cuanto a las informaciones a las que tengan acceso por razón de su trabajo y respetarán las normas y medidas de protección de datos de carácter personal de la ciudadanía.
3. Todas las unidades administrativas del Ayuntamiento que procedan a recabar, registrar y utilizar datos personales deberán cumplir los mandatos contenidos en la legislación de protección de datos personales, en especial, en lo que se refiere a la creación de los ficheros automatizados o manuales que les den soporte, al tratamiento de la información contenida en ellos, a su libre circulación, así como a su confidencialidad".

94 Para comprender con más detalle el papel de la protección de datos en nuestro ordenamiento jurídico actual véase: García Mahamut, M. R., "Del Reglamento general de protección de datos a la LO 3/2018 de Protección de Datos Personales y garantía de los derechos digitales", en García Mahamut, M. R. y Tomás Mallén, B. (edit.), *El Reglamento General de Protección de Datos: un enfoque nacional y comparado. Especial referencia a la LO 3/2018 de Protección de Datos y garantía de los derechos digitales,* Tirant lo Blanch, 2019.

que genera la ciudadanía una sensación de mala gestión de la actividad municipal.

Un supuesto que implicó una rotura del deber de confidencialidad y de sigilo lo encontramos en el Ayuntamiento de Valencia, donde se filtró datos de las personas que componían las mesas electorales de las elecciones del 28 de abril de 2019[95], que afectó a más de 8.000 personas dicha filtración. De hecho, el asunto finalizó con una condena al empleado del consistorio que realizó dicha filtración por un delito de violación de secretos del Código Penal, según sentencia n.º 273/2021, de 29 de junio de 2021 del Juzgado de lo Penal n.º 6 de Valencia y ello generó una situación de desconfianza de la ciudadanía en la gestión electoral que hizo el consistorio.

Resulta en este ámbito reseñables las obligaciones de sigilo para funcionarios públicos, en este sentido destacamos la STS n.º 4356/2006, de 10 de julio de 2006 donde se desestima la petición de un funcionario público inhabilitado que pide la rehabilitación puesto que cometió como infracción una grave vulneración del derecho de sigilo al vender a terceros datos sobre afiliaciones a la Seguridad Social.

---

95 A este respecto, puede verse las siguientes noticias de prensa:
· Valencia denuncia la filtración de datos de personas en mesas electorales el 28A: https://cadenaser.com/emisora/2019/04/30/radio_valencia/1556630186_427440.html, consultado el 31/12/2021.
· Detenido un empleado del Ayuntamiento de Valencia por difundir datos de miembros de mesas electorales: https://www.abc.es/espana/comunidad-valenciana/abci-detenido-empleado-ayuntamiento-valencia-difundir-datos-miembros-mesas-electorales-201905171547_noticia.html?ref=https%3A%2F%2Fwww.google.com%2F, consultado el 31/12/2021.
· El trabajador del Ayuntamiento que difundió datos personales de 8.334 vecinos, detenido: https://www.levante-emv.com/sucesos/2019/05/17/trabajador-ayuntamiento-difundio-datos-personales-13980028.html, consultado el 31/12/2021.

Por concluir, quizás la problemática principal del deber de sigilo se base en el hecho de que se da por supuestos que los cargos y empleados públicos lo cumplirán y por ello quizás olviden la necesidad de mantener un secreto sobre las actuaciones que han conocido en su entidad local y que no pueden ser difundidas. De este modo, se propone como medida de buen gobierno local a incluir en los códigos la realización de formación[96] obligatoria a dirigentes y empleados públicos sobre la importancia de cumplir dicho deber de sigilo y recordarles las consecuencias de su incumplimiento, de esta medida se refuerza su cumplimiento.

2.2.6. El no impedimento de las labores de supervisión internas y externas

Además de que los responsables públicos locales estén concienciados con las políticas de buen gobierno, para comprobar que efectivamente se cumplen, deben implementarse sistemas de control de las actuaciones realizadas y, sobre todo, los responsables políticos deben permitir dicha labor de fiscalización. Así pues, en nuestro sistema jurídico existen varios mecanismos de control de la actividad local, en primer lugar, los de control externo, que son principalmente en el ámbito local, el Tribunal de Cuentas y equivalentes autonómicos y los juzgados de lo contencioso-administrativo. Por otro lado, existen los sistemas de control interno, que permiten un rápido cumplimiento del buen gobierno y donde adquiere especial relevancia el órgano

---

96 Jimena Quesada reitera esta idea de que es necesario formar a los "sujetos gobernantes" en materia de buen gobierno. Jimena Quesada, L., "Democracia de calidad y exigencias de buen gobierno tras la crisis pandémica", en *Revista Galega de Administración Pública,* n.º 63, 2022, p.179.

interventor[97] y los servicios administrativos jurídicos, que deben procurar el estricto cumplimiento de la legalidad en las actuaciones administrativas que realizan siendo responsables de ello los jefes de servicio o de dependencia[98].

Así mismo, resulta relevante el papel del secretario municipal, que ejerce el asesoramiento jurídico de la corporación preceptivo[99] para permitir un buen gobierno. Si bien, por norma en principio el secretario sólo está obligado a informar en unos casos concretos[100] ya que el Real Decreto 128/2018 no establece dicha exigencia de informe en todos los expedientes.

---

97 En este sentido, el artículo 4.1 del Real Decreto 128/2018, de 16 de marzo, por el que se regula el régimen jurídico de los funcionarios de Administración Local con habilitación de carácter nacional establece que la función de control interno es asignada al interventor y comprende, tanto la función interventora como el control financiero en las modalidades de función de control permanente y la auditoría pública.

98 En concreto, según el artículo 172.1 del Real Decreto 2568/1986, de 28 de noviembre, por el que se aprueba el Reglamento de Organización, Funcionamiento y Régimen Jurídico de las Entidades Locales establece la obligación de los jefes de servicio o de dependencia de garantizar la legalidad en los expedientes resueltos al indicar: "En los expedientes informará el Jefe de la Dependencia a la que corresponda tramitarlos, exponiendo los antecedentes y disposiciones legales o reglamentarias en que funde su criterio".

99 El artículo 2.1.a del Real Decreto 128/2018, de 16 de marzo, por el que se regula el régimen jurídico de los funcionarios de Administración Local con habilitación de carácter nacional establece que son funciones de secretaría la fe pública y el asesoramiento legal preceptivo.

100 En concreto, el artículo 3.3. del Real Decreto 128/2018 establece la exigencia de informe jurídico del secretario en los siguientes supuestos: "a) La emisión de informes previos en aquellos supuestos en que así lo ordene el Presidente de la Corporación o cuando lo solicite un tercio de los miembros de la misma, con antelación suficiente a la celebración de la sesión en que hubiere de tratarse el asunto corres-

---

pondiente. Tales informes deberán señalar la legislación en cada caso aplicable y la adecuación a la misma de los acuerdos en proyecto.
b) La emisión de informes previos siempre que un precepto legal o reglamentario así lo establezca.
c) La emisión de informe previo siempre que se trate de asuntos para cuya aprobación se exija la mayoría absoluta del número legal de miembros de la Corporación o cualquier otra mayoría cualificada.
d) En todo caso se emitirá informe previo en los siguientes supuestos:
1.º Aprobación o modificación de Ordenanzas, Reglamentos y Estatutos rectores de Organismos Autónomos, Sociedades Mercantiles, Fundaciones, Mancomunidades, Consorcios u otros Organismos Públicos adscritos a la Entidad Local.
2.º Adopción de acuerdos para el ejercicio de acciones necesarias para la defensa de los bienes y derechos de las Entidades Locales, así como la resolución del expediente de investigación de la situación de los bienes y derechos que se presuman de su propiedad, siempre que ésta no conste, a fin de determinar la titularidad de los mismos.
3.º Procedimientos de revisión de oficio de actos de la Entidad Local, a excepción de los actos de naturaleza tributaria.
4.º Resolución de recursos administrativos cuando por la naturaleza de los asuntos así se requiera, salvo cuando se interpongan en el seno de expedientes instruidos por infracción de ordenanzas locales o de la normativa reguladora de tráfico y seguridad vial, o se trate de recursos contra actos de naturaleza tributaria.
5.º Cuando se formularen contra actos de la Entidad Local alguno de los requerimientos o impugnaciones previstos en los artículos 65 a 67 de la Ley 7/1985, de 2 de abril, reguladora de las Bases del Régimen Local.
6.º Aprobación y modificación de relaciones de puestos de trabajo y catálogos de personal.
7.º Aprobación, modificación o derogación de convenios e instrumentos de planeamiento y gestión urbanística.
e) Informar en las sesiones de los órganos colegiados a las que asista y cuando medie requerimiento expreso de quien presida, acerca de los aspectos legales del asunto que se discuta, con objeto de colaborar en la corrección jurídica de la decisión que haya de adoptarse. Si en el debate se ha planteado alguna cuestión nueva sobre cuya legalidad pueda dudarse, podrá solicitar al Presidente el uso de la palabra para asesorar a la Corporación.

A pesar de que no existe la exigencia de informar en todos los asuntos jurídicos por parte del secretario existe un debate doctrinal[101] sobre sí al firmarse por los secretarios las resoluciones de alcaldes y concejales delegados en el ejercicio de las funciones de fedatario público del artículo 3.2 RD 128/2018 también se está realizando, tácitamente, un control de la legalidad de dichos actos.

De tal modo, parte de la doctrina atribuye al secretario de ayuntamiento un papel de máximo garante de la legalidad, que permitirá la ejecución de un buen gobierno. Si bien, dicho papel de "ultragarante" de todas las decisiones de una entidad local no lo encontramos en otro cuerpo funcionarial, por lo que verdaderamente resulta una labor demasiado difícil de conseguir en la práctica[102]. Quizás por ello, en aras a un buen

---

f) Acompañar al Presidente o miembros de la Corporación en los actos de firma de escrituras y, si así lo demandaren, en sus visitas a autoridades o asistencia a reuniones, a efectos de asesoramiento legal.
g) Asistir al Presidente de la Corporación, junto con el Interventor, para la formación del presupuesto, a efectos procedimentales y formales, no materiales".

101 En concreto, como expone Ortega Montero en referencia a este debate doctrinal: "Para PÉREZ LUQUE, la fe pública del Secretario de Administración Local no trata de la legalidad (propia del informe), sino de la veracidad de lo que hay en los documentos o de lo que ha sucedido. Otros autores, sin embargo, defienden que la fe pública comprende el control de legalidad de lo que se interviene, por ejemplo, para PAZ TABOADA". Ortega Montero, R., "¿Pero el secretario del Ayuntamiento es realmente controlador de la legalidad?", en *El Blog de espublico,* 2010, disponible en línea: https://www.administracionpublica.com/%C2%BFpero-el-secretario-del-ayuntamiento-es-realmente-controlador-de-la-legalidad/, consultado el 31/12/2021.

102 Riba Ciurana, J., "La responsabilidad penal de los Secretarios de Administración Local. Los nuevos parámetros de potencial imputación, a la luz del RD 128/2018 de 16 de marzo", *en El Consultor de los Ayuntamientos,* n.° II, 2019, p. 217.

gobierno local, resultaría aconsejable dotar de numerosos medios a dichos habilitados para que pueda verificar el cumplimiento del interés general municipal. Ahora bien, cuando se trata de asuntos plenarios sí que parece claro que debe advertirse por el secretario de las posibles ilegalidades del acuerdo en las sesiones plenarias[103].

De tal forma, para permitir dichas labores de control de la actividad municipal varios códigos de buen gobierno regulan la obligación de facilitar las mismas. Encontramos en primer lugar el artículo 18 del Código Europeo de Conducta para la Integridad Política de los Representantes Electos Locales del año 1999[104], que regula la necesidad de que los cargos locales permitan las actividades de supervisión internas o externas que se realicen sobre sus actuaciones de gobierno. También el Código de la FEMP del 2015[105] establece dicha exigencia de facilitar las

---

[103] En este sentido, véase: Redacción de El Consultor de los Ayuntamientos, "Vigencia de la advertencia de ilegalidad por el Secretario de la Corporación", en El Consultor de los Ayuntamientos, n.º 22, 2013, p. 2132.

[104] En particular, el artículo 18 del Código Europeo de Conducta para la Integridad Política de los Representantes Electos Locales del año 1999 establece: "En el desempeño de sus funciones, los representantes electos deberán abstenerse de obstaculizar la ejecución de cualquier medida de supervisión que las autoridades internas o externas relevantes pudieran decidir tomar con la debida justificación y transparencia. Deberán cumplir diligentemente cualquier decisión definitiva o inmediatamente ejecutable tomada por dichas autoridades.
Al exponer los motivos de sus actuaciones o decisiones objeto de dicha supervisión, deberán mencionar expresamente la existencia de las medidas de supervisión y especificar las autoridades competentes para su ejecución. "

[105] El Código de la Federación Española de Municipios y Provincias elaborado en el año 2015 regula, en el apartado de "Estándares de conducta para la mejora de la democracia local" la exigencia de permitir las labores de supervisión al indicar: "Facilitarán las

actuaciones de supervisión, como forma de buen gobierno. Por tanto, los funcionarios encargados del control deben actuar con libertad a la hora de desempeñar sus funciones[106], ya que ello es garantía absoluta para lograr un buen gobierno local.

2.2.7. La mejora de las relaciones con el resto de fuerzas políticas

Tradicionalmente la gestión local está marcada por la crispación política[107] y numerosos desencuentros entre el equipo de gobierno y el resto de grupos municipales que hacen que los debates políticos sean rudos. Ello puede generar una sen-

---

actuaciones de control y supervisión que las autoridades internas o externas competentes adopten, absteniéndose de obstaculizar la ejecución de cualquier medida de supervisión que las autoridades internas o externas relevantes pudieran decidir tomar con la debida justificación y transparencia".

106 Muñoz Juncosa, A., *El interventor en la administración local: control interno y responsabilidad contable*, Universitat de Barcelona, 2017, p. 142, disponible en línea en: https://www.tdx.cat/bitstream/handle/10803/665622/AMJ_TESIS.pdf?sequence=1&isAllowed=y, consultado el 31/12/2021.

107 A modo de ejemplo, podemos encontrar varias noticias de prensa sobre situaciones de enfado y crispación en el ámbito local:
- De la Torre, visiblemente enfadado, tilda de "milonga" la denuncia sobre los viajes. https://www.malagahoy.es/malaga/Torre-visiblemente-enfadado-milonga-denuncia_0_646135488.html, consultado el 31/12/2021.
- Enfado de toda la oposición por no poder preguntar en Licencias https://elcorreodeburgos.elmundo.es/articulo/burgos/enfado-toda-oposicion-poder-preguntar-licencias/20210202172535373675.html, consultado el 31/12/2021.
- Enfado y críticas de la oposición por una millonaria modificación de crédito en el Ayuntamiento https://www.tribunasalamanca.com/noticias/enfado-y-criticas-de-la-oposicion-por-una-millonaria-modificacion-de-credito-en-el-ayuntamiento/1574167188, consultado el 31/12/2021.

sación de desapego y falta de confianza de la ciudadanía hacia su consistorio local y, en consecuencia, implementar medidas para que las relaciones entre el equipo de gobierno y la oposición política en los ayuntamientos mejore sirve tanto para recuperar la confianza de la población en el conjunto de su ayuntamiento y también lograr un mejor gobierno al permitir una intervención más fructífera de la oposición política en la gestión municipal.

De esta forma, la primera medida en este sentido que encontramos en los códigos de buen gobierno local es incorporar a la oposición en los consejos de administración de empresas públicas u otra administración institucional del ámbito local, una propuesta incluida en el Código de Buen Gobierno de la FEMP del año 2009[108]. Es muy frecuente en la práctica que los concejales de la oposición no tengan ningún tipo de representación en los órganos de decisión de estas administraciones institucionales, por ello la recomendación que realiza la FEMP adquiere mucho sentido.

Así pues, en estos consejos los concejales de la oposición deben también poder hacer una labor de fiscalización y de control al gobierno local y si no están dentro de los consejos de administración de estas empresas públicas u organismos públicos no van a poder desarrollar esta labor. Ello no significa, en ningún caso, que el gobierno local vaya a perder su mayoría en estos órganos, pero tampoco debe pretender imposibilitar la participación en los mismos del resto de concejales en la oposición; ya que de lo contrario incluso podía haberse vulnerado el artículo

---

108 En concreto, el Código de Buen Gobierno de la Federación Española de Municipios y Provincias elaborado en el año 2009 regula, dentro de su apartado de Medidas para mejorar la gestión y la calidad de la democracia local: "Se recomendará la incorporación de la oposición a los Consejos de Administración de las Sociedades y Empresas Públicas Municipales, y a los Patronatos de las Fundaciones Locales".

23 CE donde se establece la necesidad de permitir ejercer los derechos políticos a todos los concejales y representantes públicos no solo a los que están teniendo funciones ejecutivas diariamente. Se pronunció así la STC n.º 32/1985, de 27 de marzo de 1985 que habló de la necesidad de representación proporcional de los concejales en los órganos municipales, en concreto en las comisiones informativas, al indicar: "La composición no proporcional de las Comisiones informativas vendría a falsear, en consecuencia, el funcionamiento del Ayuntamiento".

Si bien, hay que indicar que, según la jurisprudencia el acceso de concejales de la oposición política o de la minoría a participar en los órganos es una exigencia solo referida a aquellos de ámbito interno del ayuntamiento (tales como comisiones u otros órganos de la administración institucional dependiente del consistorio) pero cuando se designan a representantes del ayuntamiento para formar parte de otros órganos externos al consistorio, en tal caso puede utilizarse el criterio de la mayoría, así lo ha expuesto la STS n.º 541/1988, de 2 de febrero de 1988.

Por tanto, es necesario diferenciar entre órganos internos y externos del ayuntamiento a efectos de determinar la participación de las minorías en los mismos, si bien, si un ayuntamiento decide garantizar que la oposición política pueda siempre estar representada en unos y otros se habrá logrado una excelente práctica de buen gobierno local.

La siguiente medida para mejorar las relaciones entre los partidos políticos de un consistorio local la encontramos en el Reglamento Municipal de Buen Gobierno del Ayuntamiento de Jerez, que propone la celebración de reuniones periódicas entre el gobierno local y la oposición política[109]. Esta se trata

---

[109] En concreto, el artículo 4.c del Reglamento Municipal de Buen Gobierno del Ayuntamiento de Jerez establece: "Se mantendrán por parte del Gobierno Local reuniones periódicas con la oposición, para

de una práctica realmente interesante, ya que como hemos comentado en anteriores ocasiones muchas veces la voz de los concejales de la oposición tiene muy poco peso dentro del Consistorio, por el hecho de no formar parte del equipo de gobierno.

Evidentemente, si un concejal no forma parte del equipo de gobierno resulta lógico que no tomen las principales decisiones municipales, pero ello no quita para que esté tenga la posibilidad de que se les consulte periódicamente determinados asuntos. Al fin y al cabo, no dejan de ser representantes electos de una parte de la ciudadanía local que les ha votado. Por tanto, la posibilidad de crear estas reuniones periódicas[110], como propone el Ayuntamiento de Jerez, incluyéndose dentro de este reglamento, es una práctica que permite aplicar adecuadamente el buen gobierno en la toma de decisiones locales.

---

dar cuenta de las iniciativas y proyectos, así como para facilitar los acuerdos y la deseable gobernabilidad de la Administración Local".

110 La celebración de reuniones periódicas es, en muchos consistorios, una práctica de buen gobierno generalizada que permite mejorar las comunicaciones entre los diferentes representantes de los vecinos para así conseguir el interés general local. En este sentido, pueden verse varias noticias de prensa sobre la celebración de dichas reuniones de forma frecuente en varios ayuntamientos españoles:
- El Equipo de Gobierno se reúne con la oposición para escuchar sus propuestas y alcanzar acuerdos en torno al presupuesto de 2021 https://www.elche.es/2020/11/el-equipo-de-gobierno-se-reune-con-la-oposicion-para-escuchar-sus-propuestas-y-alcanzar-acuerdos-en-torno-al-presupuesto-de-2021/, consultado el 31/12/2021.
- La alcaldesa prosigue sus reuniones con la oposición para llegar a un consenso en los presupuestos https://www.cartagena.es/detalle_noticias_imprimir.asp?id=48916, consultado el 31/12/2021.
- El Ayuntamiento reactivará las reuniones para hacer frente a la crisis de la COVID. https://www.europasur.es/algeciras/Ayuntamiento-reuniones-crisis-Covid_0_1503450008.html, consultado el 31/12/2021.

Como se ha avanzado anteriormente, en muchas ocasiones la manifestación de las "malas relaciones" entre gobierno y oposición local se observan en los debates de los plenos municipales, por ello en el Reglamento Orgánico Municipal de Funcionamiento del Ayuntamiento de Sant Feliu de Llobregat, se establece la obligación de usar un tono respetuoso y deferente en sus intervenciones, tanto hacia cualquier miembro de la Corporación[111]. Se trata de un aspecto relevante, ya que en muchas ocasiones en sede plenaria es frecuente que se produzcan conversaciones acaloradas y elevadas de tono, con posibles insultos entre concejales de un mismo Ayuntamiento. En estas ocasiones es necesario mantener un tono respetuoso, ya que de lo contrario no se genera una imagen pública del Ayuntamiento adecuada y basada en el buen gobierno, porque las disputas políticas acaloradas sirven muchas veces para desprestigiar al consistorio local[112].

---

111 Reglamento Orgánico Municipal de Funcionamiento del Ayuntamiento de Sant Feliu de Llobregat, incluye una serie de principios generales que deben cumplir los altos cargos del consistorio basados en valores cívicos y en concreto en artículo 88.7 de dicho reglamento se establece que: "utilizarán un tono respetuoso y deferente en sus intervenciones, tanto hacia cualquier miembro de la Corporación como hacia la ciudadanía, a la que facilitarán el ejercicio de sus derechos y el cumplimiento de sus obligaciones". Reglamento disponible en línea: disponible en línea en: https://www.santfeliu.cat/common/doc/document.faces;jsessionid=4E7699C6A2D74F4990560044075FAAA1?smid=22190 , consultado el 31/12/2021.

112 Lamentablemente encontramos infinidad de ejemplos de faltas de respeto e insultos en sede plenaria de ayuntamientos españoles, lo cual no hace más que generar una sensación de desapego de la ciudadanía hacía unos representantes locales que, al margen de su gestión diaria, a la hora de realizar un debate no son capaces de mantener las normas esenciales de cortesía. De esta forma, encontramos numerosas noticias de prensa que demuestran la necesidad de implementar un

Así pues, en el caso de este Ayuntamiento, el de Sant Feliu de Llobregat, se ha preferido incluir dentro del Reglamento Orgánico Municipal, que regula otros aspectos del funcionamiento interno del ayuntamiento y de sus órganos colegiados. En este consistorio solo dos artículos de su ROM se dedican al buen gobierno, pero aunque sea una regulación en principio escueta, puede ser suficiente. Por tanto, esto es un ejemplo que pueden seguir otros ayuntamientos ya que para aplicar el buen gobierno no es necesario hacer un reglamento entero dedicado a la materia, sino simplemente incluirlo, aunque sea brevemente en otro preexistente y sobre todo tener la voluntad política de querer actuar de una forma correcta en la gestión pública y evitando el mal gobierno.

También el Código Europeo de Conducta para la Integridad Política de los Representantes Electos Locales del año 1999 establece medidas para mejorar las relaciones entre los partidos de un consistorio local, entre las que destaca la obligación de que los representantes electos respeten las facultades y prerrogativas del resto de representantes electos cuando

---

tono más respetuoso en los plenos municipales para lograr un buen gobierno local:
- Los insultos entre concejales en el pleno terminan en el Juzgado https://www.diariodecadiz.es/noticias-provincia-cadiz/insultos-concejales-pleno-terminan-Juzgado_0_862414005.html, consultado el 31/12/2021.
- El insulto dirigido al alcalde de Zamora durante el pleno telemático del Ayuntamiento https://www.elcomercio.es/sociedad/video-insulto-dirigido-alcalde-de-zamora-durante-pleno-ayuntamiento-telematico-20200513183445-nt.html, consultado el 31/12/2021.
- Insultos, coacciones y amenazas: un nuevo espectáculo en Cartagena https://murciaplaza.com/insultos-coacciones-y-amenazas-un-nuevo-espectaculo-en-cartagena, consultado el 31/12/2021.

ejercen sus funciones[113]. Ello permite evitar prácticas que supongan interferir en la gestión política de otros cargos electos en el ámbito local. Esto puede resultar, lamentablemente, bastante frecuente ya que no son pocas las ocasiones en que los alcaldes o concejales del gobierno de un ayuntamiento impiden u obstaculizan que los concejales de la oposición puedan obtener documentación o saber el estado del asunto de algún expediente del consistorio[114]. Por tanto, en aplicación a este código, esta actividad obstruccionista se consideraría contraria a la buena conducta al no permitir la labor política de dichos concejales.

---

113 En concreto, el artículo 6 del Código Europeo de Conducta para la Integridad Política de los Representantes Electos Locales del año 1999 establece: "En el desempeño de sus funciones, los representantes electos deberán respetar las facultades y prerrogativas de todos los demás representantes políticos electos y cualesquiera empleados públicos.
No deberán animar o ayudar a ningún otro representante político o a cualquier otro empleado público a violar los principios que se establecen en el presente documento en el desempeño de sus funciones".

114 Prueba de ello, podemos encontrar noticias de prensa en la materia:
- El PSOE de Coaña acusa al alcalde de prohibir a los concejales el acceso a documentación https://www.lavozdegalicia.es/noticia/amarina/2004/12/10/psoe-coana-acusa-alcalde-prohibir-concejales-acceso-documentacion/0003_3282280.htm, consultado el 01/04/2022.
- El PP de Argamasilla de Alba denuncia que el alcalde impide entrar a sus concejales en el Ayuntamiento https://somoscastillalamancha.com/cr/argamasilla-de-alba/el-pp-de-argamasilla-de-alba-denuncia-que-el-alcalde-impide-entrar-a-sus-concejales-en-el-ayuntamiento/, consultado el 01/04/2022.
- El PSOE lleva a los juzgados al alcalde por "negar a concejales el acceso a documentación municipal" https://www.lavanguardia.com/local/sevilla/20200217/473635474955/el-psoe-lleva-a-los-juzgados-al-alcalde-por-negar-a-concejales-el-acceso-a-documentacion-municipal.html, consultado el 01/04/2022.

De todas maneras, en el caso español, no son pocas las referencias que encontramos en la citada Ley 7/1985 Reguladora de las Bases de Régimen Local, así como en el Real Decreto 2568/1986, de 28 de noviembre que la desarrolla, donde se establecen unos plazos breves a través de los cuales los concejales deben tener inmediatamente la documentación e información que solicitan sobre un asunto para poder ejercer correctamente su cargo.

La regulación española sobre este derecho de acceso de los concejales la encontramos en el artículo 77 de la LRBRL y artículo 14 del ROF establece que todos los concejales tienen derecho a obtener "cuantos antecedentes, datos o informaciones obren en poder de los servicios de la Corporación y resulten precisos para el desarrollo de su función" en un plazo máximo de 5 días naturales. Por tanto, esto supone una obligación legal que posteriormente vino a regular este Código de Conducta años después como uno de los principios de buena actuación, en este sentido, se pronunció, entre otras, la STS n.º 6970/1999, de 5 de noviembre de 1999 que en su fundamento jurídico segundo establece claramente la necesidad de que se facilite dicha información para poder ejercer los concejales sus funciones públicas. Y el Tribunal Supremo ha vuelto a reiterarse sobre dicha importancia de acceso a información de ediles municipales como derecho fundamental en STS n.º 4897/2007, de 2 de julio de 2007 al indicar: "el derecho fundamental de participación política del artículo 23 CE confiere a los concejales un incondicionado derecho a obtener copias".

En efecto, tal y como se expone en un informe de la Generalitat Valenciana sobre esta materia[115]. Si bien, dicho derecho de acceso de los concejales a los expedientes municipales tam-

---

115 En concreto, se trata del informe sobre el "Derecho a la información de los miembros de la corporación local" de la Dirección General de Administración Local de Generalitat Valenciana. Disponible online:

poco puede implicar un acceso indiscriminado a todos los mismos, ya que como aconseja la Agencia Vasca de Protección de Datos en su dictamen n.º CN14-013[116]: "resulta más respetuoso con el derecho a la protección de datos, una somera puesta en conocimiento, para que, después, aquellos portavoces de Grupos Municipales o corporativos, que lo soliciten, puedan acceder, una vez ponderada la solicitud y los intereses en juego, al contenido de las resoluciones". Por tanto, es preferible que se realice una solicitud específica cada vez que un concejal quiera acceder a información municipal para poder hacer la ponderación de derechos de participación política del artículo 23 CE junto con el derecho a la protección de los datos personales que puedan existir en los expedientes.

Por último, otro elemento que puede contribuir a mejorar las relaciones de las fuerzas políticas en el seno de la administración local es el concepto de lealtad política, recogido en el

---

https://presidencia.gva.es/documents/80292207/80297778/derecho_informacin_concejales.pdf/c49aff45-7c3b-4198-be57-61400e3beaa7 (consultado el 01/04/2022), que establece: ""Teniendo en consideración el sistema de gobierno y administración basado en el principio democrático-representativo, implantado por nuestra Constitución española (artículo 140 CE), así como lo previsto en el artículo 23 de la CE que reconoce el derecho a participar en los asuntos públicos de los representantes libremente elegidos por sufragio universal; los miembros electos de toda Corporación local necesitan estar correctamente informados, al efecto de poder llevar a cabo con total eficacia el cumplimiento de sus respectivos cargos y satisfacer así la confianza legítimamente otorgada por los ciudadanos".

116 Dictamen n.º CN14-013, de 24 de marzo de 2014, relativo a la posibilidad de que los concejales de un ayuntamiento puedan solicitar usuario y contraseña de acceso a un programa informático municipal utilizado para el registro de entrada y salida de documentos de la Agencia Vasca de Protección de Datos.

Código de Buen Gobierno de la FEMP del año 2009[117]. Ésta se trata de un afecto hacia el servicio público que se presta, un elemento de personificación, puesto que se tiene lealtad hacia quien ostenta la representación de un poder político-público[118]. Si bien, en el caso del Código de la FEMP del 2009, el concepto de lealtad política se pretende, principalmente evitar el transfuguismo político, de forma que se comprometen a asumir un código de conducta política para evitar dicha práctica, puesto que ante la imposibilidad de adoptar soluciones jurídicas al transfuguismo se ha optado por los compromisos políticos y éticos[119]. Así pues, se incluye como un elemento para mejorar las relaciones entre los partidos políticos locales la lealtad política y la huida del transfuguismo, como forma de seguir logrando un buen gobierno local.

Una propuesta que se podría añadir en los códigos de buen gobierno local para mejorar la relaciones con las fuerzas políticas es la obligatoriedad de mantener reuniones periódicas entre el equipo de gobierno y los miembros de la oposición para informarles de las principales decisiones que se van adaptando por la entidad local. En la práctica ello ya se producen en aquellas entidades locales donde hay junta de portavoces o incluso en otras entidades /especialmente las de mediano o mayor tamaño) que acostumbran a realizar dichas reuniones

---

117 En concreto, el apartado de "Principios del Código de Buen Gobierno Local" del Código de Buen Gobierno Local de la Federación Española de Municipios y Provincias del año 2009 lo recoge como: "Respetaremos la voluntad de la ciudadanía y actuaremos con lealtad política, comprometiéndonos a asumir el Código de conducta política en relación con el transfuguismo en las Corporaciones Locales".

118 Legaz Lacambra, L., "La lealtad política", en *Revista de estudios políticos*, n.º 210, 1976, p. 5.

119 Tomás Mallén, B, "¿"Pactos entre caballeros" frente al transfuguismo? La adopción de códigos de conducta política", en *Debates constitucionales*, n.º 1, 1999, p.11.

para cumplir con el principio de transparencia con la oposición política. Si bien, podría establecerse como una medida obligatoria en los códigos de buen gobierno que favorecería notoriamente la relaciones entre ambos colectivos y en definitiva ello permitiría una mejor labor de participación política para la oposición, que también representan a una parte de la ciudadanía del municipio.

2.2.8. Gastos de campañas electorales

El último apartado de esta segunda temática sobre los códigos de buen gobierno sobre ejemplaridad en el desarrollo del cargo por los representantes públicos locales es el relativo a los gastos de campaña electoral[120], donde se generan muchas situaciones de exceso de gastos en las mismas que hacen generar una desafección de la ciudadanía hacia los consistorios locales[121].

---

120 Sobre los gastos de campañas electorales García Mahamut destaca como debe hacer un control incluso sobre nuevos desembolsos como los relativos a el marketing. García Mahamut, M. R., "Partidos políticos y derecho a la protección de datos en campaña electoral: tensiones y conflictos en el ordenamiento español"; en *Teoría y realidad constitucional,* n.º 35, 2015, p. 337.

121 Podemos encontrar varias noticias de prensa sobre los excesivos gastos en las campañas electorales locales en España:
- Los gastos electorales ahogan a los partidos pequeños https://elpais.com/ccaa/2019/05/22/madrid/1558525389_733396.htm, consultado el 01/04/2022.
- Tribunal de Cuentas ve exceso de gasto en 14 candidaturas asturianas durante las municipales de 2015 https://www.europapress.es/asturias/noticia-tribunal-cuentas-ve-exceso-gasto-14-candidaturas-asturianas-municipales-2015-20160814130148.html, consultado el 01/04/2022.

Consecuencia de dicho exceso, se establecieron unas rígidas normas sobre límites de gasto en varios artículos de la Ley Orgánica 5/1985, de 19 de junio, del Régimen Electoral General (LOREG) establece tres límites a los gastos electorales: el 193.2[122], el 55.3[123] y el 58.1[124] para evitar que se produzca un sobrecoste en dichas campañas. De hecho, el Tribunal de Cuentas, como fiscalizador de dichos gastos, ha realizado una guía[125] para facilitar a los candidatos a comicios locales información más sencilla sobre dichos límites para evitar su incumplimiento.

---

122 El artículo 193.2 de la LOREG establece: "Para las elecciones municipales el límite de los gastos electorales será el que resulte de multiplicar por 0,11 euros el número de habitantes correspondientes a las poblaciones de derecho de las circunscripciones donde presente sus candidaturas cada partido, federación, coalición o agrupación. Por cada provincia, aquellos que concurran a las elecciones en, al menos, el 50 por 100 de sus municipios, podrán gastar, además, otros 150.301,11 euros por cada una de las provincias en las que cumplan la referida condición.

123 El artículo 55.3 de la LOREG establece: "El gasto en este tipo de publicidad (carteles, pancartas, banderolas, etc.) no podrá exceder del 20 por ciento del límite máximo de gastos" previsto, en el caso de las elecciones locales, en el citado artículo 193.2 LOREG.

124 El artículo 58.1 de la LOREG establece: "Las candidaturas tendrán derecho a realizar publicidad en la prensa periódica y en las emisoras de radio de titularidad privada sin que los gastos realizados en esta publicidad puedan superar el 20 por 100 del límite de gasto previsto para los partidos, agrupaciones, coaliciones o federaciones y las candidaturas en los artículos 175.2, 193.2 y 227.2, según el proceso electoral de que se trate", en este caso, de nuevo aplicable el límite del artículo 193.2 LOREG.

125 Guía de "Información útil sobre los límites de gastos electorales en el proceso de elecciones locales de 26 de mayo de 2019" del Tribunal de Cuentas. Disponible en línea: http://www.juntaelectoralcentral.es/cs/jec/documentos/FolletoTCuGastosElectorales.pdf, consultado el 01/04/2022.

Por todo ello, resulta necesario incluir entre las prácticas de buen gobierno un estricto cumplimiento a los límites de gasto de campaña electoral que encontramos en el Código Europeo de Conducta para la Integridad Política de los Representantes Electos Locales del año 1999, en el apartado de sistemas de supervisión, los límites a los gastos de campaña[126]. En concreto, se establece la obligación de que haya unos gastos de campaña proporcionados y dentro de unos límites racionales.

A pesar de ello, son numerosos los supuestos de incumplimiento y prueba de ello encontramos en el informe de fiscalización de las contabilidades de las elecciones locales de 26 de mayo de 2019 del Tribunal de Cuentas donde podemos destacar que solo como consecuencia de las elecciones municipales del 26 de mayo de 2019 se detectó hasta 1.024.008 euros de gastos de campaña[127] que no cumplían con la norma sobre límites de gasto, sin duda una práctica de "mal gobierno" a subsanar.

En este sentido, resulta reseñable la STS n.º 55/2020, de 22 de enero de 2020 donde se expone la problemática de qué se

---

126 En particular, es el artículo 16 del Código Europeo de Conducta para la Integridad Política de los Representantes Electos Locales del año 1999 el que regula dichos límites a los gastos de campaña al indicar: "Los candidatos deberán mantener unos gastos por sus campañas electorales proporcionados y dentro de unos límites racionales. Deberán cumplir diligentemente cualquier medida impuesta por las normas en vigor que obligue a hacer público el origen y la cantidad de los ingresos que hayan dedicado a financiar campañas y la naturaleza y el importe de sus gastos. A falta de normas en vigor al respecto, deberán ofrecer esta información previa solicitud".

127 Información obtenida de la web del Tribunal de Cuentas: "El Tribunal de Cuentas aprueba el Informe de fiscalización de las contabilidades de las elecciones locales de 26 de mayo de 2019". Disponible online: https://www.tcu.es/tribunal-de-cuentas/es/sala-de-prensa/noticias/El-Tribunal-de-Cuentas-aprueba-el-Informe-de-fiscalizacion-de-las-contabilidades-de-las-elecciones-locales-de-26-de-mayo-de-2019/, consultado el 01/04/2022.

entiende por gasto electoral, un concepto jurídico de esencial determinación para poder entender si se debe atender o no a los citados límites de gasto máximo fijados por la LOREG. Dicha resolución aborda una multa de más de cien mil euros impuestos al partido político Convergència i Unió por la superación de los límites de gasto de campaña para la realización de un video de campaña titulado "El meu Alcalde" donde el partido promocionaba al alcaldable de este partido para el Ayuntamiento de Barcelona en las elecciones local de mayo del 2015.

En este asunto, el partido Convergència i Unió indicó en sus alegaciones que como el video se hizo en precampaña y no en campaña no debe entrar en dicho cómputo si bien el Tribunal Supremo consideró tajantemente en su fundamento jurídico 4º que sí entraba en el cómputo de gasto máximo: "los principios de reducción, limitación y justificación de los generados en los procesos electorales y, además, la idea de igualdad que subyace a su financiación pública". En conclusión, podemos observar que la obligación de buen gobierno de no superar los límites a las campañas electorales se extiende también a la precampaña, puesto que los gastos realizados en dicha etapa estarían también englobados en el concepto de gasto previsto en el artículo 130 LOREG.

Por último, es necesario reseñar no sólo los límites de gastos existentes en las campañas electorales sino también en qué se destina dicho gasto. En este sentido, el Código de europeo de conducta para la integridad política de los representantes electos locales del año 1999 regula una serie de obligaciones específicas en materia de campañas electorales, con el objetivo de permitir que estas sirvan para que la ciudadanía pueda saber el programa político y, en concreto, como conducta de la que deben abstenerse los candidatos, se encuentran la incitación de violencia o amenazas u otras actuaciones que vengan a tratar de coartar ilegítimamente la campaña política del adversario[128].

Lamentablemente, las campañas electorales con este tipo de incitaciones acaban siendo también que en el ámbito local frecuentes puesto que los representantes políticos, en muchas ocasiones, utilizan su campaña enfocándose en desprestigiar a la competencia antes que haciendo más hincapié en los asuntos fuertes de sus programas[129].

En el ámbito local, esta actividad de mal gobierno puede llegar incluso al ámbito personal, en la medida en que los candidatos a las elecciones pueden coincidir presencialmente en muchos actos o lugares (debido a que el municipio no es un ámbito territorial tan grande) y por ello si se está realizando una campaña violenta contra el resto se pueden producir incluso enfrentamientos verbales. Forma parte, sin duda, del buen gobierno que los representantes políticos tengan la habilidad para evitar estos enfrentamientos, porque dichos desprestigios no hacen más que perjudicar la campaña y la confianza de la ciudadanía en sus futuros representantes.

---

128 En concreto, el artículo 7 in fine del Código de europeo de conducta para la integridad política de los representantes electos locales del año 1999 establece: "En particular, se deberán abstener de tratar de obtener votos calumniando a otros candidatos, utilizando la violencia y/o amenazas, manipulando las listas electorales y/o los resultados de las votaciones o concediendo o prometiendo favores".

129 La evidencia de la existencia de dichas campañas menos respetuosas en el ámbito local ha existido desde hace años, como nos la expone Leguina Roig al analizar la comunicación en las campañas electorales de Málaga en el período 1979-1995: "La incógnita en el resultado provoca una campaña tensa, donde los candidatos apuestan por estrategias personalistas, no exentas de ataques personales e insultos al rival". Leguina Roig, F., *Organización y comunicación en las elecciones municipales en Málaga* (1979-1995), Universidad de Málaga, Málaga, 2016, p. 658.

En materia de gastos de campaña, se puede proponer como medida de mejora incluir en los códigos de buen gobierno local la creación de un comité que supervise el cumplimiento de los límites a dichos gastos en periodos electorales. Aunque dicho control se efectúa principalmente a través del citado Tribunal de Cuentas, el establecimiento de un comité en el ámbito local que se encargará de vigilar dicho cumplimiento podría suponer un primer elemento de supervisión. De tal forma si el mismo descubre algún indicio de fraude en materia de gasto lo puede poner en conocimiento del citado Tribunal, una vez hecha la correspondiente investigación preliminar. En este sentido, sería de dicho comité como una especie de comisión de investigación parlamentaria, que no tiene potestad sancionadora, aunque puede poner en conocimiento de quien la tiene un asunto que haya analizado y sobre que haya sospechas fundadas de posibles irregularidades.

2.3. Optimización de recursos y buena administración en los principales ámbitos de la gestión municipal

La segunda temática a abordar en el análisis de la regulación establecida por los códigos de buen Gobierno local en España es la de la correcta utilización de los recursos públicos y la realización de prácticas de buena administración en los principales ámbitos de la gestión municipal de los consistorios españoles.

De esta forma la inclusión de prácticas de buena gestión en las principales actuaciones municipales hace que se consiga un buen Gobierno a lograr ejecutar adecuadamente la contratación administrativa, las subvenciones, la gestión del personal, la disciplina presupuestaria o la simplificación e innovación administrativa como principales servicios que debe prestar un Ayuntamiento a su ciudadanía.

2.3.1. Respeto a la disciplina presupuestaria y financiera y pago ágil a proveedores

El control del gasto público[130] en las entidades locales se ha convertido en una de las principales preocupaciones del legislador estatal, como consecuencia de los gastos excesivos que tradicionalmente han venido realizando los ayuntamientos y que acaban implicando prácticas de mal gobierno[131].

De tal forma, podemos encontrar una obligación de respetar la disciplina presupuestaria y financiera en el artículo 14 del Código Europeo de Conducta para la Integridad Política

---

130 El control del gasto público resulta esencial, en la medida en que la ciudadanía está obligada a contribuir a mantener dichos gastos y si se hace un uso inadecuado de los recursos públicos ello acaba perjudicando a la ciudadanía que ha contribuido. Sobre dicha exigencia de contribuir a los gastos públicos véase: Pauner Chulvi, C., "La configuración constitucional del deber de contribuir al sostenimiento de los gastos públicos", en *Revista Vasca de Administración Pública,* n.º 59, 2001.

131 Podemos encontrar noticias de prensa sobre posibles gastos excesivos en ayuntamientos españoles:
- Barra libre en el Ayuntamiento de Madrid: dispara el gasto en 1.169 millones en 2016
https://www.libremercado.com/2016-04-18/barra-libre-en-el-ayuntamiento-de-madrid-dispara-el-gasto-en-1169-millones-en-2016-1276572029/, consultado el 01/04/2022.
- El gasto del Ayuntamiento de Monforte en obra pública se dispara un 150%
https://www.lavozdegalicia.es/noticia/lemos/2020/11/26/gasto-ayuntamiento-obra-publica-dispara-150/0003_202011M26C1991.htm, consultado el 01/04/2022.
- Muniesa alerta al nuevo tripartito de que se va a disparar el gasto corriente municipal
https://eleconomico.es/ciudad-2/item/131421-muniesa-alerta-al-nuevo-tripartito-de-que-se-va-a-disparar-el-gasto-corriente-municipal, consultado el 01/04/2022.

de los Representantes Electos Locales del año 1999[132], algo en el ámbito local en ocasiones, que no son pocas, acaba no aplicándose plenamente. Así pues, los representantes políticos deben respetar la falta de consignación presupuestaria para realizar un gasto; ya que ordenar un pago sin consignación supone un problema grave en la medida en que esto puede generar una inestabilidad presupuestaria e incumplimiento de otras normas presupuestarias generando una situación de perjuicio a las arcas municipales.

De hecho, encontramos como principal límite a la no realización de gastos sin consignación el artículo 173.5 del Real Decreto Legislativo 2/2004, de 5 de marzo, por el que se aprueba el texto refundido de la Ley Reguladora de las Haciendas Locales: "No podrán adquirirse compromisos de gastos por cuantía superior al importe de los créditos autorizados en los estados de gastos, siendo nulos de pleno derecho los acuerdos, resoluciones y actos administrativos que infrinjan la expresada norma". En consecuencia, si se ejecuta un gasto sin consignación presupuestaria, dicha actuación administrativa será nula de pleno derecho y para seguir adelante con el procedimiento deberá tramitarse una revisión de oficio del acto nulo de conformidad con lo dispuesto en el artículo 106 de la Ley 39/2015,

---

132 En concreto, el artículo 14 del Código Europeo de Conducta para la Integridad Política de los Representantes Electos Locales del año 1999 establece: "Los representantes electos deberán comprometerse a respetar la disciplina presupuestaria y financiera, que garantiza la correcta administración del dinero público, tal y como se defina en la legislación nacional relevante. En el desempeño de sus deberes, los representantes electos deberán abstenerse de cualquier acto encaminado a una apropiación indebida de fondos y/o ayudas de carácter público. Deberán abstenerse de cualquier acto que pueda llevar a que se utilicen fondos y/o ayudas de carácter público con fines personales, ya sean directos o indirectos".

de 1 de octubre, del Procedimiento Administrativo Común de las Administraciones Públicas.

Cabe reseñar que dicha circunstancia de nulidad no puede ser subsanada como ha expuesto la Resolución de 24 de abril de 2018, aprobada por la Comisión Mixta para las Relaciones con el Tribunal de Cuentas de las Cortes Generales[133], donde se expone que la "convalidación de un acuerdo adoptado con omisión de fiscalización previa sana la anulabilidad del acto ocasionado por la omisión de este trámite, pero no otros vicios en que hubiera podido haber un incurrimiento, en particular, los vicios de nulidad, que no pueden ser subsanados". Por ello, la necesidad de respetar esta disciplina presupuestaria es tal que incluso en el régimen básico de fiscalización que tienen que realizar los interventores locales se encuentra los requisitos mínimos que deben comprobarse siempre antes de cualquier gasto que exista consignación presupuestaria; así lo encontramos en el artículo 13.2.a del Real Decreto 424/2017, de 28 de abril, por el que se regula el régimen jurídico del control interno en las entidades del Sector Público Local establece como unos de los extremos que siempre debe comprobar la intervención municipal: "La existencia de crédito presupuestario y que el propuesto es el adecuado a la naturaleza del gasto u obligación que se proponga contraer".

Si bien, cada vez son menos los ayuntamientos que realizan gastos sin consignación y por ello podemos hablar menos

---

133 Resolución de 24 de abril de 2018, aprobada por la Comisión Mixta para las Relaciones con el Tribunal de Cuentas de las Cortes Generales, en relación con el Informe de fiscalización sobre los acuerdos y resoluciones contrarios a reparos formulados por los interventores locales y las anomalías detectadas en materia de ingresos, así como sobre los acuerdos adoptados con omisión del trámite de fiscalización previa, ejercicios 2014 y 2015, en coordinación con los órganos de control externo de las comunidades autónomas. Publicada en el Boletín Oficial del Estado n.º 149 de 20 de junio de 2018, p. 62783.

de este problema de falta de disciplina presupuestaria, éste ha sido y lamentablemente seguirá, siendo uno de los principios por los que habrá que seguir luchando en el ámbito local para lograr un buen gobierno[134].

También resulta necesario para realizar una buena gestión presupuestaria que se haga un seguimiento de la ejecución presupuestaria una obligación que incluye el Reglamento de Buen Gobierno del Ayuntamiento de Jerez dentro del apartado democracia participativa[135]. Éste se trata de un aspecto relevante, ya que, en muchas ocasiones, más allá de la voluntad de que exista más o menos consignación presupuestaria en unas partidas u otras, si posteriormente de haberse consignado no se realizan los gastos para hacer uso la mayoría de dicha consignación, de poco habrá servido el esfuerzo de indicar

---

134 Son muchos los ejemplos en los que los responsables políticos han realizado gastos sin consignación, lo cual ha sido una práctica de mal gobierno que además lleva aparejadas responsabilidades diversas. Encontramos varias noticias de prensa al respecto:
- El Ayuntamiento de Lorca, sin fondos para pagar facturas por 1,5 millones de euros
https://cadenaser.com/emisora/2019/11/27/radio_lorca/1574862519_012037.html , consultado el 01/04/2022.
- La mitad de los gastos de 2015 no tienen consignación presupuestaria https://www.latribunadetoledo.es/noticia/zf47a6a7d-d3f7-3fb6-03e7181a380987df/20150722/mitad/gastos/2015/no/tienen/consignacion/presupuestaria, consultado el 01/04/2022.
- Hay más facturas sin consignación presupuestaria en el Ayuntamiento https://andaluciainformacion.es/san-fernando/423401/hay-mas-facturas-sin-consignacion-presupuestaria-en-el-ayuntamiento/, consultado el 01/04/2022.

135 En particular, el artículo 5.d del Reglamento Municipal de Buen Gobierno del Ayuntamiento de Jerez establece: "Se desarrollarán fórmulas diversas de evaluación ciudadana en la gestión local. Para favorecer dicha evaluación se dará cuenta de los objetivos de gestión y del nivel de ejecución presupuestaria".

dichas cantidades en el presupuesto municipal[136]. Por ello, se involucra a la ciudadanía para que haga un seguimiento de las razones por las cuales no se ha conseguido ejecutar la totalidad de las partidas presupuestarias es en sí una práctica de buen gobierno.

Por último, dentro de esta subtemática, encontramos como elemento de buen gobierno un cumplimiento adecuado en pago a proveedores en el Ayuntamiento. De hecho, encontramos resoluciones de consejos consultivos, como por ejemplo el Dictamen n.º 400/2009, de 15 de julio de 2009 del Consejo Consultivo de la Comunidad de Madrid donde se expone que como consecuencia de: "continuos y persistentes retrasos en el pago durante todo el año 2008, sin haber sido posible obtener por su parte un compromiso formal de pago y de puntualidad en el futuro" un empresa adjudicataria de un contrato logra que el mismo se resuelva por incumplimiento en el pago de facturas por el ayuntamiento.

Por ello, destacamos la medida fijada por el Código Ético y de Conducta del Ayuntamiento de Barcelona[137] que deter-

---

136 Podemos encontrar evidencias de la falta de ejecución presupuestaria en ayuntamientos españoles en las siguientes noticias de prensa:
- El PSOE acusa al Ayuntamiento de baja ejecución presupuestaria: "han sido dos años perdidos para la ciudad" https://salamancartvaldia.es/not/270383/psoe-acusa-ayuntamiento-baja-ejecucion-presupuestaria-han-sido/, consultado el 01/04/2022.
- Sin ejecución presupuestaria no hay gestión https://www.diariocordoba.com/opinion/2018/01/27/ejecucion-presupuestaria-hay-gestion-36485335.html, consultado el 01/04/2022.
- Carmena sólo ejecutó el año pasado 355 de los 866 millones presupuestados https://www.elmundo.es/madrid/2019/02/03/5c55e225fdddff6a748b4635.html, consultado el 01/04/2022.

137 El artículo 11.c del Código Ético y de Conducta del Ayuntamiento de Barcelona establece: "Garantizar el pago a los proveedores del Ayun-

mina que sea haya un plazo de treinta días, a contar desde la recepción de la factura en el registro, para abonar las facturas. Éste se trata de un verdadero compromiso de buen gobierno porque se trata de un plazo menor al legal puesto que se establece en el periodo medio de pagos, ya que la Ley 11/2013, de 26 de julio, de medidas de apoyo al emprendedor y de estímulo del crecimiento y de la creación de empleo indica en el artículo 33 que el plazo de pago si no fija fecha en el contrato, será de treinta días naturales después de la fecha de recepción de la mercancía o prestación del servicio (aunque se hubiera recibido la factura con anterioridad) y si legalmente o en el contrato se dispone un procedimiento de aceptación o comprobación mediante el cual deba verificarse la conformidad de la mercancía o servicio, su duración no podrá exceder de treinta días naturales desde la recepción y en ese caso, el plazo de pago será de treinta días después de la fecha de aceptación o verificación.

Asimismo, se establece en la disposición final séptima de esta Ley 11/2013 establece que "La Administración tendrá la obligación de abonar el precio dentro de los treinta días siguientes a la fecha de aprobación de las certificaciones de obra o de los documentos que acrediten la conformidad con lo dispuesto en el contrato de los bienes entregados o servicios prestados".

Por lo que las entidades locales disponen de un plazo máximo de treinta días, contados desde el siguiente a la entrega de los bienes o prestación de los servicios, para aprobar las certificaciones o documentos que acrediten la conformidad y dispone de otros treinta días más a partir de esta fecha de aprobación, para proceder al pago. Ello supone que en la práctica la administración dispone de un plazo real de 60 días para

---

tamiento en el plazo de treinta días, a contar desde la presentación de la factura en el registro".

abonar cualquier factura, por tanto, indicar en este código del Ayuntamiento de Barcelona que el plazo máximo para abonar desde la entrada de la factura en el registro será de 30 días supone reducir voluntariamente el plazo legal de pago en la mitad, lo que supone un verdadero esfuerzo de buen gobierno.

2.3.2. Principio de eficiencia, racionalización y optimización de recursos

Forma parte esencial de la buena gestión pública local hacer un uso adecuado de los recursos públicos existentes, una tarea ingente, en la medida en que la actividad municipal se incrementa día tras día, al tratar de alcanzar la máxima satisfacción ciudadana con los mínimos recursos posibles es un objetivo más de buen gobierno local[138].

De esta manera, el concepto de eficiencia resulta cada vez más necesario para una adecuada gestión municipal, como ya se indicó en el citado artículo 26.2.a.1° de la Ley 19/2013: "Actuarán con transparencia en la gestión de los asuntos públicos, de acuerdo con los principios de eficacia, economía y eficiencia y con el objetivo de satisfacer el interés general" y en el caso de los códigos de buen gobierno local encontramos este principio en el Código de la FEMP del año 2009[139], en el

---

[138] Pereira García, J., "Hacia una racionalización de la Administración Local", en *Revista de administración pública*, n.° 27, 1958, p. 2013.

[139] Lo localizamos en el apartado de "Principios del Código de Buen Gobierno Local" del Código de buen Gobierno Local de la Federación Española de Municipios y Provincias del año 2009: "Actuarán con transparencia en la gestión de los asuntos públicos, de acuerdo con los principios de eficacia, economía y eficiencia y con el objetivo de satisfacer el interés general".

Código Ético y de Conducta del Ayuntamiento de Barcelona[140] y en el Código de Ética Pública y Guía de Buenas Prácticas de la Diputación de Salamanca[141].

Así mismo, destacamos el principio de racionalización y optimización de recursos, que se encuentra reflejado en el Código de la FEMP del año 2015[142] y que encuentra su razón de ser en la Ley 27/2013, de 27 de diciembre, de racionalización y sostenibilidad de la administración local. De esta forma, se obliga a las entidades locales y, en particular a los consistorios más pequeños, a agrupar en entidades supramunicipales la prestación de servicios para poder ahorrar costes. En este sentido, las diputaciones provinciales adquieren un papel más protagonista[143].

---

140 El artículo 11.a del Código Ético y de Conducta del Ayuntamiento de Barcelona establece: "Garantizar el pago a los proveedores del Ayuntamiento en el plazo de treinta días, a contar desde la presentación de la factura en el registro".

141 El artículo 7.7 del Código de Ética Pública y Guía de Buenas Prácticas de la Diputación de Salamanca determina que se incluye como principio de la administración local: "Eficiencia. Toda actuación de esta Institución local estará guiada por la obtención de los objetivos al menor coste posible, velando por la economía de medios, apostando por la austeridad y la racionalización de recursos, y propiciando la gratuidad en todo aquello que sea factible".

142 En particular, en el apartado de "Principios del Código de Buen Gobierno Local" del Código de buen Gobierno Local de la Federación Española de Municipios y Provincias del año 2015: "Gestionar y proteger los recursos y bienes públicos de acuerdo con los principios de legalidad, eficiencia, equidad y eficacia facilitando la supervisión y rendición de cuentas tanto en el ámbito interno como ante la ciudadanía, mediante instrumentos presenciales y virtuales abiertos a todo el mundo".

143 Font i Llovet, T. y Galán Galán, A., "Racionalización y sostenibilidad de la Administración Local: ¿es esta la reforma?", en *Anuario del Gobierno Local*, n.º 1, 2012, p. 15.

Aunque si bien es cierto que todavía: "no existe voluntad política de podar el árbol de las Administraciones locales"[144] ya que el artículo 3.2 de la LRBRL queda redactando incluyendo todavía a numerosas administraciones locales[145]. Por tanto, de nuevo es necesaria una voluntad política para hacer más útiles todas y cada una de las administraciones locales existentes.

Como medida a incluir en los códigos de buen gobierno que ayudaría notoriamente al cumplimiento de una mejor optimización de los recursos, se podría crear un comité específico que evalúe de forma periódica la gestión que se ha realizado sobre el gasto público. Un comité que no solo tenga en cuenta cuestiones de idoneidad política, sino también cuente con funcionarios que hagan una valoración técnica de cómo podrían haberse presupuestado y ejecutado los gastos para que se hubiera hecho de la forma más eficiente posible.

2.3.3. Modernización y simplificación administrativa y mejor regulación normativa

Tradicionalmente el funcionamiento de la administración local se ha caracterizado por procedimientos formalistas que hacen que la ciudadanía se encuentre con más dificultades para realizar trámites. Cabe recordar la STS n.º 1862/2018,

---

144 González Vaqué, L, "La ley de racionalización y sostenibilidad de la administración local: de la duda a la incertidumbre", en *Revista CESCO de Derecho de Consumo*, n.º 8, 2013, p.498.

145 En concreto, el artículo 3.2 de la Ley 7/1985, de 2 de abril, Reguladora de las Bases del Régimen Local fija: "Gozan, asimismo, de la condición de Entidades Locales:
a) Las Comarcas u otras entidades que agrupen varios Municipios, instituidas por las Comunidades Autónomas de conformidad con esta Ley y los correspondientes Estatutos de Autonomía.
b) Las Áreas Metropolitanas.
c) Las Mancomunidades de Municipios".

20 de diciembre de 2018 donde se expone que en el derecho administrativo debe regir el "principio antiformalista que preside el procedimiento administrativo común y al principio de impulso de oficio y de celeridad", por lo que, teóricamente, los trámites administrativos deberían ser sencillos y no complejos de realizar. Si bien, la práctica nos demuestra que en los consistorios locales la realización de trámites administrativos está todavía impregnada de burocracia que ralentiza sin medida la actuación local[146].

El mejor remedio ante los problemas de excesivos trámites que impregnan la actuación municipal es impulsar medidas de modernización y simplificación de la actuación local. La exigencia de modernización ya la encontramos en el Código de la FEMP del año 2009[147]. Si bien, el principal desarrollo de estos

---

146 Puede verse ejemplos de burocracia local en las siguientes noticias de prensa:
- El Ayuntamiento trata de 'lidiar' con la burocracia para solucionar las demandas vecinales de El Castillo https://fuerteventurahoy.com/el-ayuntamiento-trata-de-lidiar-con-la-burocracia-para-dar-solucion-a-las-demandas-vecinales-de-el-castillo/, consultado el 01/04/2022.
- La reforma municipal de los Servicios Sociales para reducir la burocracia, lista en 2022 https://www.abc.es/espana/madrid/abci-reforma-municipal-servicios-sociales-para-reducir-burocracia-lista-2022-202012120041_noticia.html, consultado el 01/04/2022.
- La burocracia complica el arreglo de los paseos de El Palo y Pedregalejo https://www.diariosur.es/malaga-capital/burocracia-paseo-maritimo-palo-20210629202249-nt.html?ref=https%3A%2F%2Fwww.diariosur.es%2Fmalaga-capital%2Fburocracia-paseo-maritimo-palo-20210629202249-nt.html, consultado el 01/04/2022.

147 En particular, en el apartado de "Principios del Código de Buen Gobierno Local" del Código de buen Gobierno Local de la Federación Española de Municipios y Provincias del año 2009: "Regirán nuestras actuaciones la eficiencia, la modernización de la Administración y el

principios los podemos encontrar desarrollados en el Código de Buen Gobierno del Ayuntamiento de Jerez.

En particular, el artículo 22 del Código de Jerez[148] establece la obligación de la simplificación administrativa en todos los es-

---

buen servicio a la ciudadanía, defendiendo los intereses generales con honestidad, objetividad, imparcialidad, confidencialidad, austeridad y cercanía a la ciudadanía".

148 El artículo 22 del Código de Buen Gobierno del Ayuntamiento de Jerez expone:
"1. Las unidades administrativas del Ayuntamiento elaborarán modelos y formularios claros, sencillos y comprensibles, que faciliten a la ciudadanía la presentación de escritos, solicitudes y recursos administrativos.
2. Se facilitará a la ciudadanía el apoyo y asesoramiento personalizado que puedan requerir en los procesos de información, preparación de documentos, presentación de solicitudes y conocimiento de los expedientes en los que ostenten la condición de interesados, con objeto de facilitar y agilizar su tramitación administrativa.
3. Los modelos de impresos y formularios se orientarán a requerir el menor número de datos posible de los interesados. En cualquier caso, sólo se exigirán aquellos datos que sean estrictamente necesarios para la tramitación del procedimiento o para la prestación del servicio, siguiendo el principio de proporcionalidad.
4. Los distintos impresos y formularios se elaborarán de la forma más normalizada y homogénea posible, facilitando su difusión y publicación electrónica.
5. Los requisitos exigidos para la tramitación de un procedimiento administrativo o la prestación de un servicio, deberán ser los estrictamente necesarios para la resolución positiva de la pretensión planteada por el interesado.
6. En todo caso, los requisitos deberán ser:
a) Justificados y proporcionados a la naturaleza del procedimiento administrativo.
b) Claros e inequívocos.
c) Objetivos.
d) De fácil cumplimiento.
e) Fijados con antelación.

critos y procedimientos, un aspecto sobre el que ya hemos hablado porque es necesario que la ciudadanía pueda entender los trámites y documentos para poder relacionarse con el Ayuntamiento electrónicamente y confiar en su gestión. Asimismo, el Ayuntamiento de Jerez incluye aquí como un punto esencial en el asesoramiento y apoyo personalizado a cada uno de los ciudadanos a la hora de realizar sus trámites. Dicha simplificación pasa, por tanto, por una eliminación de los obstáculos para que se garantice el interés general[149], una exigencia constitucional reflejada en el citado artículo 103 de la carta magna.

Siguiendo con esta voluntad de acercar a la ciudadanía el municipio y convertirlo en un elemento cercano a la población se incluye en el artículo 23 del Código de Jerez[150] el principio de modernización, de manera que en cada uno de los servicios

---

f) Transparentes y accesibles.

7. Los procedimientos administrativos se llevarán a cabo mediante los trámites administrativos que sean necesarios en relación con el objetivo que se persigue. Para ello siempre se eliminarán los trámites y tareas siguientes:

a) Trámites no preceptivos que no resulten necesarios para la resolución del procedimiento administrativo.

b) Comprobaciones y actuaciones revisoras ya efectuadas por la unidad administrativa responsable de ellas.

c) Informes complementarios a los preceptivos, que no incorporen ningún valor añadido al expediente.

d) Trámites sustituibles por otros que permitan una reducción del plazo de resolución.

e) Traslados innecesarios de expediente entre unidades administrativas".

149 Bueno Junquero, A., "Acerca del fenómeno legal de la simplificación administrativa, ¿facilidad o restricción?", en *EUNOMÍA. Revista en Cultura de la Legalidad*, n.º 16, 2019, p. 147.

150 El artículo 23 del Código de Buen Gobierno del Ayuntamiento de Jerez expone:

"1. El Ayuntamiento de Jerez adquiere el compromiso de permanente modernización administrativa con el objetivo de lograr una Administración próxima, moderna, flexible, participativa.

---

2. Las acciones de modernización administrativa se efectuarán bajo principios de:
a) Servicio público y orientación a la ciudadanía.
b) Participación, implicación y comunicación con la ciudadanía y con todas las personas que integran la Administración Municipal.
c) Responsabilidad pública y social.
d) Aprendizaje, innovación y mejoras continuas.
e) Anticipación y adaptación al cambio, afrontando los retos futuros.
f) Organización transversal y relacional.
g) Orientación a objetivos y resultados en la gestión.
3. El Ayuntamiento impulsará la aplicación y plena efectividad de la administración electrónica, garantizando los derechos reconocidos a la ciudadanía en dicho texto y en la normativa sobre acceso electrónico a los servicios públicos.
4. Todas las Áreas municipales adoptarán sus procedimientos a los niveles de tramitación electrónica que sean posibles en cada momento. Para ello, colaborarán en el diseño de los procedimientos, en la incorporación de la información a la ciudadanía, en la tramitación mecanizada, así como en las modificaciones organizativas y de formas de trabajo que se puedan derivar.
5. Los sistemas informáticos sirven de soporte a la gestión de los expedientes administrativos y deberán asegurar el control de la gestión de su tramitación, facilitar información de los procesos administrativos y dotar de eficacia y celeridad a los procedimientos.
6. Con carácter general, y según la disponibilidad informática del Ayuntamiento, para todos los procedimientos se ofrecerá la posibilidad de su inicio mediante la presentación de la solicitud en registro Electrónico, la aportación de la documentación telemática, el pago electrónico de tasas e impuestos, las notificaciones electrónicas y la consulta electrónica de expedientes.
7. La publicación de actos y comunicaciones que, por disposición legal o reglamentaria deban publicarse en tablón de anuncios o edictos se complementará con su publicación en la sede electrónica de la Administración municipal.
8. Hasta la plena efectividad de la implantación de la Administración Electrónica, se realizarán por la Delegación municipal competente, planes anuales de adaptación que contará con la colaboración de todos los servicios municipales implicados".

municipales se impulsen políticas para mejorar en su gestión haciendolo0s más adecuados a las nuevas tecnologías y a las necesidades ciudadanas. Se incluye aquí la tramitación electrónica como esencial para evitar desplazamientos de la ciudadanía y permitir la celeridad en los procedimientos. El concepto de modernización debe entenderse como unas nuevas relaciones con los ciudadanos[151] y en el caso del Código de Jerez se une dicho concepto de modernización al uso de medios electrónicos para mejorar las relaciones ciudadanas, ya que ello pasa, inevitablemente, por lograr una administración electrónica[152].

Por tanto, simplificación administrativa y modernización mediante medios electrónicos[153] son dos conceptos ligados, pero no idénticos, ya que no necesariamente el uso de medios electrónicos es la forma adecuada para simplificar los trámites[154], por lo que deberá ponderarse en cada caso cómo se logrará mejor dicha simplificación.

El segundo elemento de este apartado es el relativo a la mejor regulación normativa en las entidades locales. Esta posibilidad de dictar reglamentos y ordenanzas está prevista en el artí-

---

151 Carro Fernández-Valmayor, J. L., "Una introducción a la idea de modernización administrativa", en *Dereito,* p. 6

152 *Idem.*

153 Sobre los procedimientos administrativos electrónicos véase: Ochoa Monzó, J., "¿Hacia la 'ciberadministración' y el 'ciberprocedimiento'?" en Sosa Wagner, F., Ramón Martín Mateo, R. (coords.), *El derecho administrativo en el umbral del siglo XXI: homenaje al profesor Dr. D. Ramón Martín Mateo,* vol. 1, 2000, pp. 151-172 y Blasco Díaz, J. L., "Los derechos de los ciudadanos en su relación electrónica con la administración", en *Revista española de derecho administrativo,* n.º 136, 2007, pp. 791-821.

154 Cierco Seira, C., "La Administración electrónica al servicio de la simplificación administrativa: luces y sombras", en *Revista Aragonesa de Administración Pública,* n.º 38, 2011, p. 161.

culo 4.1 LRBRL[155] y deben servir para regular adecuadamente la comunidad vecinal no para crear más burocracia sino, más bien incluso para ayudar a eliminarla[156].

Por ello, forma parte de un buen gobierno local conseguir que la regulación normativa que ejecuten los consistorios locales sea la más adecuada. En este sentido, encontramos el principio de buena regulación en el Código de Ética Pública y Guía de Buenas Prácticas de la Diputación de Salamanca[157] e incluso el Código Ético y de Buena Conducta del Ayuntamiento de Barcelona[158] propone "Dar a conocer el nombre de las personas y de las organizaciones que promueven la elaboración de propuestas normativas o participan en ella." con el objeto de

---

155 El artículo 4.1.a de la Ley 7/1985, de 2 de abril, Reguladora de las Bases del Régimen Local establece: "En su calidad de Administraciones públicas de carácter territorial, y dentro de la esfera de sus competencias, corresponden en todo caso a los municipios, las provincias y las islas:
a) Las potestades reglamentarias y de autoorganización"

156 Almonacid Lamelas, V., "La potestad reglamentaria de los Ayuntamientos", en *Nosoloaytos,* 2015. Disponible en línea: https://nosoloaytos.wordpress.com/2015/07/28/como-ejercer-la-potestad-reglamentaria-en-los-ayuntamientos/, consultado el 01/04/2022.

157 En concreto en el artículo 7.3 del Código de Ética Pública y Guía de Buenas Prácticas de la Diputación de Salamanca que establece: "Buena regulación. La iniciativa y potestad normativa de la Diputación Provincial de Salamanca tendrá bien presente la predictibilidad y evaluación pública, cuando afecte a multitud de intereses, siendo ineludible la motivación sobre la necesidad, eficacia, proporcionalidad, seguridad jurídica, transparencia y eficiencia del ejercicio, ajustándose al interés general y dotándola de la mayor publicidad".

158 En particular, el artículo 12.e del Código Ético y de Buena Conducta del Ayuntamiento de Barcelona: "Dar a conocer el nombre de las personas y de las organizaciones que promueven la elaboración de propuestas normativas o participan en ella".

dar más transparencia a los procesos normativos para una mejor rendición de cuentas de los mismos.

Recordemos que también la propia Ley 39/2015, de 1 de octubre, del Procedimiento Administrativo Común de las Administraciones Públicas establece en su artículo 129 los principios de buena regulación y expone que: “la potestad reglamentaria, las Administraciones Públicas actuarán de acuerdo con los principios de necesidad, eficacia, proporcionalidad, seguridad jurídica, transparencia, y eficiencia” y es que la importancia de mejorar los reglamentos y ordenanzas de las entidades locales para hacerlos más útiles para la ciudadanía es destacada por la doctrina.

Por lo que una mejor regulación pasa por no generar más costes innecesarios en la administración[159]. Incluso en otros países, como por ejemplo Perú o Colombia, también se comparte la necesidad de mejorar la regulación normativa para un mejor buen gobierno[160].

Como medida a añadir en los códigos de buen gobierno local que mejoraría la regulación normativa destacamos la formación en la materia. Así pues, si se establecía la obligatoriedad de que aquellos operadores jurídicos de las entidades locales que trabajan la elaboración de textos normativos para hacerlos más útiles y adaptados a las necesidades ciudadanas se ayudaría a conseguir una producción normativa local más efectiva y que genere menos burocracia para la ciudadanía.

---

159 Chaparro López, M., “Simplificación administrativa, reducción de cargas y mejora de la regulación en materia urbanística”, en *RIPS: Revista de investigaciones políticas y sociológicas*, n.º 3, 2003, p. 130.

160 Ferney Moreno, L. y Gallo Aponte, W.I., “De la simplificación administrativa a la calidad regulatoria”, en *Revista de Derecho Administrativo*, n.º 17, 2019, Perú, p. 266.

2.3.4. Contratación administrativa

Las actuaciones de contratación administrativa de obras, servicios o suministros por parte de las entidades locales supone un gran ámbito de actuación de la política municipal y por ello implementar mecanismos de buen gobierno en sus actuaciones resulta más que imprescindible.

De esta forma, podemos ubicar medidas relativas al buen gobierno en materia de contratación en el código de la FEMP del año 2009 establece la necesidad de crear comisiones de control y seguimiento sobre la contratación pública[161]. La necesidad de dichas comisiones se justifica en que en muchas ocasiones aunque el procedimiento previo de contratación adjudicación haya sido adecuado si posteriormente no se hace un control exhaustivo de la obra ejecutada y se potencian papeles como el del responsable del contrato (regulado actualmente en el caso español en el artículo 62 LCSP), de poco habrá servido realizar "una contratación limpia" si después ha resultado infructuosa durante la ejecución y de ahí la relevancia de crear estas comisiones de seguimiento como plantea la FEMP.

El código de la FEMP elaborado en el año 2015[162] reitera dicha exigencia y se incide en la necesidad de crear instrumentos

---

161 El apartado de "Medidas para mejorar la gestión y la calidad de la democracia local" del Código de Buen Gobierno de la Federación Española de Municipios y Provincias del año 2009 se indica: "Se articularán Comisiones de Control y Seguimiento en la contratación pública para garantizar que tanto la contratación realizada por el Ayuntamiento como por sus organismos autónomos y empresas de capital municipal se lleve a efecto bajo los principios de transparencia, legalidad, publicidad y libre concurrencia".

162 El apartado de "Principios de Buen Gobierno Local" del Código de Buen Gobierno de la Federación Española de Municipios y Provincias del año 2015 se indica: "Se fomentará la creación de instrumentos de control y seguimiento de la contratación pública para garantizar a los

de seguimiento sobre la contratación pública para garantizar a los operadores económicos un trato igualitario, ante la necesidad de que la contratación pública sea de nuevo una herramienta abierta a todos los licitadores y sin discriminación independientemente de que sean grandes medianas o pequeñas empresas. Queda por tanto evidenciada la necesidad incuestionable de dichas comisiones de seguimiento y mecanismos de control sobre la contratación[163], ya que permitirá lograr el buen gobierno en este ámbito.

Otra propuesta para mejorar el buen gobierno en materia de contratación es la realizada por el Código Ético y de Buena Conducta del Ayuntamiento de Barcelona[164] que proponer "Hacer pública la identidad de los interlocutores de los sectores privados que participan en la redacción de los pliegos de cláusulas administrativas particulares y de prescripciones técnicas de los contratos." de forma que no solo se pueda conceder aquellos empleados públicos que participan en la redacción de la documentación, sino que incluso se permita saber si un operador privado ha participado o colaborado en dichas tareas que se conozca su identidad para así poder valorar si han podido haber conflictos de intereses o no en su actuación.

---

operadores económicos un trato igualitario y no discriminatorio y un procedimiento basado en la transparencia, así como la introducción de criterios de responsabilidad social en los contratos".

163 Furió Durán, V., "Los contratos menores en las entidades locales inferiores a 5.000 habitantes" en Pintos Santiado, J. (dir.) Todo sobre el contrato menor, *El Consultor de los Ayuntamientos*, 2020.

164 En particular, el artículo 12.f del Código Ético y de Buena Conducta del Ayuntamiento de Barcelona: "Hacer pública la identidad de los interlocutores de los sectores privados que participan en la redacción de los pliegos de cláusulas administrativas particulares y de prescripciones técnicas de los contratos".

El Código de Barcelona también destaca en su artículo 13[165] la necesidad de que los órganos de contratación establezcan criterios de adjudicación claros y concretos, que permitan acceder a todos los licitadores en igualdad de condiciones. Éste se trata de un aspecto relevante, ya que en muchas ocasiones resulta difícil descifrar algunos pliegos de cláusulas administrativas o incluso son redactados de forma contradictoria entre artículos del mismo pliego. Por lo cual, es necesario que los mismos resulten claros para conseguir un buen gobierno también en materia de contratación pública. Así pues, entendemos la transparencia contractual como una visibilidad y apertura del conocimiento público, que no garantiza la participación de licitadores[166].

Por último, procede abordar con detalle el Código de Conducta y Marco de Integridad Institucional aplicable a la Contratación Pública de la Diputación Foral de Gipuzkoa[167]. Este código, monográfico en materia de contratación, pretende mejorar la conducta ética de los empleados y cargos públicos de la Diputación que ejerza sus actividades en el ámbito de la contratación, estableciendo un sistema preventivo que favorez-

---

165 En concreto el artículo 13.j del Código Ético y de Buena Conducta del Ayuntamiento de Barcelona establece: "Velar por que los responsables de los órganos de contratación establezcan criterios de contratación con la máxima claridad y concreción y de modo que no comporten ninguna restricción en el acceso a la contratación en condiciones de igualdad".

166 González Ríos, I., "La transparencia como principio vertebrador de la contratación pública: significado y problemas de articulación normativa", en *Revista de Estudios de la Administración Local y Autonómica: Nueva Época*, n.º 12, 2019, p. 22.

167 Código de Conducta y Marco de Integridad Institucional aplicable a la Contratación Pública de la Diputación Foral de Guipúzcoa, disponible en línea en: https://www.gipuzkoa.eus/documents/20933/923643/Kontratazio_kodea-es.pdf/e014801b-3e70-fd79-8ac2-d63ea19aa374, consultado el 01/04/2022.

ca el aseguramiento de la integridad y prevalencia de los intereses públicos en la gestión de las licitaciones.

En cuanto a las principales novedades que incluye este código encontramos un desarrollo del principio de eficiencia en el gasto público[168]. Se entiende este como la necesidad de prever las licitaciones para evitar un mal uso y el dinero público y que si se realiza un gasto en base a una licitación sea para satisfacer una necesidad real. De hecho, en este sentido destaca la Resolución del Tribunal Administrativo Central de Recursos Contractuales n.º 132/2017, de 3 de febrero de 2017 que expone: "El rechazo de las proposiciones temerarias persigue garantizar la ejecución del contrato haciendo efectivo el principio de eficiencia y necesidad del contrato". De esta forma, se expone como la actuación administrativa de rechazo de ofertas temerarias, tradicionalmente entendida como un elemento de gravamen para los licitadores, puede estar motivada en razones de eficiencia en la contratación para evitar que se acabe ejecutando inadecuadamente un contrato y, por tanto, perjudicando a los intereses generales.

Se incorpora también el concepto de reconocimiento mutuo[169], entendido como una igualdad de trato entre todas las empresas para que todas puedan participar en las contratacio-

---

168 El apartado 2.1 de Principios del Código de Conducta y Marco de Integridad Institucional aplicable a la Contratación Pública de la Diputación Foral de Gipuzkoa expone: "Los principios rectores de la contratación pública que son aplicables a la contratación pública en el desarrollo de actuaciones en esa materia por parte de cargos públicos y del personal de la Diputación Foral son los principios de eficiencia en el gasto público, igualdad de trato y no discriminación, reconocimiento mutuo y especialmente, el principio de transparencia e integridad".

169 Principio regulado también en el citado apartado 2.1 de Principios del Código de Conducta y Marco de Integridad Institucional aplicable a la Contratación Pública de la Diputación Foral de Gipuzkoa.

nes y si cumplen los requisitos técnicos exigidos. Precisamente la Recomendación n.º 4/2005, de 12 de diciembre de la Comisión Permanente de la Junta Consultiva de Contratación Administrativa de Cataluña expone cómo este principio ha sido considerado relevante por la jurisprudencia europea[170].

Incluye dentro de este código la prohibición de los cargos públicos forales y de los empleados municipales de participar en cualquier procedimiento de contratación si concurre una causa de abstención de la Ley 40/2015. La STS n.º 870/2003, de 11 de febrero de 2003 entiende la abstención, aplicable también al ámbito de la contratación. En este ámbito, el Código reproduce la normativa general sobre motivos de abstención quizás el código podría haber sido un poco más innovador e incluso incluir la prohibición de que cualquier cargo público participe en una mesa de contratación, al margen de que pueda tener o no intereses personales en el asunto.

En principio la DA.2º.7 LCSP permite a las entidades locales que formen parte de la mesa de contratación un concejal o varios, cuando no supere el tercio de los miembros de la mesa. Si bien es cierto que esta es una necesidad para los municipios más pequeños (donde no existen suficientes funcionarios para componer las mesas de contratación) en administraciones locales medianas o de gran tamaño, como es el caso de la Dipu-

---

170 En concreto, como indica la citada Recomendación n.º 4/2005, de 12 de diciembre, de la Comisión Permanente de la Junta Consultiva de Contratación Administrativa de Cataluña, ha sido remarcado este principio de reconocimiento mutuo en: “delimitados por el Tribunal de Justicia de las Comunidades Europeas (Sentencia Comisión/ Irlanda, Asunto C-353/96; Sentencia Connemara Machine Turf, Asunto C-59/2000, Bent Mousten Vestergaard; y Sentencia de 13 de octubre de 2005, asunto C- 458/03), y la Comisión Europea, que en la Comunicación Interpretativa de 29 de abril de 2000, sobre las concesiones en el derecho comunitario, anuncia y confirma estos principios”.

tación Foral de Gipuzkoa, que tengan suficientes empleados a su cargo deberían de poder excluir a los cargos electos en las mesas de contratación. De esta forma las decisiones que sean adoptadas por este órgano consultivo en materia de contratación sean únicamente decisiones técnicas, donde haya toda ausencia de posible interés por parte de cargos públicos electos.

También cabe plantearse la cuestión de si la posibilidad legal en los ayuntamientos de que participen concejales en las mesas implica un derecho a que todos los miembros de la oposición política tengan derecho a estar en las mismas. Así pues, no tenemos por qué entender como parte fundamental del derecho de participación política de los concejales su participación en las mesas de contratación, ya que dicho derecho se produce, por ejemplo, con su participación en comisiones informativas pero no mesas de contratación[171].

Se incluye también como novedad la necesidad de que los pagos de las facturas que deriven de contrataciones públicas de la Diputación Foral de Gipuzkoa sigan el régimen de prelación de pagos legalmente establecido[172]. Por tanto, se prohíbe aquí que se trate de acelerar un determinado pago de una contratación. En este sentido, la prelación de pagos es primero los créditos necesarios para satisfacer intereses y capital del endeudamiento, en segundo lugar, el reembolso de operaciones de

---

171 Ferrera Izquierdo, J.M., "Análisis de diversos aspectos controvertidos de las mesas de contratación en los ayuntamientos", en *CEMCI*, n.º 49, 2021, p.9.

172 El apartado 8 del Código de Conducta y Marco de Integridad Institucional aplicable a la Contratación Pública de la Diputación Foral de Gipuzkoa expone: "El régimen de pagos relativos a contratos públicos seguirá el orden de prelación legalmente establecido, sin que los cargos públicos o las empleadas o empleados puedan agilizarlos para comportar un privilegio en beneficio de empresas o entidades, o de los titulares de los cargos públicos o su entorno familiar y social inmediato o cuando suponga un menoscabo de los intereses de terceros. "

tesorería a 31 de diciembre, en tercer lugar, los gastos de personal, en cuarto lugar, las obligaciones contraídas de ejercicios cerrados y por último el resto de obligaciones por orden de antigüedad[173].

Por lo que, en principio, y en base al citado orden de prelación, no debería ser motivo de aceleración un contrato administrativo, pero no son pocas las ocasiones en que los cargos públicos han intentado influir para que se acelere el pago de la factura de un contrato. Por tanto, esta práctica de mal gobierno debe ser rechazada y esta inclusión al cumplimiento de la relación de pagos supone un ejemplo más de buen gobierno.

Destaca la prohibición de que se realice cualquier tipo de pago de agilización para permitir que la ejecución del contrato se realice más rápidamente. En este sentido el código prohíbe que realice cualquier pago fuera de los legalmente establecidos, algo que en algunas ocasiones reclaman las empresas para poder ejecutar a tiempo una licitación y que resulta contrario a derecho.

Es necesario recordar que el derecho local no es un ordenamiento jurídico privado y por tanto muchas de las cuestiones en materia de contratación no pueden estar sometidas a la libertad entre partes. Aquí hablamos de un derecho tuitivo, donde se deben cumplir unas normativas legales sobre contratación que no pueden obviarse. En este sentido, se ha pronunciado también el Informe n.º 16/14, de 30 de junio de 2016 de la Junta Consultiva de Contratación Administrativa del Estado que expone: "deba darse una respuesta negativa a la posibilidad de valorar en la oferta o de negociar con el contratista, un

---

173 La Audiencia de Cuentas de Canarias expone claramente este orden de prelación de pagos en un dictamen de 8/11/2012, disponible en línea: http://www.acuentascanarias.org/sites/default/files/DAC1204.pdf, consultado el 01/04/2022.

posible aplazamiento del pago". Por tanto, queda evidenciado que ni siquiera un posible aplazamiento de pagos puede entenderse negociable entre la administración y la empresa adjudicataria, porque hablamos de un ámbito jurídico no negociable.

Incluye también la prohibición de que una decisión pueda afectar al derecho de la competencia, en este sentido, se considera que los empleados y cargos públicos deberá abstenerse de realizar cualquier conducta que suponga falsear o manipular el resultado de una licitación o incluso negociar previamente condiciones de la contratación cuando no esté legalmente permitido[174]. Así pues, en la mayoría de las ocasiones, aunque una licitación sea mediante un procedimiento abierto, en el que en principio puede participar cualquier empresa, es cierto que existe el riesgo de que los cargos electos o empleados públicos, con el objetivo de obtener favores para sí o para otros, negocien criterios de adjudicación de los contratos. De esta forma, aunque el procedimiento sea abierto resultará muy complicado que una empresa que no sea "la que tenía en mente" la persona que ha realizado esta manipulación de los criterios de adjudicación, sea la adjudicataria.

En este sentido, se incluye un apartado de dentro de este Código de Conducta de la Diputación Foral de Gipuzkoa, indicando que los profesionales interesados en la licitación no pueden entrar en contacto con los cargos públicos ni el personal del órgano de contratación mientras se diseña y prepara el expediente de licitación[175], precisamente para evitar estos

---

174 El apartado 4.2 del Código de Conducta y Marco de Integridad Institucional aplicable a la Contratación Pública de la Diputación Foral de Gipuzkoa expone: "En particular, se comprometen a no alcanzar acuerdos con otras empresas u operadores económicos de cara a falsear o manipular el resultado de una licitación".

175 El apartado 6.2 del Código de Conducta y Marco de Integridad Institucional aplicable a la Contratación Pública de la Diputación Foral

posibles conflictos de intereses. De hecho, como el Informe n.° 5/2021, de 9 de abril de 2021 de la Junta Consultiva de Contratación Administrativa de la Comunidad Autónoma de Aragón expone como es una técnica derivada del derecho de la unión europea[176].

Así pues, es necesario que los altos cargos se conciencien de esta situación y entiendan que la gestión de la contratación en la administración pública difiere mucho del ámbito privado y que por tanto deben respetarse las reglas de derecho público, porque de lo contrario hablamos de un mal gobierno e incluso de un incumplimiento legal con posibles responsabilidades penales si se incurre en conflictos de interés.

Otro ámbito sobre el que se pronuncia este código son las modificaciones del contrato[177] (reguladas en los artículos 203

---

de Gipuzkoa expone: "Las empresas o profesionales interesadas en una licitación no podrán entrar en contacto con los cargos públicos ni con el personal del poder adjudicador responsable de la licitación del contrato con motivo del contrato durante su licitación, salvo para obtener información adicional sobre los pliegos y demás documentación complementaria en los términos regulados por la legislación vigente en materia de contratación pública".

176 El citado informe 5/2021, de 9 de abril de 2021, de la Junta Consultiva de Contratación Administrativa de la Comunidad Autónoma de Aragón expone en concreto que: "En la Sentencia de 12 de marzo de 2015 (asunto C-538/13), el Tribunal de Justicia afirmó que un conflicto de intereses implica el riesgo de que el poder adjudicador se deje guiar por consideraciones ajenas al contrato, dando indebida preferencia a un licitador, y que el poder adjudicador está obligado en cualquier caso a comprobar la existencia de conflictos de intereses y adoptar las medidas adecuadas para prevenir, detectar y ponerles remedio".

177 El apartado 10 del Código de Conducta y Marco de Integridad Institucional aplicable a la Contratación Pública de la Diputación Foral de Gipuzkoa expone: "El contrato sólo podrá modificarse en los supuestos legalmente previstos. De detectarse irregularidades en la

a 207 LCSP). Si bien, en muchas ocasiones éstas no son debido a razones de interés general, sino a que la empresa ha decidido aprovechar esta circunstancia legal de la modificación para obtener un beneficio al margen del proceso de licitación principal, donde había presentado una oferta con unas condiciones y se la había adjudicado. De esta forma, al solicitar la modificación acaba percibiendo una cantidad incluso superior a la que esta empresa había ofrecido y por las que había obtenido la licitación pública. Por tanto, las modificaciones irregulares son un ejemplo claro de mal gobierno y deben ser consideradas de forma restrictiva. Por ello, este Código establece que ante ellas deberán imponerse penalidades, sin perjuicio de otras obligaciones económicas que puedan corresponder al personal responsable de la contratación.

De hecho, las modificaciones en los contratos administrativos han acabado siendo, en muchas ocasiones, una práctica de mal gobierno, de hecho, en 2010 se advirtió un problema en materia de modificaciones contractuales que no tenían en cuenta los principios de igualdad de trato[178]. Ante las exigencias europeas, se aprobó un nuevo sistema de modificación de los contratos que pretendía ser mucho más estricto para garantizar la adecuada gestión pública en esta materia. Con todo, actualmente y con la Ley 9/2017 encontramos un sistema de modificaciones contractuales altamente garantista (que cumple con el buen gobierno) y, al mismo tiempo, no tan rígido

---

facturación de trabajos no ejecutados o distintos de los contratados sin haberse acordado la modificación del contrato se impondrán las penalidades pertinentes, sin perjuicio de las obligaciones económicas que corresponda imponer al personal público responsable del contrato".

178 Gallego Córcoles, I., "La contratación local ante las sucesivas reformas de la Ley de Contratos del Sector Público", en *Anuario de Derecho Municipal*, n.º 4, 2010, p. 159.

como el que se produjo en 2011, de tal manera que la nueva regulación si perdurará en el tiempo[179].

Por último, descartar que como sistema de garantías ante este código vasco se establece que cualquier cuestión ética puede cubrirse por la Comisión de Ética institucional de la Diputación Foral de Gipuzkoa[180], una comisión que además difundirá recomendaciones propuestas o informes sobre la aplicación e interpretación de este código ético. Además, la misma realiza una evaluación y seguimiento del desarrollo del código para lograr un buen gobierno en materia de contratación pública.

Una medida que podría añadirse como propuesta de mejora a dichos códigos, es dar a estos comités, como el que propone la Diputación Foral de Gipuzkoa, un valor no solo de emitir recomendaciones, sino de realizar un muestreo de varios contratos y de forma aleatoria analizar con detalle si se han cumplido o no los principios de buen gobierno en los mismos. De forma que si no fuera así pueden servir dichas conclusiones del comité como elemento para depurar responsabilidades que correspondan y evitar en el futuro volver a caer en actuaciones contrarias al interés general.

---

179 Codina García-Andrade, X.C., "La modificación objetiva de los contratos del sector público en la nueva LCSP", en *Contratación Administrativa Práctica de Wolters Kluwer*, n.º 153, 2018.

180 El apartado 4.3 del Código de Conducta y Marco de Integridad Institucional aplicable a la Contratación Pública de la Diputación Foral de Gipuzkoa expone: "Las cuestiones éticas, consultas, dilemas o problemas se deberán plantear ante a la Comisión de Ética Institucional de la Diputación Foral de Gipuzkoa. Para su resolución cuando sean en materia de contratación pública, la Comisión de Ética Institucional podrá solicitar informe tanto a asesores internos como externos especialistas en ese ámbito".

2.3.5. Subvenciones

La actividad subvencional en la administración local genera tal volumen de actividad[181] que requiere de una gestión pública muy adecuada para no incurrir en mal gobierno. De hecho, también se pueden lamentar numerosos casos donde existen indicios de posibles fraudes en materia de ayudas públicas por parte de ayuntamientos que desprestigia la imagen local[182].

De tal forma, los códigos de buen gobierno potencian la mejor gestión de la actividad subvencional por varios mecanismos, el primero de ellos en el Código de la FEMP del 2009[183]

---

181 Pueden verse aquí sección de noticias de periódicos que agrupan noticias sobre subvenciones locales, debido a que se generan tantas que los propios medios de comunicación agrupan las noticias de esta temática:
- En 20 minutos: https://www.20minutos.es/minuteca/subvenciones/, consultado el 01/05/2022.
- En Cadena Ser: https://cadenaser.com/tag/subvenciones/a/, consultado el 01/05/2022.
- En El Economista: https://www.eleconomista.es/tags/subvenciones/ , consultado el 01/05/2022.

182 En este sentido, encontramos varias noticias de prensa:
- Fraude en la Fundación DeSevilla: Condenado el exgerente por desviar ayudas para fines de IU: https://sevilla.abc.es/sevilla/sevi-fraude-fundacion-desevilla-condenado-exgerente-desviar-ayudas-para-fines-202104061036_noticia.html
- La Fiscalía investiga las subvenciones del Ayuntamiento de Barcelona a la PAH y otras entidades sociales:https://www.eldiario.es/catalunya/fiscalia-investiga-subvenciones-ayuntamiento-barcelona-pah-entidades-sociales_1_7313594.html
- Antifraude ve irregularidades en las ayudas de Ribó a entidades catalanistas: lasprovincias.es/valencia-ciudad/antifraude-denuncia-subvenciones-ribo-catalanistas-20190424132628-nt.html

183 En concreto, en el apartado de "Medidas para mejorar la gestión y la calidad de la democracia local" del Código de la Federación Española de Municipios y Provincias del año 2009 se indica: "Se publicará deta-

donde se hace un especial hincapié también este código a la necesidad de fijar un procedimiento de publicidad a las subvenciones y ayudas públicas locales. Éste es otro ámbito de actuación tradicionalmente poco transparente, puesto que las administraciones locales generalmente no suelen dar publicidad a sus subvenciones o no la han venido haciendo en los últimos años. Se trata ésta de una obligación que debe cumplirse inexcusablemente como se reitera en la jurisprudencia (sirva, como ejemplo, STSJ de Galicia n.º 38/2021, de 29 de enero de 2021).

Sin embargo, a través del instrumento de las subvenciones nominativas previsto en el Capítulo III del título I de la Ley 38/2003, de 17 de noviembre, General de Subvenciones[184] se ha evitado dar publicidad, pero aun así es necesario seguir actuando de una manera abierta en este ámbito para que la ciudadanía pueda saber dónde ha ejercido su actividad subvencional su ayuntamiento. Actualmente existe un abuso de la concesión directa que vienen realizando los ayuntamientos puesto que en ellos no existe diferenciación entre la entidad que aprueba el presupuesto y la que establece sus bases reguladoras[185] y ello no debería ser así porque la concesión de subvenciones nominativas no debe configurarse como un privilegio para la administración local[186].

---

lladamente el procedimiento de concesión de subvenciones y ayudas, con determinación de la cuantía y del beneficiario, y con máximo nivel de transparencia acerca de las personas jurídicas solicitantes y los grupos de las que dependan".

184 Se trata del capítulo III relativo al procedimiento de concesión directa de subvenciones incluido dentro del título I de procedimientos de concesión y gestión de subvenciones previsto en de la Ley 38/2003, de 17 de noviembre, General de Subvenciones.

185 Bueno Armijo, A.M., "La concesión directa de subvenciones", en *Revista de administración pública*, n.º 204, 2017, p. 283.

186 Bueno Armijo, A.M., "La concesión directa de subvenciones", *op. cit.*, p. 284.

También el Código Ético y de Conducta del Ayuntamiento de Barcelona en el artículo 14 se establecen una serie de principios en materia de subvenciones y ayudas públicas[187]. Dentro de ellos podemos destacar que tenga un carácter eminente-

---

187 En concreto, el artículo 14 del Código Ético y de Conducta del Ayuntamiento de Barcelona establece:
"En materia de subvenciones y ayudas públicas, además de las normas establecidas en el capítulo anterior, las personas sujetas a este Código, en el ejercicio de las funciones y competencias que les sean atribuidas, tienen que respetar las siguientes pautas:
a) Garantizar que toda subvención se otorga de conformidad con los principios de publicidad, concurrencia e igualdad o, en su defecto, que se trata de las excepciones previstas legalmente.
b) Interpretar restrictivamente los supuestos de subvenciones directas sin concurrencia competitiva, promoviendo, en su caso, su incorporación al presupuesto como subvención nominativa.
c) Velar por que la comisión de valoración y responsable de proponer la concesión de subvenciones sea de carácter técnico.
d) Hacer públicos los requisitos, los criterios y los procedimientos de solicitud y concesión de subvenciones y ayudas. Publicar la relación de personas beneficiarias, desagregada por sexo, y las cuantías de estas ayudas o subvenciones.
e) Establecer criterios objetivos en la concesión de subvenciones y otras ayudas públicas y garantizar el control posterior de su ejecución, de las disponibilidades de las ayudas y de la justificación de los fondos recibidos.
f) Abstenerse de participar en más de un 10%, de manera directa o indirecta, en empresas que perciban subvenciones o ayudas municipales.
Esta limitación no se aplica a los miembros de la Corporación y a los concejales y las concejalas de distrito sin dedicación especial.
g) Aplicar las normas de conducta relativas al conflicto de interés descritas en el artículo 8 que sean de aplicación por razón de la materia.
h) Garantizar a los grupos municipales de forma permanente el acceso a los expedientes y a la información sobre subvenciones, incluyendo informes y documentos justificativos que acrediten la correcta destinación de los recursos otorgados".

mente técnico las comisiones de valoración de subvenciones, para evitar así que se incurran en conflictos de intereses en la concesión de las ayudas públicas locales. También se pretende que los concejales tengan acceso a todos los documentos de los expedientes de subvenciones para garantizar la máxima transparencia y dar cumplimiento, también en el ámbito subvencional, al artículo 14.1 Real Decreto 2568/1986, de 28 de noviembre, por el que se aprueba el Reglamento de Organización, Funcionamiento y Régimen Jurídico de las Entidades Locales[188].

Por último, encontramos numerosas referencias a una buena gestión subvencional en el Código de Conducta y Marco de Integridad Institucional aplicable Ayudas y Subvenciones de la Diputación Foral de Gipuzkoa[189] y de su sector público. En primer lugar, este Código establece que la proyección de éste tiene una dimensión endógena y otra exógena[190]. En cuanto a

---

188 Dicho artículo expone: "Todos los miembros de las Corporaciones Locales tienen derecho a obtener del Alcalde o Presidente o de la Comisión de Gobierno cuantos antecedentes, datos o informaciones obren en poder de los servicios de la Corporación y resulten precisos para el desarrollo de su función"

189 Código de Conducta y Marco de Integridad Institucional aplicable Ayudas y Subvenciones de la Diputación Foral de Gipuzkoa disponible en línea en: https://www.gipuzkoa.eus/documents/20933/923643/dirulaguntza_kodea-es.pdf/6e05ca33-eb92-03bc-d2d6-10d8e549e629, consultado el 01/05/2022.

190 El apartado 1.2 del Código de Conducta y Marco de Integridad Institucional aplicable Ayudas y Subvenciones de la Diputación Foral de Gipuzkoa establece: "La finalidad del Marco de Integridad Institucional en materia de ayudas y subvenciones es desarrollar y promover, tanto desde una perspectiva endógena como exógena, una cultura de integridad en el ejercicio de las funciones públicas por parte de todos los cargos y personal del sector público foral que participe en esos procedimientos, así como por parte de aquellas entidades,

su dimensión endógena, se refiere a que el mismo es de aplicación a todo cargo o persona del sector público que participa en proyectos de impulso gestión y control de valuación de subvenciones. Este amplio concepto incluiría no solo los altos cargos (en este caso diputados elegidos) sino incluso también funcionarios y otros empleados públicos que participen en la gestión de los expedientes de subvenciones, al margen de su situación administrativa con el Ayuntamiento. Por tanto, se ha dado un concepto amplio que amplía las previsiones de la Ley 19/2013 a toda persona que intervenga activamente en la gestión de un expediente en esta materia.

De hecho, la falta de cumplimiento del fin que justifica la subvención puede generar responsabilidad contable o disciplinaria para quien la hubiera otorgado[191], por tanto, en la medida en que el incorrecto cumplimiento de la legalidad en el otorgamiento de una subvención puede generar responsabilidades administrativas para un funcionario cobra también sentido que las normas éticas de conducta que regula este Código vasco sea también de aplicación a empleados públicos que gestionan ayudas.

En cuanto a la dimensión exógena, el código se aplica no solo a la propia Diputación Foral de Gipuzkoa, sino también a las entidades del sector público que la integran. Estos son los posibles organismos autónomos, sociedades mercantiles públicas entre otra administración institucional que dependa territorialmente de la Diputación Foral.

---

empresas u organismos beneficiarios de tales ayudas o subvenciones, articulando de modo efectivo una infraestructura ética, a la medida de una sociedad guipuzcoana ejemplar".

191 Rodríguez García, J.M., *Límites para ser beneficiario de subvenciones*, Universidad de Valladolid, 2012, p. 203. Disponible en línea: https://www.educacion.gob.es/teseo/imprimirFicheroTesis.do?idFichero=o2cMgbZhE28%3D, consultado el 01/05/2022.

Este código expone la necesidad de la planificación de las subvenciones para conseguir un buen gobierno, aspecto el que nos centraremos en el capítulo tercero de este trabajo. Podemos destacar aquí que el Código establece la necesidad de establecer procedimientos para que las cuestiones éticas derivadas de las subvenciones públicas, dando preferentemente una tramitación electrónica a todos estos expedientes[192]. En este sentido, debe indicarse que la tramitación electrónica en todo aquellos que tiene que ver con las subvenciones va en auge[193].

Entre los valores y principios en esta materia, el código, expone como otros expuestos, la necesidad de realizar las subvenciones mediante concurrencia competitiva de forma preferente[194]. Asimismo, se deberán incluir criterios subjetivos, especialmente de tipo cuantitativo, para evitar una adjudicación demasiado discrecional de las subvenciones públicas. Se incluye también la necesidad de que los altos cargos que tengan intereses se abstengan en los procedimientos de subvenciones, como garantía del buen gobierno.

El código regula una serie de valores[195] en el ámbito del otorgamiento de las subvenciones públicas, como son la inte-

---

192 El apartado 5.2 del Código de Conducta y Marco de Integridad Institucional aplicable Ayudas y Subvenciones de la Diputación Foral de Gipuzkoa establece: “Preferentemente, esos procedimientos, canales o cauces se vehicularán por medios electrónicos”.

193 Mora de la Viña, M. J., “Justificación y comprobación de subvenciones”, en *El Consultor de los Ayuntamientos*, n.º I, 2019, p. 95.

194 En concreto, el apartado 4.2 del Código de Conducta y Marco de Integridad Institucional aplicable Ayudas y Subvenciones de la Diputación Foral de Gipuzkoa establece: “En todo caso, llevarán a cabo una interpretación restrictiva de aquellos supuestos en los que la normativa vigente permita otorgar subvenciones directas sin concurrencia competitiva”.

195 Regulados en el apartado 5 del Código de Conducta y Marco de Integridad Institucional aplicable Ayudas y Subvenciones de la Diputación Foral de Gipuzkoa.

gridad, honestidad, desinterés, eficiencia y respeto, muchos de ellos ya incluidos por ejemplo la Ley 19/2013 o en el artículo 8.3 de la Ley 38/2003, de 17 de noviembre, General de Subvenciones. Cada vez es más frecuente que los servicios administrativos enfrenten fiscalizaciones de todo tipo[196]. En cuanto a los principios[197], el Código los resume en transparencia, apertura de datos, promoción y uso del euskera, cohesión económico-social y rendición de cuentas.

Se crea también un órgano de garantía, el Comisión de Ética Institucional[198] para el seguimiento de las políticas de subvenciones que se realicen por la Diputación, dándole poderes a dicho Comité para poder intervenir en aquellos expedientes en los que pudiera haber dudas sobre la falta de principios éticos. Como se proponía igualmente en el caso de la contratación, otra medida que podría implementar en los códigos de buen gobierno es que dicho comité no solo realice una función de supervisión de la subvenciones a petición de posibles

---

196 Arias Rodríguez, A. y Riera López, M., "Mejora de la gestión y control de ayudas públicas y subvenciones a través del compliance", en Campos Acuña, C., (dir.), *Guía práctica de compliance en el sector público*, El Consultor de los Ayuntamientos, 2020.

197 Regulados en el apartado 6 del Código de Conducta y Marco de Integridad Institucional aplicable Ayudas y Subvenciones de la Diputación Foral de Gipuzkoa

198 En el apartado 6.1 del Código de Conducta y Marco de Integridad Institucional aplicable Ayudas y Subvenciones de la Diputación Foral de Gipuzkoa se establece: "La Comisión de Ética Institucional será el órgano competente para conocer los dilemas, cuestiones, quejas o denuncias que, en materia de aplicación del presente Código de Conducta, se presenten por las personas afectadas o por terceras personas frente a la actuación u omisión de los cargos públicos y personal al servicio de la Administración Foral o profesionales del sector público foral en los procedimientos de concesión, gestión, control o evaluación de subvenciones y ayudas que se tramiten por el órgano competente".

quejas de personas afectadas, sino que además realice también un muestreo aleatorio de varias subvenciones concedidas para vigilar el cumplimiento de los principios de buen gobierno en las mismas y por tanto que pueden servir ellos como medida disuasoria para evitar fraudes en materia de fomento.

2.3.6. Gestión de los recursos humanos y acceso a la función pública

El personal adscrito a los ayuntamientos supone la principal herramienta de la que se dispone para poder ejecutar adecuadamente las políticas públicas que beneficien a la ciudadanía. Por ello los códigos de buen gobierno local han venido a reflejar numerosas cuestiones relativas a la gestión de los recursos humanos.

En primer lugar, en el artículo 10 del Código de Conducta del Ayuntamiento de Barcelona se establecen normas de conducta relativas a la gestión de personal[199]. Aquí se incluye la ne-

---

[199] En particular, el artículo 10 del Código Ético y de Conducta del Ayuntamiento de Barcelona indica: "Las personas sujetas a este Código, en el ejercicio de las funciones y competencias que les sean atribuidas, deben actuar de acuerdo con las normas siguientes:
a) Mostrar el debido respeto y dignidad a las personas empleadas públicas con las que se relacionen, así como con las tareas que estas desarrollen.
b) Garantizar y defender la honorabilidad de las personas empleadas públicas, en el desarrollo de sus funciones.
c) Garantizar que las relaciones de las personas empleadas públicas con las personas que se dirigen al Ayuntamiento se desarrollen con respeto mutuo.
d) Asumir la responsabilidad de sus actuaciones, sin derivarla a las personas empleadas públicas con las que se relacionen, sin causa objetiva.
e) Eliminar los factores de riesgo que generan la aparición de situaciones de acoso sexual y por razón de sexo, acoso por conducta

cesidad de garantizar y defender la honorabilidad y dignidad de las personas empleadas públicas o eliminar los factores de riesgo que generan la aparición de situaciones de acoso.

En este sentido, el Consejo Consultivo de Andalucía en su Dictamen n.º 564/2006, de 22 de noviembre de 2006 expone como unos empleados públicos realizan una reclamación patrimonial contra su administración por haberse difundido entre todos los empleados municipales por correo electrónico información que atenta al honor y si bien finalmente dicho consejo consultivo indica que la Diputación no es causante del daño producido porque la acción la realizó un tercero externo a la administración que envió dicho correo electrónico a todos los funcionarios; sí que se reconoce dicha dignidad de los empleados. De esta forma, entiende como prioritaria la protec-

---

discriminatoria, acoso psicológico en el trabajo y otros riesgos de naturaleza psicosocial, así como no incurrir en estas conductas.
f) Garantizar la activación de los protocolos de actuación correspondientes una vez detectados casos que pueden afectar a la dignidad y el bienestar de las personas empleadas públicas.
g) Facilitar la conciliación de la vida personal, familiar y laboral, sin detrimento de la promoción profesional.
h) Velar por que las relaciones con las personas empleadas públicas se desarrollen en horarios que permitan, en términos de igualdad de oportunidades, el desarrollo profesional, la compatibilización de la vida laboral con la personal y la mejora de la calidad de vida.
i) Impulsar el desarrollo profesional de las personas empleadas públicas promoviendo, al mismo tiempo, la formación continua, la innovación, la creatividad y el intercambio de conocimiento.
j) Difundir entre las personas empleadas públicas a su cargo las directrices, las instrucciones y los criterios aprobados para facilitar su conocimiento y cumplimiento, y procurar que desarrollen con diligencia las tareas que les correspondan.
k) Adoptar un papel proactivo en la detección y gestión de conflictos de interés eventuales en los que se pueda encontrar el personal de las unidades a su cargo".

ción de la dignidad de los funcionarios locales para garantizar un buen gobierno.

Especial hincapié debe realizarse en el Código Ético y de Buena Gestión del Empleo Público de la Diputación Foral de Gipuzkoa[200]. Éste pretende fomentar la vocación y la orientación hacia el servicio público y la sensación de pertenencia institucional, así como asegurar un sistema de infraestructura ética en el empleo público foral, todo ello para conseguir reforzar la confianza de la ciudadanía en la administración local.

En cuanto a los principales valores éticos, se enumeran integridad, ejemplaridad, honestidad, imparcialidad y objetividad, excelencia profesional, eficiencia y respeto[201]. Estos valores son desarrollados, cómo en anteriores códigos. Destacamos algunos del código que resultan más novedosos, por ejemplo, dentro del valor de ejemplaridad se establece que dentro del horario de trabajo los empleados públicos deben hacer un uso razonable y ético de sus dispositivos móviles personales, así como a abstenerse de entrar en redes sociales o internet para uso exclusivamente privado[202]. Incluso se añade que debe ha-

---

200 Código Ético y de Buena Gestión del Empleo Público de la Diputación Foral de Gipuzkoa, disponible en línea en: https://www.gipuzkoa.eus/documents/20933/923643/Enplegu kodea-es.pdf/7c32f6dc-4f10-58ec-cd85-0d9d6cdb583c , consultado el 01/05/2022.

201 Indicados en el apartado 2.1 del Código Ético y de Buena Gestión del Empleo Público de la Diputación Foral de Gipuzkoa.

202 En este sentido podemos destacar como el Ayuntamiento de León limitó las páginas web a las que podían acceder los empleados con los ordenadores del trabajo, para evitar que abordarán con medios públicos asuntos personales. Puede verse esta noticia de prensa al respecto: El Ayuntamiento acota el uso de Internet a los funcionarios Disponible en: https://www.diariodeleon.es/articulo/innova/ayuntamiento-acota-uso-internet-funcionarios/201203070400021238392.html, consultado el 01/05/2022.

cerse lo posible para que los dispositivos móviles no interfieran en reuniones personales[203]. Estos son casos muy concretos de cómo aplicar el buen gobierno, ya que resulta llamativo, en el buen sentido, estas prácticas; las cuales permiten realizar una mejor gestión del tiempo de los empleados públicos lo cual también favorecerá a la ciudadanía.

Junto al valor de honestidad se incluye también el de desinterés, entendido que cualquier persona que tenga intereses en un asunto de empleo público debe abstenerse en el procedimiento. Éste se trata de elemento sustancial para el buen gobierno en materia de personal, ya que sirve para garantizar la objetividad con la que debe actuar toda administración[204].

También se incluye aquí la prohibición de que los empleados públicos reciben regalos de operadores externos al Ayuntamiento, incluso se establece la obligación de que los empleados deben adoptar medidas para que tampoco sus familiares o parejas acepten los regalos que se les puedan ofrecer por tener relación con ese empleado público [205].

---

[203] En el apartado 2.f correspondiente del Código Ético y de Buena Gestión del Empleo Público de la Diputación Foral de Gipuzkoa se encuentra regulado estos aspectos: "A tal efecto, en horas y espacios de trabajo, harán un uso razonable y ético de sus dispositivos móviles personales así como del as redes sociales o Internet para uso exclusivamente privado. En el mismo sentido, en la celebración de reuniones de trabajo o en las acciones formativas, así como en las entrevistas o recepciones a entidades o ciudadanía, se procurará que los dispositivos móviles no interfieran en las mismas, por una razón de cortesía, imagen y efectividad institucional".

[204] Chamorro González, J. M., "Recusación y abstención de funcionarios públicos en procesos selectivos de acceso a la función pública", en *Actualidad Administrativa de Editorial La Ley*, n.º 3, 2016.

[205] En el apartado 2.b correspondiente del Código Ético y de Buena Gestión del Empleo Público de la Diputación Foral de Gipuzkoa se encuentra regulado estos aspectos: "El empleado público foral dirigirá

En lo referente a la excelencia profesional, se establece la obligación de que los empleados desarrollen sus funciones en base a criterios que permitan mejorar los servicios a la ciudadanía y se incluye la formación como eje central para mejorar su actividad[206]. La formación supone un elemento esencial para la mejora de los funcionarios y requiere de una actuación planificada al respecto por cada ayuntamiento, ya que la formación no solo atienda las necesidades más urgentes sino también permite evolucionar conforme a las necesidades de la adminis-

---

sus actuaciones, de forma veraz y transparente, exclusivamente hacia el objetivo del pleno cumplimiento del interés público y de los intereses de la ciudadanía guipuzcoana en su conjunto. En caso de conflicto o apariencia de tal entre intereses públicos y privados, el empleado público foral deberá ponerlo inmediatamente en conocimiento de la Comisión de Ética Institucional. En función de las circunstancias o de las recomendaciones que se emitan deberá abstenerse de participar, directa o indirectamente, en el procedimiento correspondiente. Las y los empleados públicos forales no aceptarán ningún regalo o beneficio que pueda poner en duda su honestidad, condicione o pueda dar la apariencia de condicionar su actividad profesional en los procedimientos o actuaciones en las que deba intervenir por razón de su empleo. Cualquier duda al respecto deberá elevarla al órgano competente por los canales que se establezcan".

206 En el apartado 2.5 correspondiente del Código Ético y de Buena Gestión del Empleo Público de la Diputación Foral de Gipuzkoa se encuentra regulado: "Las y los empleados públicos forales llevarán a cabo las tareas derivadas de las funciones de sus puestos de trabajo con criterios de elevada profesionalidad que persigan alcanzar la excelencia y desplegar, así, una vocación firme de servicio público, con el fin de prestar mejores servicios a la ciudadanía. A tal efecto, las y los empleados públicos forales desarrollarán y mejorarán continuamente sus competencias profesionales a través de los programas formativos que diseñe la Administración Foral con la finalidad de optimizar su perfil profesional y con el objetivo de llevar a cabo un desempeño adecuado de las funciones y tareas asignadas a su puesto de trabajo".

tración[207]. Además, como novedad se incluye aquí también la obligación de los empleados públicos de participar activamente en procesos de evaluación de sus competencias u otros procesos de mejora a los que deban ser sometidos en su condición de trabajadores de la Diputación Foral de Gipuzkoa[208].

Dentro de las normas de actuación profesional en el ámbito de buena gestión, destaca dentro de este código la apertura de datos[209]. En este sentido se fija la obligación de que los empleados públicos impulsen una apertura efectiva de datos públicos, respetando la protección de datos personales[210]. Esto se trata

---

207 Navarrete Ibáñez, E.M., "Cuestiones actuales y desafíos en la formación del personal empleado público", en *El Consultor de los Ayuntamientos*, n.º 1, 2020, p. 58.

208 En el apartado 5.e correspondiente del Código Ético y de Buena Gestión del Empleo Público de la Diputación Foral de Gipuzkoa se encuentra regulado: "Las y los empleados públicos forales deberán asimismo participar activamente en los procesos de evaluación de competencias u otros procesos de mejora de gestión que, en su caso, ponga en marcha la Diputación Foral. En tal sentido, cumplimentarán los cuestionarios y cualquier otra documentación que les sea remitida, participaran en los talleres y programas de formación sobre esta materia y, asimismo, procederán a llevar a cabo las evaluaciones que les sean asignadas en relación con los puestos de trabajo de su departamento, entidad o unidad administrativa".

209 En el apartado 3.2 correspondiente del Código Ético y de Buena Gestión del Empleo Público de la Diputación Foral de Gipuzkoa se encuentra regulado: "A partir del desarrollo efectivo de una Política de Transparencia-publicidad activa, las y los empleados públicos forales impulsarán una apertura efectiva de datos públicos (Open Data), siempre con respeto a la protección de datos personales y a los derechos fundamentales de la persona, que haga viable una óptima transformación de la información pública foral en conocimiento destinado a mejorar la calidad de vida de la ciudadanía guipuzcoana y fomentar el crecimiento económico en el Territorio Histórico".

210 Sobre la actual configuración de la protección de datos personales después de las últimas reformas véase: Rallo Lombarte, A., "El nuevo

de una práctica que suele ir más ligada con la publicidad activa, si bien, también adquiere importancia en el ámbito del buen gobierno, porque permite realizar una fiscalización adecuada por parte de operadores externos al Ayuntamiento de las actuaciones que realiza el consistorio local. Ello se hace a través de un mejor procesamiento de todos los datos que publican en sus portales de transparencia lo supone también una práctica de buen gobierno, porque dicha fiscalización permite mejorar la confianza de la ciudadanía. Por tanto, dicha apertura ha de permitir que los datos se puedan utilizar sin restricciones para generar riqueza[211].

Dentro de las medidas de fomento de los valores del servicio público se establece que la Administración foral deberán difundir en el ámbito educativo los valores del empleo público, para animar a la participación en futuros procesos selectivos a estudiantes universitarios o de formación profesional[212]. Por

---

derecho de protección de datos", en *Revista española de derecho constitucional,* n.º 116, 2019.

211 Cotino Hueso, L., "Ética, valores y principios del «open data» y los retos futuros de la apertura de datos públicos", en *El Consultor de los Ayuntamientos,* n.º III, 2020, p. 147.

212 En el apartado 2.1 y 2.2 correspondiente del Código Ético y de Buena Gestión del Empleo Público de la Diputación Foral de Guipuzkoa se encuentra regulado: "La Diputación Foral podrá promover la difusión de los valores de servicio público y de ética pública que deben impregnar del desarrollo de la actividad profesional y en la actividad de prestación que lleve a cabo el empleo público foral a la ciudadanía entre los diferentes niveles del sistema educativo.
Esta difusión se podrá llevar a cabo por diferentes medios y, en su caso, se proyectará especialmente en aquellos estudios universitarios o profesionales que tengan mayor implicación con las funciones ejercidas por la Administración Foral, con la finalidad de difundir los valores del empleo público entre aquellas personas que puedan participar en el futuro en los procesos selectivos para el acceso a la función pública.

tanto, un ejemplo de buen gobierno es difundir lo que hacen las administraciones públicas, para animar a crear esa sensación de pertenencia a la administración pública entre futuros funcionarios. Esta "llamada" a opositar y convertirse en funcionario también se está realizando por la administración general del Estado, en concreto mediante un Plan de Captación del Talento que ha estado impulsando el ministerio con competencias de Función Pública[213], por lo que realizar esta labor de "reclutamiento" de personal en el ámbito local supone un buen ejemplo a imitar por el resto de administraciones.

Otro aspecto novedoso que incluye este código es el establecimiento de canales para recoger quejas que formulen los empleados públicos sobre cuestiones ética reflejadas en el código[214]. Ello sirve para mejorar la gestión municipal, ya que la mayoría de las ocasiones las decisiones sobre gestión y principales

---

213 Puede verse una noticia de prensa al respecto de dicho Plan, con el hashtag #TalentoPúblico, en este enlace:https://www.lamoncloa.gob.es/serviciosdeprensa/notasprensa/territorial/Paginas/2021/200421-talento_publico.aspx, consultado el 19/09/2021.
En este sentido, podemos ver la experiencia de una funcionaria, Pilar García Moreno, que narra en su blog como participó en dichas jornadas de Captación de Talento y lo describe como: "una oportunidad de trasladarles las distintas salidas profesionales dentro de la administración pública, y a mi en particular, descubrirles la figura de los "Habilitados nacionales", esa figura de la que muchos de ellos no han oído hablar nunca. A su vez, tuve la suerte de compartir con ellos mi vocación de servicio público para que tomen al empleo público como una salida profesional real, dentro del abanico de posibilidades que les oferta el mercado laboral". Puede accederse al blog de dicha funcionaria aquí: http://www.agolpedetweet.es/, consultado el 19/09/2022.

214 En concreto, en el apartado 1.3.5) correspondiente del Código Ético y de Buena Gestión del Empleo Público de la Diputación Foral de Gipuzkoa se encuentra regulado: "Creación de canales, circuitos o procedimientos para la resolución de cuestiones éticas o, en su caso, quejas que se puedan plantear en torno al debido cumplimiento de los valores, principios y normas recogidos en este código".

acuerdos locales son tomados por los empleados del consistorio. Por tanto, darles voz también permite mejorar estos mecanismos y es una fantástica práctica de buen gobierno; ya que en la mayoría de los casos van a ser los funcionarios los que sepan cómo mejorar un procedimiento con el que trabajan día a día.

Otro elemento reseñable en la gestión de los recursos humanos locales es el cumplimiento de los principios de mérito y capacidad para acceder a la función pública. Reconocidos en el artículo 103 de la Constitución española[215] se tratan de los principales elementos en los que debe centrarse toda selección de empleados locales y por ello el primer código en regularlo fue el Código europeo de conducta para la integridad de los representantes electos locales del año 1999 que expone que los cargos electos deben realizar siempre sus nombramientos de personal del consistorio local en base a los principios de mérito y capacidad constitucionalmente garantizados. Se trata ésta de una previsión de buen gobierno necesaria ya que nos podemos encontrar situaciones desafortunadas de mal gobierno como el diseño de un baremo para una persona determinada, la ausencia de procesos selectivos o donde no exista imparcialidad[216].

También el Código de Código Ético y de Conducta del Ayuntamiento de Barcelona[217] reitera la importancia de la im-

---

215 En concreto, el artículo 103.3 de la Constitución española establece: "La ley regulará el estatuto de los funcionarios públicos, el acceso a la función pública de acuerdo con los principios de mérito y capacidad, las peculiaridades del ejercicio de su derecho a sindicación, el sistema de incompatibilidades y las garantías para la imparcialidad en el ejercicio de sus funciones".

216 Fernández Delpuech, L., *Una reconstrucción de los principios de mérito y capacidad en el acceso al empleo público*, Biblioteca Jurídica del Boletín Oficial del Estado, 2015, p. 29.

217 En particular, el artículo 8.2.b del Código Ético y de Conducta del Ayuntamiento de Barcelona establece: "Respetar estrictamente, en materia de selección de personal y de provisión de puestos de trabajo,

parcialidad en los tribunales de los procedimientos selectivos para garantizar dichos principios constitucionales de mérito y capacidad. Como definió el Consejo Jurídica de Murcia en Dictamen n.º 127/2008 "lo definitivo es el carácter técnico del órgano de selección, como garantía del cumplimiento de los principios que rigen el acceso al empleo público, tanto los de rango constitucional (igualdad, mérito y capacidad de los artículos 23.2 y 103.3 CE) como legal".

Por último, un elemento añadir en los códigos de buen gobierno en materia de gestión de personal puede consistir de nuevo en la creación de un comité donde, como se ha propuesto, igualmente materia de contratación y de subvenciones, se revisen aleatoriamente diversos expedientes de personal de la entidad local para verificar en ellos el cumplimiento de los principios de buen gobierno.

2.4. La garantía de los derechos ciudadanos al vecindario

Dentro de las diferentes garantías que se han regulado por los códigos de buen gobierno local muchos han incluido el fomento de determinados derechos para la ciudadanía de los municipios como una extensión de la satisfacción del interés general constitucionalmente garantizada. Por tanto, se enumeran aquí derechos ciudadanos sobre diferentes ámbitos de actuación.

De tal forma, el primer derecho ciudadano garantizado es el del respeto a los derechos humanos, recogido en el Código

---

las normas aplicables en materia de abstención y de recusación, a los efectos de evitar cualquier tipo de conflicto de interés. Abstenerse de nombrar personal con quien pueda haber conflicto de interés familiar. Aplicar y respetar las prohibiciones de contratar previstas por la normativa reguladora de los contratos del sector público".

de Buen Gobierno del año 2009 elaborado por la FEMP[218]. De hecho, podemos relacionar el buen gobierno con los derechos humanos fijándonos en el artículo 21 de la Declaración Universal de Derechos Humanos también incluye el buen gobierno, en concreto en el apartado 3.º al establecer: "La voluntad del pueblo es la base de la autoridad del poder público". De manera que queda unido, de forma indisoluble, que la posibilidad que tiene la administración de ejercer el poder público solo está legitimada cuando aquellos que dirigen la administración han sido elegidos por el pueblo y por tanto representan su voluntad. Encontramos aquí el enlace en España con el citado artículo 103 de la Constitución española, porque dicha carta magna establece que la administración debe actuar en base al interés general, que en definitiva no es más que satisfacer la voluntad del pueblo, que se reconoce como esencial por la Declaración Universal de los Derechos Humanos.

Así mismo, encontramos también referencias al buen gobierno en el apartado primero del artículo 21 de la Declaración Universal de los Derechos Humanos, al indicar: "Toda persona tiene derecho a participar en el gobierno de su país, directamente o por medio de representantes libremente escogidos". Por tanto, como aquí encontramos el derecho de toda persona a participar en los asuntos públicos mediante un sistema de participación directa o indirecta. En el ámbito español, encontramos en la Constitución el artículo 23.1: "Los ciudadanos tienen el derecho a participar en los asuntos públicos, directa-

---

[218] En el apartado de "Medidas para mejorar la gestión y la calidad de la democracia local" del Código de Buen Gobierno Local de la Federación Española de Municipios y Provincias elaborado en el año 2009 se indica: "Respetaremos y haremos respetar los derechos humanos, fomentaremos los valores cívicos, y utilizaremos un tono respetuoso y deferente en nuestras intervenciones tanto hacia cualquier miembro de la Corporación como hacia la ciudadanía, a la que facilitaremos el ejercicio de sus derechos y el cumplimiento de sus obligaciones".

mente o por medio de representantes, libremente elegidos en elecciones periódicas por sufragio universal", una redacción prácticamente idéntica a la de la Declaración Universal, que recoge de nuevo los derechos de participación política en los cuales el gobierno no estaría legitimado y en consecuencia sería un "mal gobierno". De hecho, como indica la Oficina del Alto Comisionado de las Naciones Unidas para los Derechos Humanos[219]: "si no hay una buena gobernanza, los derechos humanos no pueden ser respetados y protegidos de manera sostenible", por tanto, podemos concluir que la falta de respeto de los derechos humanos es incompatible con la existencia de un buen gobierno local.

Otro de los derechos ciudadanos que se fomentan en los códigos de buen gobierno es el asociacionismo, un derecho reconocido en el artículo 22 de la carta magna y que: "responde al nuevo sentir del constitucionalismo social y sigue la corriente, ya universalizada por las declaraciones de derechos internacionales de la segunda posguerra mundial"[220]. De ahí que podamos extraer al derecho de asociación como un derecho humano más a garantizar para lograr el buen gobierno. De hecho, el Reglamento Municipal de Buen Gobierno del Ayuntamiento de Jerez reconoce este asociacionismo Entre las medidas para impulsar la democracia participativa que incluye este código, podemos destacar la voluntad del equipo de gobierno

---

219 Guía de prácticas de buen gobierno para la protección de los derechos humanos de la Oficina del Alto Comisionado de las Naciones Unidas para los Derechos Humanos, 2008. p.2. Disponible en línea en: https://www.ohchr.org/documents/publications/goodgovernance_sp.pdf , consultado el 19/09/2022.

220 Canosa Usera, R., *Sinopsis artículo 22*, Congreso de los Diputados, 2003. Disponible en línea: https://app.congreso.es/consti/constitucion/indice/sinopsis/sinopsis.jsp?art=22&tipo=2, consultado el 19/09/2022.

de realizar formación hacia el asociacionismo y el voluntariado cívico[221].

De tal manera, al fomentar el asociacionismo se logra alcanzar cuotas altas de buen gobierno porque se permite satisfacer los intereses generales de la ciudadanía de una forma más efectiva, ya que dichas asociaciones no son entes abstractos, sino que verdaderamente defienden intereses diversos[222] y por ello los intereses que defienden suponen en la práctica una parte más del interés general municipal.

El tercer derecho ciudadano protegido por los códigos de buen gobierno es el de garantizar un buen medio ambiente. Se recoge también en el Código de la FEMP del año 2009[223] y de nuevo en el Código de la FEMP elaborado en el 2015[224].

---

221 En concreto, el artículo 5.b del Reglamento Municipal de Buen Gobierno el Ayuntamiento de Jerez expone: "El Gobierno Local educará para la participación ciudadana, diseñando planes de formación adecuados para fomentar el asociacionismo y el voluntariado cívico".

222 Cárdaba Pérez, A., "La participación ciudadana y el modelo de gobernanza como 'praxis' de acción de gobierno para la sostenibilidad económica y reforzamiento de la legitimidad democrática en los gobiernos locales" en Marco Marco, J. y Nicasio Varea, B. (coord.), *LA REGENERACIÓN DEL SISTEMA: reflexiones en torno a la calidad democrática, el buen gobierno y la lucha contra la corrupción,* AVAPOL: Asociación Valenciana de Politólogos, 2015, p. 61.

223 En el apartado de "Principios el Código de Buen Gobierno Local" del Código de Buen Gobierno Local de la Federación Española de Municipios y Provincias elaborado en el año 2009 se indica: "Incluiremos entre los principales objetivos de las políticas locales la lucha contra el cambio climático, la protección del medio ambiente y la ordenación racional y sostenible del territorio".

224 En el apartado de "Principios el Código de Buen Gobierno Local" del Código de Buen Gobierno Local de la Federación Española de Municipios y Provincias elaborado en el año 2015 se indica: "Incorporarán a su actuación valores como la inclusión social de colectivos más desfavorecidos, la tolerancia y el fomento de la diversidad, la

La Constitución española ya garantiza el derecho a un medio ambiente adecuado[225] y se trata de una protección que debe realizar en todos los países al tratarse, evidentemente, de una cuestión global pero que debe ser multinivel ya que debe iniciarse con acciones locales. Por ello, es necesario que la protección por el medio ambiente sano sea una preocupación por los integrantes de nuestra sociedad[226].

Así pues, la necesidad de impulsar políticas públicas para preservar nuestro medio ambiente resulta necesario y es que el objetivo del medio ambiente sano no debe ser un imposible, sino una esperanza, ya que es una idea racional[227]. De hecho, dicha preocupación por un medio ambiente puede implementarse fácilmente mediante la inclusión de cláusulas sociales en la contratación pública, algo que permite cumplir además con el principio constitucional a un medio ambiente adecua-

---

lucha contra el cambio climático, la protección del medio ambiente o la ordenación racional y sostenible del territorio, garantizando el principio de igualdad y equilibrio territorial en el acceso a los servicios públicos".

225 En concreto en el artículo 45.1 y 45.2 de la Constitución española:" Todos tienen el derecho a disfrutar de un medio ambiente adecuado para el desarrollo de la persona, así como el deber de conservarlo.

Los poderes públicos velarán por la utilización racional de todos los recursos naturales, con el fin de proteger y mejorar la calidad de la vida y defender y restaurar el medio ambiente, apoyándose en la indispensable solidaridad colectiva".

226 Tapia Vega, R., "Reflexiones sobre Buen Gobierno y Medio Ambiente sano en México", en González Ibarra, J., Tapia Vega, R. y Apolinar Valencia, B. (coord.), *Derecho y Buen Gobierno*, Cámara de Diputados, México, 2017, pp. 21-46.

227 Ferrete Sarrià, C., *Ética ecológica como ética aplicada. Educación cívica y responsabilidad ecológica*, Ediciones de las Ciencias Sociales, Madrid, 2010, p. 68.

do, como expone Oller Rubert[228]: "valorando positivamente la ecologización de la contratación pública, debe abogarse por una mayor peso de los criterios en la adjudicación del contrato y posterior ejecución".

El equilibrio territorial es el siguiente elemento de buen gobierno que recoge el Reglamento del Ayuntamiento de Jerez, donde el reglamento habla de equilibrio entre el centro y los barrios para acercarse a la ciudadanía[229] y también del principio de descentralización de decisiones[230]. Se trata de un concepto que adquiere importancia en la medida en que es necesaria una política territorial a nivel local para conseguir que las decisiones públicas no solo vayan destinadas principalmente a los vecinos de las zonas centrales de la localidad. De hecho, este equilibrio territorial adquiere importancia también en el ámbito del gobierno abierto, estrechamente ligado al buen gobierno, puesto que indica que dicho open goverment sirve

---

228 Oller Rubert, M., "La inclusión de cláusulas ambientes en la contratación pública", en *Revista Catalana de Dret Ambiental*, v. 1, n.º 1, 2010, p. 30.

229 El artículo 8.5 del Reglamento Municipal de Buen Gobierno el Ayuntamiento de Jerez expone: "Se trabajará a favor de la Inclusión Social y el equilibrio territorial, entre el Centro y los barrios, acercando los servicios a la ciudadanía y distribuyéndolos en el conjunto del municipio de forma equitativa".

230 El artículo 12 del Reglamento Municipal de Buen Gobierno el Ayuntamiento de Jerez expone: "Toda actuación administrativa municipal procurará la aproximación de los niveles de decisión a los administrados, e intentará evitar disfunciones propias de un centralismo excesivo.
Con el objetivo lograr una gestión administrativa más ágil y efectiva, y siempre que se garantice el buen funcionamiento de los servicios y el menor coste para las arcas municipales, se procurará la delegación de funciones y potestades en órganos descentralizados".

para permitir la cooperación en un territorio, lo que permite evitar desequilibrios territoriales[231].

El objetivo de este principio es que aquellos que se puedan encontrar en la periferia también vean protegidos sus derechos. Recordemos que todo el territorio español se divide en términos municipales y por tanto no existe una sola vivienda que no esté englobada dentro de un municipio. Así pues, por muy lejos que se pueda encontrar esa zona del centro urbano de la localidad, el Ayuntamiento debe hacerse cargo de los servicios esenciales y además de garantizarles unas políticas que le garanticen un buen gobierno, en la aplicación también del principio del artículo 14 de la Constitución española.

En efecto, algunos autores van incluso más allá de esta definición de igualdad territorial proponiendo un aumento de competencias municipales para garantizar mejor los derechos ciudadanos[232]. En todo caso, la conclusión a la que debe llevarse con este principio es que los ayuntamientos deben realizar "todo lo que esté en sus manos" para garantizar los mismos derechos a sus vecinos con independencia de la parte del término municipal en la que residan.

También el Reglamento de Jerez reconoce el principio de igualdad[233], si bien en este sentido no referido a la cuestión

---

[231] López Pagán, J., *La ventana de oportunidades del gobierno abierto en España: un análisis desde el ámbito local*, Universidad Rey Juan Carlos, Madrid, 2016, p.316.

[232] Domínguez Jiménez, M., "Presente y futuro de la administración local en España", en *Nuevas Políticas Públicas: anuario multidisciplinar para la modernización de las administraciones públicas*, n.º 9, 2014, p.42.

[233] El artículo 8 del Reglamento Municipal de Buen Gobierno el Ayuntamiento de Jerez expone: "Toda la actividad administrativa debe estar inspirada en la igualdad de todos ante la ley, tanto en sentido material como formal, evitando toda actuación que pueda producir discriminación alguna por razón de nacimiento, origen racial o étnico, sexo,

territorial sino a la de género principalmente. En concreto se establece la necesidad de incorporar el mainstreaming de género en toda actividad administrativa y pública. Por tanto, aquí el Ayuntamiento pretende dar un impulso especial a la igualdad de género de manera que mediante este código se establezca como necesaria en toda actuación local[234]. Y es que para garantizar la igualdad es necesaria una voluntad real, como es la plasmación de este principio en un código de buen gobierno, para poder alcanzar esta meta; ya que es necesario que las administraciones actúen proactivamente para garantizar este derecho a la igualdad de forma efectiva[235].

Junto con la garantía de la igualdad surge la necesidad de garantizar la protección de los colectivos desfavorecidos y así

---

orientación sexual, religión o convicciones, opinión, discapacidad, edad o cualquiera otra condición o circunstancia personal o social. En la actuación administrativa sólo se pueden plantear tratamientos diferenciados para conseguir resultados que promuevan la igualdad real.
Especialmente se procurará la efectividad del cumplimiento de las normas que contienen prescripciones dirigidas a salvaguardar la igualdad entre mujeres y hombres.
Se incorporará el "mainstreaming" de género en toda actividad administrativa y política.
Se trabajará a favor de la Inclusión Social y el equilibrio territorial, entre el Centro y los barrios, acercando los servicios a la ciudadanía y distribuyéndolos en el conjunto del municipio de forma equitativa".

234 Sobre la importància de que las administraciones fomenten la igualdad de genero véase: Arenas Ramiro, M., "El Gobierno y la Administración: el principio de paridad democrático", en Ventura Franch, A. y Iglesias Bárez, M. I., (coord.), *Manual de Derecho Constitucional español con perspectiva de género*, Universidad de Salamanca, 2020.

235 Barrène Unzueta, M.A., "La irrupción de la igualdad de género en la Administración local (a propósito de la «Ordenanza Municipal para la Igualdad de Mujeres y Hombres» del Ayuntamiento de Tolosa)", en *Revista Vasca de Administración Pública. Herri-Arduralaritzako Euskal Aldizkaria*, n.° 81, 2008, p. 251.

se recoge también en el Código de buen Gobierno de la FEMP del año 2015[236] de forma que se considera esencial para garantizar un buen gobierno la protección de todos los colectivos municipales. La no inclusión de dichos colectivos además de suponer un ejemplo de mala administración implica costes de exclusión de un gran potencial humano[237], por lo que debe ser una prioridad para la administración cuidar a las personas, ya que es una exigencia ética y debe ser también política[238].

En último lugar, podemos reseñar la protección e impulso de la diversidad lingüística y cultural propia de cada territorio como un derecho más a proteger. En este caso es el Código Ético y de Conducta del Ayuntamiento de Barcelona el que lo establece en el artículo 6[239]. Por tanto, hablamos aquí de un respeto que va más allá de los tradicionales de buen gobierno, entrando también el ámbito cultural o incluso de las libertades subjetivas lo cual hace también crear una concepción de la

---

236 En el apartado de Principios de buen gobierno local del Código de Buen Gobierno de la Federación Española de Municipios y Provincias del año 2015 se indica: "Incorporarán a su actuación valores como la inclusión social de colectivos más desfavorecidos, la tolerancia y el fomento de la diversidad, la lucha contra el cambio climático, la protección del medio ambiente o la ordenación racional y sostenible del territorio, garantizando el principio de igualdad y equilibrio territorial en el acceso a los servicios públicos. "

237 Sánchez Acevedo, M. E., *El derecho a la buena administración electrónica,* Universitat de València, 2015, p.166.

238 Pérez Francesch, J.L., "La exigencia ética y política de proximidad, atención y buen trato. Introducción a la sección monográfica "La administración pública y el cuidado de las personas", *en Revista catalana de dret públic,* n.º 62, 2021, p. 2.

239 El artículo 6.j del Código Ético y de Conducta del Ayuntamiento de Barcelona establece: "Impulsar la lengua y cultura catalanas, con respeto y atención a la diversidad cultural, sin perjuicio de los derechos lingüísticos de los ciudadanos de utilizar cualquiera de las lenguas oficiales, de conformidad con la normativa vigente".

ciudadanía hacia su Ayuntamiento de que se preocupa íntegramente por todos sus derechos.

En efecto, garantizar la diversidad lingüística en España supone asumir la igualdad lingüística y entender a España como un estado lingüísticamente plural[240]. De tal forma, la inclusión de esta igualdad lingüística en un código de buen gobierno local permite cumplir con la exigencia del artículo 3.2 de la Constitución española: "La riqueza de las distintas modalidades lingüísticas de España es un patrimonio cultural que será objeto de especial respeto y protección."

Como medida para garantizar los derechos ciudadanos una forma se propone la inclusión en los códigos de buen gobierno local de la figura del defensor del vecindario[241]. Se trata de una figura que no es nueva y tiene implantación en algunas entidades locales y que puede servir en gran medida para garantizar que la ciudadanía tenga protegidos sus derechos y, en general, se le aplique un buen gobierno local. Se trata de una propuesta que debería realizarse no solo en municipios, medianos o grandes (donde pueden existir más recursos económicos y materiales para implementarlo), sino también en pequeños municipios, donde, con frecuencia la ciudadanía sufre perjuicios por una incorrecta actuación de la administración. Aunque un ciudadano siempre puede acudir de forma gratuita al Defensor del Pueblo estatal o a su homónimo autonómico, lo cierto

---

240 Tasa Fuster, V., "Las alternativas políticas en torno al reconocimiento de la diversidad lingüística propia y los derechos lingüísticos, y sus consecuencias en la interpretación o reforma de la Constitución española", en *Revista Boliviana de Derecho,* n.º 25, 2018, p. 701.

241 Encontramos esta figura en algunas normativas, como la autonómica valenciana, que establece en el artículo 29 de la Ley 8/2010, de 23 de junio, de régimen local de la Comunitat Valenciana la posibilidad de crear esta figura para vigilar la actividad de la administración local, lo que en la práctica supone una forma de conseguir el buen gobierno municipal.

es que existir dicha figura para una entidad local supone una garantía reforzada para la ciudadanía vea protegidos sus derechos de forma más efectiva.

2.5. La mejora de la atención ciudadana y las relaciones internas y externas de la administración

2.5.1. Trato esmerado y transparente con la ciudadanía

Para poder desarrollar su labor de satisfacción del interés general los ayuntamientos deben relacionarse con su ciudadanía y hacerlo de la forma adecuada supone también una práctica de buen gobierno.

En el ámbito del buen gobierno, la normativa española recoge la obligación de atención adecuada en el citado artículo 26.2.a.6ª de la Ley 19/2013 que establece como obligación de buen gobierno: "Mantendrán una conducta digna y tratarán a los ciudadanos con esmerada corrección". En este sentido, el Código de Buen Gobierno de la FEMP del año 2009[242] habla de buen servicio a la ciudadanía y el Código de la FEMP elaborado del año 2015, en el apartado de democracia participativa, realiza una especial referencia a la atención ciudadana[243]. Hay

---

242 En particular, el apartado de "Principios del código" del Código de Buen Gobierno de la Federación Española de Municipios y Provincias elaborado en el año 2009 se expone: "Regirán nuestras actuaciones la eficiencia, la modernización de la Administración y el buen servicio a la ciudadanía, defendiendo los intereses generales con honestidad, objetividad, imparcialidad, confidencialidad, austeridad y cercanía a la ciudadanía".

243 El apartado de "Medidas para la mejora de la democracia participativa" del Código de Buen Gobierno de la Federación Española de Municipios y Provincias elaborado en el año 2015 expone: "La atención ciudadana se estructurará a través de un doble mecanismo:

que decir que los ayuntamientos son la ventana de la administración pública española, ya que cuando un vecino o vecina tiene un problema suele acudir generalmente a su consistorio local para preguntar cómo solucionarlo (ya sea con un trámite dentro del propio Ayuntamiento o yendo a otra administración pública que sea competente por razón de la materia o territorio). De hecho, la atención ciudadana debe ir más allá de los modelos tradicionales y deben transformarse en centros de atención ciudadana donde la ciudadanía pueda realizar los trámites con la asistencia de los empleados públicos[244].

El código de la FEMP del 2015 regula aspectos necesarios, en concreto, lo enumera como un doble mecanismo, para lograr una atención ciudadana. En primer lugar, hablan de la creación de un solo servicio de oficinas de atención ciudadana para evitar que la ciudadanía tenga que desplazarse de un servicio a otro para realizar una consulta. De esta forma, en un único departamento (que será la oficina de atención ciudadana) puede resolver todas las dudas que tenga la ciudadanía. En segundo lugar, se establece la necesidad de crear una atención ciudadana especializada a través de las unidades gestoras del consistorio, de forma que se adapte perfectamente a las

---

Se coordinará una atención generalista, integrada en un sólo servicio (Oficinas de Atención Ciudadana) consiguiendo beneficios claros en homogeneización de los datos, en accesibilidad de los ciudadanos, en el establecimiento de criterios uniformes, en la selección y formación de los operadores, en la adopción de decisiones, y en el reconocimiento de las singularidades propias del funcionamiento del servicio de atención e información especializada, suministrada desde las propias unidades que la generan. Dada la orientación al ciudadano, habrá que sentar las bases tecnológicas, de gestión, técnicas, y legales, incluidas las económicas, para conseguir que su relación con la administración sea más accesible en tiempo y coste".

244 Gamero Casado, E., "Introducción" en Wisner Glusko, D.C., (coord..), *Administración Electrónica. Retos jurídicos y tecnológicos de su implantación en Andalucía,* Fundación San Pablo Andalucía CEU, 2018, p. 11.

necesidades de cada vecino o vecina y se establezca un sistema tecnológico y que cumpla la normativa legal, para ofrecer una atención ciudadana cercana y próxima al vecindario.

La importancia de que además de las oficinas de atención al público generalistas también cada unidad gestora realice la correspondiente atención ciudadana especializada radica en que en las oficinas de atención generalistas no siempre conocen todos los datos de cómo tramitar un procedimiento concreto[245], especialmente si es poco frecuente el mismo. Por tanto, para garantizar el buen gobierno local en materia de atención al público se debe proporcionar a la ciudadanía información por las dos vías indicadas.

Algunos municipios, especialmente los más grandes, tienen planes de atención ciudadana para regular cómo atender al vecindario de una manera adecuada. Si bien, en los municipios más pequeños estos planes brillan por su ausencia y no deberían dejar de existir, ya que sirven para poder conseguir esta atención ciudadana, que regula este código de la FEMP de buen gobierno del año 2015.

A modo de ejemplo, el Ayuntamiento de Pamplona tiene un Plan Estratégico 2018-2021 del Servicio Atención Ciudadana[246] donde expone que: "La prestación de nuestros servicios busca aportar un valor añadido, poniendo a la ciudadanía como el centro de nuestra actividad y proporcionando soluciones a sus necesidades reales"; y es que para que un ciudadano pueda obtener información de cualquier trámite adecuadamente la maquinaria de la administración debe ser precisa como un reloj[247].

---

245 Campos Jiménez, A., *Participación ciudadana y administración local*, Universidad de Castilla-La Mancha, 2014, p. 194.

246 Ayuntamiento de Pamplona, Plan Estratégico 2018-2021. Servicio de Atención Ciudadana, 2018, p. 23.

247 Marcos Sagarzazu, I., "Hacia un nuevo Modelo de Atención Ciudadana", *en El Consultor de los Ayuntamientos*, n.º 5, 2017, p. 621.

De esta manera, se considera esencial que la atención al vecindario sea esmerada y transparente. En este sentido el Código de Buenas Prácticas de la Diputación de Salamanca establece que los empleados deben realizar su actuación de la forma más abierta posible a la comunidad y con fluidez en las comunicaciones con la ciudadanía[248]. Además, se indica por dicho código que el estilo de trabajo debe ser el más abierto para mejorar la confianza de la ciudadanía. Ello es necesario para que se elimine la percepción ciudadana de una administración cerrada, donde no se entiende cómo se toman las decisiones, ni cómo funcionan los procesos internos, con lo cual se genera desapego y hace por tanto que la ciudadanía deje de ver un buen gobierno en el ámbito local. La comunicación tiene un papel fundamental en la interacción con la ciudadanía[249], por lo que cuidar dicha relación con el ciudadano, para que sea la más adecuada, es esencial para que el sistema de atención ciudadana funcione.

También el Reglamento Orgánico Municipal de Funcionamiento del Ayuntamiento de Sant Feliu de Llobregat incluye una referencia a que los altos cargos deben también tener un tono respetuoso y deferente en sus intervenciones hacia la ciudadanía[250]. Por ello, tanto responsables políticos como

---

[248] El apartado Segundo, subapartado i, punto 2º del anexo I del Código de Buenas Prácticas de la Diputación de Salamanca expone: "El personal empleado en la Institución realizará sus actividades de forma los más abierta posible a la comunidad, con fluidez en todas las comunicaciones presenciales y a través de Internet".

[249] Bruno Carlos, T., Paricio Esteban, P., Alonso Romero, E. y García Alcober, M.P., "Webs y portales de transparencia para la participación ciudadana en la gestión de las relaciones públicas con los stakeholders locales", en *Profesional de la información*, v.29, n.º 3, 2020, p. 2.

[250] Reglamento Orgánico Municipal de Funcionamiento del Ayuntamiento de Sant Feliu de Llobregat, incluye una serie de principios generales que deben cumplir los altos cargos del consistorio basados

funcionarios deben cumplir con un trato esmerado con su vecindario, lo que se traduce en una actuación enfocada hacia el servicio a la ciudadanía[251].

Por tanto, el sistema de atención ciudadana que tenga cada ayuntamiento sin duda va a contribuir a lograr un buen gobierno local, puesto que el personal de los servicios de información se convierte en interlocutor principal con la ciudadanía, por lo que su profesionalización es el primer elemento a considerar para mejorar la transparencia institucional[252]. Por tanto, en el momento en que un ciudadano confíe plenamente en su Ayuntamiento para preguntar cualquier duda habremos logrado un sistema efectivo y eficaz de atención ciudadana.

Otro estándar de conducta relativo a la adecuada atención ciudadana es la implantación de la administración accesible y la utilización de un lenguaje administrativo claro y comprensible, simplificando las trabas burocráticas para la ciudadanía, así se prevé en el Código de la FEMP del 2015[253]. Se trata éste de un

---

en valores cívicos y en concreto en artículo 88.7 de dicho reglamento se establece que: "utilizarán un tono respetuoso y deferente en sus intervenciones, tanto hacia cualquier miembro de la Corporación como hacia la ciudadanía, a la que facilitarán el ejercicio de sus derechos y el cumplimiento de sus obligaciones". Reglamento disponible en línea: disponible en línea en: https://www.santfeliu.cat/common/doc/document.faces;jsessionid=4E7699C6A2D74F4990560044075FAAA1?smid=22190, consultado el 19/09/2022.

251 Llavador Cisternes, H., "Los derechos de los ciudadanos, herramienta jurídica de trabajo en las oficinas de información y atención al ciudadano", en *El Consultor de los Ayuntamientos,* n.º 14, 2003, p. 2538.

252 Marcos Sagarzazu, I. y Arranz Molinero, J., "Ejercicio del derecho de acceso y participación. El rol de los servicios de atención a la ciudadanía", en *El Consultor de los Ayuntamientos,* n.º 18, 2015, p. 2018.

253 El apartado de "Estándares de conducta para la mejora de la democracia local" del Código de Buen Gobierno Local de la Federación

aspecto destacable, puesto que existe actualmente mucha documentación administrativa que resulta claramente incomprensible para la ciudadanía por utilizar una terminología legal muy avanzada o no realizar de una manera sencilla una explicación sobre cómo realizar un procedimiento administrativo.

Lo sencillo no es publicar las normas sino redactarlas con un lenguaje claro y sin artificios[254], por ello es necesario para conseguir acercar la administración a la ciudadanía hay que conseguir un lenguaje accesible que reduzca la brecha[255] entre ciudadanía y administración[256].

Los códigos de buen gobierno recogen también como mecanismo para mejorar las relaciones con la ciudadanía el uso de las redes sociales. En este sentido, el código de la FEMP del 2015 recoge la necesidad de que las entidades locales partici-

---

Española de Municipios y Provincias elaborado en 2015 se indica: "Impulsarán la implantación de una administración receptiva y accesible, mediante la utilización de un lenguaje administrativo claro y comprensible para todas las personas, la simplificación, la eliminación de trabas burocráticas, y agilización de los procedimientos, el acceso electrónico a los servicios y la mejora de la calidad de las normas y regulaciones".

254 Bosch García, M. T., "Alicia en el laberinto de la modernización y los principios que encontró allí", en *El Consultor de los Ayuntamientos,* n.° 9, 2018, p. 106.

255 En este sentido, Martínez Gutiérrez afirma que existe todavía una brecha que hacer incluso que cuando los particulares se relacionen con el sector privado sí lo hagan de forma electrónica pero todavía no cuando se relacionan con la administración pública. Martínez Gutiérrez, R., "Elementos para la configuración de la administración digital", en *Revista de Derecho Administrativo,* n.° 20, 2021, p. 229.

256 Campos Acuña, M.C., "Radiografía del ejercicio del derecho de acceso a la información pública: la encuesta del Defensor del Pueblo", en *El Consultor de los Ayuntamientos,* n.° 18, 2017, p. 2224.

pen en las redes sociales digitales[257]. Ello resulta necesario ya que los ayuntamientos tienen que estar donde está la ciudadanía y debido al gran auge de las redes sociales es necesario hacer uso de las mismas en aras también de un buen gobierno local[258]. Cierto es que va a depender, en la mayoría de ocasiones, de los recursos humanos destinados al proyecto de gestión de redes sociales para lograr su exitosa implementación y precisamente aquellos municipios de mayor tamaño consiguen mejor superar este escollo. Al analizar el uso de la red social Twitter por el sector público local, vemos que son los municipios con más de 50.000 habitantes los que consiguen implementar me-

---

257 El apartado de "Marco para la participación ciudadana 2.0" del Código de Buen Gobierno Local de la Federación Española de Municipios y Provincias elaborado en 2015 indica: "Adaptar la normativa local a la nueva realidad social, mediante la presencia y participación de la entidad local en las redes sociales digitales más utilizadas por la ciudadanía y mediante la creación de comunidades virtuales locales".

258 En este sentido podemos encontrar varias noticias donde se observa que los ayuntamientos empiezan a usar, cada vez más, las redes sociales para comunicarse con su vecindario y transmitirles información de carácter institucional. Así pues, podemos destacar las siguientes:
- Más de 81.000 usuarios siguen las redes sociales del Ayuntamiento de Roquetas de Mar https://www.roquetasdemar.es/noticias/contenido/mas-de-81000-usuarios-siguen-las-redes-sociales-del-ayuntamiento-de-roquetas-de-mar_6394, consultado el 19/09/2022.
- La Policía Local de Guadalajara estrena perfiles en las redes sociales para acercarse a la ciudadanía https://www.guadalajara.es/la-policia-local-de-guadalajara-estrena-perfiles-en-las-redes-sociales-para-acercarse-a-la-ciudadania.html, consultado el 19/09/2022.
- El Ayuntamiento de Valencia estrena redes sociales institucionales @AjuntamentVLC https://www.europapress.es/comunitat-valenciana/noticia-ayuntamiento-valencia-estrena-redes-sociales-institucionales-ajuntamentvlc-20161009125516.html, consultado el 19/09/2022.
- El departamento de Juventud del Ayuntamiento de Mont-Roig del Camp se estrena en la red social TikTok https://mont-roig.cat/es/actualitat/noticies/el-departamento-de-juventud-se-estrena-en-la-red-social-tiktok/ , consultado el 19/09/2022.

jor sus redes sociales con tonos positivos para la ciudadanía[259], por contra, aquellos municipios de población inferior no consiguen hacer un uso tan amplio de dicha red social.

La utilización de dichas redes sociales por parte del ayuntamiento puede hacerse para cualquier ámbito de la gestión municipal o únicamente utilizarlas para comunicar información concreta de un departamento, de esta forma se consigue una comunicación más directa con el ciudadano[260]. Incluso podemos destacar el uso de las redes sociales en el concejo abierto, una forma de especial de organización municipal[261] donde tradicionalmente encontraríamos formas analógicas de comunicación, aunque la práctica ha demostrado que se usan tanto herramientas digitales como analógicas[262], por lo que el uso de las redes sociales tiene cabida incluso en aquellos municipios de menor población.

En todo caso, usar las redes sociales implica perder el miedo al error y estar dispuestos a realizar una escucha permanente[263], por lo que utilizar dichas redes sociales supone abrirse a la ciu-

---

259 Criado, J.I. y Villodre, J., "Comunicando datos masivos del sector público local en redes sociales. Análisis de sentimiento en Twitter", en *El profesional de la información*, v.27, n.º 3, 2018, p. 621.

260 Carazo, J.A., "Ayuntamiento de Las Palmas, la tecnología al servicio del empleado y del ciudadano", en *Capital Humano de Editorial Wolters Kluwer*, n.º 334, 2018.

261 Prevista en el artículo 29 de la Ley 7/1985, de 2 abril, Reguladora de las Bases de Régimen Local.

262 Zurutuza-Muñoz, C. y García-Herrer, I., "Comunicación y participación ciudadana en municipios de concejo abierto: un caso de estudio", en *adComunica. Revista Científica de Estrategias, Tendencias e Innovación en Comunicación*, n.º 21, p. 178.

263 Cortes Abad, Ó., "Ayuntamientos 2.0: ¿cómo tener una presencia de éxito en redes sociales?, en *El Consultor de los Ayuntamientos*, n.º 8, 2014, p. 933.

dadanía y recibir los elogios y las críticas que correspondan[264], puesto que todos ellos sirven para que se realice la rendición de cuentas públicas y se alcance un buen gobierno local.

Debido a que el de las redes sociales se caracteriza por su agilidad de comunicación con la ciudadanía, ello ha hecho que este elemento de celeridad se convierta en un elemento clave en todo tipo de comunicaciones con el vecindario. En primer lugar, el Código Ético y de Conducta del Ayuntamiento de Barcelona establece la necesidad de responder con celeridad a las necesidades ciudadanas por compromiso político con ella[265]. Está se trata de una obligación ya recogida incluso en el artículo 71.1 LPACAP[266], pero que resulta necesario incluir también dentro del ámbito del buen gobierno, puesto que la demora en la resolución de los expedientes administrativos es lo que en muchas ocasiones acaba dando una sensación de falta de efectividad a la administración[267]. Por tanto, hablamos

---

264 *Idem.*

265 El artículo 6.c del el Código Ético y de Conducta del Ayuntamiento de Barcelona determina: "Responder con celeridad a las necesidades ciudadanas, de conformidad con la confianza depositada mediante el sufragio universal y las propuestas realizadas a través de los canales de participación ciudadana, mediante la promoción de la corresponsabilidad política de todas las partes".

266 En concreto, el artículo 71.1 de la Ley 39/2015, de 1 de octubre, del Procedimiento Administrativo Común de las Administraciones Públicas establece: "El procedimiento, sometido al principio de celeridad, se impulsará de oficio en todos sus trámites y a través de medios electrónicos, respetando los principios de transparencia y publicidad".

267 Un ejemplo de falta de celeridad en las actuaciones locales nos lo expone De la Peña Salas al hablar de los servicios sociales del Ayuntamiento de Zaragoza: "el aspecto que presenta menor puntuación es su «capacidad de respuesta», entendida como la dificultad que tiene los profesionales de hacer frente y con rapidez a las demandas de los usuarios y usuarias". De la Peña Salas, E., "Análisis de la satisfacción

en esos casos de mala gestión o mal gobierno dentro de los consistorios locales, por ello si se aceleraran consistentemente los expedientes administrativos la sensación pública de buen gobierno sería mucho mayor.

En segundo lugar, también se recoge la celeridad en la atención ciudadana en el Código de Buenas Prácticas de la Diputación de Salamanca establece que las comunicaciones a través de correo electrónico deberán responderse en el plazo más breve posible, siempre que sean temas relacionados con la administración local[268]. Se trata de un ejemplo claro de buen gobierno, a través de una buena gestión del tiempo y de los recursos administrativos. Ya que hoy en día el correo electrónico es una forma muy habitual de comunicación entre empleados públicos y entre éstos y particulares. La gestión de dichos emails adquiere importancia son un medio oficial de comunicación como lo es, desde hace tiempo, el correo electrónico[269].

Si la gestión del correo electrónico no se realiza con una buena gestión del mismo, puede ser incluso más perjudicial que ralentizar un expediente administrativo en sí. Ello es así porque la mayoría de las ocasiones el ciudadano utiliza el correo electrónico para formular consultas o aspectos que no necesariamente

---

y de la calidad percibida por las personas atendidas en los Servicios Sociales Comunitarios del Centro Municipal de Servicios Sociales Delicias del Ayuntamiento de Zaragoza" en *Cuadernos de trabajo social*, v. 27, n.º 1, 2014, p. 115.

268 El apartado Segundo, subapartado 5, punto 15.º del anexo I del Código de Buenas Prácticas de la Diputación de Salamanca expone: "En las comunicaciones oficiales a través de correo electrónico, se enviará respuesta en el plazo más breve posible, siempre sobre temas relacionados con el Servicio Público".

269 Marzo Portera, A. M., "Protección de datos y transparencia, reutilización de la información y plataformas de comunicación de las Administraciones Públicas", en *El Consultor de los Ayuntamientos*, n.º III, 2019, p. 151.

tienen que estar sometidos a un expediente administrativo; y si estos correos se demoran mucho en el tiempo, las consecuencias pueden ser más perjudiciales para el ciudadano.

Los códigos de buen gobierno recogen también como una exigencia para mejorar la atención a la ciudadanía la posibilidad de que ésta pueda comprender fácilmente las cuentas municipales, en participar así lo recoge el Código Ético y de Conducta del Ayuntamiento de Barcelona[270]. Sin duda la complejidad técnica del asunto requiere que se hagan charlas informativas o incluso foro cursos de formación para que puedan entender fácilmente las mismas y poder realizar una fiscalización efectiva de las cuentas públicas. Ya que colgar sin más detalle ni explicación la cuenta general "tal cual se obtiene del programa de contabilidad municipal", en muchas ocasiones solo sirve para que los ciudadanos que no tengan conocimientos contables, cuando vean dicho documento, se les genere más confusión sobre cómo se gestionan los recursos económicos locales. Precisamente la importancia de que las cuentas y presupuestos sean claros ya que la compleja estructura de los mismos hace ya que la distancia entre ciudadanía y administración pueda crecer más[271].

La gestión de las sugerencias y reclamaciones supone el siguiente elemento para garantizar una adecuada atención municipal que recogen los códigos de buen gobierno, en primer lugar, encontramos referencias en el Código de la FEMP del

---

270 En concreto el artículo 11.d del Código Ético y de Conducta del Ayuntamiento de Barcelona indica: "Facilitar el máximo nivel de detalle comprensible de las cuentas del Ayuntamiento y de su sector público".

271 Manotas Rueda, G., "Presupuestos orientados a resultados como mecanismo de rendición de cuentas", en *El Consultor de los Ayuntamientos*, n.º 12, 2019, p. 92.

año 2009[272] . De tal forma este código establece la necesidad de facilitar la presentación de sugerencias y reclamaciones a la ciudadanía sobre todos los servicios prestados. En el Reglamento Municipal de Buen Gobierno del Ayuntamiento de Jerez también se recogen la necesidad de recoger la necesidad de poder recoger quejas por las tardanzas, desatenciones o cualquier otra anomalía, consecuencia de un mal funcionamiento de los servicios municipales[273] y también los criterios de calidad que han de regir las contestaciones a las sugerencias y reclamaciones que pueda plantear la ciudadanía, de forma que se personalicen las respuestas a los ciudadanos y se explique, sin tecnicismos, lo ocurrido al ciudadano[274].

---

272 En el apartado de Medidas para mejorar la gestión y la calidad de la democracia local del Código de Buen Gobierno de la Federación Española de Municipios y Provincias elaborado en el 2009 indica: "Crearemos mecanismos para posibilitar la formulación de Sugerencias y Reclamaciones como medio de profundizar en la participación y comunicación con los vecinos".

273 En el artículo 20.5 del Reglamento Municipal de Buen Gobierno del Ayuntamiento de Jerez: "El Ayuntamiento pondrá a disposición de la ciudadanía un sistema de presentación de Quejas y Sugerencias a través de cualquiera de los canales de atención, que garantice y facilite el ejercicio del derecho a presentar quejas por tardanzas, desatenciones o cualquier otra anomalía, consecuencia de un mal funcionamiento de los servicios municipales y sugerencias relativas a la creación, ampliación o mejora de los servicios prestados por la Administración Municipal".

274 En el artículo 21.3 del Reglamento Municipal de Buen Gobierno del Ayuntamiento de Jerez: "Los criterios de calidad que han de regir en las contestaciones a las sugerencias y reclamaciones de la ciudadanía serán:

4. Personalización de la respuesta, evitando las cartas tipo.

a) Respuesta ajustada a lo planteado en la queja o sugerencia. Deberá hacerse referencia a los informes internos recabados para formular la contestación y a su contenido en el caso en que dichos informes sean determinantes.

Hoy en día, sí que existen muchos mecanismos para sugerencias y reclamaciones tanto por vía presencial como telemática sobre los servicios que presta un ayuntamiento, pero es necesario, proponer además comisiones que evalúen estas sugerencias y que no simplemente "se queden en el buzón" donde se presentaron. Por tanto, una buena gestión de dichas quejas se traduce en mejorar la calidad de los servicios para mejorar la satisfacción del vecindario con su administración[275].

Cabe recordar incluso que la gestión de las quejas resulta tan relevante que el caso omiso a las mismas pueda acabar desembocando en responsabilidades para el consistorio, así lo expone Botana García[276] en su supuesto de quejas de vecinos por los ruidos ocasionados por establecimientos abiertos al público, donde el ayuntamiento hizo caso omiso a las quejas. Por lo que la falta de respuesta a quejas sobre la gestión municipal puede acabar desencadenando en determinados casos responsabilidades administrativas o penales, con lo cual la obligación de buen gobierno de regular adecuadamente dichas quejas se refuerza.

El último elemento para mejorar la atención ciudadana que recoger los códigos de buen gobierno es el establecimiento de las cartas de servicios entendida como una carta de derechos ciudadanos, lo cual permite a la ciudadanía saber qué servicios

---

b) Análisis y aclaración de los hechos.
c) Omisión de términos técnicos, precisándose su significado cuando su empleo sea necesario".

275 Llavador Cisternes, H., "Las Oficinas de Información y Atención al Ciudadano en la Administración Local", en *El Consultor de los Ayuntamientos*, n.º 20, 2000, p. 3315.

276 Botana García, G. A., "Condenado un Ayuntamiento por no impedir la contaminación acústica provocada por un establecimiento de hostelería", en *Práctica de Derecho de Daños de Editorial LA LEY*, n.º 41, 2006, p. 57.

ofrece la administración[277]. En este sentido, es necesario recordar que toda administración debe tener todos los trámites disponibles en su sede electrónica según artículo 16.1 LPACAP, que establece que: "En la sede electrónica de acceso a cada registro figurará la relación actualizada de trámites que pueden iniciarse en el mismo" y ello es algo que no siempre se cumple en las administraciones locales[278].

Desarrollando más esta cuestión de la facilidad para acceder a los trámites podemos incluso entender que el siguiente paso de buen gobierno en materia de trámites sería directamente no un determinado trámite no se tuviera que realizar para la ciudadanía obtenga lo que pretende[279]. En definitiva, las cartas de servicios, donde se recogen los trámites municipales, son entendidas una herramienta de transparencia que permiten conseguir una: "administración sensible, próxima y receptiva"[280].

Una propuesta a incluir en los códigos de buen gobierno local para mejorar las relaciones con la ciudadanía consiste en

---

277 En el apartado de Medidas para mejorar la gestión y la calidad de la democracia local del Código de Buen Gobierno de la Federación Española de Municipios y Provincias elaborado en el 2009 se indica: "Regulación de una carta de derechos ciudadanos respecto al funcionamiento de los servicios".

278 Sirva como ejemplo el Ayuntamiento de La Granja de la Costera, que apenas incluye trámites en su sede: https://lagranjadelacostera.sede.dival.es/catalogoservicios.aspx?area=&ambito=, consultado el 19/09/2022.

279 Cerezo Peco, F., "La innovación pública sorprende a la sociedad. Oportunidades inmediatas desde la Ley 39/2015 para una desburocratización radical" en *El Consultor de los Ayuntamientos*, n.º 8, 2016, p. 876.

280 Gimeno Ruiz, M.A., *Las cartas de servicio en las webs municipales como instrumento de información al ciudadano*, Universidad de Valencia, 2015, p. 351.

implementar formación a los empleados sobre cómo atender al público. Si bien se deduce que cualquier persona sabe realizar dichas tareas, lo cierto que es que muchas ocasiones estas no son la actividad frecuente y por ello el empleado público y también los cargos electos que deben atender a un vecino en ocasiones lo hacen de forma poco cordial, simplemente porque no le dan a esa atención ciudadana el valor que se merece. Así pues, realizar cursos en la materia, ayudaría a mejorar dicho servicio, el cual se considera esencial para garantizar un buen gobierno local, ya que dicha atención supone la puerta de entrada del vecindario a la administración que le representa. De hecho, una atención ciudadana deficiente afecta negativamente a la imagen de la administración local, lo que hace que pierda legitimidad ante su vecindario al que representa.

2.5.2. Administración dialogante y participativa

Los códigos de buen gobierno local también han reservado parte de su articulado para proponer cuestiones de participación ciudadana, entendido como un concepto estrechamente unido.

De tal forma, los primeros elementos de participación que encontramos en los códigos de buen gobierno os encontramos en el Código de Buen Gobierno de la FEMP del año 2009[281]

---

281 En el apartado de Medidas de democracia participativa del Código de Buen Gobierno de la Federación Española de Municipios y Provincias elaborado en el 2009 se indica: "Se fomentará una Administración relacional, dialogante, que implique y consulte a la ciudadanía y a los diferentes agentes económicos, sociales y culturales, facilitando los cauces y los medios necesarios". y también se indica "Se crearán instrumentos concretos como el Consejo del Municipio, grupos de trabajo en torno a proyectos determinados, talleres de reflexión ciudadana, cauces para la preparación de los Presupuestos Participativos, el Consejo Económico y Social y los Consejos Asesores sectoriales.

que propone la creación de proyectos participativos como a través de los presupuestos o crear una administración "dialogante" para que las decisiones no solo se tomen por la ciudadanía una vez cada cuatro años al votar sino también diariamente en otras decisiones locales. También el Código de Ética Pública y Guía de Buenas Prácticas de la Diputación de Salamanca recoge entre sus principios de gobernanza la participación[282].

Así pues, como proponía el código de la FEMP la forma más habitual de participación en el ámbito local acaban siendo los presupuestos participativos, donde se recoge la opinión de la ciudadanía para elaborar el presupuesto anual pero no se trata de un proceso sencillo, ya que requiere una verdadera voluntad política y administrativa porque el ayuntamiento debe planificar y sistematizar los procesos presupuestarios adecuadamente[283] para que sean comprensibles para la ciudadanía.

Así mismo, es necesario reseñar como la mayoría de estos procesos de participación ciudadana se impulsan por medios tecnológicos por lo que es necesaria la colaboración con los proveedores tecnológicos, donde debe existir una confianza mutua[284]. De tal forma que cuando la ciudadanía participe

---

Asimismo se recogerá en la normativa de organización la llamada iniciativa popular".

282 El artículo 6 del Capítulo II del Código de Ética Pública y Guía de Buenas Prácticas de la Diputación de Salamanca establece: "Participación. Será objetivo prioritario la participación interinstitucional y con otras instituciones públicas o privadas, para el correcto ejercicio del Servicio Público en aras del interés general y del reconocimiento de los derechos de la ciudadanía".

283 Pineda Nebot, C., "Los Presupuestos Participativos en España: un nuevo balance" en *REALA. Revista de Estudios de la Administración Local y Autonómica*, n.º 311, 2009, p. 294.

284 González_Esteban, C., "La experiencia de participación del Ayuntamiento de Madrid", en *Fundación Manuel Giménez Abad de Estudios Parlamentarios y del Estado Autonómico*, 2008.

electrónicamente confíe plenamente en que los instrumentos tecnológicos tienen el rasgo de fiabilidad.

Otro instrumento de participación recogido en el Código de la FEMP del 2009 es la celebración de un debate sobre el estado del municipio[285]. Está propuesta, por comparación a la que se realiza a nivel estatal o autonómico para debatir anualmente cuál es el estado de la situación de ese territorio, adquiere un sentido en la medida en que permite la rendición de cuentas de una forma más visual y concentrada en un único acto[286].

En ocasiones en lugar de denominarlo debate sobre el estado del municipio el ayuntamiento utiliza el término asamblea, como encontramos por ejemplo en el municipio de Bollulos

---

285 En el apartado de Medidas para mejorar la gestión y la calidad de la democracia local del Código de Buen Gobierno de la Federación Española de Municipios y Provincias elaborado en el 2009 expone: “Se favorecerá la celebración anual de un debate sobre el Estado del Municipio”.

286 Podemos encontrar noticias de prensa sobre diversos debates sobre el estado del municipio celebrados en el ámbito local:
- Pleno de Debate sobre el Estado del Municipio https://www.gijon.es/es/noticias/pleno-de-debate-sobre-el-estado-del-municipio, consultado el 19/09/2022.
- Elche amplía la participación ciudadana en el Debate sobre el Estado del Municipio con la creación del ‘escaño 28’ https://www.ondacero.es/emisoras/comunidad-valenciana/elche/noticias/elche-amplia-participacion-ciudadana-debate-estado-municipio-creacion-escano-28_2021052660ae98bbb9c98f0001a0670d.html, consultado el 19/09/2022.
- El Ayuntamiento de Zuera debate sobre “El Estado del Municipio” https://www.ayunzuera.com/el-ayuntamiento-de-zuera-debate-sobre-el-estado-del-municipio/, consultado el 19/09/2022.

de la Mitación[287]o el municipio de Manises[288], entre otros. Todas estas asambleas ciudadanas y debates sobre el estado del municipio favorecen la participación y rendición de cuentas hacia la ciudadanía.

En todo caso, existen límites a los procesos participativos, como ahora que la ciudadanía considere que determinadas decisiones que se le consultan deberían directamente ser adoptadas por los dirigentes públicos[289]. Por ello mismo resulta tan relevante que también a través de los códigos de buen gobierno se fomente la participación ciudadana, ya que también ayuda a mejorar la confianza del vecindario en su ayuntamiento.

Como medida a incluir en muchos códigos de un gobierno local proponemos el establecimiento de que determinadas decisiones de gran calado fueran, en todo caso, consultadas a la ciudadanía antes de ser adoptadas directamente por los dirigentes públicos. Así pues, decisiones como un gasto extraordinario en infraestructuras, o la modificación de una actuación urbanística, fueran consultas a través de un proceso de participación dinámico y sencillo para el vecindario. Si bien en muchas ocasiones, la propia normativa legal ya establece formas de participación a través de trámites de audiencia o procesos de información pública, en la medida en que estos resultan muy rigurosos y poco atractivos para la ciudadanía, se puede

---

287 Pueden verse las actas de las asambleas ciudadanas que promueve el Ayuntamiento de Bollullos de Mitación (provincia de Sevilla) en su web: https://www.bollullosdelamitacion.org/delegaciones-bollullos/delegacion-de-participacion-ciudadana/asamblea, consultado el 19/09/2022.

288 Pueden verse una asamblea organizada por el Ayuntamiento de Manises (provincia de Valencia) en su web:http://www.manises.es/es/participacio-ciutadana/noticia/manises-responde-preguntas-sus-vecinos-asamblea-ciudadana, consultado el 19/09/2022.

289 Jiménez Meroño, S., "El viaje de los gobiernos en busca de la participación ciudadana", en *El Consultor de los Ayuntamientos*, n.º 5, 2017, p. 669.

proponer como medida en los códigos de buen gobierno consultar dichas grandes decisiones a través de procesos atractivos de participación ciudadana (por ejemplo mediante el uso de redes sociales) donde la ciudadanía pueda sentir que verdaderamente se le consulta los grandes políticas públicas que afectan a su municipio.

2.5.3. Atención diligente a medios de comunicación

Un elemento esencial para considerar un buen gobierno es la adecuada atención a los medios de comunicación, ya que su trabajo permite la correcta rendición de cuentas del equipo de gobierno local y ejercer un importante control sobre la actividad pública[290]. De tal forma, el Código de la FEMP del 2015[291] incluye asimismo la necesidad de responder diligentemente las solicitudes de información contestadas por los medios de comunicación, respetando al mismo tiempo la confidencialidad y el deber de sigilo que deben guardar en el ejercicio de su cargo público. En este sentido hay que decir que las ruedas de prensa son un elemento mucho más institucionalizado y normalizado en el ámbito estatal y autonómico que en el ámbito local.

---

290 García Mahamut, M. R., "La problemática jurídico-constitucional que plantea el segundo Estado de alarma y el final de su vigencia", en *Teoría y realidad constitucional*, n.º 48, 2021, p. 255.

291 En el apartado de Estándares de conducta para la mejora de la democracia local del Código de Buen Gobierno de la Federación Española de Municipios y Provincias del año 2015 establece: "Responderán diligentemente a las solicitudes de información formuladas por los medios de comunicación en relación con el desempeño de sus funciones, absteniéndose, por el contrario, de suministrar cualquier dato confidencial o información sujeta a protección de datos de carácter personal y articularán medidas que fomenten la cobertura por parte de los medios de comunicación del desempeño de sus funciones y el funcionamiento de los servicios y departamentos a su cargo".

Especialmente en los municipios de menor población, resulta más difícil aplicar un sistema de rendición de cuentas hacia los medios de comunicación mucho más amplio. De hecho, la rendición de cuentas implica justificar una conducta ante la ciudadanía, quien podrá formular preguntas sobre la misma[292]; por tanto, una adecuada gestión de las relaciones con los medios de comunicación permite efectuar dicha rendición al darles la oportunidad de formular preguntas sobre la gestión local y así poder verificar si ha habido un buen gobierno.

Potenciar este aspecto resulta necesario ya que, en la mayoría de las ocasiones, cuando un medio de comunicación quiere formular una pregunta a un dirigente local no obtiene respuesta puesto que no existe un gabinete de comunicación o un departamento específico del ayuntamiento destinado a responder diligentemente estas respuestas. Precisamente en municipios pequeños o medianos no existe un gabinete de comunicación propio, aunque se siga ejerciendo dicha comunicación por la entidad local sin dicho gabinete[293]. Así pues, hay que tener en cuenta que existe voluntad de comunicar, pero ello debe acompañarse de los mecanismos adecuados para que los medios de comunicación también puedan desarrollar sus funciones de fiscalización sobre las políticas públicas locales.

Teniendo en cuenta que el volumen de demandas de información será mucho menor que en municipios grandes es necesario que los alcaldes y concejales den instrucciones a los funcionarios que "cogen el teléfono" a los medios de comuni-

---

292 Malaret García, E., "Bon govern, transparència i rendició de comptes. Reforçant i completant la legitimitat democràtica dels poders públics", en *Revista Catalana de Dret Públic*, n.° 55, 2017, p. 46.

293 Paricio Esteban, M.P. y Bruno Carlos, T., "La gestión de las relaciones con los medios en los gabinetes de comunicación de los ayuntamientos valencianos", en *Communication Papers – Media Literacy & Gender Studies*, v. 7, n °15, 2018, p. 225.

cación sobre qué deben responder. Así pues, deben formularse mecanismo que permitan a dichos periodistas formular sus solicitudes de información para que sean contestadas en tiempo y forma correspondiente. Permitir la labor de los medios de comunicación también es una forma más de conseguir un buen gobierno local como establece este código de la FEMP[294], precisamente se les debe dar acceso a la información municipal para que estos puedan crear contenido que impulse el debate público sobre cuestiones del municipio[295].

Cómo medida a añadir en los códigos de buen gobierno local se puede establecer la obligatoriedad de crear un apartado web donde, al menos con cierta frecuencia, se suban notas de prensa redactadas por el consistorio local con las principales actuaciones realizadas por el municipio. Ello facilita en gran medida el seguimiento por parte de los medios de comunicación de las políticas públicas locales, lo que permite garantizar un buen gobierno local en la materia que verdaderamente permita hacer un seguimiento y rendición de cuentas de lo que hacen o dejan de realizar los dirigentes públicos locales.

2.5.4. Comunicación entre empleados públicos y responsables políticos municipales

Para poder ejecutar administrativamente de forma adecuada aquellas políticas públicas que impongan los responsables

---

294 Como ejemplo de mala gestión y negativa a contestar a los medios de comunicación encontramos el caso de este asesor municipal que se negó a responder preguntar periodísticas: http://www.almeriahoy.com/2018/06/asesor-de-prensa-del-ayuntamiento-nos.html, consultado el 19/09/2022.

295 Fernández Ruiz, M.J., Morlan Plo, V. y Notivol Bezares, R., "Los datos: un activo estratégico en las Administraciones Públicas", en *El Consultor de los Ayuntamientos*, n.° III, 2020, p. 208.

políticos municipales es necesario que la relación entre el colectivo de funcionarios y el de políticos sea cordial. En sentido contrario, la falta de una profesionalidad en la actuación de los dirigentes locales o de los servidores públicos haría que se frustre toda actuación que vaya en beneficio del interés general local.

Por ello mismo el Código Europeo de Conducta para la Integridad Política de los Representantes Electos Locales del año 1999[296] establece la obligación de que los políticos locales guarden el debido respeto hacia el personal del consistorio a su cargo para permitir su labor e independencia como funcionarios, sin perjuicio de poder ejercer su legítimo ejercicio de autoridad jerárquica. Si bien, este principio de jerarquía se ve atenuado cuando los funcionarios deben ejercer funciones técnicas muy concretas (como por ejemplo mesas de contratación o procesos selectivos de personal) donde puede hablarse de una: "jerarquía debilitada"[297]. Por tanto, supone éste un ejemplo de un ámbito de actuación donde el respecto a la labor de los funcionarios locales, que debe predicarse de los políticos locales, se ve reforzada.

El Código de la FEMP elaborado en 2015 recoge un apartado específico de relaciones entre los cargos electos y los empleados públicos[298], exigiendo que se apliquen principios

---

296 En particular, el artículo 21 del Código Europeo de Conducta para la Integridad Política de los Representantes Electos Locales del año 1999 establece: "En el desempeño de sus funciones, los representantes electos deberán mostrar el debido respeto por las funciones del personal del gobierno local a su cargo, sin perjuicio del legítimo ejercicio de su autoridad jerárquica".

297 Díaz y Díaz, M.C., *El empleado público ante el procedimiento administrativo: deberes y obligaciones de buena administración*, Universidad de Salamanca, 2010, p. 236

298 Se trata del apartado "Gobierno y administración: relaciones entre cargos electos y empleados públicos" del Código de Buen Gobierno

como la transparencia, imparcialidad o lealtad institucional, entre otros que permitan garantizar la adecuada comunicación entre ellos. Se establece también la obligación de que cada persona asuma sus funciones normativas sometiéndose a la coordinación con el resto de responsables políticos y técnicos. Por último, este código recoge la necesidad de crear mecanismos que permitan una interlocución directa entre empleados y políticos para evitar y gestionar los posibles conflictos que surjan con el objetivo de que las relaciones sean adecuadas y cordiales y permitan satisfacer los intereses generales.

---

de la Federación Española de Municipios y Provincias del año 2015: "Las relaciones entre cargos electos y empleados públicos se ajustarán a los principios éticos recogidos en la normativa en materia de transparencia y empleo público, entre otros: respeto de la Constitución y el resto de normas que integran el ordenamiento jurídico, lealtad institucional, objetividad, integridad, neutralidad, responsabilidad, imparcialidad, confidencialidad, dedicación al servicio público, transparencia, ejemplaridad, austeridad, accesibilidad, eficacia, honradez, promoción del entorno cultural y medioambiental, y respeto a los derechos humanos y a la igualdad entre mujeres y hombres.

Cada persona al servicio de los intereses públicos locales asumirá su cometido y funciones de forma legal y coordinada con el resto de responsables públicos, políticos, técnicos y administrativos. Para garantizar la existencia de un entorno de trabajo en armonía y para el correcto desarrollo de los servicios públicos se articulan vías alternativas a la solución de las discrepancias o conflictos que, en su caso, pudieran producirse.

Las relaciones entre cargos electos y empleados públicos se instrumentarán a través de la implementación de los mecanismos físicos y telemáticos necesarios que garanticen la posibilidad de interlocución directa y el desarrollo de un procedimiento de mediación, presencial o electrónico, entre las partes en conflicto.

Los cargos electos impulsarán la formación en principios de integridad y orientaciones del Buen Gobierno para el conjunto de empleados públicos".

En el citado Código de Buen Gobierno de la FEMP del año 2015 se hace incluso una referencia a la necesidad de establecer medios de comunicación tanto de forma presencial como electrónica, ya que actualmente hay que decir que la mayoría de los expedientes administrativos son tramitados íntegramente de forma electrónica cómo establece el artículo 70.2 LPACAP[299].

Por ello, en muchas ocasiones la comunicación que se realiza diariamente entre un concejal o alcalde y los funcionarios públicos mayoritariamente acaban siendo correos electrónicos u otros documentos que forman parte del expediente administrativo. Por ello, establecer formas para crear una comunicación efectiva y que no genere confusiones entre estos dos colectivos de las administraciones locales es vital para conseguir un buen gobierno local.

Un ámbito donde pueden surgir conflictos entre ambos colectivos es cuando un político ordena a un funcionario la realización de una actuación ilegal, en tal circunstancia puede generarse un conflicto en la relación entre ambos colectivos ante lo cual ha de tenerse que cuenta que "Ni puede el funcionario desobedecer según su propio criterio cualquier mandato de la autoridad o superior jerárquico, ni puede la autoridad ordenar lo que le plazca al subordinado fuera de su círculo de competencia y legalidad"[300].

---

299 De hecho, Ballester Espinosa expone la importancia de los expedientes electrónicos al explicar el caso de los Ayuntamientos de la provincia de Alicante e indica: "Se trata de una plataforma que facilita la organización, control y gestión de expedientes, permitiendo al Ayuntamiento tener perfectamente organizada toda su actividad administrativa". Ballester Espinosa, A., "La evolución de la administración electrónica en los ayuntamientos españoles. El caso del Plan de Modernización de los Ayuntamientos de la provincia de Alicante", en *REALA*, n.º 1, 2014, p. 166.

300 Chaves García, J.R. y López de la Riva Carrasco, F.A., "El sentido de la ley y el sentido del deber de los funcionarios públicos y especial-

Ello es así porque el artículo 95.2. i del Real Decreto Legislativo 5/2015, de 30 de octubre, por el que se aprueba el texto refundido de la Ley del Estatuto Básico del Empleado Público establece que solo se somete a una infracción muy grave el funcionario que realizada: "La desobediencia abierta a las órdenes o instrucciones de un superior, salvo que constituyan infracción manifiesta del Ordenamiento jurídico", por tanto si se niega un funcionario a recibir la orden de un político que es claramente ilegal no supone ninguna actuación sujeta a expediente disciplinario. Así pues, el sentido de no obedecer una orden manifiestamente ilegal es para estar a una altura ética que permita garantizar la democracia española[301].

Por último, para garantizar las adecuadas relaciones entre empleados y políticos locales es necesario que estos últimos ejerzan un liderazgo adecuado. Precisamente el Código de Ética Pública y Guía de Buenas Prácticas de la Diputación de Salamanca[302] se refiere al liderazgo indicado que las autoridades electas ejercerán la influencia necesaria sobre el personal que trabaje, para entusiasmarse y servirles de ejemplo para conseguir los objetivos necesarios para satisfacer el interés general. Se trata éste de un ejemplo de buena gestión de equipos y que ayudará al funcionamiento, en el día a día, de las unidades administrativas lo cual como indica el propio código, acabará

---

mente, de los Secretarios, Interventores y Tesoreros municipales", en *El Consultor de los Ayuntamientos- Diario La Ley*, n.º 9041, 2017.

301 *Idem.*

302 Dicho Código de Ética Pública y Guía de Buenas Prácticas de la Diputación de Salamanca establece en el apartado 5.1 correspondiente: "Liderazgo. Las autoridades electas y los empleados públicos al servicio de esta Administración provincial ejercerán la influencia necesaria sobre el resto del personal para que trabaje de forma entusiasta y ejemplar hacia el objetivo común de servicio a la ciudadanía".

redundando en beneficio de la ciudadanía, que verá que tiene unos mejores servicios a su disposición[303].

2.5.5. Buenas relaciones con el sector privado y regulación de grupos de interés

Las conexiones entre el sector público y privado son cada vez más notables en la sociedad actual, ya sea a través de la contratación administrativa de obras, servicios o suministros, mediante la concesión de subvenciones o en general mediante la influencia del sector privado para determinar las políticas públicas. Por ello, regular adecuadamente dichas relaciones resulta más que necesario para lograr un buen gobierno local.

El Código de Ética Pública de la Diputación de Salamanca establece que las relaciones de cooperación con el sector privado estén siempre reguladas de forma clara[304]. Se trata de una forma de buena práctica, que pretende conseguir una imparcialidad y transparencia, ya que en muchas ocasiones las relaciones con el sector privado han generado conflictos de intereses o incluso relaciones que se pueden encontrar al límite de la legalidad administrativa y penal. En efecto las entidades privadas que colaboran con las administraciones pasar de realizar solo actuaciones

---

303 De hecho, De la Rosa expone un mínimo común denominador en todo nuevo liderazgo público, a raíz de un artículo sobre la importancia del liderazgo femenino y expone que: "todas creen en que un modelo de liderazgo diferente es posible (...) fundamentado en valores éticos y de integridad personal y profesional". De la Rosa, M., "Liderazgo femenino: hacia la igualdad real en la Administración Pública", en *Capital Humano de Wolters Kluwer*, n.º 351, 2020.

304 El Código de Ética Pública y Guía de Buenas Prácticas de la Diputación de Salamanca establece en el apartado Segundo.b.6 correspondiente: "Las relaciones de cooperación con el sector privado estarán reguladas de forma clara, con objeto de garantizar la integridad, la transparencia y la prioridad del interés general".

técnicas a unas que verdaderamente tienen efecto jurídico y son vinculantes para la ciudadanía[305], por tanto, resulta esencial poder regular adecuadamente dichas conexiones entre ambas partes ante la relevancia de las tareas que ejecuta el sector privado en su colaboración con el público.

Por ello, establecer de una forma evidente cuál es la colaboración pública o privada a través de qué mecanismo (un contrato, un convenio o el que legalmente corresponda) dejando claras las obligaciones y los derechos de las partes, sirve para generar un buen gobierno. En concreto, evita que en el futuro existan posibles conflictos o que prevalezca un interés particular frente a un general, cuando la administración local se relaciona con los operadores jurídicos privados. En consecuencia, la administración debe abrir las puertas a los grupos de presión para que puedan emitir sus opiniones sobre las decisiones públicas[306], por tanto, permitiéndose el trabajo de dichos grupos de presión, pero sin que ello impida a la administración dejar de satisfacer el interés general constitucionalmente garantizado.

Así mismo, resultan especialmente relevantes en este ámbito los grupos de interés, que regula el Código de Buen Gobierno de la FEMP del año 2015[307]. Ello permitiría controlar con

---

305 Galán Galán, A. y Prieto Romero, C., "El ejercicio de funciones públicas por entidades privadas colaboradoras de la Administración" en *Anuario de Derecho Municipal*, n.º 2, 2008, p. 65.

306 Magro Servet, V., "¿Puede existir delito de tráfico de influencias en la actuación de un "lobby" ante la administración pública?", en *Diario La Ley*, n.º 9926, 2021.

307 En el apartado de medidas para la mejora de la democracia participativa del Código de Buen Gobierno de la Federación Española de Municipios y Provincias del año 2015 se indica: "Se convocará a todos los grupos de interés (asociaciones, universidad, etc.), invitándoles a expresar sus opiniones y sugerencias, incluso a colaborar en la redacción de las normas locales, con la posibilidad de pactarlas en el marco de la potestad material de decisión política".

quién se ha reunido un alto cargo para saber de primera mano por quién se puede haber visto influenciado un representante local para tomar una decisión pública. En consecuencia, si existe una publicidad de las relaciones entre administración y grupos de interés[308] se puede conocer cómo influyen dichos grupos en las políticas públicas se logra el buen gobierno.

Actualmente no existe una normativa sobre lobbies en el ámbito estatal, aunque sí varias autonómicas, como por ejemplo la valenciana[309] o la aragonesa[310], que aun así no son de aplicación a las entidades locales de sus territorios. Por tanto, no existe una norma de lobbies de general aplicación al ámbito local en el Estado español y es que sería necesario un esfuerzo verdaderamente titánico para regular cómo influyen los grupos de interés en las decisiones locales, especialmente en los municipios más pequeños.

En estos "PYMEL" (pequeñas y medianas entidades locales)[311] dónde podemos afirmar que la mayoría de las de-

---

308 Molins López-Rodó, J. M., "El Estado, el interés general y los grupos de interés", *op. cit.*, p. 192.

309 Ley 25/2018, de 10 de diciembre, de la Generalitat, reguladora de la actividad de los grupos de interés de la Comunitat Valenciana.

310 Ley 5/2017, de 1 de junio, de Integridad y Ética Públicas de la Comunidad Autónoma de Aragón.

311 El concepto de PYMEL puede verse acuñado en esta publicación: Editorial de El Consultor de los Ayuntamientos, "Constitución del grupo de trabajo buen gobierno de las pequeñas y medianas entidades locales en el seno de la Red de Entidades Locales por la Transparencia y Participación Ciudadana de la FEMP" en *El Consultor de los Ayuntamientos*, n.º 3, 2019, p. 86.
Según David Povedano, el concepto de PYMEL: "Es un término acuñado por José Miguel Carbonero Gallardo en el VII Congreso de Contratación Pública de Cuenca en 2018, al que asistí y que me encantó por su evidente similitud en el mundo empresarial de las PYMES"; así puede verse en Povedano, D, "El talento, de nuevo el

cisiones acaban realizándose por algún tipo de presión o influencia que ha ejercido sobre el alcalde o concejal de turno algún vecino o colectivo de ese municipio. El hecho de que un grupo de interés influya sobre una decisión local no significa necesariamente que dicha política pública sea contraria a los intereses generales, pero tampoco significa que vaya en favor de éstos necesariamente. Así pues, como la mayoría de las decisiones de los altos cargos locales influyen los lobbies estas decisiones acaban siendo, en la mayoría de las ocasiones, en un interés particular frente a un posible interés general. Por ello, es necesario analizar estas decisiones públicas detenidamente para observar si verdaderamente se ha tomado la misma en base al interés general o particular y si hablamos o no, por tanto, de buen gobierno local.

Encontramos ejemplos de registros de regulaciones de estos grupos de interés en el Código Ético del Ayuntamiento de Barcelona que en el artículo 12[312] se establecen la necesidad de hacer públicos los nombres de las personas que promuevan elaboración de propuestas normativas y también aquellas que participen en la redacción de pliegos de cláusulas administra-

---

talento y las PYMEL" en el blog *El nuevo funcionario con habilitación de carácter nacional*, 2020. Disponible en: https://elnuevofuncionarioconhabilitaciondecaracternacional.wordpress.com/2020/02/15/el-talento-de-nuevo-el-talento-y-las-pymel/, consultado el 19/09/2022.

312 En particular, los apartados e y f del artículo 12 del Código Ético del Ayuntamiento de Barcelona establecen:
"e) Dar a conocer el nombre de las personas y de las organizaciones que promueven la elaboración de propuestas normativas o participan en ella".
"f) Hacer pública la identidad de los interlocutores de los sectores privados que participan en la redacción de los pliegos de cláusulas administrativas particulares y de prescripciones técnicas de los contratos".

tivas particulares y de prescripciones técnicas de los contratos administrativos que se transmiten el Ayuntamiento.

En el caso de las propuestas normativas, se trata de éste de un ejemplo un pseudo registro de lobbies o de grupos de interés, ya que se quiere publicitar las personas físicas o jurídicas que participan en estos procesos para que la ciudadanía pueda saber si el resultado de un reglamento ordenanza municipal se ha debido en parte a la influencia de quienes han participado en su elaboración.

En el supuesto de los contratos administrativos hemos de citar que los redactores de los pliegos de cláusulas administrativas adquieren especial importancia en la medida en qué serán estos pliegos el punto determinante que harán que una contratación pública se decante a favor de un licitador u otro. Por tanto, publicitar esto permite realizar una práctica de buen gobierno incluso permite también garantizar el artículo 326.5 LCSP que establece: "Tampoco podrá formar parte de las Mesas de contratación el personal que haya participado en la redacción de la documentación técnica del contrato de que se trate" ya que se podrá vigilar que dicho redactor técnico no forma parte de la mesa de contratación. Si bien, esta garantía del artículo 326.5 LCSP puede suponer una injerencia innecesaria porque la mesa adopta acuerdos basados en informes de técnicos que no forman parte de las mesas de contratación[313]. A pesar de ello, se trata de una situación que permite la mejor ausencia de conflictos de intereses en aras a un buen gobierno local.

Una forma más de regular las relaciones entre administraciones y sector privado lo encontramos dentro del Reglamento

---

313 Pérez Delgado, M. y Rodríguez Pérez, R.P, "Posibilidades de participación en la mesa de contratación, los redactores de la documentación técnica de un contrato", en *Contratación Administrativa Práctica de Editorial Wolters Kluwer*, n.º 156, 2018.

Municipal de Buen Gobierno del Ayuntamiento de Jerez[314], que impulsa la creación de códigos éticos de conducta y criterios de estrategia de responsabilidad social empresarial, entre empresas públicas del ayuntamiento o aquellas con participación pública. Así pues, se pretende extender estos principios éticos no solo a la administración territorial local de Jerez, sino también a sus administraciones institucionales que puedan existir. Se incluye aquí el concepto de responsabilidad social empresarial el cual, aunque no esté tan ligado con el buen gobierno, también es una práctica adecuada extendida en los últimos años para conseguir una gestión empresarial que no solo piense en los intereses económicos, sino también en el interés general social.

Dicho concepto de responsabilidad social corporativa[315] pasa por un comportamiento responsable para mejorar la transparencia y eficiencia en las administraciones[316] y dicho auge supone que existen muchos indicadores de dicha responsabilidad social corporativa que son perfectamente aplicables a las administraciones[317].

---

314 En el artículo 4.e del Reglamento municipal de Buen Gobierno del Ayuntamiento de Jerez se establece: "Se impulsarán la creación de Códigos éticos de conducta y criterios de estrategia de Responsabilidad Social Empresarial en las empresas públicas o con participación pública".

315 Sobre la importancia de dicha responsabilidad social de la administración como forma de integridad institucional véase: Ochoa Monzó, J., "La responsabilidad social como parte del sistema de integridad institucional de las administraciones públicas", *op. cit.*

316 Bernal Conesa, J.A., De Nieves Nieto, C. y Briones Peñalver, A.J., "Implantación de la Responsabilidad Social en la Administración Pública: el caso de las Fuerzas Armadas Españolas", en *Revista de responsabilidad social de la empresa*, n.º 18, 2014, p. 119.

317 Navarro, A., Alcaraz, F.J. y Ortiz, D., "La divulgación de información sobre responsabilidad corporativa en administraciones públicas: un

La siguiente forma mejorar las relaciones entre las administraciones públicas y el sector privado son los Consejos Sociales, ya que son un mecanismo a través del cual se establece una comunicación entre el Ayuntamiento y la sociedad a la que representa, habiendo en su seno colectivos diversos tanto empresariales, del mundo asociativo como otros que puedan establecer opiniones válidas sobre cómo gestionar localmente. El Código de Buen Gobierno de la FEMP del año 2015 establece que su utilización como un mecanismo más de participación[318]. En efecto, las corporaciones locales deben posibilitar, en la medida de lo posible, participación vecinal en la gestión de los asuntos públicos[319].

Por último, encontramos referencias a la conexión entre administraciones y sector público en el Reglamento Municipal de Buen Gobierno del Ayuntamiento de Jerez[320], que establece la necesidad de que haya un diálogo con los sectores sociales

---

estudio empírico en gobiernos locales", en *Revista de Contabilidad-Spanish Accounting Review*, v. 13, n.º 2, p. 303.

318 El apartado de Medidas para la mejora de la democracia participativa del Código de Buen Gobierno de la Federación Española de Municipios y Provincias establece: "Se promoverá la utilización de encuestas, realizadas en los propios servicios, en la web y redes sociales, o a pie de calle, los buzones de quejas y sugerencias, el cliente misterioso, los recursos administrativos y otros canales de participación tales como las Juntas de Distrito, las Asociaciones Vecinales, el Consejo Social, o la Comisión de Sugerencias y Reclamaciones".

319 Suero Salamanca, J.A., "El papel de los Consejos Económicos y Sociales a nivel local", en *Actualidad Administrativa de Editorial LA LEY,* n.º 11, 2005, p. 1294.

320 El artículo 4.g del Reglamento Municipal de Buen Gobierno del Ayuntamiento de Jerez establece: "Se potenciará el diálogo con los sectores sociales, con los trabajadores de la Administración y las organizaciones sindicales, incentivando el compromiso con la eficiencia en la prestación de los servicios públicos locales".

para mejorar la eficiencia en la prestación de los servicios públicos locales[321].

2.6. Seguimiento del cumplimiento del buen gobierno

Todas las propuestas indicadas por los códigos municipales para fomentar el buen gobierno resultarían de poca utilidad si no existen mecanismos para verificar que se están alcanzando los objetivos previstos. Para ello, estos propios códigos establecen medidas para realizar un seguimiento de que las acciones se van cumpliendo.

En primer lugar, destacamos el artículo 15 y siguientes del Código Ético del Ayuntamiento de Barcelona[322], que establece una serie de medidas de sistemas de seguimiento y evaluación del buen gobierno. En primer lugar, se crea un Comité de Ética el cual vigilará el cumplimiento de esta normativa con autonomía e independencia. En el artículo 16 se establecen sus funciones, como es impulsar y resolver dudas sobre este código, así como acciones formativas para su cumplimiento y emitir los informes que sean solicitados sobre aplicación del Código.

Por último, el código ético establece un régimen sancionador para el cual se remite a las acciones permitidas por la Ley 19/2014, que es la ley catalana que permite establecer un régimen sancionador más detallado. De hecho, Jiménez Asen-

---

321 Un ejemplo de cómo dicho diálogo social puede ayudar notoriamente a satisfacer las necesidades ciudadanas nos lo narra Casellas Puigdemasa donde una movilización de varios sectores civiles ayudaron a evitar la demolición de un buen cultural. Casellas Puigdemasa, A., "Gobernabilidad, participación ciudadana y desarrollo económico: adaptaciones locales a estratégicas globales", en *Scripta Nova: Revista electrónica de geografía y ciencias sociales*, n.º 11, 2007.

322 Artículos 15 y siguientes del Código Ético del Ayuntamiento de Barcelona.

sio[323] expone precisamente en referencia al Comité de dicho Código de Barcelona que: "Depende cómo actúe este órgano y (sobre todo) quién lo componga, se caminará en esa dirección o se abrirá el fuego cruzado que implique utilizar la ética no con dimensión preventiva, sino darle un marchamo represivo a través de las sanciones jurídicas". Por tanto, se expone que la actuación de dicho Comité debe ser la adecuada (sin ser excesiva en sus sanciones) para que la ética y por tanto el buen gobierno se alcancen exitosamente.

Encontramos otros ejemplos de comisiones éticas en la Comisión de Ética Institucional de la Diputación Foral de Gipuzkoa que encontramos en los siguientes códigos de dicha entidad: Código de conducta y marco de integridad institucional aplicable a ayudas y subvenciones de la Diputación Foral de Gipuzkoa y de su sector público, Código ético y de buena gestión del empleo público foral de Gipuzkoa, Código de conducta y marco de integridad institucional aplicable a la contratación pública y en el Código de conducta y buenas prácticas de los miembros de la Diputación Foral y de los altos cargos públicos y personal asimilado de la administración foral de Gipuzkoa y de las entidades de su sector público de garantía. Todos ellos establecen como órgano de garantía dicha Comisión de Ética Institucional que establecerá recomendaciones, informes e interpretaciones sobre los Códigos y fomentará prácticas para la evaluación y seguimiento adecuado de dichos Códigos[324].

---

323 Jiménez Asensio, R., "Prevenir o lamentar: un primer análisis del Código Ético y de Conducta del Ayuntamiento de Barcelona", en *Revista internacional de transparencia e integridad,* n °4, 2017.

324 Las referencias a dicha Comisión de Ética Institucional se encuentran en el Código de conducta y marco de integridad institucional aplicable a ayudas y subvenciones de la Diputación Foral de Gipuzkoa y de su sector público en el apartado 6.1, en el Código ético y de buena gestión del empleo público foral de Gipuzkoa se encuentra regulado dicho Comité en el apartado 10.1, en Código de conducta y marco

También el Código de Ética Pública y Guía de Buenas Prácticas de la Diputación de Salamanca[325] establece como un órgano de garantía el Comité de Ética Pública de la Diputación de Salamanca, que establecerá informes valoraciones y recomendaciones a las unidades administrativas u órganos de gobierno sobre cómo deben aplicar este código ético. Si bien, como se indica en el artículo 12.1 de dicho Código[326] dicho Comité tiene carácter consultivo y no vinculante, por lo que su fuerza ejecutiva se reduce sustancialmente en referencia a otros como el del Ayuntamiento de Barcelona.

La creación de dichos Comités o Comisiones locales para vigilar el cumplimiento del buen gobierno forma parte de una "evolución en los órganos de control"[327]. De esta forma, se logra una actuación más éticamente responsable al no solo centrarse en las previsiones normativas, sino lograr que en el ámbito municipal se consiga un verdadero buen gobierno.

---

de integridad institucional aplicable a la contratación pública en el apartado 4º de Sistemas de Garantías y en el Código de conducta y buenas prácticas de los miembros de la Diputación Foral y de los altos cargos públicos y personal asimilado de la administración foral de Gipuzkoa y de las entidades de su sector público de garantía en el apartado 6.2.

325 En el Capítulo VI del Código de Ética Pública y Guía de Buenas Prácticas de la Diputación de Salamanca

326 En concreto, el artículo 12.1 del Código de Ética Pública y Guía de Buenas Prácticas de la Diputación de Salamanca establece: "El Comité gozará de carácter consultivo no vinculante. Servirá de apoyo a los Órganos de gobierno y a quienes estando en el ámbito de aplicación del mismo así lo soliciten. Estará sometido a la confidencialidad de todo lo relacionado con el Comité".

327 Campos Acuña, M.C., "El papel de las oficinas municipales de lucha contra el fraude y la corrupción", en *El Consultor de los Ayuntamientos,* n.º 4. 2017, p. 459.

La última referencia a las actuaciones de seguimiento del buen gobierno que encontramos en los códigos municipales analizados la encontramos en el principio de responsabilidad del Código de Buen Gobierno del Ayuntamiento de Jerez[328], de forma que no solo se crea una Comisión de seguimiento del presente código, sino que se incluyen otra medida para el seguimiento a través de formación específica al funcionariado sobre los principios éticos de buen gobierno. La importancia de la formación en buen gobierno es necesario porque por sí solo la aprobación de un código ético no garantiza su eficacia,

---

328 El artículo 24 del Código de Buen Gobierno del Ayuntamiento de Jerez estable dicho principio de responsabilidad:
"1. Por la Alcaldía-Presidencia se incluirán los oportunos mecanismos de control que tengan por objeto detectar el grado de cumplimiento de los principios, criterios e instrumentos previstos en el presente Reglamento.
2. El Gobierno Local creará y regulará una Comisión de seguimiento u órgano similar para la evaluación del cumplimiento del presente Reglamento.
3. Anualmente se elaborará un informe en el que se dará cuenta del seguimiento y cumplimiento del mismo.
4. El Plan de Formación del Ayuntamiento concretará, anualmente, el conjunto de acciones formativas y otras iniciativas que atiendan a la divulgación y el conocimiento del conjunto de principios e instrumentos previstos en el presente Reglamento.
5. La Administración del Ayuntamiento promoverá las actuaciones necesarias para que el sistema de evaluación del desempeño que se establezca, en aplicación de la Ley 7/2007, de 12 de abril, del Estatuto Básico del Empleado Público, incluya, dentro de la valoración de la conducta profesional del empleado, criterios que permitan la observancia de los deberes y principios establecidos en este Reglamento.
6. Todos los sujetos a los que es de aplicación este Reglamento están obligados a poner en conocimiento de sus superiores y, en su caso, del Ministerio Fiscal, cualquier actuación contraria a los principios enunciados que conozcan y que pudiera constituir algún tipo de infracción administrativa o penal".

y dicha supone una “lluvia fina” que permea el buen gobierno en toda la administración pública[329].

---

329 López Donaire, B., “Los códigos de conducta en el ámbito local: pieza clave de un sistema de integridad”, *op. cit.*, p. 216.

Capítulo III:

La planificación de actuaciones públicas en los ayuntamientos como forma de aplicar el buen gobierno local

1. LA PLANIFICACIÓN DE LAS PRINCIPALES ACTUACIONES POLÍTICAS DEL AYUNTAMIENTO COMO GARANTÍA DEL BUEN GOBIERNO

La planificación es una forma necesaria de buena gestión y por tanto nos permite conseguir alcanzar un buen Gobierno local. Por ello, en este capítulo tercero de este trabajo se analizará qué es la planificación en el ámbito local, cómo debe utilizarse por las entidades locales como forma de lograr el buen gobierno previsto constitucionalmente y en la Ley 19/2013.

Al profundizar y buscar qué instrumentos de planificación han utilizado los ayuntamientos y diputaciones españolas para ejecutar sus políticas públicas pronto descubrimos un terreno desconocido y muy poco utilizado por estas entidades locales. A pesar del valor y de la importancia que tiene la planificación para conseguir ejecutar adecuadamente las políticas públicas y satisfacer el interés general, no siempre se ha utilizado este instrumento lo suficiente por las entidades locales. Explica la Recomendación General de Planificación de la Agencia Valenciana Antifraude[1] que: "la planificación en una buena herra-

---

1 Recomendación general. Planificación: herramienta clave para prevenir los riesgos de corrupción en las organizaciones. Disponible online:

mienta para prevenir la corrupción que, muchas veces, (...) el hecho de que la ausencia de planes o del control de su cumplimiento produce irregularidades que propician conductas corruptas, con el consiguiente descrédito institucional, ante la falta de visibilidad de sus políticas y acciones (y su grado de cumplimiento) a los ojos de la ciudadanía". De hecho, Díez Getino y Torija Herrero[2] indican que la conducta corrupta es plenamente racional y requiere también de una planificación para ejecutarla, por lo que programar las políticas públicas supone una herramienta contra dicho fraude, de lo contrario, "ganará la partida" el acto corrupto, que ha sido previamente planificado frente a una administración desorganizada.

Dicha necesidad de planificar no sólo encuentra su sustento en valores éticos de buena gobernanza, sino incluso en disposiciones legales, ya que la importancia de realizar una planificación la encontramos inferida en el artículo 26.2.a.1 de la Ley 19/2013 al establecer los principios de eficacia, economía y eficiencia y con el objetivo de satisfacer el interés general. Ello es así porque los dirigentes públicos se enfrentan al problema de cómo atender las necesidades ciudadanas con unos recursos cada vez más escasos en términos de eficacia y de profundización democrática[3]. Por tanto, resulta imprescindible para satisfacer la eficacia prevista como principio de buen gobierno planificar las actuaciones públicas para lograr adecuadamente la ejecución de las políticas públicas conforme a las demandas ciudadanas.

---

https://www.antifraucv.es/wp-content/uploads/2020/11/201103_Recomendacion_planificacion.pdf, consultado el 19/09/2022.

2 Díez Getino, J. E. y Torija Herrero, S., "Modelo de estrategia para fomentar la integridad y prevenir la corrupción", en *Revista Internacional de Transparencia e Integridad*, n.º 2, 2016, p. 2.

3 Iglesias Alonso, A. "La Planificación Estratégica como instrumento de gestión pública en el gobierno local: Análisis de caso", en *Cuadernos de Gestión*, vol.10, n.º 1, 2010, p. 101.

Para lograr estos principios de buen gobierno es necesario organizar cómo se van a ejecutar las políticas públicas locales, ya que actuar con improvisación sin duda no ayuda a lograrlos satisfactoriamente. Sin embargo, como comentamos la planificación ha brillado por su ausencia en la gestión local. Así pues, en algunos ámbitos concretos de la actuación municipal está más extendida por exigencias legales y jurisprudenciales, como por ejemplo, ahora la planificación en materia de personal donde encontramos el capítulo I del título V Real Decreto Legislativo 5/2015, de 30 de octubre, por el que se aprueba el texto refundido de la Ley del Estatuto Básico del Empleado Público dedicado exclusivamente a la planificación de recursos humanos; o en el caso de la actividad subvencional donde ha habido jurisprudencia, como por ejemplo la Sentencia del Tribunal Superior de Justicia del País Vasco, de 7 de julio de 2015, que señaló que es imprescindible planificar antes de conceder cualquier subvención.

Si bien, tenemos que considerar que la planificación no debe realizarse solo por una exigencia normativa o legal, sino que además debe ser un instrumento necesario para la gestión de las políticas públicas y garantizar el derecho constitucional al buen gobierno y permitir la satisfacción del interés general (artículo 103 CE). Como indica Linares: "la planificación es una herramienta clave para prevenir los riesgos de corrupción en las administraciones públicas ya que sin ella no se pueden priorizar los intereses generales prevaleciendo la cultura de la improvisación y de lo "urgente" frente a lo "importante"[4].

---

4 Noticia de prensa: *Universitat de València y la Agencia Valenciana Antifraude presentan el audiovisual de Docufòrum sobre la planificación de la gestión pública como herramienta de buen gobierno.* Disponible online: https://www.antifraucv.es/la-universitat-de-valencia-y-la-agencia-valenciana-antifraude-presentan-el-audiovisual-de-docuforum-sobre-la-planificacion-de-la-gestion-publica-como-herramienta-de-buen-gobierno/, consultado el 19/09/2022.

De hecho, en materia de transparencia el artículo 6.2 de la Ley 19/2013 establece la obligatoriedad de publicitar "los planes y programas anuales y plurianuales en los que se fijen objetivos concretos, así como las actividades, medios y tiempo previsto para su consecución". A pesar de ello, a la hora de consultar portales de transparencia en nuestro país de entidades locales no encontramos con frecuencia dicha información de planes en los portales de transparencia, tal y como exponen Tomás Mallén y Oller Rubert[5] en un estudio sobre la transparencia activa en los municipios de la provincia de Castellón solo los municipios de más de 2.000 habitantes aprueban en el apartado de la publicidad activa que incluye la publicación de los planes municipales.

Por todo ello, podemos indicar que la planificación en los ayuntamientos es una de las tareas más pendientes actualmente y qué es necesario implementar con urgencia, ya que como a continuación analizaremos los beneficios de la planificación, en sus diferentes ámbitos de gestión en las entidades locales, son necesarias y una herramienta clave para lograr un buen gobierno local.

Así pues, ya que la planificación es un elemento transversal a todas las políticas públicas locales, en este trabajo se abordará detenidamente cuáles son los principales ámbitos de actuación en los que es necesario ejecutar un plan antes de llevar a cabo actuaciones de forma improvisada. En principio, en cualquier actividad que lleve a cabo un consistorio local debería haber un plan que lo respalde para poder posteriormente evaluar el grado de cumplimiento de los objetivos previstos. Arenilla Sáez, García

---

5 Tomás Mallén, B. y Oller Rubert, M., *Informe. Aplicación de la Ley 2/2015, de 2 de abril, de la Generalitat de transparencia, buen gobierno y participación ciudadana de la Comunidad Valenciana en los municipios de la provincia de Castellón. 2016-2019*, *op. cit.*, p. 34.

Vargas y Llorente Márquez[6] consideran necesaria dicha planificación estratégica en toda entidad local para poder anticiparse adecuadamente ante sus escenarios de futuro y así después también conocer el impacto de cada medida local adoptada ante su población. Por tanto, debe huirse de las improvisaciones y urgencias públicas, que son incompatibles con dicha adecuada programación de los servicios públicos locales[7].

De todas formas, aunque la planificación debe llevarse a cabo en cualquier ámbito de la gestión municipal, en el presente trabajo nos vamos a detener en aquellos ámbitos que consideramos que es más necesario impulsar las políticas de planificación. En primer lugar, la planificación en el ámbito de aprobación de disposiciones normativas (reglamentos y ordenanzas) que permitan prever qué normativas pretende aprobar cómo modificar o derogar un ayuntamiento o diputación durante un ejercicio concreto, y por qué motivos justificados se decide realizar dichas actuaciones. En segundo lugar, se abordará la planificación en el ámbito de las subvenciones públicas, ya que la actividad de fomento debe ser necesariamente planificada para cumplir con las disposiciones normativas y así mismo también evitar actuaciones precipitadas que pueden incluso ser contrarias al interés general constitucionalmente previsto.

En tercer lugar, se expondrá la planificación en el ámbito de la contratación pública local, un sector que genera muchísimos actos administrativos de forma diaria en los consistorios locales y donde es necesario realizar un plan que permita pre-

---

6 Arenilla Sáez, M., García Vargas, R., y Llorente Márquez, J., "Participación ciudadana y planificación estratégica. Los planes especiales de inversión y actuación territorial (PEI) de Madrid", *en Contribuciones a las Ciencias Sociales,* 2007.

7 Aragón Román, A., "La eficiencia en la administración local: «proceso reflexivo para un rol responsable»" en *El Consultor de los Ayuntamientos,* n.º 2, 2021, p. 126.

ver las decisiones de gasto en materia de contratación que se prevean realizar durante un ejercicio presupuestario justificando la necesidad de las mismas y permitiendo a los licitadores saber a qué contrataciones podrán participar.

Asimismo, también se hablará de la planificación en el ámbito de los recursos humanos, ya que para que cada unidad gestora pueda llevar a cabo las actuaciones que tiene previstas, es necesaria una adecuada organización en materia de personal indicando aquellos efectivos que dejará de tener la administración y cuáles otros deberán incorporar para poder seguir funcionando con normalidad. El último ámbito, de planificación que se abordará es el relativo al económico donde por un lado se expondrá la planificación en materia presupuestaria, que se encuentra más extendida por las exigencias legales pero que también es necesario implementar adecuadamente para poder tener consignación adecuada en todos los ámbitos de actuación municipal. El otro apartado, dentro de esta planificación económica, es el relativo a la tributación, donde desde los ámbitos de tesorería se debe realizar una previsión de recaudación de impulso a la misma para conseguir la liquidez necesaria para la buena gestión municipal. Por tanto, todos ellos son ámbitos de planificación que consideramos esenciales para un buen gobierno en el ámbito local y así cumplir con las exigencias constitucionales y de la Ley 19/2013.

Antes de abordar estos ámbitos concretos de planificación que acabamos de enumerar vamos a analizar algunos planes estratégicos o de actuaciones generales que han realizado algunos consistorios locales españoles. Estos se tratan de determinados consistorios que han decidido que, en lugar de realizar una actuación de planificación municipal sectorizada, han optado por elaborar un único documento donde se engloban las líneas estratégicas, objetivos operativos y principales acciones a desarrollar en cada ámbito municipal. Sin perjuicio, por supuesto, de que posteriormente el consistorio decida realizar actuaciones de planificación más detallada sobre un ámbito concreto empleo público, subvenciones, etc.). Algunos de los planes citados se encuentran en vigor en el momento del depósito de este trabajo y otros han perdido ya su vigencia, pero todos ellos son citados porque resultan ejemplarizantes como modelos de planificación en el ámbito municipal para garantizar el buen gobierno local.

En primer lugar, podemos destacar el plan estratégico del Ayuntamiento de Palencia[8] donde se establecen las grandes actuaciones a realizar por este consistorio durante el periodo 2012-2020. Analizando en primer lugar, cuál es el contexto del que parte el consistorio se proponen hasta cuarenta y cinco proyectos motores y de acciones sobre los diferentes ámbitos de actuación municipal. Aquí se analiza en ámbitos tan diferentes como el de la vivienda, juventud[9], ferias, espacios públicos, empleo, cultura, turismo o responsabilidad social corporativa, entre otros.

Cada uno de estos proyectos obedece al cumplimiento de una de las cinco estrategias principales establecidas por el consistorio, que son salud y vida, entorno, desarrollo humano, imagen y gobernanza. De esta forma, el consistorio establece cómo conseguir estas estrategias a través de los proyectos motores y de acciones indicadas para llegar a un detalle mayor cada proyecto. Asimismo, también se establecen una serie de indicadores de seguimiento sobre cada una de las propuestas de actuación que se realiza por este plan estratégico del Ayun-

---

8 Plan Estratégico 2020 de la Provincia de Palencia. Disponible en: https://www.diputaciondepalencia.es/system/files/publicacion-pdf/20160610/plan_estrategico-participacion-palencia.pdf, consultado el 02/01/2023.

9 Sobre el papel esencial de las entidades locales para fomentar las políticas de juventud véase: Jimena Quesada, L., “Los derechos sociales de la juventud: el papel de los entes locales y regionales”, en *Lex social: revista de los derechos sociales,* vol. 10, nº. 1, 2020.

tamiento de Palencia. Y es que no solo una planificación es necesaria para conseguir un buen gobierno, también resulta imprescindible evaluar la actuación municipal, aunque pueda resultar incómodo para el caso en que no se hayan cumplido los objetivos planificados y por tanto no se haya podido garantizar el interés general constitucionalmente previsto. Suelen existir reticencias para evaluar las políticas públicas, porque puede implicar descubrir vacíos de gestión y malas prácticas[10]; en definitiva, supone la posibilidad de afectar al prestigio de la entidad y sus dirigentes, aunque dicho examen de la situación resulta necesario para efectuar un correcto balance de la actuación pública ejecutada.

La Diputación de Palencia estableció así un plan estratégico para su provincia, estableciendo una misión, visión, valores y una serie de ejes de actuación en el ámbito de los retos económicos, a través del emprendimiento, la competitividad empresarial, en turismo o la diversificación del sector agropecuario. Además, se han establecido estrategias como la fijación de la población en el territorio y atendiendo especialmente a los grupos más vulnerables. En tercer lugar, se establece un eje estratégico de retos culturales con la revalorización del patrimonio histórico y cultural. En cuarto y último lugar, se establece retos medioambientales y territoriales con la conectividad territorial, la economía baja de carbono, la revalorización del patrimonio cultural y mejorar la gobernanza y la gestión de las nuevas tecnologías y otras actuaciones de buen gobierno que realiza Diputación Provincial en favor de la población de su provincia.

En el caso particular de las diputaciones, recordemos que tienen una labor de apoyo permanente a los municipios, especialmente a los de menor tamaño, y es necesario que su ac-

---

10 Cruz-Rubio, C. N., "Revisando la política de la evaluación de las políticas públicas" en *Más poder local,* n.º 31, 2017, p. 11.

tuación se revise continuamente para lograr este objetivo para seguir garantizar un buen gobierno local. Así pues, a pesar de las reformas legislativas de las últimas décadas para que dichas entidades supramunicipales auxilien a los consistorios locales, en la práctica ello todavía no ha supuesto que las diputaciones lideren la asistencia en los municipios más pequeños[11]. Por tanto, el apoyo a las actuaciones que realizan las diputaciones requiere de una profunda revisión[12] que permita satisfacer las exigencias de los municipios en esta materia.

Otro consistorio que está impulsando acciones de planificación sobre todo los ámbitos de actuación de su consistorio ha sido el Ayuntamiento de Almería con su plan estratégico[13] Almería 2030 se trata de un plan dinámico donde se ha potenciado muchísimo la participación ciudadana a través de una web y se permite a la ciudadanía que siga proponiendo mejoras al plan y no se concibe tanto como un documento cerrado.

De esta forma se garantiza la participación ciudadana entendida como parte esencial en el proceso de planificación; en efecto podemos unir dicha participación como parte de los derechos humanos[14]. Por tanto, dicha planificación de políticas públicas locales no solo garantiza el derecho constitucional al buen gobierno previsto en el artículo 103 CE, sino que incluso

---

11 Campos Acuña, M.C. y Caamaño Alegre, J., *Documento 2/2015. Abriendo puertas y ventanas de los ayuntamientos gallegos. Más transparencia para un mejor gobierno local,* Red localis, 2015, p. 9.

12 Colón de Carvajal Fibla, B., "Caso de éxito de El Consultor-Diputación Provincial de Castellón", en *El consultor de los Ayuntamientos,* n.° 4, 2016, p. 446.

13 Plan Estratégico del Ayuntamiento de Almería 2030. Plan de Acción 2020-2030. Disponible en: https://almeria2030.es/el-plan/, consultado el 02/01/2023.

14 Castellanos Claramunt, J. "El derecho humano a participar: estudio del artículo 21 de la Declaración Universal de Derecho Humanos", en *UNIVERSITAS. Revista de Filosofía, Derecho y Política,* n.° 1, p. 48.

permite cumplir con la Declaración Universal de Derechos Humanos si se realiza dicha planificación de forma participativa.

Este plan estratégico contiene varios documentos para conseguir los objetivos a alcanzar en primer lugar encontramos un documento de diagnóstico para analizar la situación de la que parte el municipio de Almería. Entrando el análisis en cuestiones de diversidad, inclusión, industria, cultura, cambio climático, innovación, empleo, educación entre otros. Así pues, resulta necesaria a la hora de elaborar planes estratégicos realizar un análisis previo como elemento necesario para saber qué es necesario mejorar y planificar en base a ello. De hecho, la necesidad de realizar un diagnóstico previo antes de la redacción de un plan es tan necesario que incluso en el Ayuntamiento de Almería han hecho una adaptación de dicho diagnóstico a los nuevos escenarios surgidos post COVID-19. La decisión de adoptar una técnica y otra de participación depende, en gran medida, de los objetivos que se quieren alcanzar[15], en todo caso, en lo que se coincide es en la necesidad de programar adecuadamente antes de adoptar cualquier decisión pública y por tanto elaborar un diagnóstico previo a un plan de acción de políticas públicas, incluyendo además un proceso participativo.

De esta forma, destaca cómo este ayuntamiento de Almería ha querido incidir más en la población mayor a la hora de elaborar el diagnóstico como consecuencia del COVID-19, otro aspecto que ha supuesto una modificación del plan como consecuencia de la pandemia ha sido el impulso de las nuevas tecnologías para hacerlas más cercanos a la ciudadanía, como una herramienta necesaria para evitar la presencialidad y por

---

15 Montouto González, O. y Yustos Gutiérrez, J.L., "¿Cómo participaron los ciudadanos de los municipios de Albacete en sus procesos de Agenda 21 local?", en *Ecosostenible de Wolters Kluwer*, n.º 56, 2009.

tanto luchar contra la propagación de la pandemia[16]. La planificación surgida a raíz de la COVID-19 exige ser rápida y concreta y después reorientar las políticas públicas a los nuevos escenarios post pandémicos[17], pero en todo caso resulta necesaria dicha programación de los recursos públicos.

Una vez realizada la fase de diagnóstico, el elemento más relevante de este plan estratégico Almería 2030 es el denominado plan de acción donde se incluyen un árbol de objetivos para impulsar una ciudad innovadora, sostenible, cultural, inclusiva y con una administración moderna. Todo ello se trata de planificaciones realizadas para lograr conseguir un buen gobierno en la gestión del consistorio almeriense.

Otra entidad local que ha elaborado un plan estratégico generalista relevante es el Ayuntamiento de Sevilla[18]. En este caso, el consistorio realiza un plan con el objetivo de establecer una serie de estrategias acordes a los diferentes planes sectoriales ya existentes en el municipio sevillano. En concreto se expone como hay más de cuarenta y cuatro planes en el Ayuntamiento de Sevilla sobre sectores específicos, por ejemplo, igualdad, movilidad, turismo, medio ambiente, industria, educación, residuos entre otros de ámbito de actuación local.

---

16 Sobre el papel de la administración electrónica para ayudar a las relaciones con la ciudadanía en la época pandémica véase: Martínez Gutiérrez, R., "Carácter esencial y consolidación de la e-Administración en los Ayuntamientos en tiempos del COVID-19", en *El Consultor de los ayuntamientos,* n.º 6, 2020.

17 López Escolano, C., y Rodríguez Beltrán, M. del M., "Un caso de análisis para la planificación urbana en el contexto del COVID-19: el Acuerdo por el Futuro de Zaragoza (España)", en *Revista de urbanismo,* n.º 46, 2022, p. 13.

18 Plan Estratégico 2030 del Ayuntamiento de Sevilla. Disponible en: https://www.sevilla.org/planestrategico2030/documentos/sevilla-2030/plan-estrategico-sevilla-2030, consultado el 02/01/2023.

Finalmente, este plan consigue establecer seis objetivos que pueden inferirse de los diferentes planes sectoriales, los cuales son generar empleo, luchar contra la pobreza y las desigualdades, crear una ciudad sostenible, desarrollar la gobernanza, impulsar el ejercicio de derechos ciudadanos y promover la cultura y la diversidad[19].

Asimismo, hay que destacar el compromiso de este consistorio sevillano con los Objetivos de Desarrollo Sostenible (ODS) al elaborar un documento anexo al plan estratégico indicando la alienación los objetivos del plan con los ODS para el año 2030. En efecto, alcanzar dichos ODS va de la mano de la consecuencia también del buen gobierno, lo que supone un cambio cultural de la administración, de forma que "el simple aleteo" de dicho buen gobierno permita avanzar hacia los objetivos de desarrollo sostenible de forma más efectiva[20], ya que una política pública local que persigue los ODS y se basa en los principios de buen gobierno es la que mejor permite satisfacer las necesidades del vecindario.

Una entidad local con menos población que también ha elaborado un plan de acción relevante es el Ayuntamiento de

---

19 De esta forma, el plan del Ayuntamiento pretende que para "el cumplimiento del objetivo central de una Sevilla compartida, es imprescindible la articulación en la ciudad de nuevas formas de buen gobierno fundamentadas en la transparencia, el consenso y la equidad". Puede consultarse dicho Plan Estratégico 2030 del Ayuntamiento de Sevilla. Objetivos y Estrategias – Sevilla 2030. en: https://www.sevilla.org/planestrategico2030/documentos/sevilla-2030/plan-estrategico-sevilla-2030 (consultado el 02/01/2023), p. 23.

20 Moro Cordero, M. A., "El efecto mariposa… en la Agenda 2030 para el Desarrollo Sostenible", *en El Consultor de los Ayuntamientos,* n.º 2, 2019, p. 78.

Alcoy[21], en la provincia de Alicante. En este caso, además de elaborar un diagnóstico se ha hecho un plan de acción con varios ejes institucionales: social, educación, innovación, urbanismo, sostenibilidad y medio ambiente. Un plan en el que, como en muchos otros, se ha contado con la participación ciudadana a través especialmente de las asociaciones municipales y se han establecido indicadores de seguimiento, así como un presupuesto estimado del coste. En este sentido, es necesario indicar que los costes de las acciones previstas es necesario indicarlas en estos planes estratégicos para demostrar la viabilidad de los mismos y que no simplemente sean una previsión alejada de la realidad sino un documento útil de trabajo para ejecutar acciones.

Además, dicho cálculo económico de las acciones planificadas debe servir para que se cumpla el principio de buen gobierno eficacia, economía y eficiencia del artículo 26.2.a.1° LTBG y por tanto debe perseguirse con la planificación de dichas acciones que el coste de las políticas públicas sea el menor con la mayor calidad posible[22]; y se exige diseñar una actividades coordinadas para lograr la calidad[23], por ello es clave la planificación para lograrlo.

Bajo el lema "haciendo humano lo urbano", el Ayuntamiento de Granada elabora un plan estratégico[24] con un documen-

---

21 Plan Estratégico de Alcoy 2019-2025. Disponible en: https://www.alcoi.org/es/ayuntamiento/pla20192025.html, consultado el 02/01/2023.

22 Merino García, B., "La evaluación de políticas de gasto en el ámbito de las Fuerzas Armadas. Impacto de la evaluación en los presupuestos del Ministerio de Defensa" en *Diario La Ley,* 2019.

23 Dal Molin, R., "Gestión de la calidad en la administración municipal", en *Tiempos de Gestión,* n.° 11, 2011, p. 83.

24 Plan Estratégico de Granada "Haciendo humano lo urbano". Disponible en línea: https://www.granada.org/ob2.nsf/in/EG2020/$file/

to marco que a su vez se refiere a otros planes sectoriales ha habido y existen actualmente en el consistorio para alinearlos todos ellos con la actuación de este plan estratégico se incluye también un proceso participativo amplio durante el plan con varios actores implicados. Además, en dicho documento se exponen los antecedentes sobre los que se parte, donde en el caso del consistorio de Granada el Consejo social ha tenido un papel clave para la elaboración de esta estrategia. Esta técnica neocorporativa de los Consejos sociales locales sirve para dar protagonismo a los agentes sociales[25], algo que se justifica por la excesiva rigidez de la normativa de régimen local, que no siempre permite una adecuada participación de colectivos locales en el resto de órganos colegiados de los ayuntamientos.

En este sentido, el principio de descentralización del artículo 103.1 CE justifica la existencia de dichos Consejos Sociales fomentando la participación ciudadana en la vida local[26]. Por tanto, hacer partícipe a dicho Consejo Social de la planificación local permite no solo garantizar el derecho constitucional al buen gobierno previsto en el artículo 103 CE, sino incluso avanzar hacia un estado social como expone el artículo1 de la propia carta magna. De hecho, Ariño Ortiz[27] entiende dicha descentralización como una: "diversidad de centros de poder"[28], de forma que la utilización de dichos Consejos So-

---

EG2020 Estrategia Granada 2020 Haciendo humano lo urbano.pdf, consultado el 02/01/2023.

25 Barba Ramos, F.J., Martínez López, F.J., "Los Consejos Económicos y Sociales locales" en *Temas Laborales: revista andaluza de trabajo y bienestar social*, n.º 77, 2004, p. 148 y 156.

26 Suero Salamanca, J. A., "El papel de los Consejos Económicos y Sociales a nivel local", *op. cit.*

27 Ariño Ortiz, G., "Principios de descentralización y desconcentración", en *Documentación Administrativa*, n.º 214, 1988, , p. 19.

28 Sobre la idea de que la descentralización crear diversidad también se pronuncia Calleja Salado, quien considera que un Estado des-

ciales sirve en gran medida para no tomar todas las decisiones desde unos pocos órganos locales, de manera que también puedan impulsarse las políticas públicas desde estos órganos de gran conexión con el municipio[29].

También podemos destacar el Plan Estratégico 2015-2025 del Ayuntamiento de Oviedo[30]. Dicho plan también realiza un análisis de los problemas y retos urbanos incidiendo a través de un análisis integrado en los diferentes ámbitos de actuación,

---

centralizado como el español debe "vigilar tanto la identidad como la diversidad, lo cual es una posición esencialmente complicada, ya que ambos son contradictorios"; lo que implica que la utilización de técnicas de descentralización, aunque favorecen un gobierno más diverso y por tanto pueden implican un buen gobierno deben ser compatibles con la identidad que deben existir también en nuestra configuración como Estado. Calleja Salado, M., "El Estado complejo y el Estado simple en la encrucijada de los principios de identidad y diferencia. Una reflexión sobre la descentralización", en Carrasco Surán, M., Pérez Royo, F.J., Urías Martínez, M. y Terol Becerra, J. (coords.), *Derecho constitucional para el siglo XXI: actas del VIII Congreso Iberoamericano de Derecho Constitucional*, vol. 2, p. 4603.

29 A este respecto, resulta interesante resaltar que no solo mediante una adecuada descentralización se consigue un buen gobierno, sino también que a la hora de descentralizar deben tenerse en cuenta principios de buen gobierno, como apunta Pezo Castañeda en el marco de la descentralización en Perú, al exponer que dicha descentralización debe hacerse de una forma: "eficiente, democrática y participativa que permita una adecuada prestación de servicios a la ciudadanía y por ende la satisfacción de sus necesidades y derechos". Pezo Castañeda, E., "Los principios de buen gobierno como principios rectores de la gestión y de las políticas del gobierno nacional y de los gobiernos regionales y locales en el marco de la descentralización", en *Derecho y Cambio Social*, n.º 28, 2012, p. 14.

30 Plan Estratégico Oviedo 2025. Disponible en: https://www.oviedo.es/gobierno/normativa/codigos-y-planes/-/asset_publisher/ZnWqq0q-cAWIJ/content/plan-estrategico-oviedo-2025/25047?inheritRedirect=true, consultado el 02/01/2023.

como la movilidad, el medio ambiente, la situación económica, la cultura, la administración municipal o la participación ciudadana. De nuevo, este consistorio también apuesta por un sistema de ejes como las líneas estratégicas de actuación principales, es como ahora economía y empleo, sostenibilidad y medio ambiente y calidad de vida ciudadanía y gobernanza. En uno de estos ejes se establecen acciones de impulso y finalmente en el documento se establecen una serie de indicadores de seguimiento.

En el caso del Ayuntamiento de Móstoles, que también ha apostado por la elaboración de un plan estratégico de ámbito general[31], dónde se han analizado unas dimensiones económicas sociales culturales y de gobernanza desde una perspectiva externa e interna. Así mismo, el plan realiza una confrontación de las dos perspectivas para establecer las diferentes debilidades y fortalezas de la organización. Concluye el plan mediante un marco estratégico proponiendo la ciudad de Móstoles como una ciudad próspera, verde, abierta, participativa, conectada y cohesionada. De hecho, la importancia de dicha cohesión a la hora de planificar las políticas públicas locales resulta esencial en todas las administraciones para garantizar el principio de buen gobierno del artículo 103 CE. Dicha cohesión administrativa, pensada entre diferentes administraciones públicas, sirve para establecer enlaces que eviten que las organizaciones administrativas se aíslen, ya que sin una mínima cohesión económica

---

31 Plan Estratégico Móstoles "La Ciudad que queremos". Disponible en: https://www.mostoles.es/Pestrategico/es/plan-estrategico-mostoles/plan-estrategico-mostoles-definitivo.ficheros/425924-Plan%20Estrat%C3%A9gico.pdfhttp://www.mostoles.es/Pestrategico/es/plan-estrategico-mostoles/plan-estrategico-mostoles-definitivo.ficheros/425924-Plan%20Estrat%C3%A9gico.pdf?usePlugin=true, consultado el 02/01/2023.

se produce una desestructuración[32]. De esta forma, al igual que dicha cohesión debe existir entre diferentes administraciones también forma parte de dicha coordinación constitucionalmente prevista la exigencia de conexión entre las diferentes unidades administrativas de un mismo municipio (especialmente cuando son municipios con elevada población como el caso de Móstoles), para permitir a la ciudadanía sentir que su consistorio local les representa y persigue el interés general de todo el vecindario, con independencia de donde resida.

Otro municipio con menos de treinta mil habitantes que también ha establecido un plan estratégico es el de Eibar[33]. En este plan se realiza un análisis DAFO, para abordar las debilidades, amenazas, fortalezas y oportunidades y así realizar una evaluación de los condicionantes estratégicos para abordar qué proyectos se van a realizar. Lo que el plan denomina como despliegue estratégico se traduce en una serie de retos con unos proyectos y objetivos específicos a ejecutar con unos plazos concretos. Se indica cuáles son los resultados esperados en los mismos, se centra la actuación del plan en la transición ecológica, la relación de actividades económicas en un nuevo escenario tecnológico, la creación de una ciudad más inclusiva y amigable. En efecto, este concepto de amabilidad empieza a surgir como parte del buen gobierno local, en especial cuando nos referimos al trato recibido por la administración hacia el ciudadano. Así pues, se observó que en encuestas de evaluación realizadas que muestran cómo la ciudadanía exige de los empleados públicos un trato amable y comprensivo antes incluso que la capacidad de los mismos para resolver el

---

32 Bouazza Ariño, O., "Principio de coordinación" en Santamaría Pastor, J.A. (dir.), *Los principios jurídicos del Derecho Administrativo*, La Ley, 2010.

33 Plan Estratégico de Eibar 2025. Disponible en: eibar.eus/es/ayuntamiento/planes-y-programas-municipales/plan-estrategico-de-eibar-2025

problema[34]. En efecto, el concepto de amabilidad es necesario para seguir alcanzando el buen gobierno local[35], un elemento que resulta difícil de cuantificar al ser claramente subjetivo[36], pero que a pesar de ello no debe dejar de perseguirse, ya que un trato esmerado hace que la ciudadanía sienta más próximo su ayuntamiento y se logre satisfacer el interés general constitucionalmente previsto.

Concluimos con la lista de planes estratégicos de carácter generalista con el Plan del Ayuntamiento de León[37], dónde junto con un análisis externo e interno del diagnóstico de la ciudad se acaba formulando unas estrategias enfocadas a la calidad de vida, el desarrollo económico, el turismo, las infraestructuras y el gobierno y la participación. Se establecen una serie de indicadores de seguimiento permiten evaluar si el plan se está realizando correctamente en un periodo que abarca desde el 2018 hasta el 2027.

Por último, indicar que en este plan se establece una serie de agentes responsables del seguimiento, y ello se trata de un

---

34 Almonacid Lamelas, V., “El nuevo personal al servicio de la Administración municipal: tipología, descripción, valores y aptitudes” en Almonacid Lamelas, V. (dir.), *Estudios sobre la modernización de la Administración Local: teoría y práctica*, El Consultor de los Ayuntamientos, 2009.

35 La importancia de que la amabilidad sea incluida como necesaria en la atención ciudadana se trata de una cuestión que ya fue abordada previamente en: Clemente Martínez, J. “El acceso a los trámites de la administración desde los pequeños ayuntamientos: una exigencia constitucional y de buen gobierno local”, en *Revista Española de la Transparencia*, n.º 15, 2022.

36 Gimeno Ruiz, A., Las cartas de servicio en las páginas web municipales como instrumento de información al ciudadano, *op. cit.*, p. 123.

37 Plan Estratégico de León 2018-2027. Disponible en: https://planestrategico.leon.es/plan-estrategico/que-es-un-plan-estrategico/plan-estrategico-leon-2018-2027/, consultado el 02/01/2023.

elemento esencial ya que no solo hay que establecer forma de permitir verificar si se ha cumplido la planificación, sino que debe designarse a personas que se encarguen de ello para verificar los progresos obtenidos[38].

Por tanto, todos los planes expuestos, aunque tengan carácter generalista y en la mayoría de ocasiones no proponga acciones tan específicas, dan paso a la posterior planificación sectorial local, que será la que a continuación analizaremos dividida por temática (planificación normativa, de contratación, subvenciones, etc.).

Como se explica en la Recomendación de la Agencia Valenciana Antifraude[39], planificar: "es vital para permitir una visión estratégica de la misión de servicio público (...) dotándoles asimismo de una mayor capacidad de reacción, posibilitando cumplir su misión de manera ágil y eficiente. Asimismo, el papel de la planificación es clave para facilitar la detección y control de los riesgos de corrupción institucional." En definitiva, el plan permite prevenir los fraudes institucionales y por tanto satisfacer el derecho constitucional al buen gobierno al permitir la satisfacción del interés general frente al particular, propio de la corrupción.

---

38 Monzón Mayo, M. J., "Régimen jurídico de las subvenciones en el ámbito local; la Ley 38/2003 General de Subvenciones, y su reglamento de desarrollo" en Ballesteros Arribas, S. (dir.), Administración local: estudios en homenaje a Ángel Ballesteros, *El Consultor de los Ayuntamientos, Madrid,* 2011.

39 Recomendación general. Planificación: herramienta clave para prevenir los riesgos de corrupción en las organizaciones. Disponible online: https://www.antifraucv.es/wp-content/uploads/2020/11/201103_Recomendacion_planificacion.pdf, consultado el 02/01/2023.

2. PLANIFICACIÓN NORMATIVA EN MATERIA DE DISPOSICIONES

2.1. Obligatoriedad constitucional y legal de los planes normativos locales

Las ordenanzas y reglamentos de una entidad local suponen la normativa sobre la que se sustenta la mayoría de las decisiones de esa corporación. En base a la aplicación del principio de la autonomía local, consagrado en el artículo 140 de la Constitución, ayuntamientos y diputaciones provinciales elaboran su propia normativa con independencia, ya que de hecho según Toscano Gil[40] la autonomía local tiene un carácter político, lo que implica la posibilidad de los dirigentes locales de poder configurar un reglamento con libertad, aunque siempre dentro de los límites que la Constitución y la legislación le establece; en efecto como indicó Sosa Wagner[41] dicha autonomía ha de entenderse "bajo la luz que le proyecta el sistema democrático en el que se inserta, donde cobra el relieve que la Constitución ha querido atribuirle". En efecto, también Fanlo Loras[42] destaca la importancia de dicha autonomía local en nuestra organización territorial del Estado español[43].

---

40 Toscano Gil, F., *Autonomía y potestad normativa local*, Comares, 2006, p. 191.

41 Sosa Wagner, F., "La autonomía local", en Martín-Retortillo, S. (coord.), *Estudios sobre la Constitución española. Homenaje al profesor Eduardo García de Enterría*, vol. IV, 1991, p. 3224.

42 Fanlo Loras, A., *Fundamentos constitucionales de la autonomía local*, Centro de Estudios Constitucionales, Madrid, 1990, p. 239.

43 Sobre la relevancia constitucional de la autonomía local pueden véase: Cidoncha Martín, A., "El significado constitucional de la autonomía local", en López Castillo (dir.), *Garantías y límites de la autonomía local*, 2022, Fundación Democracia y Gobierno Local.

Si bien, que los consistorios locales puedan ejercer esta potestad normativa con amparo constitucional no implica que deban hacerlo sin una planificación previa; de hecho, también García Aranda[44] entiende que la configuración de la autonomía debe hacerse de forma democrática y ello se consigue, entre otras cuestiones, mediante una planificación de actuaciones normativas que permita así a la ciudadanía conocer las previsiones de modificaciones reglamentarias y poder opinar sobre las mismas.

De esta forma, la planificación sobre las diferentes disposiciones normativas que aprobará una entidad local durante un ejercicio está prevista como una obligación legal en el artículo 132.1 de la Ley 39/2015, de 1 de octubre, del Procedimiento Administrativo Común de las Administraciones Públicas, que establece: "Anualmente, las Administraciones Públicas harán público un Plan Normativo que contendrá las iniciativas legales o reglamentarias que vayan a ser elevadas para su aprobación en el año siguiente". En efecto, dicha exigencia de planificación tiene por objeto crear una predictibilidad del ordenamiento para crear seguridad jurídica[45], lo que en la práctica es una forma de conseguir un mejor gobierno, al resultar más transparente y previsible en sus actuaciones.

En primer lugar, resulta necesario advertir sobre la STC n.º 55/2018, de 24 de mayo de 2018, que vino a establecer inconstitucional, en cuanto al ámbito de competencias que afecta a las competencias de las comunidades autónomas, dicho artículo 132, por lo que podemos deducir que resulta aplicable dicho precepto al ámbito local, ya que el Alto Tribunal solo se

---

44 García Aranda, S., La autonomía local en la Constitución de 1978, Dykinson, Madrid, 2015, p. 157.

45 Torralba Mena, I., "Artículo 132. Planificación normativa", en Recuerda Girela, M.A. (dir.), *Régimen jurídico del sector público y procedimiento administrativo común*, Aranzadi, 2016, p. 870.

pronuncia en el sentido de indicar que no dicho artículo 132 LPCAP no es una normativa básica que afecte a las comunidades autónomas. Si bien, existe doctrina, como Velasco Caballero[46], que considera que fruto de dicha resolución del Alto Tribunal dicho precepto sólo resultaría aplicable al ámbito de la administración general del estado, aunque el propio autor advierte que podría voluntariamente regularse dichos planes en las entidades locales: "por lo que aporta internamente a la organización local (programación y coordinación orgánica) y por lo que traslada hacia el exterior (seguridad jurídica)". De hecho, la regulación de la planificación normativa, al margen del debate sobre su exigencia obligatoria, ya supone en sí mismo un estímulo para que las administraciones comiencen a programar su actuación normativa[47] . Por ello, por mejor seguridad constitucional (a la luz del citado FJ7º de la STC 55/2018) y para garantizar el derecho al buen gobierno local, consideramos que sigue resultando exigible al ámbito local elaborar dicho plan normativo, algo que como define Martín Lorenzo[48] supone una regulación inteligente por parte de las administraciones "para crear un marco jurídico de calidad".

De esta forma, estos planes anuales normativos consisten en hacer una previsión de aquellas disposiciones normativas de carácter normativo que pretende aprobar modificar o suprimir. Aun así, no son pocos los consistorios que obvian esta obligación de aprobarlo o si lo hacen difícilmente incluye dicho plan las totalidades de los reglamentos a modificar, ya que en la

---

46 Velasco Caballero, F., "El "Plan anual normativo" de los ayuntamientos", en *Revista Estudios Locales (Cunal)*, 2022.

47 Araguàs Galcerà, I., "La planificación normativa", *op. cit.*

48 Martín Lorenzo, B., "La elaboración de normas en Castilla y León: impacto de la reforma administrativa tras la Ley 39/2015 y la STC 55/2018", en *Gabilex: revista jurídica de Castilla y León*, n.º 46, 2018, p. 112.

mayoría de ocasiones dichas normas se aprueban ante situaciones urgentes que no pueden ser previstas anticipadamente[49].

Nada se aclara en dicha Ley 39/2015 sobre la aprobación de una disposición reglamentaria que no se encuentre en dicho Plan normativo. A priori, la lógica jurídica podría hacernos pensar que dicha práctica de mal gobierno de aprobar reglamentos que no se encuentren en el Plan es contrario al ordenamiento jurídico, ya que de lo contrario perdería sentido esta necesidad de planificación normativa que se exige. A pesar de ello, la jurisprudencia ha indicado que la aprobación de una ordenanza o reglamento que no se encuentre en dicho plan no es motivo de nulidad, sino que simplemente supone un defecto formal no invalidante ya que de lo contrario se vería limitada la potestad reglamentaria de las entidades locales, constitucionalmente prevista, como expone la STSJ de Madrid n.º 2635/2020, de 3 de marzo de 2020.

De igual forma, se ha pronuncia la STSJ de Galicia n.º 3177/2019, de 30 de abril de 2019, alegando que el objeto de aprobar dicho Plan es garantizar los principios de transparencia y seguridad jurídica y el propio procedimiento de aprobación de ordenanzas previsto en la Ley 7/1985 ya garantiza suficientemente dichos principios.

En la misma línea se pronuncia Gallego Alcalá[50], que indica que la Ley 50/1997, de 27 de noviembre, del Gobierno permite en el artículo 25 la aprobación de normas que no estuvieran en el plan anual normativo si se justifica en una Memoria de Análisis de Impacto Normativo, por ello el autor considera que si la misma técnica de excepción del plan debe aplicarse al ámbito

---

49 Casado Casado, L., "La incidencia de la Ley del Procedimiento Administrativo Común de las Administraciones Públicas sobre la potestad normativa local", *op. cit.*, p. 123.

50 Gallego Alcalá, J. D., "Sobre el régimen legal del Plan Actual Normativo", en *El Consultor de los Ayuntamientos*, n.º 8, 2018, p. 80.

local, de lo contrario expone que se estaría: "colocando en una peor posición a las Administraciones Públicas Locales", ya que si no se generaría una desigualdad significativa entre administraciones territoriales. Si bien, el hecho que pueda exceptuarse dicho plan no debe implicar necesariamente la posibilidad de eludirlo mediante el uso de la citada memoria. En este sentido García-Escudero Márquez[51] se muestra optimista al indicar que debemos esperar de los operadores jurídicos que hagan uso, preferentemente, del plan antes que de la memoria y por tanto que ello: "haga germinar la conciencia de su necesidad".

Tampoco implicaría, según la jurisprudencia, causa de nulidad aprobar un plan normativo y no cumplir la obligación del artículo 6.2 LTBG que obliga a publicarlo en el portal de transparencia, como se ha indicado en STSJ de Asturias n.º 920/2019, de 11 de diciembre de 2019, aunque sin duda no garantiza absolutamente el buen gobierno local, al prescindir de un elemento de transparencia en la gestión municipal normativa realizada.

Así pues, según hemos expuesto, aunque no sea una causa de nulidad la aprobación de una disposición reglamentaria que no esté incluida en el Plan o aprobar un plan y no publicarlo en el portal de transparencia, sí hacer adecuadamente ambos aspectos resulta un elemento esencial de buen gobierno local, como bien nos indica la Recomendación de la AVAF[52] que establece que crear un plan y publicarlo: "pondrá en valor el principio de seguridad jurídica en el ámbito regulatorio ins-

---

51 García-Escudero Márquez, P., "Iniciativa legislativa del gobierno y técnica normativa en las nuevas leyes administrativas (leyes 39 y 40/2015)", en *Teoría y realidad constitucional*, n.º 38, 2016, p. 439.

52 Recomendación general. Planificación: herramienta clave para prevenir los riesgos de corrupción en las organizaciones. Disponible online: https://www.antifraucv.es/wp-content/uploads/2020/11/201103_Recomendacion_planificacion.pdf, consultado el 02/01/2023.

titucional, propio del buen gobierno". En efecto, como apunta Ponce Solé[53]: "si nos tomamos la mejora regulatoria en serio será posible avanzar hacia un buen gobierno regulatorio" cuestión que pasa, necesariamente, por la planificación normativa.

2.2. Tipología de planes normativos locales y cómo logran el derecho constitucional al buen gobierno

Por ello, en este apartado, analizaremos planes normativos que han elaborado en consultorios que resultan ejemplarizantes para ver cómo no solo se ha cumplido con esta previsión legal, sino también para lograr ejecutar un buen gobierno en el ámbito local.

A la hora de analizar planes anuales normativos de consistorios españoles podemos ver que se han utilizado criterios distintos de redacción para ejecutarlos. En primer lugar, podemos partir con aquellos planes normativos cuyo contenido es más sencillo y se remite únicamente al cumplimiento del artículo 132 LPACAP, indicando simplemente una lista de aquellas ordenanzas que van a ser aprobadas o modificadas, indicando el título de las ordenanzas, sin más detalles, y sometiendo dicho acuerdo de aprobación del plan a la sede plenaria municipal. Es el caso, por ejemplo, el plan anual normativo (PAN) del Ayuntamiento del Puerto de Santa María[54], del Ayuntamiento de

---

53 Ponce Solé, J., "Innovación para la calidad normativa al servicio del buen gobierno y la buena administración", en Ponce Solé, J. y Cerrillo Martínez, A. (coord.), *Innovación en el ámbito del buen gobierno regulatorio: ciencias del comportamiento, transparencia y prevención de la corrupción*, Instituto Nacional de Administración Pública, 2017, p. 143.

54 PAN del año 2020 del Ayuntamiento de Puerto de Santa María: Disponible en: http://transparencia.elpuertodesantamaria.es/trans/D-normativa/PLAN-NORMATIVO/CERT.%20PLENO%20

Leioa[55], del Ayuntamiento de la Línea de la Concepción[56], del Ayuntamiento de Alcoy[57], del Ayuntamiento de Vélez-Málaga[58] o del Ayuntamiento de Leganés[59], donde solo se han incluido está referencia a aquello que se pretende modificar sin más trámites.

De hecho, es lo más frecuente en aquellos planes anuales normativos elaborados por la mayoría de los ayuntamientos que simplemente para cumplir la obligación legal se establezca una lista de reglamentos. Precisamente los planes no solo deben citar el nombre de las disposiciones reglamentarias que se aprobarán o modificarán, sino que deben contener más información sobre los cambios que se introducirán para que verdaderamente tengan ese papel planificador que permita conocer a la ciudadanía los cambios normativos que pretende llevar a cabo el consistorio[60]. Por tanto, aunque conforme a la previ-

---

12-02-2020%20Punto%209%20Plan%20Normativo%20Municipal.PDF, consultado el 02/01/2023.

55 PAN del año 2021 del Ayuntamiento de Leioa. Disponible en: https://leioazabalik.leioa.net/plan-normativo

56 PAN del año 2021 del Ayuntamiento de la Línea de la Concepción. Disponible en: https://gobiernoabierto.dipucadiz.es/uploads/indicadores/1615921589031.pdf, consultado el 02/01/2023.

57 PAN del año 2020 del Ayuntamiento de Alcoy. Disponible en: https://www.alcoi.org/export/sites/default/es/ayuntamiento/descarga/Plan-anual-normativo-2020.pdf, consultado el 02/01/2023.

58 PAN del año 2020 del Ayuntamiento de Vélez-Málaga. Disponible en: https://www.velezmalaga.es/index.php?mod=normativamunicipal&tag=plan-normativo-anual, consultado el 02/01/2023.

59 PAN del año 2021 del Ayuntamiento de Leganés. Disponible en: http://www.leganes.es/portal/contenedor_ficha.jsp?seccion=s_fdes_d4_v1.jsp&codbusqueda=2097&language=es&codResi=1&codMenuPN=4&codMenuSN=1949&codMenu=2210&layout=contenedor_ficha.jsp&ca=17, consultado el 02/01/2023.

60 Bejarano Lucas, J. M., "La implementación de la planificación normativa y de la denominada «better regulation» en el ámbito municipal", en *El Consultor de los Ayuntamientos*, n.º 21, 2016, p. 2402.

sión del artículo 132 LPACAP una enumeración de las normas podría resultar suficiente para cumplir dicha obligación legal, es más que aconsejable ampliar dicho contenido, para dar una verdadera información a la ciudadanía sobre las pretensiones locales de alteraciones normativas; en definitiva, dicho plan supone un compromiso con el buen gobierno[61].

Es por ello, que podemos clasificar dichos planes en una segunda categoría, en aquellos que no solo indican qué ordenanzas van a modificar o aprobar, sino que también establecen con más detalle cuál va a ser el contenido de dicha ordenanza y los principales motivos de su cambios. Aquí encontramos como ejemplo el PAN del Ayuntamiento de Málaga[62], donde nos indica no solo el nombre de aquellas ordenanzas a modificar sino una explicación de cuál va a ser el contenido de las ordenanzas y los principales motivos por los cuales se decide modificar o aprobar. Este también es el caso del Ayuntamiento de Córdoba[63], donde además de indicar qué ordenanza se van a modificar, qué contenido tendrán y sus principales motivos incluso se establece cuál es el órgano o centro gestor responsable de la redacción e impulso de la modificación normativa.

La tercera categoría de planes anuales normativos sería aquella que incluye la máxima información posible, en general se trata de consistorios más grandes que suelen tener incluso departamentos propios destinados total o parcialmente a estas

---

61 Núñez Lozano, M. C., "El Plan anual normativo para el año 2017", en *Administración de Andalucía: revista andaluza de administración pública*, n.º 97, 2017, p. 431.

62 PAN del año 2022 del Ayuntamiento de Málaga. Disponible en: https://www.malaga.eu/gobierno-abierto/transparencia-ayuntamiento/publicidad-activa/planificacion-y-evaluacion/, consultado el 02/01/2023.

63 PAN del año 2020 del Ayuntamiento de Córdoba. Disponible en: https://www.cordoba.es/busquedas-plan-normativo/category/216-plan-normativo-municipal-2022, consultado el 02/01/2023.

labores de planificación. Si bien, hemos de indicar que, aunque el hecho de tener mayores recursos humanos para una tarea hace que se puedan lograr más satisfactoriamente, tampoco supone un impedimento absoluto para los consistorios más pequeños o medianos que puedan aprobar un plan anual normativo de calidad sin dichos medios. Ello es así porque, para estos consistorios el volumen de modificaciones normativas también será mucho menor que en los grandes y por tanto el trabajo de elaboración del plan también será más sencillo.

Y es que en la mayoría de las ocasiones la decisión de planificación en el ámbito normativo depende más de una cuestión de voluntad que de capacidad, ya que dicha planificación normativa es un proceso novedoso sobre el que no hay experiencia[64], por lo que sin dicha intención expresa del ayuntamiento de cambiar el statu quo de la ausencia de planificación, no se logrará el mismo por más medios que pueda haber para ello. De tal forma, esta voluntad de aprobar el plan normativo resulta necesaria, como defiende Antelo Martínez[65], no solo para cumplir con el principio de transparencia, sino también porque dicho plan supone: "una manifestación implícita del principio de seguridad jurídica al objeto de generar un marco jurídico predecible y de certidumbre".

Llegamos así a la tercera categoría de planes normativos locales, donde encontraríamos principalmente al Ayuntamiento

---

64 Campos Acuña, M. C., "De la iniciativa legislativa y de la potestad para dictar reglamentos y otras disposiciones" en Campos Acuña, M. C. (dir.), *Comentarios a la Ley 39/2015 de procedimiento administrativo común de las administraciones públicas*, El Consultor de los Ayuntamientos, 2017.

65 Antelo Martínez, A. R., "Elaboración de disposiciones de carácter general en la Administración Local, tras la entrada en vigor de la Ley 39/2015", en *Revista De Estudios De La Administración Local Y Autonómica*, n.º 6, 2017, p. 111.

de Madrid[66] que en su plan incluso indica el trimestre estimado de aprobación de cada norma. Recordemos además que junto con la aprobación de un PAN otra exigencia que permite la buena gestión normativa en una entidad local es la realización de una consulta previa para la aprobación de una normativa (que en principio es posterior a la publicación del plan) se regula por el artículo 133 LPACAP, si bien como advierte Casado Casado[67]: "no pueden ocultarse los obstáculos que puede encontrar la aplicación efectiva de estos trámites participativos, especialmente la consulta previa", por lo que, aunque resulta obligatoria por la norma lo cierto es que dicho mecanismo de participación en la elaboración de normas no siempre alcanza las pretensiones previstas.

En referencia a esta consulta pública previa del artículo 133 LPACAP, que va de la mano con la aprobación del plan en muchas ocasiones, destaca como la Diputación de Castellón ha aprobado unas fichas identificativas para las consultas públicas a las que tienen que someterse las normas a aprobar. Así pues, mediante dichas fichas establecen un esquema de aquellos elementos que se tienen que exponer cuándo se va a llevar a cabo un trámite de consulta previa, indicados en el artículo 133.1 LPACAP[68]. Otro ejemplo lo encontramos en el Ayuntamiento

---

66 PAN del año 2022 del Ayuntamiento de Madrid. Disponible en: https://transparencia.madrid.es/portales/transparencia/es/Informacion-juridica/Plan-normativo/Plan-Anual-Normativo-del-Ayuntamiento-de-Madrid-para-el-ano-2022/?vgnextfmt=default&vgnextoid=b404c5a77c49d710VgnVCM1000001d4a900aRCRD&vgnextchannel=d9cf43082e350610VgnVCM2000001f4a900aRCRD, consultado el 02/01/2023.

67 Casado Casado, L., "La incidencia de la Ley del Procedimiento Administrativo Común de las Administraciones Públicas sobre la potestad normativa local", en *Revista Vasca de Administración Pública. Herri-Arduralaritzako Euskal Aldizkaria,* n.º 107, 2017, p. 112.

68 Los cuales son, según dicho artículo 133.1 LPACAP: "a) Los problemas que se pretenden solucionar con la iniciativa. b) La necesidad y

de Sagunto[69] o en el Ayuntamiento de Alcudia[70], quienes han establecido unas directrices sobre la consulta pública previa en los procedimientos de elaboración de normas. Principalmente en estas directrices de los citados ayuntamientos se establece una regulación un poco más detallada de lo que establece el artículo 133 de la Ley 39/2015, en concreto estableciendo como debe procederse con estos trámites cuando se lleven a cabo y cómo organizar internamente el consistorio para ejecutarlos.

De tal modo, la especial referencia a cómo realizar la consulta previa en una entidad local se trata esta de una inicialmente laudable en la medida dicha consulta, como apunta Casado Casado[71], resulta de especial importancia para permitir la participación ciudadana en las fases más tempranas de las políticas normativas cuando "todas las opciones están aún abiertas" y de hecho la autora[72] considera que la ausencia injustificada de dicho trámite de consulta previa es causa de nulidad, ya que

---

oportunidad de su aprobación. c) Los objetivos de la norma. d) Las posibles soluciones alternativas regulatorias y no regulatorias".

69 Directrices del Ayuntamiento de Sagunto sobre la consulta pública previa en el procedimiento de elaboración de las normas municipales aprobadas por el Pleno de la corporación el 28 de noviembre de 2017.

70 Directrices sobre consulta pública previa, y audiencia e información pública, en el procedimiento de elaboración y modificación de las normas y disposiciones reglamentarias municipales del Ayuntamiento de Alcúdia. Disponible en: https://www.alcudia.net/export/sites/default/ajuntament/ca/documentos/documents_d_interes/documents_d_interes/DIRECTRIUS-ORDENANCES-I-REGLAMENTS.pdf, consultado el 02/01/2023.

71 Casado Casado, L., "La aplicación del trámite de consulta pública previa en el procedimiento de elaboración de normas locales dos años después de su entrada en vigor", en *Revista Aragonesa de Administración Pública*, n.º 52, 2018, p. 203.

72 Casado Casado, L., "Los efectos jurídicos de la omisión del trámite de consulta pública previa en el procedimiento de elaboración de las disposiciones administrativas de carácter general: ¿nulidad de

opina que: "solo si la consecuencia jurídica es ésta dotaremos de efectividad a un trámite esencial desde la perspectiva de la participación ciudadana" es por ello que podemos entender dicha consulta previa como un trámite de especial importancia para lograr un buen gobierno en materia normativa.

Volviendo al contenido del plan normativo, recordamos que no es una cuestión menor y el Ayuntamiento de Madrid se encuentra en esta categoría de municipios altamente preocupados por la aprobación del plan normativo al establecer unas directrices sobre cómo se debe de llevar a cabo dicha elaboración[73]. Un documento donde establece los elementos que deben cumplirse cuando anualmente se apruebe este plan. En primer lugar, se establece el objeto del plan y cuál ha de ser el contenido del mismo, incluyendo en este las ordenanzas reglamentos tanto del propio ayuntamiento como de sus organismos públicos municipales e indicando que quedarán excluidos de este plan los presupuestos municipales, las ordenanzas fiscales, los acuerdos plenarios de precios públicos, los planes urbanísticos y las iniciativas normativas provenientes de ciudadanos o de concejales.

Las directrices establecen asimismo la competencia para elaboración de los planes que en el caso del Ayuntamiento de Madrid en la Junta de Gobierno. Se indica cómo para dicho proceso de redacción se establecen y cada órgano directivo debe solicitar a la persona coordinadora de su área de gobierno la inclusión de una norma en el plan remitiéndola a la Secretaría General Técnica correspondiente. Asimismo, se

---

pleno derecho de la norma aprobada?", en *Revista De Estudios De La Administración Local Y Autonómica*, n.º 14, 2020, p. 46.

73 Acuerdo de 24 de noviembre de 2022 de la Junta de Gobierno de la Ciudad de Madrid por el que se aprueban las Directrices sobre el Plan Normativo del Ayuntamiento de Madrid. Boletín Oficial del Ayuntamiento de Madrid n.º 9.274 de fecha 30/11/2022, pp. 4-13.

establece el contenido mínimo que debe incluir la propuesta. Destaca especialmente en el caso del consistorio madrileño la existencia de un comité de mejora en la regulación municipal que regula la valoración de la inclusión de las iniciativas propuestas en el proyecto de PAN, porque cada vez es más necesario llevar a cabo actuaciones de *better regulation* también el ámbito local; ya que la mejora de la regulación de las políticas normativas es una herramienta imprescindible para toda administración pública[74] y de hecho Lladó Martínez[75] defiende que dicha consulta debe verse como una oportunidad para la administración (no como una carga) para así cumplir con los principios de participación y transparencia.

Precisamente, este elemento de mejor regulación se consigue mediante la evaluación del PAN, que el caso madrileño deberá realizar el citado comité de mejora durante el primer semestre de cada año el cumplimiento del plan del ejercicio anterior.

2.3. La correcta modificación del plan normativo para seguir garantizando el buen gobierno

Aunque en principio la planificación normativa de un consistorio debería ser estable y mantenerse durante el ejercicio para el que se aprobó, en muchas ocasiones surgen imprevistos que hacen necesario un cambio o ampliación.

---

74 Álvarez Suárez, M., “La mejora de la regulación en España como política pública: análisis y evolución”, en *Gestión y Análisis de Políticas Públicas,* n.º 17, 2017, p. 37.

75 Lladó Martínez, A., La consulta pública previa del artículo 133 LPACAP en la elaboración de normas reglamentarias de las universidades, en *Revista española de derecho administrativo,* n.º 219, 2022, p. 12.

Por tanto, no son pocos los consistorios que se ven en la necesidad de ampliar o modificar su plan una vez ya ha sido aprobado y en principio visto lo anteriormente indicado, si es posible aprobar una ordenanza sin que esté en el plan, modificar el plan para añadir un reglamento una vez aprobado el plan es jurídicamente viable. De hecho, resultaría hasta más garantista incluir una norma en un plan previamente aprobado, que aprobar una norma sin incluirla también en el plan, ya que de la primera forma se logra avisar, aunque sea con poca antelación, a la ciudadanía de los cambios propuestos para darles más seguridad jurídica en lo que se va a realizar y que puedan proponer cambios sobre el mismo.

En este sentido, una vez aprobado el PAN es conveniente darle la mayor difusión posible para garantizar dicha participación ciudadana, de forma además que el plan sea un documento de consenso[76]. De hecho, el ámbito local es uno de los más propicios a que haya espacios de deliberación y debate[77], por ello mismo no debería desaprovechar la oportunidad de hacer también participativo[78] el proceso de modificación de los planes normativos. De este modo, la posibilidad de abrir

---

76 Burgar Arquimbau, J. M., "Adaptación de la normativa municipal al nuevo procedimiento administrativo: modificación de ordenanzas y reglamentos locales", en *El Consultor de los Ayuntamientos*, n.º 8, 2016, p. 913.

77 Porro Gutiérrez, J. M., "Participación ciudadana en el ámbito local: aproximación a la estructura normativa desde los reglamentos de participación ciudadana"., en *Revista Aragonesa de Administración Pública*, n.º 39, 2012, p. 397.

78 Sobre la participación ciudadana en la elaboración de planes y normas véase: Oller Rubert, M., "Artículo 47. Participación ciudadana en la elaboración de normas, planes, procedimientos y otros instrumentos de planificación", en Díez Sánchez, J. J. y García Macho, R. J. (coord.), *Comentarios a la Ley 2/2015, de 2 de abril, de Transparencia, Buen Gobierno y Participación Ciudadana de la Comunitat Valenciana*, Reus, 2019.

la participación ciudadana al plan permite recoger opiniones vecinales que justifiquen modificar el plan para adaptarlo al interés general, con lo que en la práctica modificar un plan puede resultar tan relevante para garantizar el buen gobierno como lo es aprobarlo inicialmente[79].

En la práctica, puede considerarse legítima la modificación del plan anual normativo local inicialmente previsto cuando existan motivos justificados y ellos pueden plasmarse en una memoria de análisis del impacto normativo[80], previstas como obligatorias para el Estado en el caso de aprobar una disposición normativa no prevista en el plan, como establece el artículo 25.3 de la Ley 50/1997, de 27 de noviembre, del Gobierno,

---

79 Así pues, encontramos ejemplos de modificaciones de planes normativos en el caso del Ayuntamiento de Vélez-Málaga dónde se produce una modificación del Plan Anual normativo en mayo de 2020 para dicho ejercicio. a raíz de una propuesta del teniente de alcalde (Disponible en: https://www.velezmalaga.es/index.php?mod=normativamunicipal&tag=plan-normativo-anual, consultado el 02/01/2023). En este caso, la modificación del plan se argumenta en que ante la nueva crisis sanitaria del covid-19 surge la necesidad de la modificación de una ordenanza reguladora de las tasas por ocupación de vía pública en terrazas y estructuras auxiliares (que se ha tratado uno de los ámbitos en los que los consistorios han pretendido actuar derogando o reduciendo los importes de dichas tasas en beneficio de la ciudadanía). Éste se trata, por tanto, de un ámbito claro donde evidentemente una nueva circunstancia, cómo era la crisis sanitaria, hace imposible cuándo se aprobó el PAN para el ejercicio 2020 haber previsto la modificación de esta ordenanza y por ello esta modificación se considera justificada, aunque se realice con posterioridad a la aprobación inicial.

80 Sobre cómo se configura el impacto normativo véase: Carceller Stella, J., "Análisis de impacto normativo. Proceso y metodología en perspectiva autonómica", en Aymerich Ojea, I., García Mahamut, M.R. (coord..) y Fernández Hernández, A., *Ética, transparencia, buen gobierno y sistema electoral. Propuestas de mejora de la normativa valenciana*, 2019.

y desarrollado en el Real Decreto 931/2017, de 27 de octubre, por el que se regula la Memoria del Análisis de Impacto Normativo.

Estas memorias de análisis de impacto normativo, como expone el artículo 2 del citado RD 931/2017 permiten proporcionar información a la ciudadanía sobre la oportunidad de la propuesta, su contenido y análisis jurídico, su impacto económico y presupuestario, la detección de cargas administrativas, el análisis coste-beneficio y otros impactos, como el de género, adolescencia, familia, etc.

A pesar de la utilidad de dichas memorias para justificar una aprobación reglamentaria no prevista en el plan normativo, su exigibilidad a los ayuntamientos como mecanismo para aprobar una ordenanza no prevista en el plan normativo no parece ser una cuestión obligatoria, ante la falta de regulación de dicha memoria en el citado artículo 132 LPACAP y la no aplicabilidad de la citada Ley 50/1997 y el RD 931/2017 a los ayuntamientos.

Si bien, aunque no resulte obligatorio, de nuevo encontramos un ejemplo de buen gobierno en la administración local que decida igualmente elaborar dicha memoria de análisis para aprobar un reglamento no previsto en el plan normativo. Según Giménez Soler[81], si decide no aprobarse dicha memoria debería realizarse ciertas valoraciones sobre la futura norma a aprobar con el objeto de garantizar el derecho constitucional al buen gobierno local, ya que dicha memoria permite evaluar mejor la conveniencia de aprobar o no dicha disposición regla-

---

[81] Giménez Soler, M. J., "El proceso de elaboración de las ordenanzas locales. Anulación de ordenanzas por defectos en su elaboración. A propósito del caso «Madrid Central»", en *El Consultor de los Ayuntamientos,* n.º 11, 2021, p. 79.

mentaria y permite evaluar de forma completa si dicha futura norma verdaderamente logrará los objetivos previstos[82].

Sirve aquí como ejemplo las citadas directrices aprobadas en el Ayuntamiento de Madrid sobre el PAN[83], que prevén las posibles modificaciones del mismo el apartado 7.3, indicando que solo se pueden realizar los cambios en el plan por circunstancias especiales, como por ejemplo en caso de que se produzca la formación de un nuevo gobierno municipal y siempre bajo la valoración del comité de mejora de la regulación municipal. En todo caso, en el caso madrileño hay que indicar que dichas directrices establecen facultades al titular de la Coordinación General de la Alcaldía de la ciudad para dictar resoluciones para el desarrollo y ejecución del PAN, lo que en la práctica puede llegar a suponer una especie de ampliación o modificación posterior de algunos elementos del plan.

Y es que, como vemos la tarea de planificación normativa no siempre ha obtenido sus mejores resultados, siendo en parte culpable el legislador que ha detallado poco este proceso, como confirma Araguas Galcerá[84] al hablar de: "cierta desidia, cuando no abandono, con unas carencias especialmente patentes en la génesis del procedimiento".

Por lo que es necesario seguir poniendo en valor el papel de la planificación normativa como herramienta de cambio hacia

---

82 Sieira Mucientes, S., "La necesaria objetividad en la evaluación ex ante de la calidad de las normas. Estudio de la memoria de análisis del impacto normativo en la familia", en *Revista De Las Cortes Generales*, n.º 107, 2019, p. 140.

83 Acuerdo de 24 de noviembre de 2022 de la Junta de Gobierno de la Ciudad de Madrid por el que se aprueban las Directrices sobre el Plan Normativo del Ayuntamiento de Madrid. Boletín Oficial del Ayuntamiento de Madrid n.º 9.274 de fecha 30/11/2022, pp. 4-13.

84 Araguas Galcerá, I., "La planificación normativa", en *Revista General de Derecho Administrativo*, n.º 56, 2021.

una administración local más organizada, ya que dichas normas tienen fuertes impactos sociales y económicos en la población[85] y por tanto dicha planificación sirve para que los reglamentos puedan, verdaderamente, satisfacer el interés general municipal y en definitiva permitir un buen gobierno local.

3. LA PLANIFICACIÓN EN EL ÁMBITO DE LAS SUBVENCIONES

3.1. La planificación subvencional como elemento del buen gobierno local

El siguiente ámbito de analizar la planificación es el relativo a las subvenciones que gestionan las entidades locales. La actividad de fomento se trata de una de las principales en el ámbito local, ya que tradicionalmente los consistorios han protagonizado las principales ayudas a aquellos sectores de la población que lo han necesitado. Principalmente, el hecho de que los consistorios sean los más próximos a la ciudadanía hace que las exigencias de ésta sean mayores y por ello la política subvencional aumente considerablemente respecto a otras administraciones territoriales. A modo de ejemplo, hay que indicar que con la crisis sanitaria el COVID-19 los ayuntamientos han tratado de implementar ayudas de todo tipo, por qué son las que más les ha reivindicado la ciudadanía para poder hacer frente a la crisis económica derivada de la COVID-19[86].

---

85 Prieto Romero, C., "La planificación y la evaluación normativa en la ley del procedimiento administrativo común de las Administraciones Públicas", en *Revista jurídica de la Comunidad de Madrid*, n.º 2018, p. 4.

86 Encontramos numerosas entidades locales que han concedido ayudas económicas a particulares, autónomos y empresarios con motivos de

Así las cosas, ante una gran actividad subvencional, resulta imprescindible la planificación para llevar a cabo la actividad de fomento adecuadamente. Si bien, como ocurría en el ámbito normativo la planificación de las subvenciones, si se produce, es sobre todo por el imperativo legal establecido en el artículo 8.1 de la Ley 38/2003, de 17 de noviembre, General de Subvenciones que indica: "Los órganos de las Administraciones públicas (...) deberán concretar en un plan estratégico de subvenciones los objetivos y efectos que se pretenden con su aplicación, el plazo necesario para su consecución, los costes previsibles y sus fuentes de financiación".

A diferencia de lo ocurrido con el plan anual normativo, donde su falta de aprobación no suponía un motivo de nulidad, sí que lo resulta en el caso del plan de subvenciones, como se expone en STS n.º 306/2021, de 4 de marzo de 2021 que indica: "el Plan Estratégico de Subvenciones, al que se refiere dicha disposición, tiene carácter previo al establecimiento de cualquier subvención, constituyendo un requisito esencial cuyo cumplimiento exige que sea formalizado externamente y con un contenido que le haga identificable como tal por reflejar al menos aquello a que alude el apartado 1 de ese artículo 8". Jurisprudencia consolidada también en sentencias del Tribunal Supremo de 26 de junio de 2012, 4 de diciembre de 2012 y 16

---

la COVID-19, sirvan como ejemplo las dadas por el Ayuntamiento de Pozuelo de Alarcón: https://www.pozuelodealarcon.org/empresas-comercio-y-emprendedores/plan-de-apoyo-al-comercio-y-a-la-hosteleria/ayudas-para-empresarios-y-autonomos/seguimiento-de-las-ayudas-para-empresarios-y-autonomos, las del Ayuntamiento de Gandía: https://gandia.es/aytg/web_php/index.php?contenido=descripcion&id_boto=788&lang=1 y las del Ayuntamiento de Alicante: https://www.alicante.es/es/noticias/abierto-plazo-pedir-ayudas-3000eu-al-transporte-fiestas-y-ocio-covid, consultadas el 02/01/2023.

de abril de 2013. En particular, también resulta ejemplarizante STS n.º 4970/2012, de 26 de junio de 2012, que considera dicho Plan como un elemento no tangencial, sino fundamental y por tanto que debe constar antes de otorgar cualquier subvención para: "cumplimentar los principios de transparencia y eficacia en el gasto público".

Del mismo modo lo indican Pérez Delgado y Rodríguez Pérez[87] al exponer que dicho plan tiene carácter imperativo y categórico y se basa en: "principios de transparencia, eficacia y eficiencia que debe presidir la gestión de las subvenciones". Precisamente eficacia y eficiencia son principios recogidos en el artículo 26 LTBG, por lo que se justifica la planificación subvencional como un elemento esencial para alcanzar el buen gobierno local. En efecto, resulta fundamental dicha planificación de la actividad de fomento de la administración para cumplir con la política de racionalización del gasto público y las directrices presupuestarias[88], que impiden a las administraciones conceder subvenciones sin una planificación adecuada que permita cumplir dichos principios y reglas.

Así pues, procedemos ahora a analizar los elementos que contienen los planes de subvenciones, a través de varios ejemplos de planes elaborados por consistorios locales españoles, todo ello para garantizar este derecho constitucional al buen gobierno.

---

87 Pérez Delgado, M. y Rodríguez Pérez, R. P., "La ausencia de Plan de Contratación no determina la nulidad de los Pliegos", en *Contratación administrativa práctica: revista de la contratación administrativa y de los contratistas*, n.º 174, 2021.

88 Vázquez Garrazno, J., "Planificación y bases reguladoras de las subvenciones", en *Revista española de control externo*, vol. 14, n.º 41, 2012, p. 205.

3.2. Principios constitucionales y legales de los planes de subvenciones locales

Como punto de partida en todo plan, es necesario establecer los principios que regirán su contenido y en particular la forma que tendrá el ayuntamiento de otorgar subvenciones.

Así pues, en primer lugar, destacar el plan de subvenciones del Ayuntamiento de Ortuella[89], que tiene un contenido genérico pero que cumple el mandato legal de la Ley 38/2003 al indicar como principios esenciales la eficiencia y eficacia en el artículo 8.3.b y c de la citada ley. Además, dicho ayuntamiento también considera esenciales los principios de racionalizar la gestión pública y mejorar su gestión. De hecho, como se ha expuesto, estos principios de eficiencia y eficacia y por extensión otros como los indicados en la mejora en la gestión pública, los encontramos entre los principios de buen gobierno del artículo 26 LTBG. Dichos principios que deben incluirse en dichos planes de subvenciones, planes que algunos autores[90] defienden que tienen naturaleza programática y no tanto jurídica, aunque verdaderamente satisfacen ambas, ya que verdaderamente existe una exigencia legal de aprobar dichos planes de ayudas públicas como se ha expuesto en el apartado anterior.

Encontramos también esta referencia a la eficiencia y eficacia, así como incluso con la adecuación a la estabilidad presu-

---

[89] Plan Estratégico de Subvenciones del Ayuntamiento de Ortuella. Disponible en: https://www.ortuella.eus/es-ES/Ayuntamiento/Hacienda/Presupuesto%202020/PLAN%20ESTRATEGICO%20SUBVENCIONES%202020.pdf, consultado el 02/01/2023.

[90] Rodríguez García, J. M., Límites para ser beneficiario de subvenciones, *op.cit.*, p. 106.

puestaria en plan de subvenciones del Ayuntamiento de Burgos[91] y también en el plan del Ayuntamiento de Leganés[92].

La verificación de estos principios de buen gobierno de eficiencia y eficacia se complementa en el ámbito subvencional incluso con la verificación del gasto que han hecho las entidades subvencionadas, especialmente mediante auditorías[93]. Un ámbito, el del control del gasto subvencional, que se ha visto también afectado por la inclusión de decisiones automatizadas que, aunque no deben rechazarse dicha opción, deben hacerse respetando la normativa vigente[94], ya que la clave en el control de ayudas públicas sigue siendo el cumplimiento de estos principios de buen gobierno.

Además, el Tribunal Constitucional ha considerado de especial relevancia estos principios de eficiencia en materia subvencional en la STC 130/2013, FFJJ 5 a 8 y STC 135/2013, FJ 3 que como expone el Tribunal Constitucional en su sentencia n.º 41/2016 de 8 de abril de 2016, al referirse a los criterios de eficiencia y economía en el gasto público del artículo 31.2 CE.

Por tanto, estos principios de eficiencia y eficacia fueron ya considerados esenciales, también en el ámbito local, antes incluso de su formulación como principios de buen gobierno en

---

91 Plan Estratégico de Subvenciones del Servicio de Medio Ambiente y Sanidad del Ayuntamiento de Burgos para el período 2020-2022.

92 Plan Estratégico de Subvenciones del Ayuntamiento de Leganés 2021-2024. Disponible en: http://www.leganes.es/portal/RecursosWeb/DOCUMENTOS/1/0_62937_1.pdf, consultado el 02/01/2023.

93 Arias Rodríguez, A. y Riera López, M, "Mejora de la gestión y control de ayudas públicas y subvenciones a través del compliance" en Campos Acuña, C. (dir.), *Guía práctica de compliance en el sector público,* El Consultor de los Ayuntamientos, 2020.

94 Benítez Palma, E. J., "El control externo del gasto público en el Estado automatizado", en *Revista española de control externo,* vol. 22, n.º 65, 2020, p. 100.

la Ley 19/2013, a través del citado artículo 31.2 CE. Incluso ya se expuso así en STC n.º 214/1989, de 11 de enero de 1990 "que la eficiencia en el uso de los recursos públicos es una exigencia constitucional que deben tener en cuenta las propias entidades locales en el ejercicio de su poder de autoorganización". En definitiva, la eficiencia y eficacia, especialmente en el ámbito subvencional, se tratan de principios de buen gobierno local que se encuentran altamente garantizados por la jurisprudencia constitucional.

Para poder satisfacer adecuadamente este principio de eficiencia y eficacia en materia subvencional es necesario analizar también las consignaciones presupuestarias que han realizado los consistorios en sus planes. Recordemos que la necesidad de realizar una adecuada consignación presupuestaria resulta un requisito "sine quanon" para poder ejecutar una subvención, de lo contrario puede suponer un motivo de nulidad, como prevé el artículo 36.1.b de la Ley 38/2003[95]. Precisamente, en dicha norma estatal, encontramos como el artículo 10.1 expone que en el ámbito de la Administración General del Estado el órgano competente para conceder subvenciones podrá hacerlo "previa consignación presupuestaria para este fin". Un requisito que ocurre de igual forma en el ámbito local y por ello la mayoría de planes de subvenciones hacen referencia a esta forma de consignación.

De esta forma, encontramos el Ayuntamiento de Valladolid[96], donde su plan indica que las subvenciones estarán condicionadas a la correspondiente consignación presupuestaria

---

95 En concreto el artículo 36.1.b de la Ley 38/2003 establece: "La carencia o insuficiencia de crédito, de conformidad con lo establecido en el artículo 60 de la Ley General Presupuestaria y las demás normas de igual carácter de las Administraciones públicas sujetas a esta ley".

96 Plan Estratégico de Subvenciones del Ayuntamiento de Valladolid para los años 2020-2022. Expediente SE-54/2019.

en el presupuesto anual de cada ejercicio en que se vayan a ejecutar. Se deduce así la relevancia de planificar una adecuada consignación presupuestaria y en definitiva controlar el gasto público, para cumplir con unos niveles de eficiencia y eficacia subvencional que acostumbran a estar vacíos de contenido en el ámbito local[97]. De tal forma, queda evidenciado que la consignación presupuestaria debe ser correcta y lógica para que el gasto público en materia subvencional garantice los citados principios. De hecho, la existencia de consignación presupuestaria supone incluso establecer parcialmente el régimen jurídico de la subvención y reconocer tácitamente la competencia de la administración para otorgarla[98], por ello que se entiende que la necesaria existencia de crédito es vital y cumple una función relevante que va más allá del cumplimiento de los citados principios de buen gobierno.

Otros planes de subvenciones, a la hora de establecer las consignaciones presupuestarias permiten que dichas subvenciones se extiendan a más de un ejercicio, convirtiéndolas en plurianuales. Es el caso por ejemplo del plan de subvenciones del Ayuntamiento de Zaragoza[99], que establece ayudas para entidades que deberán realizar una serie de actuaciones a las que está condicionada la subvención por un periodo de dos años. Esta plurianualidad debe estar igualmente sujeta a los principio constitucional de eficiencia en el gasto, por ello los artículos 56 y 57 del RD 887/2006 (que como se ha expuesto

---

[97] Vega García, C. A., "La Base de Datos Nacional de Subvenciones en la Administración Local", *en El Consultor de los Ayuntamientos*, n.º 19, 2011, p. 2267.

[98] Ramallo Massanet, J., "El poder de gasto del Estado: Subvenciones y orden competencial", en *Documentación administrativa,* n.º 232-233, 1992-1993, p. 415.

[99] Plan estratégico de subvenciones del Ayuntamiento de Zaragoza 2020-2023. Disponible en: https://www.zaragoza.es/sede/portal/ayuda-subvencion/plan-estrategico, consultado el 02/01/2023.

en principio no es aplicable al ámbito local) podrían entenderse aplicables al ámbito local para regular el régimen de las gastos anticipados y plurianuales en materia de subvenciones al amparo del artículo 149.3 CE, ante la falta de regulación expresa y actualizada en el ámbito local en esta materia, todo ello para lograr la eficacia y eficiencia del artículo 103 de la Constitución[100]. Por tanto, ante la ausencia de una regulación específica local que permita planificar adecuadamente las subvenciones plurianuales resulta necesario acudir a la normativa estatal para garantizar el principio constitucional de eficiencia. Ello debe ser de tal modo en la medida en que las ayudas públicas deben perseguirse un horizonte plurianual para mayor calidad de las cuentas públicas[101], por tanto, queda evidenciada la necesidad de lograr una eficiencia en los gastos subvencionables que abarcan más de un año natural para conseguir un buen gobierno local.

Aunque la importancia de fijar de forma lo más precisa posible el gasto subvencional en el plan es la mejor forma de garantizar un correcto funcionamiento de estos principios de eficacia y eficiencia, no siempre todos los planes locales han establecido dicha precisión. En muchas ocasiones se establecen unas previsiones de gasto que se van concretando en el momento preciso de la concesión, como hace el Ayuntamiento de Beasain en su plan de subvenciones[102].

---

100 Clavo del Castillo, V., "Los gastos de tramitación anticipada, los plurianuales y el principio del devengo", en *El Consultor de los Ayuntamientos,* n.º 4, 2020, p. 39.

101 Mora de la Viña, M. J., "Gestión y control de subvenciones", en *Presupuesto y gasto público,* n.º 86, 2017, p. 25.

102 Plan Estratégico de Subvenciones 2023-2025 del Ayuntamiento de Beasain. Disponible en: https://www.beasain.eus/es/araudia-02/dirulaguntzen-plan-estrategikoa-2/4803-plan-estrategico-de-subvenciones-2023-2025, consultado el 02/01/2023.

De forma similar lo hace el Ayuntamiento de Ortuella que, en lugar de concretar una consignación económica precisa, ha establecido unas líneas estratégicas que dejan más margen de maniobra y de esta forma en cada ejercicio económico se va diciendo qué gasto subvencional concreto va a realizar. En estos casos, cuando la cuantía tiene carácter estimado debe indicarse expresamente en las bases de la ayuda y estará condicionada a la futura consignación que exista cuando se resuelva la misma[103].

En el caso del Ayuntamiento de Burgos tampoco se fijan unas cuantías cerradas, ya que se establece en su plan subvencional que, en lugar de establecer una consignación concreta para cada entidad, se establecen las subvenciones que se han dado a las entidades en los dos últimos ejercicios para que sirvan como referencia sobre qué importe se otorgará a cada entidad. También el Ayuntamiento de Madrid en sus planes de subvenciones[104] establece unos costes previsibles del plan de acción que en la práctica pueden variar, ya que no siempre esta herramienta de planificación permite concretar de antemano el gasto subvencional máximo a realizar.

Tengamos en cuenta que, aunque en el plan puede no establecer siempre una precisión concreta del importe a subvencionar, una vez se vaya a conceder dicha subvención no deberá ser superior al importe estimado y consignado o sino deberá realizarse la oportuna modificación presupuestaria previo al otorgamiento de la subvención. En ningún caso se puede una

103 Manteca Valdelande, V., "Los procedimientos de concesión de subvenciones", *en El Consultor de los Ayuntamientos*, n.º 7, 2009, p. 992.

104 Planes estratégicos de subvenciones del Ayuntamiento de Madrid. Disponibles en: https://sede.madrid.es/portal/site/tramites/menuitem.1f3361415fda829be152e15284f1a5a0/?vgnextoid=03c10ed3bbe3a410VgnVCM1000000b205a0aRCRD&vgnextchannel=60e9e59bdb789210VgnVCM100000171f5a0aRCRD&vgnextfmt=default, consultado el 02/01/2023.

subvención con una consignación superior a la prevista, de igual forma que no se puede abonar a una entidad una subvención por un importe superior al concedido, que era el que tenía consignación presupuestaria, como recuerda la STSJ de La Rioja n.º 152/2017, de 12 de mayo de 2017. De hecho, la existencia de consignación presupuestaria en materia subvencional es de tal calado que puede incluso llevar a "simplificar" los trámites de concesión de ayudas[105], ya que si se trata de una concesión directa donde el importe solicitado por el total de solicitantes es inferior al crédito disponible ni siquiera habrá que valorar o establecer un orden entre dichos solicitantes. Por ello, la existencia de consignación presupuestaria y la no superación de la misma es un principio básico en materia subvencional que permite, a su vez, cumplir los citados principios de buen gobierno de eficiencia y eficacia y también el de control de gasto público, todos ellos constitucionalmente garantizados.

Otro principio esencial en materia subvencional es el de publicidad y transparencia, que vemos especialmente reflejo a través, por ejemplo, del plan del Ayuntamiento de Móstoles[106], donde se incluye en el plan las memorias elaboradas por las unidades gestoras justificando el motivo de cada subvención. En general, la publicidad y transparencia la encontramos recogida como principio en el artículo 8.3.a) Ley 38/2003, se tratan de principios que son esenciales en la gestión subven-

---

105 Bueno Armijo, A. M., "La concesión directa de subvenciones", *op. cit.*, p. 303.

106 Plan Estratégico de Subvenciones 2020-2022 del Ayuntamiento de Móstoles. Disponible en: https://www.mostoles.es/SEDE_ELECTRONICA/es/informacion-administrativa/ayudas-subvenciones/plan-estrategico-subvenciones-ayuntamiento-mostoles-2020-20, consultado el 02/01/2023.

cional[107]. De hecho, dicha publicidad de ayudas servirá no solo para prevenir la corrupción de las administraciones públicas, sino también prevenir la corrupción en entidades privadas[108].

Como herramienta fundamental para garantizar dicha publicidad en actividad subvencional es la Base de Datos Nacional de Subvenciones (BDNS), que permite aglutinar en un único espacio todas las ayudas públicas otorgadas por las administraciones, evitando a la ciudadanía que deba consultar todos los boletines oficiales para ser conocedora de las subvenciones que se convocan. Como bien explica Lanza Suárez, dicha Base establece unos enlaces dinámicos para cumplir sin coste las exigencias de transparencia[109]. De hecho, dicha Base de Datos también puede servir de herramienta de cotejo para verificar que las empresas privadas han publicado en su web adecuadamente las subvenciones que ha recibido conforme las exigencias de la normativa de transparencia que le pueda ser de aplicación[110], por ello, dicha Base permite cumplir con el principio de publicidad tanto para la vertiente de quién concede como de quién recibe la subvención[111].

---

107 Gallego Alcalá, J. D., "Conciliación de la transparencia y la protección de datos personales en la publicidad de los beneficiarios de subvenciones", en *El Consultor de los Ayuntamientos*, n.º 11, 2018, p. 88.

108 Martínez Laguna, L., *La transparencia en la publicidad de subvenciones: un estudio empírico de la eficiencia y productividad en las empresas beneficiarias de subvenciones y la evaluación del impacto social*, Universidad San Pablo CEU, p. 28.

109 Lanza Suárez, P., "40 meses a bordo de la Base de datos nacional de subvenciones", en *El Consultor de los Ayuntamientos*, n.º E-1, 2019, p. 177.

110 Martínez Laguna, L., Urquía Grande, E. y Palomo Zurdo, R., "¿Son transparentes las empresas que reciben subvenciones?: El impacto social en España y su evaluación", en *REVESCO: revista de estudios cooperativos*, n.º 138, 2021, p. 216.

111 Recordemos que aunque la Ley 19/2013 (que posteriormente se analizará con más detalle respecto al ámbito de publicidad de subvenciones) es una norma que se aplica de forma general a ad-

También Seoane Pesqueira[112] expone la importancia de cumplir estos principios de apertura mediante la publicación de las subvenciones en la BDNS, que permite a la ciudadanía conocer las ayudas convocadas, haciendo así más transparente la administración, lo que permite "evitar el ocultismo, mejorar la gestión y colaborar en la lucha contra el fraude de subvenciones y ayudas públicas, así como generar confianza derivada de la máxima publicidad". Precisamente el gran volumen de gasto público destinado a subvenciones ha justificado la existencia de mayores controles sobre la actividad de fomento para la evitar conductas ilícitas[113], por ello medidas como las de publicidad mediante la BDNS ayudan a evitar notoriamente dichas eventuales corruptelas.

La publicidad no solo ha de producirse en la convocatoria de la subvención, sino también posteriormente en la adjudicación de dichas ayudas, donde de nuevo debe existir transparencia conforme al artículo 18.1 de la Ley 38/2003 para poner en valor la obligación de conferir publicidad a los datos de los beneficiarios de las subvenciones[114]; una publicidad subvencio-

---

ministraciones públicas, el artículo 3.b de la misma obliga también a aplicarse a entidades privadas y por tanto a publicitar sus ayudas cuando: "perciban durante el período de un año ayudas o subvenciones públicas en una cuantía superior a 100.000 euros o cuando al menos el 40 % del total de sus ingresos anuales tengan carácter de ayuda o subvención pública, siempre que alcancen como mínimo la cantidad de 5.000 euros".

112 Seoane Pesqueira, F., "Problemática de la convocatoria de subvenciones Fernando", en *El Consultor de los Ayuntamientos*, n.º 1, 2019, p. 298.

113 Chamorro Zarza, J. A., "La protección jurídica de las subvenciones públicas y la defensa del interés social frente a la corrupción" en Rodríguez García (coord.) y Fabián Caparrós, E. A., *Corrupción y delincuencia económica*, Universidad Santo Tomás, 2008, p. 73.

114 Gallego Alcalá, J. D., "Conciliación de la transparencia y la protección de datos personales en la publicidad de los beneficiarios de subvenciones", *op. cit.*

nal que conlleva "saludables beneficios"[115], ya que, de hecho, sirve para luchar contra los fraudes.

Si bien, no deja de resultar necesaria la protección de los datos personales en este aspecto publicitario, especialmente cuando son datos especialmente protegidos. En este sentido la STS n.º 957/2015, de 9 de marzo de 2015 que indica que: "el artículo 18 de la Ley 38/2003, General de Subvenciones , cita entre los datos que debe ser objeto de publicidad el del beneficiario de la subvención y el de la finalidad de la subvención, pero no incluye sin embargo entre dichos datos el de la identidad de la persona discapacitada que causa el derecho a la subvención". Se trata, por tanto, de un supuesto donde el principio de buen gobierno en materia subvencional de la publicidad se ha desvirtuado al vulnerarse la protección de datos personales, ya que resultaba necesaria la adecuada disociación de datos antes de publicar los causantes de una subvención, al ser personas discapacitadas.

Por último, recordemos que la propia Ley 19/2013, en su apartado de publicidad activa del artículo 8.1.c obliga a los consistorios locales a publicar en sus portales de transparencia "Las subvenciones y ayudas públicas concedidas con indicación de su importe, objetivo o finalidad y beneficiarios", lo que supone un elemento reforzado de publicidad, sumado al ya indicado de la BDNS. De hecho, debe unirse este principio de transparencia y publicidad de las subvenciones con el de eficiencia y eficacia ya que la publicidad subvencional permite incrementar los niveles de eficiencia y eliminar las distorsiones e interferencias del mercado[116]. En definitiva, publicidad

---

115 Bueno Armijo, A. M., "La concesión directa de subvenciones", *op. cit.*, p. 273.

116 Bastardo Yustos, F. M., "Balance, tras quince años de la Ley de Subvenciones", en *El Consultor de los Ayuntamientos,* n.º 1, 2019, p. 27.

y transparencia adquiere relevancia como principios de buen gobierno en la actividad subvencional se tratan en efecto de principios enunciadores de la actividad pública de fomento[117], y por ello deben plasmarse adecuadamente en los planes estratégicos de subvenciones.

Otro principio recogido en los planes de subvenciones es el de igualdad y objetividad, que encontramos, por ejemplo, en el citado plan del Ayuntamiento de Leganés y en particular en el 8.3.a de la Ley 38/2003. Esta igualdad en materia subvencional ya fue apuntalada por el Tribunal Constitucional en referencia a las competencias exclusivas del estado en materia registral de empresas cinematográficas, que de no existir se pondría en riesgo, entre otros, el derecho a recibir subvenciones públicas de dichas empresas, así se indicó en STC n.º 157/1985, de 17 de diciembre de 1985: "En efecto, si la inscripción registral estuviese siempre y en todo caso a cargo de las autoridades autonómicas -aplicando reglas y condiciones propias- (...), se pondría en riesgo la igualdad de acceso de todas las empresas a las subvenciones (...) quebraría también la exigencia de igualdad básica (artículo 149.1.1 CE)".

Más recientemente, en STS n.º 119/2022, de 2 de febrero de 2022 ha seguido exponiendo la importancia de garantizar este derecho a la igualdad en materia subvencional, en concreto en un asunto relativo a vinos ecológicos, donde indicaba que no existir motivo para otorgar una ayuda solo a unos vinos u otros dependiendo de su consideración de ecológicos, ya que: "la doctrina del Tribunal Constitucional según la cual el artículo 14 de la Constitución no ampara "la falta de distinción entre supuestos desiguales, esto es, el hipotético derecho a imponer o exigir diferencias de trato".

---

117 San Martín Mora, M. A., "El marco normativo de la transparencia para las entidades locales aragonesas. Las obligaciones de publicidad activa", en *Anuario aragonés del gobierno local*, n.º 7, 2015, p. 347.

En todo caso, hay que recordar que los recursos públicos destinados a la actividad subvencional son finitos y por ello las administraciones no pueden subvencionar todas las situaciones, sino que deben distinguir aquellas que sean verdaderamente de interés público, lo que supone unos verdaderos juicios de valor para decidir entre los beneficiarios[118]. Por tanto, la diferenciación de trato para fomentar un colectivo y otro se considerará amparada en el principio constitucional y legal de igualdad siempre que se justifique la especial necesidad de ese colectivo.

Aunque el mencionado principio de igualdad viene referido principalmente a no generar un trato desigual ante situaciones semejantes donde se tiene derecho a percibir subvenciones, también se ha concretizado dicho principio en el ámbito de la igualdad de género. Así pues, algunos planes estratégicos de subvenciones han establecido expresamente que las entidades beneficiarias fomenten la igualdad de género en sus actuaciones, como por ejemplo el Ayuntamiento de Vitoria-Gasteiz[119]. También en los citados planes del Ayuntamiento de Madrid se indican que se debe valorar la aplicación de medidas para la igualdad efectiva entre los dos sexos como criterios de valoración a la hora de conceder subvenciones a entidades.

Esta apuesta por la igualdad de género en la actividad de fomento va incrementándose y de hecho hay autores[120] que plantean incluso si deben otorgarse subvenciones a entidades

---

118 Martínez Manzaneque, D., "Evolución y análisis de la buena gestión de subvenciones públicas: del sometimiento a los requisitos jurídicos tradicionales a las nuevas demandas sociales", en *Revista española de control externo,* n.º 66, 2020, p. 101.

119 Plan Estratégico de Subvenciones del Ayuntamiento de Vitoria-Gasteiz Periodo 2022-2024. Disponible en: https://www.vitoria-gasteiz.org/wb021/was/contenidoAction.do?idioma=es&uid=u4c8c3a77_15a403a4ffe__7f6b, consultado el 02/01/2023.

120 Barrere Unzueta, M. A., "La irrupción de la igualdad...", *op.cit.,* p. 251.

que puedan discriminar y es que la posibilidad de establecer una discriminación hacia aquellas entidades que no respeten la igualdad de género para impedirles recibir subvenciones podría ampararse según el artículo 14 CE, aunque en la práctica no encontramos consistorios que lo hayan implementado.

Junto a este principio de igualdad, se indicaba también el de objetividad en el proceso subvencional que como expone la STSJ de Galicia n.º 1493/2005, de 21 de octubre de 2005, debe tenerse en cuenta en la actividad fomento como principio esencial, en la medida en que no es una potestad absolutamente discrecional de la administración, ya que debe garantizarse dicha objetividad, en cumplimiento del derecho constitucional al buen gobierno.

Estrechamente ligado a estos principios de publicidad, eficiencia, transparencia, objetividad e igualdad tenemos la posibilidad de gestión de las subvenciones mediante concurrencia competitiva o concesión directa. Hemos de indicar que elegir entre una opción u otra es algo permitido por los artículos 22 (que regula la concurrencia competitiva) y 28 (que regula la concesión directa) de la Ley 38/2003.

A pesar de las dos opciones posibles, el propio artículo 22 establece que la concurrencia competitiva debe ser la regla general en todo procedimiento y así lo reafirma el Tribunal Constitucional en STC n.º 130/2013, de 2 de julio de 2013, al indicar que es un principio básico de todo procedimiento que orienta las relaciones entre administraciones y ciudadanos que puedan recibir de estas ayudas públicas. De esta forma, el Alto Tribunal une los principios anteriormente indicados de eficiencia, eficacia, igualdad, publicidad y transparencia con la necesidad de optar, como regla general, por la concurrencia competitiva, en garantía del artículo 31.2 CE y permitiendo así garantizar un derecho constitucional a un buen gobierno local en esta materia de fomento.

Algunos autores[121] consideran incluso dicha concurrencia como un principio constitucional más en el ámbito subvencional, y de hecho lo une al resto de principios indicados al exponer que guarda relación con el principio de publicidad porque sin ella no se pueden conocer los requisitos de las ayudas.

Aunque la concurrencia sea la regla general no son pocos los supuestos en que entidades locales proponen concesiones directas, como por ejemplo el caso del Ayuntamiento de Haría, que establece una lista de aquellas entidades a las que otorgar directamente ayudas o el citado plan del Ayuntamiento de Vitoria-Gasteiz, que, aunque considera la regla general la concurrencia no cierra la puerta a otorgar subvenciones directas. Otro supuesto lo ubicamos en el caso del citado plan del Ayuntamiento de Leganés, que diferencia entre aquellas subvenciones concedidas en régimen de concurrencia competitiva y las directas, en las primeras la Junta de Gobierno publica unas bases que permiten a todas las entidades solicitarlas. Por otro lado, respecto a las nominativas, se argumentan de interés público, económico, social, comunitario u otros debidamente justificados que, en todo caso, requieren de acuerdo plenario.

Es en concreto es el artículo 28.3.a Ley 38/2003 el que establece las opciones de concesión directa justificándose adecuadamente, ya que supone una excepción relevante a los principios de subvenciones anteriormente expuestos, no solo los de publicidad y transparencia (que evidentemente no se aplican al no haber concurrencia alguna) sino también los de eficiencia y eficacia. Como plantea Bueno Armijo[122] la escasez de recursos

---

121 Villanueva Turnes, A., "Los principios constitucionales en el procedimiento de concesión de subvenciones en España", en *Estado, gobierno, gestión pública: Revista Chilena de Administración Pública*, n.º 28, 2016, p. 116.

122 Bueno Armijo, A. M., "La concesión directa de subvenciones", *op. cit.*, pp. 275-276.

públicos nos puede llevar a plantearnos si la concesión directa es una forma válida de ayuda, ya que podría apartarse de los criterios constitucionales de eficiencia y economía del artículo 31.2 CE, por lo que aunque dicha modalidad de ayuda sea una opción legal el autor nos afirma que: "Se trata de un debate políticamente complejo, lleno de trampas y espejismos, entre los que no es el menor la ilusoria distinción entre ayudas con fines sociales y ayudas con fines económicos". Efectivamente, como el autor indica esta concesión directa no parece dejar de ser una anomalía dentro del régimen de fomento, que, aunque tenga claro encaje legal no parece responder a los mejores estándares ético de buen gobierno al cerrarse a la libre concurrencia e igualdad entre ciudadanos, elemento esencial en toda política pública.

La concesión directa de las subvenciones es una clara excepción permitirá a los principios de concurrencia, publicidad y objetividad, anteriormente expuestos en referencia a la actividad subvencional, por lo que dicho acuerdo de ayuda directa debe hacerse con una justificación objetiva y razonable[123]. De hecho, dichos motivos para otorgar una ayuda directa deberán indicarse en la convocatoria de dicha concesión sin concurrencia, ya que el hecho de que sea directa la concesión no implica que no existan unas bases reguladoras de las mismas[124].

También el Tribunal Constitucional indicó la necesidad de justificar dicha ayuda directa, en STC 308/1994, de 28 de diciembre de 1994 expuso como dicha diferenciación de trato debe ser justificada objetivamente y con motivos razonables para no incumplir el artículo 14 CE, para que dejar de cumplir con la exigencia de otorgar un mismo trato ante quienes se

---

123 Herrero González, E., "Las subvenciones nominativas", en *El Consultor de los Ayuntamientos*, n.º 1, 2019, p. 47.

124 Requero Ibáñez, J. L., "Nota sobre la nueva Ley general de subvenciones", en *Cuadernos de Derecho Local (QDL),* n.º 5, 2004, p. 37.

encuentren en situaciones jurídicas equiparables, que resulta también de aplicación a la decisión municipal de otorgar una subvención por concesión directa para garantizar el derecho constitucional al buen gobierno local .

3.3. Estructura y temporalidad de los planes subvencionables

Cada plan estratégico de subvenciones de los consistorios locales tiene su propia estructura, aunque, en esencia, muchos pretenden mejorar la forma de gestionar las subvenciones públicas mediante varios mecanismos.

Así pues, en primer lugar, destacamos aquellos planes que han dividido su organización entre objetivos estratégicos, operativos y acciones concretas. Los mismos pretenden alcanzar una eficiencia en el sector público por lo que conjunta la actividad administrativa con la de planificación, conectado una clásica actuación pública (la actividad subvencional) con una más propia del ámbito privado (la planificación)[125]. Se trata, por tanto, de incluir elementos propios del ámbito privado, como es la gestión estratégica al ámbito público para conseguir alcanzar objetivos como el anteriormente expuesto de eficiencia y eficacia. La pretensión de dichos planes es lograr unos objetivos en una determinada área de actuación[126] y así conseguir los objetivos finales de los programas presupuestarios que se refirieron a la actividad subvencional.

---

[125] Jiménez Vacas, J. J., “Planes estratégicos de subvenciones: especial referencia a la Comunidad de Madrid”, en *Diario La Ley*, n.º 7961, 2012.

[126] Rodríguez Castaño, A. R., “El establecimiento de subvenciones. Planificación estratégica. Requisitos para el otorgamiento de subvenciones. Bases reguladoras. Publicidad de las subvenciones”, en Garcés Sanagustín, M. (coord.), Palomar Olmeda, A. y Arteagabeitia Gómez, I. A., *Derecho de las subvenciones y ayudas públicas*, 2018, p. 9.

Un primer ejemplo, de la utilización de estas técnicas estratégicas de planificación subvencional como forma de garantizar el buen gobierno local lo encontramos en el citado plan del Ayuntamiento de Ortuella, que han establecido una serie de objetivos estratégicos, que se concretan con unos objetivos específicos, indicando un plazo de ejecución, qué fuentes de financiación y qué plan de actuaciones tienen. A modo de ejemplo encontramos, por ejemplo, la línea estratégica 4 de promoción del deporte que como objetivo estratégico se incluye ofrecer a la ciudadanía la posibilidad de satisfacer sus demandas deportivas en objetivos específicos indica fomentar la promoción del deporte federado o mejorar las instalaciones deportivas indicando de plazo de ejecución un año de fuentes de financiación.

También el plan de subvenciones del citado Ayuntamiento de Valladolid incluye esta organización estratégica que se concreta de forma operativa, donde cada área municipal, antes de ejecutar las correspondientes subvenciones, deben establecer un plan operativo anual dónde se establezca pormenorizadamente cómo se van a desarrollar esas consignaciones presupuestarias de ayudas a la ciudadanía. Otro supuesto similar encontramos en el Ayuntamiento de Vitoria-Gasteiz que este plan establece en su anexo unas extensas fichas en las que se establece de cada línea de subvención qué actuaciones se van a llevar a cabo con qué objetivo, financiación y beneficiarios. De forma semejante, establece su plan el Ayuntamiento de Móstoles, al establecer líneas de subvenciones que va desarrollando.

Así pues, si nos detenemos en el plan de Vitoria-Gasteiz, por ejemplo, dentro de la línea de subvención relativa al medio ambiente y el espacio público encontramos como objetivo estratégico difundir el conocimiento y la sensibilización de la ecología como área de competencia afectada y sector hacia el que se dirige las ayudas de asociaciones del ámbito urbano, y por últimos los objetivos específicos y los efectos que se pretenden aplicar, en este caso de apertura a la ciudadanía. El ámbito medioambiental es uno donde encontramos más ejemplos de actuaciones subvencionadas, aunque el principio de “el que contamina paga” está primando este ámbito para evitar que las actuaciones de las administraciones en materia de protección del medio ambiente no sea solo fomentar aquellas entidades que protegen el medio ambiente, sino castigar a aquellas que obvian actuar en base a principios ambientales[127].

También el Ayuntamiento de Leganés utiliza una planificación como la explicada al indicar una serie de líneas estratégicas que se van concretando en un plan de actuaciones concretas. Igualmente organiza las subvenciones el Ayuntamiento de Zaragoza, al establecer unos objetivos estratégicos, con los efectos que pretende cada subvención y concretarlo en actuaciones específicas mediante un plan de actuación pormenorizado. Por último, encontramos también esta estructura en el plan de subvenciones del Ayuntamiento de Mislata[128], con el establecimiento de una serie de objetivos estratégicos a subvencionar y la correlación de cada una de las ayudas pormenorizadas a otorgar con dichos objetivos fijados.

Esta forma de organizar los planes de subvenciones es un ejemplo de hacer de forma efectiva, aunque como se ha indicado en STS n.º 4970/2012, de 26 de junio de 2012 no necesariamente debe adquirir dicho plan una forma reglada, sino simplemente aquella que la administración considere más idónea para desarrollar un buen gobierno de la política subvencional,

---

127 Vercher Noguera, A., “Algunas consideraciones sobre la recepción del principio «el que contamina paga» en el sistema legal español para la protección del medio ambiente”, en *Diario La Ley,* 1998.

128 Plan Estratégico de Subvenciones 2022-2024 del Ayuntamiento de Mislata. Disponible en: https://www.mislata.es/es/transparencia/informacion-juridica-y-patrimonial/normativa-municipal/planes-municipales/plan-estrategico-de-subvenciones-2022-2024, consultado el 02/01/2023.

ya que la sentencia indica que: "no exige necesariamente una formalización o instrumentalización externa predeterminada" para un plan estratégico.

Otro elemento a considerar en la adecuada organización de los planes de subvenciones es la temporalidad de los mismos. En muchas ocasiones encontramos una temporalidad anual[129], en la medida en que el año suele ser el periodo habitual para temporizar un plan (como ocurría con los planes normativos). Aun así, encontramos casos como el Ayuntamiento de Leganés que establece una temporalidad de 4 años, una fecha que permite unificar los planes con el proyecto de legislatura del equipo de gobierno[130].

No encontramos ninguna regulación en el ámbito local sobre cuál debe ser la duración de los planes, la única referencia analógica es en el artículo 11.3 del Real Decreto 887/2006, de 21 de julio, por el que se aprueba el Reglamento de la Ley 38/2003, de 17 de noviembre, General de Subvenciones, que no resulta aplicable al ámbito local pero fija para el ámbito de la Administración General del Estado dicha duración en tres años lo cual puede ser como punto de referencia analógico para el caso que un ayuntamiento no sepa qué duración dar a un plan, sobre dicho reglamento que puede servir de ejemplo

---

129 Sirva como ejemplo el Ayuntamiento de Elda: http://transparencia.elda.es/inicio/informacion-economico-presupuestaria-y-estadistica/plan-estrategico-de-subvenciones/ o el Ayuntamiento de Puente Genil: https://www.puentegenil.es/sites/default/files/1._texto_definitivo_plan_estrategico_de_subvenciones.pdf (consultados el 02/01/2023) ambos con planes de subvenciones de carácter anual.

130 Aunque no siempre necesariamente, en este caso de Leganés el plan es del periodo 2018-2021, con lo cual es aprobado un año antes de las elecciones locales del 2019 y por tanto implica que una corporación pronta a expirar su mandato ha planificado sobre tres años de la siguiente legislatura.

para el ámbito subvencional por no existir otro desarrollo reglamento sobre la Ley 38/2003 aplicable a lo local[131].

3.4. El seguimiento del cumplimiento de los planes de subvenciones

Un elemento sustancial para lograr un buen gobierno local es la correcta elaboración de un plan de subvenciones, si bien, el simple hecho de establecerlo no es suficiente para lograr este derecho. Una vez aprobado el plan es necesario establecer medidas de seguimiento del mismo para verificar que cumple los objetivos fijados y los principios subvencionables adecuadamente. Un seguimiento correcto de los planes permite una adecuada rendición de cuentas hacia la ciudadanía más proactiva[132] para lograr que permita verificar el cumplimiento del buen gobierno.

Encontramos así múltiples referencias a la necesidad de realizar un seguimiento adecuado de los planes de subvenciones, como por ejemplo en el Ayuntamiento de Vitoria-Gasteiz donde se establece el régimen de seguimiento y evaluación del plan y los resultados de la evaluación de los planes estratégicos anteriores. Como se indica en el apartado segundo de dicho plan pretende los principios generales e inspiradores de las subvenciones y establecer las medidas de control a las mismas para evitar las desviaciones observadas.

---

131 Rodríguez Castaño, A. R., "Propuestas para la mejora de la gestión económico-financiera de las corporaciones locales" en Almonacid Lamelas, V. (dir.), Rodríguez Castaño, A. R. (coord.), Sánchez Sánchez, Z. P. (coord.), *Estudios sobre la modernización de la Administración Local: teoría y práctica,* El Consultor de los Ayuntamientos, Madrid, 2009.

132 Garrido Mayol considera, de hecho, que la rendición de cuentas debe ser más proactiva, ligándola al concepto de buena administración. Garrido Mayol, V., "El principio de buena administración y la gobernanza en la contratación pública", en *Estudios de Deusto: revista de Derecho Público,* vol. 68, n.° 2, 2020, p. 115.

De hecho, las subvenciones, como toda actuación de gasto público (que además abarca importantes recursos económicos), deben estar controladas para garantizar el cumplimiento de los citados principios de eficacia y eficiencia[133]. De tal forma, resulta necesario realizar dicha verificación de los objetivos del plan de subvenciones para comprobar si se han alcanzado los principios de eficacia y eficiencia y por tanto un buen gobierno local subvencional. De hecho, aunque la actividad de fomento debería estar, por regla general planificada y tener un carácter generalista la práctica demuestra que muchas siguen siendo coyunturales y personalistas[134], por ello resulta esencial el establecimiento de dichos planes y además la necesidad de realizar un control sobre los mismos.

Encontramos nuevas referencias a la importancia del seguimiento de dicho plan en el caso del Ayuntamiento de Madrid o del Ayuntamiento de Móstoles. En este sentido, recordar que algunas de las herramientas para la gestión de subvenciones anteriormente citadas, como es el caso de la Base Nacional de Datos de Subvenciones, también puede servir para hacer dicha verificación y seguimiento de las ayudas ya que dicha base ayuda a mejorar la eficiencia, planificación, seguimiento y control de las ayudas[135]. Si bien, en las entidades locales la posibilidad de hacer un seguimiento de las subvenciones concedidas mediante el volcado de datos en la BDNS no siempre es posible[136],

---

133 Mora de la Viña, M. J., "Justificación y comprobación de subvenciones", *op. cit.*

134 Sesma Sánchez, B., "El control financiero de subvenciones públicas en la nueva Ley 38/2003, de 17 de noviembre, General de Subvenciones", en *Auditoría Pública,* n.º 35, 2005, p. 23.

135 Cubillo Rodríguez, C., "El Reglamento General de Subvenciones", en *El Consultor de los Ayuntamientos,* n.º 1, 2007, p. 50.

136 Biosa López, F. J., "La apariencia de control en la administración local por los habilitados estatales", en *Auditoría pública: revista de los Órganos Autónomos de Control Externo,* n.º 52, 2010, p. 76.

ya que ello exige un programa electrónico de tramitación de las mismas que sea interoperable con dicha base de datos, algo que no siempre ocurre y que dificulta en gran medida aplicar adecuadamente un buen gobierno en este ámbito.

Algunos consistorios, como el de Zaragoza, establecen como un indicador para otorgar subvenciones el grado de satisfacción de los usuarios con las actividades desarrolladas por las entidades subvencionadas con fondos locales. De esta manera, se establece como la evaluación de las actividades subvencionadas realizadas por otros años que sirve como criterio de reparto para futuras subvenciones, lo que en la práctica es utilizar una herramienta de control subvencional, ya que si se realizan adecuadamente dichas actividades subvencionadas percibirán más fondos las entidades en el futuro. Por tanto, se hace un seguimiento de las subvenciones premiando a aquellas entidades que han ejecutado las acciones subvencionadas más adecuadamente.

En el caso del Ayuntamiento de Leganés o del Ayuntamiento de Valladolid se establece expresamente en el plan que el control sobre la ejecución del mismo es de la intervención municipal. En este sentido hemos de recordar que el artículo 4.1.b.1.º del Real Decreto 128/2018, de 16 de marzo, por el que se regula el régimen jurídico de los funcionarios de Administración Local con habilitación de carácter nacional establece expresamente como competencia de la intervención local: "El control de subvenciones y ayudas públicas, de acuerdo con lo establecido en la Ley 38/2003, de 17 de noviembre, General de Subvenciones.", con lo cual esta previsión establecida en el plan es, en definitiva, la ejecución de esta disposición normativa.

La importancia de que la intervención municipal asuma esta tarea de control subvencional indica que dicho órgano deberá analizar los riesgos y chequear el cumplimiento de los principios de eficiencia y eficacia[137]. De tal manera, resulta necesario un adecuado sistema de control que se adapte a cada circunstancia y que incluya sistema de verificación ex ante mediante la fiscalización previa como sistemas ex post con el control financiero permanente, para permitir que se pueda comprobar el correcto gasto subvencional y satisfacer así los objetivos de eficiencia y eficacia anteriormente expuestos[138]. El ámbito subvencional es uno de los más tendentes a actuaciones fraudulentas y por ello se debe reforzar su control en el mismo, para evitar actuaciones corruptas[139].

Por último, remarcar que no solo debe realizarse un control de las subvenciones planificadas por los órganos internos municipales (la intervención) sino que también existe un control por parte de los organismos externos (como por ejemplo el Tribunal de Cuentas) que deben complementar la tarea de verificación sobre un buen gobierno subvencional. Estos órganos externos realizan dicha verificación del cumplimiento de los citados principios de publicidad, igualdad, eficiencia, eficacia, etc. para detectar los posibles incumplimientos y garantizar un buen gobierno local[140]. Dicho control sobre las subvenciones puede acabar implicando una auténtica auditoría de los registros contables de la entidad local destinados a la actividad de

---

137 Josa Arbonès, N., "Las actuaciones de control interno de la actividad subvencional de las Entidades Locales", en *El Consultor de los Ayuntamientos*, n.º 1, 2019, p. 76.

138 *Idem.*

139 Fernández Ajenjo, J.A. y Rivero Ortega, R. (dir.), *El control de las Administraciones Públicas y la lucha contra la corrupción: especial referencia al Tribunal de Cuentas y a la intervención general de la Administración del Estado*, Universidad de Salamanca, 2010, p. 215.

140 Riera López, M. y Arias Rodríguez, A., "Dos críticas recurrentes desde las ICEX sobre la concesión de subvenciones: el plan estratégico y la transparencia", en *El Consultor de los Ayuntamientos*, n.º 1, 2019, p. 68.

fomento[141], todo ello para verificar el adecuado cumplimiento de la legalidad vigente.

Como se ha expuesto, el seguimiento de los planes de subvenciones supone también realizar la oportuna modificación o actualización de los mismos cuando las condiciones lo aconsejan. De esta forma, encontramos varios consistorios que prevén en sus planes cual es el procedimiento de modificación, como el caso del Ayuntamiento de Haría[142]. Algunos consistorios como el de Beasain condicionan esta modificación del plan de subvenciones a un informe del departamento gestor que proponga dicho cambio o como indica el Ayuntamiento de Burgos, el plan tiene una vigencia de 2 años, aunque sometido a las actualizaciones y modificaciones que se elaboren como consecuencia de los informes de seguimiento que se vayan realizando y que justifiquen los cambios.

En este sentido, dicha actualización de planes de subvenciones en el ámbito estatal como consecuencia de los resultados obtenidos del seguimiento de los mismos, que supone una valoración por cada departamento ministerial sobre la conveniencia de realizar cambios antes del 30 de abril de cada año y justificar la modificación en un informe que se remite a la Secretaría de Estado de Hacienda y Presupuestos[143]. Por tanto, dichos cambios en el plan se justifican en la necesidad de mejorar el mismo fruto de los resultados de seguimiento del mis-

---

141 Sánchez del Águila, M. A., “Marco normativo del control de subvenciones”, en *Auditoría pública*, n.º 11, 1997, p. 20.

142 Plan Estratégico de Subvenciones del año 2020 del Ayuntamiento de Haría. Disponible en: https://www.ayuntamientodeharia.com/haria/download/plenos_2020/2020_02_27_pleno/02-2020000480-PLAN-ESTRATEGICO-SUBVENCIONES-2020.pdf, consultado el 02/01/2023.

143 Rodríguez Castaño, A. R., “Propuestas para la mejora de la gestión económico-financiera de las corporaciones locales”, *op. cit.*

mo, que motivan una actualización para seguir garantizando el buen gobierno en materia subvencional.

3.5. La prevención de los fraudes subvencionables a través de la planificación: una garantía para el derecho constitucional al buen gobierno

Un ámbito cada vez más en auge en la correcta gestión de las subvenciones es la verificación de que las mismas se realizan conforme a criterios de legalidad, sin fraudes y por tanto sin que se tenga que llegar a producir un hipotético reintegro de las mismas. De hecho, el objetivo es evitar una mala gestión de la actividad de fomento que genere un actuación antijurídica e impide desempeñar adecuadamente las funciones públicas[144], lo que supondría un mal gobierno en este ámbito.

Precisamente en relación con las subvenciones y la prevención del fraude la idea no es limitar las relaciones entre administración y posible entidad subvencionada, sino introducir elemento de buen gobierno para garantizar un adecuado fin de gastos e ingresos[145]. Por ello, la planificación subvencional es un vértice de actuación clave, lo que supone la primera barrera contra el fraude. Encontramos en el plan de subvenciones del Ayuntamiento de Zaragoza referencias expresas situaciones fraudulentas en este ámbito, como impedir el falseamiento de las condiciones para la obtención de una subvención, el ocultamiento de información o la aplicación de la subvención a unos fines distintos de los previstos pueden llegar a ser tipificados como delitos en

---

144 Iglesias Río, M. A. y Medina Arnáiz, T., "Herramientas preventivas en la lucha contra la corrupción en el ámbito de la Unión Europea", en *Anuario de Derecho Constitucional Latinoamericano,* 2004, p. 52.

145 Fernández Ajenjo, A., "La política del fraude de subvenciones y su incidencia en las Entidades Locales", en *El Consultor de los Ayuntamientos,* n.º 1, 2019, p. 194.

el Código Penal y se traslada está advertencia del consistorio a las entidades beneficiarias para su conocimiento y una correcta ejecución ya que el ordenamiento jurídico también prevé como especialmente grave estas irregularidades en los procedimientos de subvenciones. Precisamente Rodríguez-Ramos Ladaria[146] explica cómo el delito de fraude en subvenciones del artículo 308 CP no solo protege las haciendas públicas desde la perspectiva de los ingresos, sino también de los gastos, de hecho, Arroyo Zapatero[147] equiparaba morfológicamente los delitos penales referidos a subvenciones con los delitos de estafa, pues en la práctica supone una extracción de dinero a una entidad (en este caso a una administración) de forma indebida. Si bien paradójicamente el delito de fraude en subvenciones tiene una pena inferior al delito común de estafa, aunque el importe defraudado de una estafa pueda ser notoriamente superior, con lo que se advierte aquí una menor protección de la hacienda pública en lo que a tipificación penal se refiere[148].

El ámbito subvencional es uno de los que puede tender a caer en fraudes y genera riesgos al caer en confusiones conceptuales entre conceptos como subvenciones nominativas, contratos o convenios[149]; unas confusiones que se producen por la falta de regulación detallada del concepto de convenio que hace que exista disparidad de criterios en este ámbito[150].

---

146 Rodríguez-Ramos Ladarias, G., "La nueva configuración del fraude de subvenciones", en *Diario La Ley*, n.º 9399, 2019.

147 Arroyo Zapatero, L., *Delitos contra la Hacienda Pública en materia de subvenciones*, Ministerio de Justicia, 1987, p. 51.

148 Arroyo Zapatero, L. y Nieto Martín, A., "El fraude de subvenciones en la UE y en el CP", en *Manuales de formación continuada*, n.º 14, 2001, p. 28.

149 Ramos Carvajal, E., "Principales áreas de riesgo en las Entidades Locales", en *El Consultor de los Ayuntamientos*, n.º 4, 2018, p. 33.

150 Moro Marroig, T., "Los convenios. Distinción entre las tres figuras jurídicas: subvención, contrato, convenio", en *Auditoría Pública*, n.º 50, 2010, p. 76.

Así pues, esta barahúnda conceptual se acentúa ante: "la falta de una planificación, un seguimiento y una evaluación eficaz y eficiente"[151], por ello deben implementarse medidas de lucha contra la corrupción en el ámbito de las ayudas al existir evidencias de los riesgos de fraude que presentan.

Para luchar contra dicho fraude debe actuarse desde el principio del proceso subvencional, estableciendo la correcta publicidad en los procesos de ayudas como primera barrera contra la corrupción de ayudas, ya que la citada BDNS como elemento de planificación de las políticas públicas para mejorar su gestión y evitar los fraudes de ayudas públicas[152]. De esta manera, el autor defiende como una correcta planificación permite dar la publicidad necesaria a los procesos subvencionables y evitar fraudes.

Si a pesar de las medidas disuasorias expuestas contra la corrupción subvencional, se acaba produciendo un incumplimiento de la normativa y por tanto un supuesto de fraude subvencional se iniciará el procedimiento de reintegro de las ayudas, donde se produce ante un incumplimiento en las condiciones de otorgamiento, pues toda subvención se encuentra sometida a una condición resolutoria[153]. De hecho, dicho incumplimiento obliga a devolver el importe abonado con la subvención o a perder el derecho a cobrarlo si no se ha recibi-

---

151 Ramos Carvajal, E., "Principales áreas de riesgo en las Entidades Locales", *op. cit.*, p. 33.

152 Fueyo Bros, M., "Fortalecimiento de la función interventora y del control interno y externo", en *El Consultor de los Ayuntamientos*, n.° 23, 2014, p. 2535.

153 Manteca Valdelande, V., "Comprobación y reintegro de subvenciones públicas", *en El Consultor de los Ayuntamientos*, n.° 9, 2010, p. 1444.

do, aunque no supone la invalidez o nulidad del acto de concesión de la ayuda, ya que son elementos independientes[154] .

Dicho reintegro subvencional se justifica en cumplir adecuadamente los principios constitucionales anteriormente indicados ya que deriva del deber de la administración de velar porque los fondos públicos persigan la finalidad perseguida[155].

Para seguir garantizando este derecho constitucional al buen gobierno subvencional también resulta imprescindible considerar las posibles incompatibilidades entre ayudas públicas, que pretenden evitar una salida de fondos mediante ayudas que ya han sido financiadas lo que generaría un fraude para la administración.

De hecho, la STS n.º 825/2017, de 11 de mayo de 2017 expone cómo el concepto de subvención no es una atribución libérrima de fondos, sino que va condicionada a una causa: "y tiene como fin impulsar y orientar comportamientos para la consecución de objetivos dignos de protección y estímulo, siempre sobre la inexcusable premisa que obliga a la Administración a servir con objetividad los intereses generales (artículo 103.1 CE) y a satisfacer las necesidades públicas." Por tanto, ante la necesidad constitucional de satisfacer el interés general en materia subvencional es necesario la gestión adecuada de dichos fondos estableciendo las posibles incompatibilidades entre fondos para que no se produzca dicha "atribución libérrima" que prohíbe el Tribunal Supremo.

Encontramos ejemplos de la regulación de compatibilidades de las ayudas como forma de gestión del buen gobierno,

---

154 Martínez Giner, L. A., *El reintegro de las subvenciones públicas,* Tirant lo Blanch, 2010, p. 173.

155 Chaves García, J. R., "El reintegro de subvenciones por incumplimiento: tensiones y soluciones", en *El Consultor de los Ayuntamientos,* n.º 1, 2019, p. 210.

en el del Ayuntamiento de Madrid algunas ayudas sí se consideran compatibles con otras otorgadas, lo encontramos así en algunas ayudas del Plan Estratégico de Subvenciones de Gerencia del consistorio[156]. Otras entidades locales, como el Ayuntamiento de Santomera establece una previsión expresa de compatibilidad, aunque indicando, por ejemplo que la suma de la subvención que otorgue este consistorio junto con otras queden otras administraciones no puede superar el 80% del coste de la actividad subvencionada, todo ello para evitar un despilfarro en materia de ayudas. Por tanto, si existe una compatibilidad entre subvenciones deberá justificarse en dicha ausencia de malgasto de fondos públicos, de lo contrario será contrario al interés general municipal.

Así pues, los principios de ética pública ya empiezan a incluirse dentro del ámbito subvencional mediante la cuestión de las incompatibilidades, aunque advierte que: "esta normativa de carácter general no es suficiente. En general debiera obligarse a las administraciones públicas a que tras el preceptivo análisis de riesgo vayan más allá en el diseño de controles"[157], lo que implica establecer sistema de control de actuaciones públicas que vayan más allá de la simple aplicación legal, lo que se puede traducir en este ámbito en la creación de planes de subvenciones que permitan controlar el correcto desempeño de las subvenciones.

---

156 Véase, como ejemplo, las ayudas establecidas en páginas 7 a 11 del Plan Estratégicos de Subvenciones de Gerencia del Ayuntamiento de Madrid para el periodo 2019-2021: https://sede.madrid.es/UnidadesDescentralizadas/AdministracionElectronica/Colecciones/PlanesEstrategicosAreas/PES2019-2021GERENCIA_CIUDAD.pdf, consultado el 02/01/2023.

157 Nieto Martín, A., "De la ética pública al public compliance: sobre la prevención de la corrupción en las administraciones públicas", en *El Consultor de los Ayuntamientos*, 2018.

4. LA PLANIFICACIÓN EN MATERIA DE CONTRATACIÓN

4.1. La exigencia de planificar la contratación como garantía de buen gobierno

La planificación en materia de contratación pública supone un elemento más de garantía del buen gobierno[158]. De esta forma, al tratarse la contratación pública uno de los principales ámbitos de actuación de la administración no puede obviarse la necesidad de planificarla como elemento para un adecuado buen gobierno, ya que ello permite un marco que previene los favoritismos y la corrupción[159].

La obligación de programar la actividad de contratación pública por parte de las entidades del sector público, incluida la local, viene establecida en el artículo 28.4 de la Ley 9/2017, de 8 de noviembre, de Contratos del Sector Público que en particular establece: "Las entidades del sector público programarán la actividad de contratación pública, que desarrollarán en un ejercicio presupuestario o períodos plurianuales y darán a conocer su plan de contratación anticipadamente mediante un

---

158 De hecho, como expone la Recomendación sobre planificación de la AVAF: "Una de las áreas de práctica con mayor riesgo de corrupción es la contratación del sector público, resultando imprescindible que cada organización planifique la manera de gastar los recursos públicos en beneficio de la comunidad, tratando así la contratación como inversión meditada y justificada"
Recomendación general. Planificación: herramienta clave para prevenir los riesgos de corrupción en las organizaciones. Disponible online: http://www.antifraucv.es/wp-content/uploads/2021/03/201103_Recomendacion_planificacion.pdf, consultado el 02/01/2023.

159 González García, J.V., "Ley de Contratos del Sector Público y Entidades Locales: la exigencia de planificación de la contratación", *op. cit.*, p. 263.

anuncio de información previa previsto en el artículo 134 que al menos recoja aquellos contratos que quedarán sujetos a una regulación armonizada".

También el Real Decreto 1098/2001, de 12 de octubre, por el que se aprueba el Reglamento general de la Ley de Contratos de las Administraciones Públicas establece en su artículo 118 prevé la necesidad de planificar los contratos de obras al exponer: "los órganos de contratación publicarán a título indicativo, al comienzo del ejercicio, la relación de los contratos de obras que se proponen celebrar durante el año con una breve reseña de sus características generales y su presupuesto aproximado"

Por tanto, queda de nuevo evidenciada no sólo la necesidad de ética de planificar en materia de contratación, ya que ello permite reordenar los procedimientos para corregir las ineficiencias de la contratación pública[160], sino también la exigencia legal prevista en la Ley 9/2017 de programar la actividad de contratación de cada administración pública. Así pues, ante esta situación debe plantearse qué ocurre si una administración incumple dicha obligación de planificación[161].

A este respecto, nos resulta de gran utilidad la Resolución 427/2021, de 16 de abril de 2021, del Tribunal Administrativo Central de Recursos Contractuales que expone que no es causa

---

160 Moreno Molina, J.A., "Principios generales de la planificación y racionalización de la compra pública", en Pintos Santiago, J. (dir.), *Planificación y racionalización de la compra pública*, Aranzadi, 2020, p. 78.

161 La falta de planificación es un elemento que podemos encontrar con frecuencia, como nos descubre Sergio Jiménez en su blog Analítica Pública: "Tras unos meses de hablar con mucha, mucha, mucha gente de la contratación pública, hemos encontrado que el principal instrumento de planificación de la contratación pública en España es... un Excel que suele completar y actualizar (cuando tiene tiempo), el departamento de contratación".

de nulidad la falta de dicho plan de contratación. En particular indica: "ha de recordarse que la nulidad de pleno derecho es una figura excepcional en nuestro Derecho, reservada para casos tasados (...), sin que disponer de un Plan de Contratación lleve aparejada como sanción la nulidad de los pliegos".

De esta forma, podríamos considerar zanjada la cuestión y establecer que la falta de dicho plan de contratación no es motivo de nulidad, aunque hay autores como Pérez Delgado y Rodríguez Pérez[162], que indican que dicho plan es de obligado cumplimiento y por tanto habría nulidad en los contratos que no se encuentren incluidos en el mismo. Así pues, dichos autores consideran que resulta imposible la correcta aplicación de los principios de transparencia, eficacia y eficiencia en la contratación pública si no se establece dicho plan de contratación. Por ello, podemos concluir que, aunque no quede patente como una causa de nulidad la falta de dicho plan de contratación, sin duda hacerlo es la perfecta garantía del derecho constitucional al buen gobierno.

Ello es así porque al establecer de forma anticipada las necesidades de compra pública de una administración local se garantiza el cumplimiento de los principios propios de la contratación, que se expondrán en adelante a la hora de analizar cómo los incluyen los planes de contratación.

Esta necesidad de planificar en la contratación, sin excusas que permitan no hacerlo, lo aborda también Delgado Fernández[163] al indicar que no existe en la LCSP ningún precepto

---

162 Pérez Delgado, M. y Rodríguez Pérez, R. P., "La ausencia de Plan de Contratación no determina la nulidad de los Pliegos", *op. cit.*

163 Delgado Fernández, M. R., "La necesidad de la planificación de la contratación como garantía de transparencia, del uso estratégico de la contratación pública y del uso adecuado de los procedimientos de contratación"., en *Gabilex: Revista del Gabinete Jurídico de Castilla-La Mancha*, n.º E2, 2019, p. 30.

que permita eximir a una administración de dicha exigencia de programación. Por ello, aunque no pueda alegarse motivos de nulidad por su falta tampoco existen argumentos para dejar de cumplir con la exigencia legal de programar.

Debe cumplirse por tanto con dicha exigencia de planificación, lo que permite cumplir los principios de eficiencia, eficacia e incluso con imparcialidad y objetividad, principios de buen gobierno previstos en el explicado artículo 26 LTBG. Una planificación que debe cumplir estándares de rigor para ser efectiva[164], como también indica el informe n.º 1.331, de 25 de julio de 2019 del Tribunal de Cuentas, la misma ha de servir para evitar urgencias y asegurar así la mejor sesión de contratistas al poder haber fijado, con la suficiente antelación, las especificaciones técnicas a cubrir y la suficiente consignación presupuestaria.

En definitiva, poner en valor la necesidad de planificar la contratación debe ser una apuesta clara de las entidades locales, como forma esencial de garantizar el buen gobierno y que exige un cambio de mentalidad en la manera de trabajar de los ayuntamientos, especialmente en los ayuntamientos de pequeño tamaño donde no es un proceso sencillo porque es necesario un cambio profundo organizativo[165].

Además, la necesidad de planificación en la contratación se justifica por un doble motivo, por un lado, beneficia a la administración al permitirle racionalizar recursos y por otro a las empresas que permite conocer con antelación las necesidades

---

[164] Martínez Fernández, J.M., "La Instrucción 1/2019 de la OIReScon: una visión positiva y práctica para completar el "cerco" a los contratos menores", en *El Consultor de los Ayuntamientos*, n.º 6, 2019, p. 100.

[165] Doncel Rodríguez, C., "El plan de mejora de contratación pública local. Una oportunidad para los pequeños y medianos municipios", en *El Consultor de los Ayuntamientos*, n.º 3, 2020, p. 68.

de compra pública para así poder presentar mejores trabajos cuando se publiquen las licitaciones[166].

Expuestos los justificados motivos, que hacen pensar en la necesaria planificación de la contratación como elemento de buen gobierno, se procede ahora a analizar ejemplos de planes de contratación elaborados por distintas entidades locales. Todos ellos explican de forma ejemplificativa como abordar adecuadamente dicha planificación.

4.2. Los principios que articulan los planes locales de contratación

Como punto de partida en el análisis de la planificación de la contratación pública local debemos detenernos en los principios que la fundamentan, siendo el primero de ellos el de transparencia.

El principio de transparencia lo localizamos en la norma en el artículo 132.1 LCSP, que fija: "Los órganos de contratación darán a los licitadores y candidatos un tratamiento igualitario y no discriminatorio y ajustarán su actuación a los principios de transparencia y proporcionalidad".

Entiéndase dicha transparencia[167] como un fundamento de la contratación pública en la medida en que permite evitar el ocultismo de la actuación de la administración y permite abrir los procesos de compra pública a cualquier potencial licitador.

---

166 Ramos Carvajal, E., "La planificación contractual pública en tiempos de coronavirus", en *Presupuesto y gasto público,* n.º 100, 2020, p. 133.

167 Sobre la transparencia como elemento fundamental de la contratación pública véase: Oller Rubert, M., "Notas sobre la gobernanza en la contratación pública: el perfil del contratante como instrumento de transparencia", en *Contratación administrativa práctica: revista de la contratación administrativa y de los contratistas,* n.º 135, 2015.

Como Cerrillo Martínez[168] detalla con precisión como: "La contratación electrónica y la transparencia contribuyen a la apertura de la contratación pública, que constituye la manifestación de los principios del gobierno abierto en la contratación pública". Se refiere así el autor a una contratación abierta que permite crear un diálogo entre ciudadanía y administración para mejorar la participación y la toma de decisiones en los procesos de contratación.

Del tal modo, la transparencia ha de entenderse como apertura de información para favorecer la participación ciudadana[169] y es necesario garantizar una mayor transparencia como camino hacia la eficiencia y eficacia, que ayudará, así mismo, a luchar contra la corrupción[170]. Por tanto, es necesario que los operadores jurídicos que trabajan en contratación sean conscientes de los espacios que este ámbito de la administración puede dejar abiertos a la corrupción[171], ya que ello permitirá prevenir los fraudes y para ello actuar con transparencia a través de la programación de compra pública; este es el primer paso necesario de lucha contra la lacra de la corrupción en la contratación administrativa.

Así pues, encontramos en el caso de la Instrucción n.º 1/2018 de contratación del Ayuntamiento de Valladolid[172] esta

---

168 Cerrillo Martínez, A., "Contratación electrónica y transparencia: fundamentos necesarios de la contratación abierta", en *Cuadernos de derecho local* (QDL), n.º 48, 2018, p. 143.

169 Martín Fernández, J. M., "Medidas para la transparencia material en todas las fases de la contratación pública como antídoto contra la corrupción", en *Diario la Ley*, n.º 8607, 2015.

170 *Idem.*

171 Campos Monge, C. E., "Contratación pública y corrupción (un análisis particular de los principios rectores de la contratación administrativa)", en *Revista de Ciencias Jurídicas*, n.º 112, 2007, p. 176.

172 Instrucción 1/2018, para impulsar la contratación socialmente eficiente: estratégica, íntegra y sostenible en el Ayuntamiento de Valladolid y

necesidad de transparencia en la contratación pública, en el primero de los seis títulos de dicha instrucción. Como parte de estas medidas se hace precisamente hincapié en la necesidad de elaborar dicho plan anual de contratación, de una forma precisa y con amplitud y claridad en la información de las contrataciones, de manera que los lectores de dicho plan conozcan suficientemente el objeto del contrato que lo incluye y los pliegos de cláusulas tanto administrativas como técnica resulten accesibles y comprensibles.

La necesidad de dicha transparencia contractual se justifica también en la necesidad de recuperar la confianza ciudadana, resquebrajada por los procesos de corrupción contractual que han asolado nuestro país, por ello la transparencia es un elemento fundamental en los procesos contractuales para evitar sospechas de fraudes[173]. Esta lucha contra la corrupción contractual se justifica todavía más en los ingentes costes que supone la misma para la administración, algo que se suma a el gasto que supone subsanar las deficiencias generadas por las prácticas corruptas[174], motivo por el cual la implementación de principios como el de publicidad en estos procesos de compra pública resulta esenciales.

De hecho, la forma de articulación de este principio de transparencia se ha producido primordialmente a través de la Plataforma de Contratación del Sector Público (PLACE) como

---

las entidades de su sector público. Disponible en: https://www.valladolid.es/es/ayuntamiento/normativa/instruccion-1-2018-impulsar-contratacion-socialmente-eficie, consultado el 02/01/2023

173 Camacho Muñoz, R., "Transparencia y contratación pública. Buenas prácticas a nivel municipal", en *Contratación Administrativa Práctica*, n.º 166, 2020.

174 Martínez Fernández, J. M., *Transparencia versus corrupción en la contratación pública. Medidas de transparencia en todas las fases de la contratación pública como antídoto contra la corrupción*, Universidad de León, 2015, p. 40.

herramienta idónea para dar difusión a la contratación de las administraciones públicas. Por tanto, dicha publicación en la plataforma se hará directamente mediante el volcado de datos en la misma por el órgano de contratación o mediante la interconexión de dispositivos[175]. En definitiva, supone la obligación de cumplir con la exigencia de licitar electrónicamente todos los procedimientos que prevé la disposición adicional decimoquinta LCSP, algo que se excepciona de los contratos menores que no están sometidos a licitación, aunque nada impide al órgano de contratación decidir someter dichos contratos a licitación y así aplicar con mayores garantías el principio de publicidad[176].

La necesidad de publicar en PLACE los contratos es ya una exigencia legal, pero antes de que lo fuera ya hubo entidades locales que se adhirieron voluntariamente para cumplir mejor con el principio de transparencia. Es el caso, por ejemplo, de la Diputación de Ciudad Real que lo hizo en agosto de 2013, así lo explica De Juan Casero[177], que expone cómo dicha entidad se adhirió a dicha plataforma con acierto en la medida en que ofrecía servicios de gran calidad y resolvía los problemas técnicos existentes, permitiendo la publicación del conjunto documental de los expedientes de contratación. Por tanto, resulta más que recomendable dicha integración en PLACE porque permite no solo la adecuada satisfacción del principio de

---

175 Campos Acuña, C., "Transparencia en la contratación pública y prevención de los conflictos de intereses" en Campos Acuña, C. (dir.), *La nueva contratación pública en el ámbito local: claves para una contratación electrónica y transparente*, 2018.

176 Vázquez Fernández, B., "La contratación pública al servicio de las pequeñas y medianas empresas", en *Gabilex: Revista del Gabinete Jurídico de Castilla-La Mancha*, n.º E1, 2019, p. 30.

177 De Juan Casero, L. J., "Perfil del Contratante y Plataforma de Contratación del Sector Público", en *Contratación Administrativa Práctica*, n.º 137, 2015.

transparencia, sino incluso la reducción de costes en los procesos de licitación como forma de resultar más eficiente en la gestión administrativa de los mismos. En todo caso, como toda plataforma requiere de una actualización y mejora constante, ya que PLACE tiene numerosas carencias y limitaciones[178], por ello no debe desatenderse por el Ministerio de Hacienda (encargado de su gestión) su cuidado diario para permitir una correcta transparencia en la contratación del conjunto de administraciones españolas que vuelcan su información contractual en dicha plataforma.

Una forma de garantizar la transparencia contractual es también mediante el uso de las redes sociales, que sirven como instrumento para explicar a la ciudadanía los contratos que se están licitando, no solo para que potenciales contratistas se presenten sino para rendir cuentas ante la ciudadanía de cómo se realiza el gasto público.

Encontramos un ejemplo del uso de dichas redes en materia de contratación en el plan de contratación sostenible del Ayuntamiento de Vitoria-Gasteiz[179], donde dentro de su estrategia de comunicación y formación, el consistorio ha planificado una serie actuaciones que permite impulsar la comunicación institucional través de redes sociales especialmente, para que la ciudadanía conozca las cláusulas sociales y medioambientales que se incluyan en los pliegos de los contratos y por tanto conozcan que el Ayuntamiento apuesta por estos valores.

---

178 García Rodríguez, M. F., "Tecnologías digitales para el control de la contratación pública", en *Auditoría pública: revista de los Órganos Autónomos de Control Externo*, n.º 79, 2022, p. 93.

179 Plan de compra y contratación socialmente responsable y sostenible del Ayuntamiento de Vitoria-Gasteiz del año 2017. Disponible en: https://www.vitoria-gasteiz.org/docs/wb021/contenidosEstaticos/adjuntos/es/35/57/73557.pdf, consultado el 02/01/2023.

Las redes sociales es una herramienta de buen gobierno en la contratación administrativa porque son útiles para facilitar la transparencia entre instituciones y ciudadanía[180]. Son por tanto instrumentos que permiten dar esa dimensión social a un procedimiento administrativo de contratación y permiten que la ciudadanía se involucre en las dinámicas de compra pública[181]. De tal forma se puede aprovechar dichas redes, tan próximas a la ciudadanía, para poder acercarles adecuadamente la contratación pública que se lleva a cabo y así lograr una adecuada rendición de cuentas de las inversiones y gastos que asume la corporación local para que su vecindario pueda manifestar sus objeciones, en su caso, a la gestión contractual que están llevando a cabo. Por ello, el reto pendiente de las administraciones es diseñar estrategias de escucha en dichas redes para permitir una mayor sociabilidad de las políticas públicas[182], ya que dichas redes son el instrumento telemático más cercano entre ciudadanía y administración, porque no se inviste de los formalismos propios del resto de procedimientos administrativos y por ello realizar un actuación esmerada en dichas plataformas digitales y escuchar a la ciudadanía mediante ésta sobre sus necesidades de obras y servicios permite, en gran medida, conseguir un mejor buen gobierno también en materia de contratación.

Precisamente, estrechamente ligado con el principio de transparencia está este concepto de rendición de cuentas, como elemento fundamental para buscar que la contratación satisfaga el buen gobierno, al garantizar el interés general

---

180 Del Río Fernández, A. L., "La estrategia de transparencia en las redes sociales y el Gobierno Abierto. Retos de futuro", en *El Consultor de los Ayuntamientos*, n.° 18, 2015, p. 2051.

181 *Idem.*

182 Ignacio Criado, J. y Rojas Martín, F. (eds.), *Las redes sociales digitales en la gestión y las políticas públicas. Avances y desafíos para un gobierno abierto*, Escola D'Administració Pública de Catalunya, Barcelona, 2013, p. 97.

constitucionalmente previsto. Esta rendición de cuentas puede entenderse como un elemento clave que sustenta la gobernanza pública[183], lo que debe entenderse desde la vertiente de la publicidad en el procedimiento contractual y, por otro lado, mediante el suministro de información a los órganos de control y fiscalización de la contratación[184].

Junto con el principio de transparencia, el artículo 132.1 LCSP recoge también el principio de igualdad en materia de contratación, del cual encontramos referencias en el Programa de Integridad Pública en la Contratación del Ayuntamiento de Vigo[185].

Y es que la protección de la igualdad entre las partes contratantes es necesario para que dichos procesos sean justos[186], por tanto, debe garantizarse dicho principio como fundamental en la compra pública, algo que ha servido también para que el derecho a la libre competencia sea más cercano a la realidad[187].

---

183 Saldaña Torres, M., "El sistema de gobernanza de la contratación pública en Aragón", *en Revista Aragonesa de Administración Pública,* n.º E18, 2018, p. 335.

184 *Idem.*

185 En concreto, en los antecedentes de dicho Plan se indica que: "en los procedimientos de licitación con el fin de evitar cualquier distorsión de la competencia y garantizar la transparencia en el procedimiento y la igualdad de trato a todos los candidatos y licitadores". Plan disponible en: http://hoxe.vigo.org/pdf/transparencia/xgl/plan_integridade_contratacion_prog_cas.odt, consultado el 02/01/2023, p. 2).

186 Escrihuela Morales, J., "Los contratos del Sector Público" en Escrihuela Morales, J., La contratación del sector público. Especial referencia a los contratos de suministros y de servicios, 4ª edición, Editorial La Ley, Madrid, 2012.

187 Vega de Herrera, M., "Aplicación de los principios de igualdad y transparencia en la contratación pública de España y de Colombia", en *Derechos y Valores,* vol. 8, n.º 16, 2005, p. 70.

También el Tribunal Constitucional tiene establecido que resulta necesario garantizar dicha igualdad de trato en la contratación, en concreto se refiere a ello en STC n.° 162/2009, de 28 de julio de 2009 al hablar de la importancia del concurso como forma habitual para permitir: "las garantías de publicidad, igualdad , libre concurrencia y seguridad jurídica, que rigen la contratación pública , (SSTC 141/1993, de 22 de abril, FJ 5, y 331/1993, de 12 de noviembre, FJ 6), a fin de asegurar a los ciudadanos un tratamiento uniforme en sus relaciones con las Administraciones públicas".

Dicha igualdad es garantía para evitar cualquier conflicto de interés y caer en riesgos de corrupción al querer una entidad local beneficiar a un licitador sobre otro sin justificación, como afirma Moreno Molina[188] dicho principio de igualdad nos permite una: "competencia sana y efectiva entre las empresas que participan en un contrato público" de forma que no existan favoritismos ni arbitrariedad para el poder adjudicador, en definitiva, para que no se quiebre la igualdad en la libre competencia[189].

Un ámbito donde podemos ver una forma específica de igualdad en la contratación es el de la igualdad de género. Se trata éste de un sector que no puede olvidarse en la contratación administrativa, ya que el contrato público es el instrumento de adquisición de bienes y servicios, pero ello no impide que

---

188 Moreno Molina, J. A., "Novedades en relación con los principios generales de la contratación pública", en *El Consultor de los Ayuntamientos*, n.° 23, 2017, p. 2799.

189 Arias Martínez, M. A., "La libre concurrencia en la contratación administrativa (Sentencia n.° 853 de 18 de Mayo de 2000, Sala de lo Contencioso-Administrativo del Tribunal Superior de Justicia de Galicia, Sección 1ª)", en *Revista xurídica galega*, n.° 27, 2001, p. 16.

se aproveche dicho instrumento para perseguir otros fines[190]. Por tanto, puede aprovecharse la necesaria utilización de la contratación administrativa para impulsar al mismo tiempo política que favorezca la igualdad de género.

Una herramienta fundamental, aunque no la única, para potenciar la igualdad de género (constitucional prevista en el artículo 14 CE) en la contratación es a través de los criterios de adjudicación y de admisión[191], que sirven tanto como criterios de admisión, de valoración y de condición especial de contratación[192], tomando como punto de referencia las sentencias Beentjes[193] y Comisión/Francia[194].

Por tanto, la aplicación de la políticas de igualdad en la contratación son de gran utilidad, ya que las entidades locales pueden aplicar criterios de igualdad de género en la contratación

---

190 Conde-Pumpido Tourón, M. T., Cutrín Domínguez, M. y López Corral, J. C., "Igualdad de género y contratación administrativa", en *Revista española de la función consultiva*, n.° 12, 2009, p. 145.

191 De hecho, Soler Vilar y Oller Rubert indicaron que la implantación de nuevas tecnologías y de nuevos procesos en las administraciones públicas suponían una oportunidad para la igualdad de género, de igual forma que los procesos de contratación sirven tanto para satisfacer las necesidades de compra pública pero también pueden utilizarse para implementar paralelamente políticas de igualdad de género.
Soler Vilar, A. y Oller Rubert, M., "Capítulo II. Acción administrativa para la igualdad. Comentarios preliminares", en García Ninet, J.G (dir.), *Comentarios a la Ley de Igualdad*, CISS, 2007, p. 264.

192 Cáceres Luarte, N. y Pintos Santiago, J., "Enfoque de género en materia de contratación pública: desarrollo, situación actual y la promoción de éste en la legislación española y chilena", en *Contratación Administrativa Práctica*, n.° 154, 2018.

193 Sentencia del Tribunal de Justicia de la Unión Europea, n.° C-31/87, de 20 de septiembre de 1988, rec.p. I-4 635.

194 Sentencia del Tribunal de Justicia de la Unión Europea, n.° C-225/98, de 26 de septiembre de 2000, Rec. p. I-7445.

al amparo de la Ley Orgánica 3/2007, de 22 de marzo, para la igualdad efectiva de mujeres y hombres y reafirma que por dichas entidades se incluyen no sólo los ayuntamientos, también mancomunidades, entidades metropolitanas, etc.[195], en definitiva que el ámbito subjetivo de aplicación de políticas públicas de igualdad de género es amplio y así debe seguir siendo para proteger el artículo 14 CE.

Aunque no solo mediante la admisión o los criterios de adjudicación, también en aspectos como las prohibiciones para contratar, las condiciones especiales de ejecución o en criterios de desempate encontramos situaciones donde la igualdad de género adquiere un papel protagonista. Esta apuesta clara de la igualdad de género en la contratación vino amparada por las Directivas 2004/18 y 2004/17 y fueron consolidados en la actual LCSP derivadas de la transposición de las Directivas 2014/23/UE y 2014/24/UE[196]. Incluso la jurisprudencia del Tribunal Constitucional apoyaba la legitimación de acciones de discriminación positiva en favor de las mujeres e incluso indicaba que podría llegar a ser exigibles para un efectivo cumplimiento del artículo 9.2 CE[197].

---

195 Zambonino Pulito, M., "La igualdad efectiva de mujeres y hombres y la contratación de las Administraciones públicas en la Ley Orgánica 3/2007, de 22 de marzo", en *Revista de administración pública*, n.º 175, 2008, p. 475.

196 Pintos Santiago, J., "Cómo aplicar la igualdad de género en las distintas fases del procedimiento de contratación", en *El Consultor de los Ayuntamientos*, n.º 2, 2020, p. 49. Sirva también este artículo para poder profundizar en todas las opciones que permite la normativa de contratación para fomentar la igualdad de género.

197 Lesmes Zabalegui, S., "Contratación pública y discriminación positiva. Cláusulas sociales para promover la igualdad de oportunidades entre mujeres y hombres en el mercado laboral", en *Lan Harremanak-Revista de Relaciones Laborales*, n.º 13, 2005, p. 61.

Otro de los principios esenciales en el funcionamiento de la contratación administrativa es la eficiencia, que encontramos de forma clara en el artículo 28.1 LCSP: "Las entidades del sector público velarán por la eficiencia y el mantenimiento de los términos acordados en la ejecución de los procesos de contratación pública".

Un principio claramente determinante de buen gobierno que debemos encontrar entre los objetivos de los planes de contratación, ya que como se expuso el propio artículo 26 LTBG lo incluye expresamente y la propia Constitución. De hecho, la STC n.º 130/2013, de 2 de julio de 2013 incide especialmente en la importancia de la eficiencia en el gasto público al indicar que: "corresponde al Estado (...) el establecimiento de las normas y principios comunes de la actividad financiera de las distintas haciendas que tiendan a asegurar los principios constitucionales que, conforme a nuestra Constitución, han de regir el gasto público: legalidad (artículo 133.4 CE); eficiencia y economía (artículo 31.2 CE)". Por tanto, no sólo la Administración General del Estado debe velar por la eficiencia en su gasto público, sino que todas las haciendas, incluidas las locales, deben tener como referencia estos principios de eficiencia en su gasto público, como elemento constitucional del buen gobierno.

Encontramos referencias a dicha eficiencia en numerosos planes de contratación locales, en la Instrucción 1/2018 del Ayuntamiento de Valladolid para promover, de hecho, una contratación socialmente eficiente[198]. Ochsenius Robinson[199]

---

198 En los artículos 103 y 108 de dicha Instrucción 1/2018 del Ayuntamiento de Valladolid encontramos referencias a la eficiencia en referencia a las mejoras y las modificaciones contractuales.

199 Ochsenius Robinson, I., "Qué es necesario recordar de la eficiencia y eficacia en la contratación pública exigida hoy en día? Conceptualización y diferencias", en *Contratación Administrativa Práctica*, n.º 152, 2017.

nos explica la diferencia entre eficiencia y eficacia en la contratación: "debemos indicar que la eficiencia en la contratación pública nos señala «cómo ordenamos y ejecutamos los recursos»; y la eficacia, nos reclama «qué buscamos lograr», aunque en la práctica suponen conceptos que ambos permiten avanzar hacia el buen gobierno local en este ámbito.

De hecho, este concepto de eficacia, aunque no lo encontramos de forma tan explícita como el de eficiencia entre los principios de contratación previstos legislativamente, sí que resulta un elemento fundamental del sistema, ya que debe existir una actuación eficaz de las administraciones en nuestro sistema de estado social[200].

Centrándonos más en la eficiencia como principio, al estar más regulada en la LCSP, surge la cuestión de cómo alcanzarla y, como hemos avanzado, la planificación de la contratación es una herramienta de gran utilidad para lograr dicho principio.

Pero no solo el simple hecho de planificar permite mejorar la eficiencia en la contratación, ya que es necesario planificar adecuadamente para lograr dicha eficiencia, de forma que se programen las necesidades de la institución, de manera que: "la adquisición será en cantidad, calidad y oportunidad conveniente"[201]. Por tanto, resulta necesario no solo que se incluyan los contratos a realizar en el año siguiente en el plan para lograr dicha eficiencia, sino que además debe programarse dicha compra conforme a las necesidades reales del consistorio, para lograr dicho buen gobierno.

---

200 Moreno Molina, J. A., "La utilización de medios electrónicos, informáticos y telemáticos en la nueva Ley de Contratos del Sector Público" en Moreno Molina, J. A., *La nueva Ley de Contratos del Sector Público, Editorial La Ley*, Madrid, 2009.

201 Morón Urbina, J. C., "Los principios inspiradores de la Contratación administrativa y sus aplicaciones prácticas", en *THEMIS: Revista de Derecho*, n.º 52, 2006, p. 197.

La planificación resulta una herramienta esencial para garantizar dicha eficiencia en la contratación, que, aunque está constitucional y legalmente prevista como obligatoria, no siempre los tribunales o órganos administrativos han considerado que en un caso concreto de falta de eficiencia suponga una nulidad de actuaciones. Por tanto, un elemento esencial en los criterios de valoración de ofertas de contratos es permitir la eficiencia, que no necesariamente implica automáticamente el cumplimiento de la legalidad[202]. En este sentido, la falta de eficiencia en una fórmula de valoración de ofertas no es necesariamente una causa de nulidad administrativa, aunque el propio Tribunal de Cuentas reconoce dicha falta de eficiencia en las fórmulas, como indica el propio autor, con lo cual, aunque no haya causa de nulidad, sin duda sí supone un ejemplo de mal gobierno en la gestión de dichos contratos.

Para seguir logrando dicha eficiencia, la implantación de la contratación electrónica y la utilización de la tecnología en la compra pública es una de las mejores opciones, ya que la reforma más estratégica es la utilización de la tecnología en las compras públicas para incrementar dicha eficiencia y eficacia[203]. Así pues, la forma de aplicar dicha contratación electrónica de cara a los licitadores es tanto mediante la publicación electrónica de los pliegos e información contractual como la posibilidad de que los empresarios presenten ofertas electrónicas[204].

---

202 Barberán González, J., "Apuesta por un modelo definitivo para la valoración del criterio precio", en *Contratación Administrativa Práctica*, n.º 162, 2019.

203 Yánez Sánchez, G., "Contratación electrónica y centralización de la contratación como mecanismos de ahorro", en *El Consultor de los Ayuntamientos*, n.º 11/12, 2012, p. 1399.

204 Delpiazzo, C., "Contratación Pública electrónica en Europa y América Latina", en *Derecho PUCP: Revista de la Facultad de Derecho*, n.º 66, 2011, p. 152.

La actual Ley de contratos 9/2017 ya previó el uso de las tecnologías en los procesos de contratación como forma de mejorar la eficiencia, aunque la utilización de procedimiento electrónicos no implica necesariamente una mejor eficiencia[205]. Por tanto, deben ser procedimientos no presenciales que verdaderamente permitan mejorar el *statu quo* y quizás el mejor ejemplo en el ámbito de la contratación fue el procedimiento abierto súper simplificado del artículo 159.6 LCSP, que está pensado para ser eminentemente electrónico a través de la publicación y presentación de ofertas por esta vía e incluso el apartado d, de dicho artículo 159.6 LCSP, prevé que la valoración de las ofertas se pueda hacer mediante dispositivos informáticos, con lo cual se ahorra costes. La propia ley en su preámbulo defendía la eficiencia de dicho contrato al exponer: "se crea en la Ley un nuevo procedimiento de adjudicación, el denominado Procedimiento Abierto Simplificado, ya citado anteriormente al aludir a los procedimientos de adjudicación, en el que el proceso de contratación está concebido para que su duración sea muy breve y la tramitación muy sencilla".

Fruto de lograr dicha eficiencia encontramos también el concepto de libre competencia, previsto en el artículo 132 LCSP. Va ligado al de eficiencia en la medida en que, si la misma va destinada a organizar la forma de gestionar y planificar la contratación, esta organización debe permitir la libre concurrencia de licitadores, sin discriminar a ninguna de ellos. La LCSP declara un cambio de enfoque en la contratación centrado en la eficiencia y en la existencia de controles para lograrlo[206], por lo que, en efecto, dicho cambio de óptica pasa por

---

205 Martínez Guitérrez, R. *El Régimen Jurídico del Nuevo Procedimiento Administrativo Común*, Aranzadi, 2016, p. 111.

206 Nieto Rueda, J. y García-Royo Díaz, J., "La Oficina Independiente de Regulación y Supervisión de la contratación y la estrategia nacional de contratación: nuevos controles sobre la contratación pública: el

garantizar dichos principios de eficiencia y libre competencia de una forma adecuada. Además, no solo dichos principios son salvaguardados con la libre competencia en materia contractual, sino que también los de transparencia, publicidad, no discriminación e igualdad de trato[207], de ahí la relevancia de que no se restrinja la competencia contractual.

Dicha libre competencia está ligada a la eficiencia, como establecieron las directivas Europas en la materia[208]; ello siguiendo las indicaciones del Considerando n.º 2 y n.º 59 de la Directiva 2014/24/UE del Parlamento Europeo y del Consejo, de 26 de febrero de 2014, sobre contratación pública y por la que se deroga la Directiva 2004/18/CE que nos hablan de crecimiento inteligencia y sostenible, así como de una protección de la competencia[209].

En definitiva, la única forma de mejorar en la gestión de la contratación administrativa es mediante un esfuerzo constante por profesionalizar el sector[210], y en consecuencia la persecución de los citados principios en los planes ayuda notoriamente a permitir un mejor buen gobierno en la contratación pública de las entidades locales.

---

remarcado papel de la CNMC", en *Contratación Administrativa Práctica*, n.º 159, 2019.

207 Vañó Vañó, M. J., "Limitaciones a la aplicación de cláusulas sociales en la contratación pública desde la perspectiva del derecho de la competencia", en *CIRIEC-España, revista de economía pública, social y cooperativa*, n.º 87, 2016, p. 6.

208 Candela Talavero, J. E., "Efectos de los principios generales de la contratación sobre el recurso especial" en Candela Talavero, J. E., *El recurso especial en materia de contratación en el ámbito local*, La Ley, Madrid, 2020.

209 *Idem.*

210 Yánez Sánchez, G., "Comunidades virtuales de profesionalización en contratación pública", en *Gabilex: Revista del Gabinete Jurídico de Castilla-La Mancha*, n.º E1, 2019.

4.3. La mejora en la gestión contractual a través del contenido de los planes

El gran volumen de compra pública que realizan las administraciones, incluida la local[211], obliga a establecer un sistema adecuado y eficiente de contratación. Para ello, los planes de contratación permiten alcanzar un gasto público de compra eficaz mediante varias medidas.

En primer lugar, resulta necesario abordar el contenido de dichos planes de contratación, como forma de atestiguar la efectividad y los efectos que podrán desplegar para garantizar el buen gobierno local en esta materia.

Supone el primer ejemplo, el plan de contratación del Ayuntamiento de Logroño[212], que incide en la necesidad de planificar la contratación no solo por las exigencias legales, sino por una instrucción interna del año 2018 qué obliga establecer dicho plan durante el primer trimestre del año natural. En cuanto al contenido del plan, el consistorio lo realiza teniendo en cuenta una circular de la concejalía de contratación dónde establece los contenidos mínimos, que son que los contratos se separarán por unidad que gestiona los contratos, el objeto contractual, el tipo de contrato, su valor estimado, los procedimientos de adjudicación previstos y la fecha estimada de inicio el contrato. Así las cosas, de este plan destacamos que la organización y gestión de la contratación pública no solo

---

211 Sirva como ejemplo los datos del año 2020, donde el total de volumen de contratación realizada por las entidades locales fue de 9.553.488.493€, según datos del Informe Trienal relativo a la Contratación Pública en España en 2018, 2019 y 2020 realizado por el Ministerio de Hacienda.

212 Plan Anual de Contratación del Ayuntamiento de Logroño del año 2022. Disponible en: http://www.xn—logroo-0wa.es/wps/wcm/connect/bed85e00469006c48db5cd0dc28461cd/plancontratacion22.pdf?MOD=AJPERES&CACHEID=bed85e00469006c48db5cd0dc28461cd, consultado el 02/01/2023.

debe ir marcada por ley, sino también debe desarrollarse en cada consistorio mediante sus propios mecanismos internos, como instrucciones o circulares para garantizar también una adecuada planificación de la contratación y por tanto un buen gobierno local.

Respecto al contenido del plan de contratación, bien es cierto que la ley en el expuesto artículo 28.4 LCSP[213] parece suscribir que únicamente resulta necesario incluir en el plan aquellos contratos sujetos a regulación armonizada[214]. Si bien, nada impide para que se puedan incluir otros contratos que, aunque no estén sujetos a regulación armonizada, el ayuntamiento ya sea conocedor que va a llevar a cabo en el próximo año, ya que ello permite evitar el abuso de la contratación menor[215]. Así las cosas, dicha planificación da a la entidad local la oportunidad de priorizar y distribuir la contratación para

---

213 Recordemos que el artículo 28.4 LCSP dice literalmente: "Las entidades del sector público programarán la actividad de contratación pública, que desarrollarán en un ejercicio presupuestario o períodos plurianuales y darán a conocer su plan de contratación anticipadamente mediante un anuncio de información previa previsto en el artículo 134 que al menos recoja aquellos contratos que quedarán sujetos a una regulación armonizada"

214 Los contratos sujetos a regulación armonizada (conocidos también como contratos SARA) son aquellos que superan unos determinados umbrales establecidos en el artículo 20 y siguientes de la LCSP. Puede verse más información sobre los umbrales y régimen jurídico de dichos contratos en: https://administracion.gob.es/pag_Home/Tu-espacio-europeo/derechos-obligaciones/empresas/contratacion-publica/participar-licitaciones/umbrales-regimen-juridico.html, consultado el 02/01/2023.

215 Vázquez Fernández, B., "Sobre la necesidad de una interpretación unánime y un uso eficiente del contrato menor" en Pintos Santiago, J. (dir.), *Todo sobre el contrato menor*, El Consultor de los Ayuntamientos, 2020.

aprovechar mejor los recursos[216], en definitiva, permite gestionar de forma más eficiente los recursos públicos.

Efectivamente, ir más allá de esta exigencia legal e incluir en los planes de contratación todos los contratos previstos es una garantía para evitar actuaciones precipitadas y por tanto mejorar los principios de eficiencia en el gasto contractual[217], que como se ha expuesto está previsto como principio de buen gobierno en el artículo 26.2.a.1° LTBG.

El hecho de incluir una serie de contratos en dicho plan no obliga necesariamente a ejecutarlos, es un ejemplo que encontramos en el caso del plan de contratación del Ayuntamiento de Moncada[218] (Valencia). En dicho documento se atestigua la necesidad de planificar mediante una circular de secretaría y del área de contratación indicando la necesidad de mejorar la programación de las necesidades en materia de contratación para realizar una mejor gestión de las mismas. Así pues, se trata de un plan de contratación denominado por el consistorio como "indicativo" en la medida en que no obliga a licitar todos los contactos incluidos en el mismo. También Martínez Fer-

---

216 Delgado Fernández, M. R., "La necesidad de la planificación de la contratación como garantía de transparencia, del uso estratégico de la contratación pública y del uso adecuado de los procedimientos de contratación", en *Gabilex: Revista del Gabinete Jurídico de Castilla-La Mancha*, n.° E1, 2019, p. 30.

217 *Idem.*

218 Plan Anual de Contratación del año 2021 del Ayuntamiento de Moncada. Disponible en: https://moncada.sedipualba.es/firma/infocsv.aspx?csv=JYAAJJEFHVWMN9VNM9Z3, consultado el 02/01/2023.

nández[219] y González García[220] expone como el hecho de que el artículo 28.4 LCSP sólo exija en todo caso incluir en el plan a los contratos SARA hace que respecto al resto de contratos no solo no sea obligatorio llevarlos a cabo, sino que incluso dicha relación de contratos puede ser modificada, previa motivación, durante el curso pues se trata de orientación.

Al igual que en otros planes, en este de Moncada se establece la denominación del contrato, su valor estimado y el tipo contractual que supone. Destacamos también que en el plan de contratación de dicho consistorio en algunos contratos se indica que el valor estimado está todavía sin determinar, indicando la denominación sin evaluar, un aspecto destacable en la medida que incluso aunque no se sepa todavía el valor del contrato, es preferible incluirlo en el plan anual de contratación para una mayor publicidad de los mismos y permitir así conocer a los operadores económicos qué previsiones de compra pública se realizarán aunque todavía no esté determinado los valores estimados de los contratos. A este respecto podemos referenciar el Plan de Contratación del Ayuntamiento de Riba-Roja de Túria[221], que introduce como novedad respecto a otros planes una referencia a cómo cada contrato está relacionado con un ODS, mostrando así el compromiso de la entidad local con el desarrollo sostenible en materia de contratación.

---

219 Martínez Fernández, J. M., "La Instrucción 1/2019 de la OIReScon: una visión positiva y práctica para completar el «cerco» a los contratos menores", *op. cit.*

220 González García, J. V., "Ley de Contratos del Sector Público y Entidades Locales: la exigencia de planificación de la contratación", en *Cuadernos de derecho local (QDL)*, n.º 48, 2018, p. 249.

221 Plan anual de contratación para el año 2023 del Ayuntamiento de Riba-Roja del Turia. Disponible en: https://ribalicita.ribarroja.es/s/info/ribalicita, consultado el 09/01/2023.

De la misma forma que el plan es indicativo y no obliga a licitar todo lo establecido en él, en el caso de Moncada tampoco tiene un carácter exhaustivo en el sentido de que no incluye todos los contratos que prevé licitar el ayuntamiento durante el ejercicio económico, aunque sí los principales. Se trata ésta de una oportunidad perdida, puesto que podría realizarse un esfuerzo por incluir todas aquellas contrataciones a realizar en el siguiente ejercicio para garantizar mejor los citados principios de eficiencia y transparencia, aunque es preferible establecer un plan "de mínimos" antes que ni siquiera cumplir la obligación de planificación.

Aunque la obligación de planificar la contratación es aplicable a cualquier consistorio, independiente de su tamaño, nos encontramos ante muchos ayuntamientos, especialmente de menor tamaño, que no disponen de plan de contratación. El motivo principal de la ausencia de dichos planes en pequeños y medianos consistorios lo localizamos en la falta de recursos humanos para ello, la norma incrementa las obligaciones sobre las personas encargadas de contratación, pero no ha ido ello acompañado de un incremento de recursos materiales y humanos por lo que ello es una situación que no puede ser ignorada para diseñar un plan de contratación[222].

A pesar de dicha ausencia de planes en la mayoría de entidades locales pequeñas, también encontramos ejemplos que rompen la regla y son un ejemplo de buen gobierno de contratación, como es el caso del Ayuntamiento de Benlloc[223] (Cas-

---

222 Doncel Rodríguez, C., "El plan de mejora de contratación pública local. Una oportunidad para los pequeños y medianos municipios", *op. cit.*

223 Plan anual de contratación para el año 2022 del Ayuntamiento de Benlloc. Disponible en: https://benlloch.sedelectronica.es/transparency/abdf447f-29f2-4c4e-926a-9d876035e264/, consultado el 02/01/2023.

tellón). Un consistorio de poco más de mil habitantes dónde se establece un plan anual de contratación sencillo, pero al mismo tiempo útil y cumplidor con la normativa en materia de planificación de compra pública. En este plan se establecen cuatro contratos a realizar durante el ejercicio 2021, pero no por ser pocos y en un municipio de poca población debe dejar de realizarse el plan, ya que además de la exigencia legal es una necesidad de planificación que permite implementar las políticas de buen gobierno incluso de aquellos consistorios de menor población. Precisamente, quizás en estas entidades locales de menor tamaño es donde deben centrarse más los esfuerzos de planificación en la medida en que una correcta programación ayudará a la recuperación de las PYMES, porque permitirá a estos colectivos poder participar adecuadamente de la compra pública local y poder salir mejor de la crisis ocasionada desde el COVID-19[224].

Aunque la existencia y el contenido de estos planes versa, evidentemente, sobre la contratación administrativa de la entidad local, no podemos entender estos planes de compra como un elemento estanco que no se relaciona con el resto de áreas y planes del ayuntamiento.

Por ejemplo, el plan del Ayuntamiento de Vitoria-Gasteiz incluye un anexo dónde se referencian otros planes y programas anuales y plurianuales del consistorio que tienen relación de forma transversal con este plan de contratación. Por ejemplo , planes de fomento del empleo, planes de igualdad o planes de infraestructura verde urbana, de forma que a la hora de realizar una contratación sostenible, como pisos en venta siendo responsable el consistorio, se pueda conseguir también la persecución de otros planes de ámbito municipal.

---

224 Ramos Carvajal, E., "La planificación contractual pública en tiempos de coronavirus", *op. cit.*, p. 128.

Esta relación de la contratación administrativa con otras áreas, como, por ejemplo, los planes de ajuste económicos ya que los mismos deben incluir reformas estructurales de la contratación para permitir una contratación legal y eficaz[225]. Además, dicha programación contractual ayuda a racionalizar los contratos[226] y en un sentido semejante se pronuncia, Sánchez García[227] al hablar de la importancia de la planificación de la contratación, aunque en este supuesto en el caso italiano, donde indica que persigue el interés social u utilidad pública, como ocurre de forma idéntica en el caso español.

En efecto, existe una necesidad de unir la contratación pública con otros elementos sociales de relevancia como criterios de sostenibilidad social, ambiental, económica y financieras[228]. De esta forma, no solo se pretende realizar una planificación de contratación para cumplir con las exigencias legales y éticas expuestas, sino que incluso se consigue fomentar otras políticas públicas con ello.

En cuanto a los elementos más formales de los planes de contratación, gran parte de los consistorios han utilizado un formato de planificación estratégica, desarrollada mediante objetivos operativos y acciones concretas para llevar a cabo la compra pública prevista.

---

225 Yáñez Sánchez, G., "Contratación electrónica y centralización de la contratación como mecanismos de ahorro", *op. cit.*

226 Rodríguez Martín-Retortillo, M. del C., "La planificación y programación de los contratos en la Ley 9/2017, de contratos del sector público", en *Anuario da Facultade de Dereito da Universidade da Coruña,* n.° 22, 2018, p. 355.

227 Sánchez García, A., "La planificación de los contratos públicos como posible fuente de transparencia administrativa", en *Revista española de la transparencia,* n.° 8, 2019, p. 101.

228 Duart Rosa, Y., "La contratación pública responsable como dimensión estratégica para la implementación de políticas públicas", en *El Consultor de los Ayuntamientos,* n.° 2, 2020, p. 57.

Es el caso del Plan de Integridad en la Contratación del Ayuntamiento de Vigo[229], que establece unas líneas estratégicas, que se desarrollan una serie de objetivos estratégicos y a su vez se desglosan en uno o varios objetivos operativos, todos ellos se incluyen en el anexo de desarrollo operativo de dicho plan. Dicho documento establece cómo se llevarán a cabo todos y cada uno de estos objetivos estratégicos de forma pormenorizada, para ello, se incluye en cada uno de ellos una tabla dónde se establece qué objetivos operativos permitirán la ejecución del objetivo estratégico, qué fecha inicial y final de ejecución se prevé, qué acciones concretas se pueden realizar con los responsables de las mismas y el equipo técnico asociado si se van a utilizar medios ajenos y qué coste se estiman, el tipo de seguimiento que se prevé y qué indicadores de cumplimiento permitirán saber si el objetivo estratégico se ha logrado.

Podemos ver un ejemplo de la estructura formal de dicho plan centro de la línea estratégica segunda, qué es sacar partido a la tecnología se establece un objetivo estratégico 2.1, denominado “no hacer dos veces lo mismo” que prevé para su consecución dos objetivos operativos. El primero de ellos es integrar la gestión de expedientes con la PCSP. Como acción para lograr estos objetivos se prevé la contratación de un servicio que permita integrarlo mediante un contrato externo y así mismo mediante la implicación de un equipo de funcionarios (entre los que se encuentra analistas programadores el técnico de contratación o el administrativo de contratación). Como indicador de cumplimiento de este objetivo operativo se establece comprobar que el 80% de los expedientes de contratación se publican de forma automática en PLACE.

---

229 Plan de Integridad en la Contratación Pública del Ayuntamiento de Vigo elaborado en el 2019. Disponible en: https://transparencia.vigo.org/?idt=plan_integr_contrata&lang=es, consultado el 02/01/2023.

En este sentido, dicha planificación estratégica de la contratación permite implementar políticas de diversa índole[230]. Por ello, estructurar dichos planes de contratación mediante objetivos estratégicos, operativos y acciones permite satisfacer también, como defiende la autora, la mayoría de los principios constitucionales de buen gobierno en la contratación ya expuestos. De tal modo, la planificación contractual está en auge pues es la forma de combatir los males que acechan a este ámbito de actuación pública[231], siendo, por tanto, una herramienta principal de lucha contra la corrupción[232].

Un elemento incluido en los planes de contratación que resulta de gran relevancia es la necesidad de proceder a la formación de los funcionarios y restos de personal que intervienen en los procesos de compra pública. El primer ejemplo de ello, lo encontramos en el plan de contratación sostenible del Ayuntamiento de Vitoria-Gasteiz, que incluye un plan de formación para detectar las necesidades del personal técnico que gestiona contrato para que, en particular, sepa incluir cláusulas sociales y medioambientales en la contratación.

El artículo 334.1.e LCSP establece como parte de la Estrategia Nacional de Contratación Pública precisamente dicha

---

230 Batet Jiménez, M. P., "La compra pública de innovación", en *Contratación Administrativa Práctica*, n.º 175, 2021.

231 D'oleo Seiffe, O., "Las potestades de la administración en la contratación pública. Un estudio comparado de la perspectiva de la república dominicana y el reino de España, en relación con los modificados contractuales", en *Gabilex: Revista del Gabinete Jurídico de Castilla-La Mancha*, n.º 23, 2020, p. 61.

232 D'oleo Seiffe pone en valor la importancia de la planificación aunque tampoco deja de ser crítico en cuanto a que la tendencia inflexible de los tribunales de considerar nulos contratos por falta de planificación supone también un impedimento a la compra pública que tampoco resulta conveniente para un correcto desarrollo de los proyectos que tiene pensado ejecutar la administración.

necesidad de formación del personal dedicado a la compra pública. Por ello, que los consistorios incluyan en sus planes de contratación dicha necesidad de formación de los técnicos es una forma de hacer llegar los principios de dicha Estrategia al ámbito local.

También el Plan de Contratación Pública Sostenible del Ayuntamiento de Barcelona incluye la necesidad de formación del personal técnico[233], para conseguir así profesionalizar dicho sector. Y es que la formación del personal administrativo que se dedica a labores de contratación es un elemento para garantizar una adecuada ética pública para resolver los dilemas diarios que plantea la compra pública[234].

4.4. La planificación contractual como forma de evitar el contrato menor

Un elemento claramente opuesto a la necesaria planificación contractual es el contrato menor. Previsto en el artículo 118 LCSP permite una adjudicación directa con lo cual se restringen, en gran medida, los principios de transparencia y libre concurrencia de la contratación[235].

---

233 Amplía incluso el Ayuntamiento de Barcelona la formación no solo al personal técnico que desarrolla labores de contratación en el consistorio, sino incluso también sesiones formativas para operadores económicos (en especial PYMES) que quieran ser futuros licitadores del ayuntamiento, para que sepan cómo presentarse a estos procesos de compra pública local.

234 Rodríguez-Arana Muñoz, J., "Profesionalización en la contratación pública", en *Anuario da Facultade de Dereito da Universidade da Coruña,* n.º 25, 2021, p. 245.

235 La contratación menor de la LCSP sufrió una reforma en el 2020 con la Disposición final primera del Real Decreto-ley 3/2020, de 4 de febrero, de medidas urgentes por el que se incorporan al ordenamiento jurídico español diversas directivas de la Unión Europea

Aunque se trate de una posibilidad prevista en la norma, se tiene que entender como un procedimiento excepcional y no generalizarse. Así lo expone el Ayuntamiento de Valladolid, que indica que dicha contratación menor es fruto de la falta de planificación por lo que debe entenderse como una contratación excepcional, así lo establece el artículo 9 de la Instrucción 1/2018 del Ayuntamiento de Valladolid indicando que para acudir a este procedimiento es necesario justificarlo adecuadamente, ya que sin duda la contratación menor no permite una libre concurrencia de licitadores. Por ello, es especialmente relevante, que el consistorio de Valladolid incluya una mención a ese tipo de contratación en su instrucción para evitarla lo máximo posible y garantizar un buen gobierno en materia de compra pública.

Son numerosos los autores que exponen cómo se abusa de la contratación menor como herramienta de compra pública y el remedio para ello es la planificación. De tal forma se evita el fraude del fraccionamiento y la opacidad de la contratación menor también permite garantizar mejor la libre concurren-

---

en el ámbito de la contratación pública en determinados sectores; de seguros privados; de planes y fondos de pensiones; del ámbito tributario y de litigios fiscales y eliminó que se indicaba anteriormente en el artículo 118 LCSP que establecía que se debía acreditar que no se superaban los umbrales del contrato menor al suscribir contratos que superen anualmente la cifras de 40.000€ para obras y 15.000€ para servicios y suministros. Si bien, ello no ha sido un impedimento para que se dejen de suscribir contratos menores, y quizás lo más conveniente hubiera sido eliminar las adjudicaciones directas, como propone Villanueva Cuevas, ya que como alternativa siempre existía el contrato abierto simplificado en su vertiente más sumaria del artículo 159.6 LCSP.
Villanueva Cuevas, A., "Novedades en la contratación menor introducidas por la Ley 9/2017", en Pintos Santiago, J., (dir.), *Todo sobre el contrato menor*, El Consultor de los Ayuntamientos, 2019, p. 65.

cia[236]. De hecho, no solo el fraude de ley es el principal límite a las adjudicaciones directas, sino que los principios de eficiencia, eficacia y también el de concurrencia deben ser observados para entender por qué no debe procederse a la contratación menor de forma frecuente[237], algo que, como comentamos, se evita con una adecuada planificación.

La exigencia de planificar debe trasladarse al ámbito de la contratación menor con el objeto de que su utilización sea únicamente para situaciones excepcionales[238]. Por tanto, la autora nos muestra como la exigencia de planificar permite "hacer un cerco" a la adjudicación directa, en la medida en que da paso a contratar mediante otros procedimientos que garantizan la libre concurrencia y que no podrían hacerse si no fuera mediante una adecuada planificación, ya que suponen una mayor carga de trabajo para los servicios administrativos del consistorio. En efecto, la falta de planificación acaba implicando que se caiga de nuevo en el contrato menor[239], de ahí la importancia de la programación para evitar caer en la "comodidad" de utilizar las adjudicaciones directas.

Por todo ello, puede concluirse que necesidades periódicas de un consistorio no deben realizarse mediante contratación menor, incluso cuando no se superen los límites del artículo 118.1 LCSP (15.000€ para servicios y suministros y 40.000€

---

236 Pleite Guadamillas, F., "Un contrato no tan menor", en *Actualidad Administrativa*, n.º 12, 2018.

237 Agudo González, J., "El fraccionamiento de los contratos: invalidez y fraude de ley", en *Revista de Estudios Locales (CUNAL)*, n.º 161, 2013, p. 180.

238 Vázquez Fernández, B., "La problemática del contrato menor", en *Contratación Administrativa Práctica*, n.º 159, 2019.

239 Garcés Sanagustín, M., "Los contratos menores en la Ley 9/2017, de 8 de noviembre, de Contratos del Sector Público", en *Revista española de control externo*, vol. 20, n.º 60, 2018, p. 102.

para obras), por ello debe implementarse la planificación para evitar dichas adjudicaciones directas.

En este sentido, se ha pronunciado el Consell Jurídic Consultiu de la Comunitat Valenciana en dictamen n.º 211/2021 de 14 de abril, al indicar que: “Dado que la contratación menor debe ser utilizada para atender necesidades puntuales, no previsibles y no repetitivas (...). De esta forma, el Consell exige a las entidades: “hacer un esfuerzo para realizar una planificación anual o plurianual de su actividad” y así cumplir con los principios legales.

Así mismo, es necesario planificar para evitar que se adjudiquen directamente prestaciones reiterativas y previsibles[240], por ello el procedimiento a seguir sería prioritariamente el abierto o aquel que garantice la concurrencia[241]. En definitiva, el objetivo de dejar atrás el abuso del contrato menor es evitar que se eludan los procesos de selección de contratista que permiten garantizar un mejor interés público[242].

Por ello, observamos que dicha planificación permite evitar el contrato menor y satisfacer los principios de contratación ya expuesto al indicar qué debe analizarse, qué contratos pueden

---

240 Gallego Alcalá, J. D., “No es asunto de menor discusión el controvertido deber de incorporar un informe jurídico en el expediente de adjudicación de un contrato menor”, en *El Consultor de los Ayuntamientos,* n.º 12, 2021, p. 105.

241 Martínez Fernández, J. M., “La imprescindible necesidad de anticipación para afrontar las limitaciones a los contratos menores que impone la nueva ley de contratos del sector público”, en *El Consultor de los Ayuntamientos,* n.º 20, 2017, p. 2425.

242 Candela Talavero, J. E., “El fraccionamiento del objeto de los contratos públicos y la fraudulenta utilización del contrato menor”, en *Auditoría Pública,* n.º 53, 2011, p. 85.

dividirse en lotes y se pueden programar para lograr la máxima eficiencia y eficacia[243].

Por tanto, dicha planificación de la contratación es la herramienta idónea para evitar el abuso del contrato menor y así garantizar un derecho constitucional al buen gobierno contractual local.

4.5. La planificación contractual para evitar fraudes y conseguir una integridad institucional

Cada vez más, los planes de contratación no solo se establecen para mejorar la eficiencia de compra pública, sino también para evitar posibles fraudes contractuales. Y es que la corrupción en esta materia es un sector que ha experimentado numerosa casuística y por ello resulta necesario incluir medidas antifraude en dichos planes. Así lo afirmó ya el Parlamento Europeo en Resolución de 6 de mayo de 2010 al indicar que: "el sector de la contratación pública es el más expuesto a los riegos de gestión irregular, fraude y corrupción y que estas conductas ilícitas distorsionan el mercado (...), y siembran la desconfianza con respecto a la Unión Europea". Sin duda es necesario implementar medidas contra los fraudes en todas las actuaciones públicas, pero todavía es más preciso en aquellos ámbitos donde el volumen de recursos públicos sea más elevado y por tanto están más expuestos a la corrupción[244] y uno de estos ámbitos es el de la contratación pública.

---

[243] Rodríguez Martín-Retortillo, M. del C., "Sugerencias para una reforma de la Ley de Contratos del Sector Público", en *Contratación Administrativa Práctica,* n.º 174, 2021.

[244] Medina Arnáiz, T., "La necesidad de reformar la legislación sobre contratación pública para luchar contra la corrupción: las obligaciones que nos llegan desde Europa", en *Revista Vasca de Administración Pública,* n.º extra 104, 2016, p. 107.

En este sentido, encontramos en primer lugar el ejemplo del plan de contratación del Ayuntamiento de Santiago de Compostela[245], que pretende realizar dicha programación de compra pública con el objetivo de evitar los reparos de la intervención municipal por la gestión inadecuada de la contratación. Por tanto, los informes de control interno de dicha intervención sobre una primera alarma ante una posible corrupción contractual, lo que se complementa con el trabajo de los órganos de control externo (como por ejemplo el Tribunal de Cuentas[246].

Se está poniendo en el centro la lucha por la integridad y para prevenir la corrupción y el fraude, especialmente en materia de contratación[247] y por ello el papel de los órganos de control interno de las entidades locales es clave. Sin embargo, a pesar del gran papel de la intervención municipal para evitar las corruptelas en materia de compra pública lo cierto es que la falta de recursos humanos, especialmente en los pequeños ayuntamientos, ha hecho que se encuentren en una difícil situación que les impide poder controlar con todas las garantías el buen gobierno contractual[248].

A pesar de las dificultades por falta de recursos, no puede dejar de potenciarse por las entidades locales dicha política de

---

245 Plan de Contratación del Ayuntamiento de Santiago de Compostela para el año 2020. Disponible en: https://transparencia.santiagodecompostela.gal/Plans-de-contratacion/es, consultado el 02/01/2023.

246 Jiménez Rius, P., "El papel esencial del Tribunal de Cuentas en el nuevo régimen de control interno de las Entidades Locales", en *El Consultor de los Ayuntamientos,* n.º 2, 2018, p. 161.

247 Ochsenius Robinson, I., "El control en la contratación pública" en Ochsenius Robinson, I., *Mecanismos de control, mejora y calidad en la contratación pública,* El Consultor de los Ayuntamientos, 2019.

248 Morata Casellas, H., "Especialidades de la contratación local en la Ley 9/2017, de 8 de noviembre, de Contratos del Sector Público", en *Revista de Derecho de la UNED (RDUNED),* n.º 1, 2022, p. 428.

lucha contra el fraude para lograr la integridad contractual, como ha ocurrido en el caso del Ayuntamiento de Valladolid que en el artículo 29 de su instrucción sobre contratación establece la opción de crear pactos de integridad. Los mismos son medidas para detectar prácticas incorrectas sobre la contratación, estableciendo convenios con entidades privadas e independientes que tengan capacidad experiencia y credibilidad en el campo de la lucha contra la corrupción. Por tanto, los pactos de integridad permiten supervisar, después de la adjudicación del contrato, que el mismo se realiza conforme a lo indicado en la ley y en los pliegos y no existen favoritismos o conflictos de intereses. De esta manera, el consistorio evita los posibles fraudes que pudieran aparecer en materia de contratación antes incluso de que se produzcan.

Dichos pactos de integridad como un acuerdo entre sociedad y administración para lograr una contratación transparente y no corrupta, lo que permite crear condiciones que favorecen un uso eficaz de los recursos públicos[249]. Por tanto, esto nos permite observar que los mismos incluyen conceptos anteriormente expuestos que permiten garantizar un buen gobierno, como son los principios de eficacia o transparencia.

Equipara Fernández Acevedo[250] dichos pactos de integridad con otros instrumentos, como por ejemplos los códigos éticos, ya expuestos anteriormente y que sirven para alcanzar

---

249 Arribas Reyes, E., "Pactos de integridad", en *EUNOMÍA. Revista En Cultura De La Legalidad*, n.º 19, 2019, p. 329.

250 Fernández Acevedo, R, "Medidas de garantía de cumplimiento normativo y de compromisos con la entidad concedente: «compliance» y contratos y concesiones" en Fernández Acevedo, R., *La gestión de los servicios públicos locales*, El Consultor de los Ayuntamientos, Barcelona, 2019.

dicho derecho al buen gobierno local. Cerrillo Martínez[251] indica que incluso es conveniente designar a un tercero independiente que monitorice el adecuado cumplimiento del pacto de integridad, lo cual, permite garantizar mejor su éxito.

El consistorio de Valladolid también ha querido evitar los posibles fraudes en los procesos contractuales poniendo especial énfasis a la forma que valoran las mesas de contratación los criterios de adjudicación. En particular, en lo que respecto a aquellos aspectos del pliego que no se evalúan mediante una fórmula matemática o con criterios objetivos. Por tanto, cuándo es necesaria una interpretación subjetiva de los criterios de valoración se debe establecer claramente, como indica el artículo 14 de esta instrucción de Valladolid, qué se valora y cómo se valora.

En concreto, el consistorio indica la necesidad de establecer en los pliegos qué elementos tendrán en cuenta los integrantes de la mesa de contratación para proponer la adjudicación a uno u a otro licitador. De esta forma, aunque se trate de elementos subjetivos, se trata de objetivar al máximo posible para evitar actuaciones arbitrarias o incluso corruptas a la hora de valorar las ofertas, para evitar a toda costa realizar un mal gobierno en la gestión de las contrataciones del Ayuntamiento de Valladolid.

La fase de adjudicación contractual es la norma que más ha procurado una contratación íntegra, por ser la parte más visible de dicha contratación, por lo que tratan de evitar actuaciones fraudulentas en dicho periodo[252] y por ello se establecen medidas adicionales, como indica la propuesta del consistorio

---

[251] Cerrillo Martínez, A., *La integridad y la transparencia en la contratación pública,* Universitat Oberta de Catalunya, 2018, p. 109.

[252] Martínez Fernández, J. M., "Los criterios de adjudicación y su valoración", *en El Consultor de los Ayuntamientos,* n.º 23, 2017, p. 2197.

de Valladolid, para conseguir un buen gobierno local. Gimeno Feliu[253] se refiere a *red flags* en materia de adjudicación de los contratos de forma que, en todo caso: "la elección de los criterios esté presidida por la satisfacción del interés público que persigue todo contrato".

Esta apuesta por vigilar la integridad en la actuación de las mesas de contratación resulta de gran utilidad, dichas mesas deben actuar con gran rigor profesional[254], ya que deben ser muy especializadas e independientes y una total independencia implicaría que no pudieran formar parte del órgano de contratación técnicos que dependan jerárquicamente del órgano del contrato[255], un aspecto que, lamentablemente, sí permite la ley.

Por tanto, es necesario lograr una total integridad de las mesas de contratación y ello implica que las características de estos órganos de asistencia sean la: "imparcialidad, objetividad, independencia y profesionalidad"[256]. Por ello, como órgano de asistencia, dichas mesas deben ser técnicamente rigurosas para garantizar que no se produzcan supuestos de fraude y haya integridad contractual.

---

253 Gimeno Feliu, J. M., "La reforma comunitaria en materia de contratos públicos y su incidencia en la legislación española. Una visión desde la perspectiva de la integridad" en Gimeno Feliu, J. M., *Las nuevas directivas de contratación pública, Aranzadi–Observatorio de los Contratos Públicos,* 2014, p. 17-18.

254 López Benítez, M., "El principio constitucional de jerarquía en materia organizativa" en López Benítez, M., *Los principios jurídicos del Derecho Administrativo,* Editorial La Ley, Madrid, 2010.

255 Rodríguez Pérez, R. P., "Instrumentos de control de la contratación", en *Auditoría Pública,* n.º 72, 2018, p. 31.

256 Pérez Delgado, M. y Rodríguez Pérez, R. P., "El órgano de contratación no puede formar parte de la mesa", en *Contratación Administrativa Práctica,* n.º 175, 2021.

Otro consistorio que ha apostado claramente por la lucha contra la corrupción en su planificación contractual ha sido el Ayuntamiento de Vigo, que ha incluido como esenciales los principios de integridad profesional y honradez, para permitir garantizar una profesionalidad en la contratación pública.

No olvidemos que esta exigencia de integridad contractual que se ha incluido en los planes e instrumentos de ordenación de la contratación local viene dada por la propia Ley 9/2017, ya que la transparencia en la contratación es un ejemplo más de políticas de integridad institucional[257]; una reforma de la normativa que resultaba necesaria ante el surgimiento de casos de corrupción contractual[258].

El consistorio apuesta por la integridad en su plan en su primera línea estratégica, que pretende conseguir que la contratación se realice alrededor de las personas, de forma que el sistema de integridad en la contratación sea reconocible para la ciudadanía y se pueda apreciar que el Concello de Vigo trabaja por el interés público. La segunda línea estratégica pretende conseguir una interoperabilidad entre las administraciones, establecer mecanismos de detección y alerta de riesgos de contratación y aprovechar las tecnologías como herramienta colaborativa. La tercera línea estratégica, pretende reforzar la integridad en los procesos mediante programas de cumplimiento, dar formación a los operadores jurídicos que tienen que llevar a cabo la contratación de cómo ejecutarla y agilizar y tecnificar el proceso. La última línea pretende poner la planifi-

---

257 Campos Acuña, C., “Transparencia en la contratación pública y prevención de los conflictos de intereses”, en *El Consultor de los Ayuntamientos*, n.º 18012, 2017.

258 Malaret García, E., “El nuevo reto de la contratación pública para afianzar la integridad y el control: reforzar el profesionalismo y la transparencia”, en *Revista Digital de Derecho Administrativo*, n.º 15, 2016, p. 57.

cación como eje central para conseguir una progresiva mejora de los sistemas de contratación la realización de un seguimiento, revisión y evaluación de éstos[259].

Precisamente, la integridad en la contratación se consigue con una verdadera voluntad de cambio de la administración, como ha hecho el Ayuntamiento de Vigo mediante este sistema de integridad en su planificación contractual. En este sentido, es necesario realizar un cambio proactivo de la contratación para dotarle de los medios adecuados para que pueda alcanzarse dicha integridad[260]. La clave se encuentra en evitar: “cualquier influencia indebida de intereses personales en las decisiones públicas”[261], ello es la mejor forma de garantizar la integridad contractual.

Para finalizar su apuesta por la integridad en su plan de contratación Vigo ha creado un comité de integridad contractual, del que forman parte varios técnicos y directivos locales en la labor de evitar los fraudes en los procedimientos de contratación. En particular, se hace especial énfasis en analizar los posibles conflictos de intereses que se puedan generar, evitar cualquier distorsión de la competencia y garantizar la transparencia e igualdad de trato de todos los licitadores.

---

259 A modo de ejemplo de cómo efectuar la evaluación de la contratación efectuada por la administración local, puede verse como ejemplo de buena práctica la Evaluación del Plan de Contratación del 2022 del Ayuntamiento de Alcalá la Real. Disponible en: https://transparencia.alcalalareal.es/wp-content/uploads/2023/02/20230112_Otros_EVALUACION-PLAN-ANUAL-DE-CONTRATACION-2023-4.pdf (consultado el 21/03/2023).

260 *Idem.*

261 Cerrillo y Martínez, A., “La integridad como instrumento para la prevención de los conflictos de intereses en la contratación pública”, en *Revista Digital de Derecho Administrativo*, n.º 25, 2021, p. 395.

La necesidad de crear estos comités como sistema de seguimiento y supervisión contractual sirve de gran ayuda para vigilar en vía administrativa que se cumplen los objetivos legales. Si se crean sistemas administrativos de control de la contratación se podrían evitar muchos supuestos de enjuiciamiento penal, ya que llegan muchos casos a los tribunales que podían ser detectados en la administración[262].

4.6. Fomento social y de colectivos desfavorecidos en la contratación como mecanismo de buen gobierno

La mayoría de los planes locales de contratación han incluido dentro de su contenido el fomento de la contratación socialmente responsable. Ello permite mejorar la gobernanza local al poner el énfasis de la contratación en sectores más desfavorecidos que requieren de más atención por los poderes públicos. En efecto, la contratación es un ámbito idóneo para impulsar políticas públicas y garantizar el interés de los ciudadanos[263] y por ello la inclusión de cláusulas sociales es una práctica de buen gobierno.

El primer ejemplo de ello lo encontramos en el Ayuntamiento de Madrid[264], que ha establecido en su plan una reserva de

---

262 Jareño Leal, A., "La justificación del contrato público y el control del expediente de contratación como formas de prevenir los delitos de corrupción", en *Revista internacional de transparencia e integridad*, n.º 9, 2019, p. 1.

263 Díez Sastre, S., "La cláusulas sociales en la contratación pública", en *Anuario de la Facultad de Derecho de la Universidad Autónoma de Madrid*, n.º 21, 2017, p. 217.

264 Plan de Contratación del año 2020 del Ayuntamiento de Madrid. Disponible en: https://www.madrid.es/portales/munimadrid/es/Inicio/El-Ayuntamiento/Publicaciones/Listado-de-Publicaciones/Plan-de-Contratacion-del-Ayuntamiento-de-Madrid-2020/?vgnextfmt=default&vgnextoid=7eb9045cf6330710VgnVCM2000001f4a900aRCRD

la contratación para centros especiales de empleo de iniciativa social y empresas de inserción[265]. De esta forma el Consistorio madrileño cumple expresamente con la disposición adicional cuarta de la LCSP que establece obligatoria dicha reserva de contratos para dichos centros y empresas[266]. Dicha acción de reserva de contratación a estas empresas permite garantizar el progreso social y económico, previsto en el artículo 40 CE y así lograr integrar a los colectivos más excluidos[267].

Además, recordemos que como ya apuntó STC n.º 128/1987, de 16 de julio de 1987 y explica Cuba Vila[268]: "La actuación de los poderes públicos para remediar, así, la situación de determinados grupos sociales (...) no puede considerarse vulneradora del principio de igualdad, aun cuando se establezca para ellos un trato más favorable, pues se trata de dar tratamiento distinto a situaciones efectivamente distintas".

El fomento de los colectivos desfavorecidos también se ha realizado en los planes de contratación locales mediante la inclusión, en contratos no reservados, de cláusulas sociales. Es el

---

&vgnextchannel=f1aebadb6b997010VgnVCM100000dc0ca8c0RCRD, consultado el 02/01/2023.

265 En dicho plan se fija como porcentaje mínimo de reserva para el año 2021 un 2,75% del ejercicio presupuestario, lo que supone algo más de cuatro millones de euros.

266 En concreto, la disposición adicional cuarta de la LCSP establece que: "Mediante Acuerdo del Consejo de Ministros o del órgano competente en el ámbito de las Comunidades Autónomas y de las Entidades Locales, se fijarán porcentajes mínimos de reserva del derecho a participar en los procedimientos de adjudicación de determinados contratos o de determinados lotes de los mismos a Centros Especiales de Empleo de iniciativa social y a empresas de inserción reguladas".

267 Cuba Vila, B., "Contratos reservados: centros especiales de empleo y empresas de inserción", en *El Consultor de los Ayuntamientos*, n.º 10, 2017, p. 1325.

268 Cuba Vila, B., "Contratos reservados:..", *op. cit.*, p. 1325.

caso del Ayuntamiento de Valladolid, que en su título tercero de su instrucción de contratación establece una serie de cláusulas sociales y criterios de compra pública ética. Se trata de un título valiente ya que en muchas ocasiones los consistorios locales utilizan criterios meramente subjetivos para la adjudicación de sus contratos sin tener en cuenta otras cuestiones más allá del precio o la duración del mismo.

Dichos criterios sociales en la compra pública tienen su fundamento en la carta magna que sirven para otorgar relevancia a los principios rectores de la política social y económica[269] y que el Tribunal Constitucional reconoció en STC 45/1989, de 20 de febrero de 1989.

La apariencia de incluir criterios subjetivos puede hacer pensar que se pierde el principio de objetividad en la compra pública, pero no es así. Supone aplicar con total transparencia criterios de adjudicación que no permiten ningún tipo de corruptela, pero al mismo tiempo supone renunciar también a la posibilidad de incluir determinados aspectos sociales o éticos en la contratación que, aunque requieran en algunas ocasiones de valoraciones subjetivas, también son un ejemplo de aplicar políticas de buen gobierno local.

Dichos criterios permiten una discriminación positiva a favor de sectores excluidos, lo que potencia el rol tuitivo del estado y ello nos permite ver que la contratación trata de buscar una sociedad más basada en la justicia en la que la economía sirva a la ciudadanía[270], de hecho permite incluso conseguir una compra pública más eficiente en la utilización de fondos

---

[269] Ramos-Pérez Olivares, A., "Las cláusulas sociales en la regulación de los contratos del sector público tras el RDLeg. 3/2011", en *Contratación Administrativa Práctica*, n.º 119, 2012, p. 30.

[270] Latore Boza, E., "Aplicación de criterios sociales como elemento de la contratación pública sostenible", en *Contratación Administrativa Práctica*, n.º 106, 2011, p. 36.

de la administración[271], ya que permite satisfacer las necesidades de compra de la administración al mismo tiempo que se fomentan aspectos sociales.

También el Ayuntamiento de Vitoria-Gasteiz realiza una apuesta por la integración de colectivos desfavorecidos, ya que en su plan establece como meta incrementar un dos por ciento las contracciones de colectivos prioritarios mediante una serie de acciones formativas y de inclusión en las cláusulas de los pliegos de estos elementos. Junto a ello, se establecen los indicadores para evaluar el número de contratos que han cumplido esta prioridad y los recursos económicos destinados a que se consiga implementar.

Encontramos otros elementos sociales incluidos en dicho plan de Vitoria-Gasteiz, como fomentar la aplicación de condiciones especiales de ejecución para la contratación de personas de colectivos prioritarios, incluir cláusulas que fomenten la igualdad de género o el comercio justo. Precisamente la inclusión de elementos de comercio justo en la compra pública hace que ésta pueda adquirir la etiqueta de ética[272].

Una forma más de incluir aspectos sociales en los pliegos es establecer la exigencia de la no adquisición de bienes y servicios producidos sin garantías de cumplimiento de la normativa sociolaboral de la Organización Internacional del Trabajo, algo que propone en su plan el Ayuntamiento de Valladolid. Ello es una exigencia adecuada porque en muchas ocasiones las licitaciones han realizado procesos de compra pública en

---

271 Almodóvar Iñesta, M., "Las cláusulas sociales en la contratación pública", en Fernández Salmerón, M. y Martínez Guitérrez, R., *Transparencia, innovación y buen gobierno en la contratación pública,* Tirant lo Blanc, 2018, p. 420.

272 Casares Marcos, A., "Comercio justo y fomento de la contratación pública Socialmente Responsable", en *Contratación Administrativa Práctica,* n.º 123, 2013.

los que el adjudicatario no ha cumplido la normativa laboral, de Seguridad Social o de riesgos laborales aplicable. Lo cual, además del notorio incumplimiento legal que supone, implica dar una imagen de mala gestión de la administración al haber contratado una empresa que no cumple con la normativa.

Esta exigencia de preocupación por el cumplimiento de la normativa laboral de los licitadores va en la línea de las exigencias que establece la LCSP para que se contrate solo con aquellas empresas que cumplan con las obligaciones laborales. Así pues, se está exigiendo a los órganos de contratación que permitan obtener bienes y servicios de gran calidad mediante la inclusión de criterios sociales y laborales[273].

El Ayuntamiento de Valladolid también proponen en este título la inclusión de objetivos sociales en la definición del objeto de los contratos, de forma que se incluyan prestaciones que además del objeto principal del contrato puedan favorecer a otros elementos por los que tiene que luchar la administración, como por ejemplo la posibilidad de incluir cómo criterios a valorar en la ubicación proyectos de inserción sociolaboral que permitan contratar a parados de larga duración o personas que necesitan una rehabilitación o reinserción social, entre otros. Y es que no solo se busca con la nueva contratación al mejor licitador, sino también aquel que permita obtener los mejores criterios sociales, algo que permite fomentar la integración de los colectivos más desfavorecidos mediante la compra pública[274], lo que es un ejemplo más de buen gobierno local.

---

273 Sardina Cámara, P., "La nueva regulación de las cláusulas sociales en la contratación pública y su aparente contradicción con la normativa laboral vigente", en *Contratación Administrativa Práctica,* n.º 156, 2018.

274 Pleite Guadamillas, F., "¿Es posible la inclusión de cláusulas de discriminación positiva en los pliegos? Junta Consultiva de Contratación Administrativa del Ministerio de Hacienda. Informe 44/2004, de 12 de noviembre", en *Contratación Administrativa Práctica,* n.º 41, 2005, p. 17.

Dicho plan del consistorio de Valladolid continúa realizando una gran apuesta por el fomento social mediante la inclusión de aspectos sociales en la evaluación de las ofertas, ya que la dificultad para analizarlos a la posible falta de formación de los operadores que impulsan las licitaciones hace que en muchas ocasiones estos no sean incluidos en los pliegos. De esta forma, se quiere primar a aquellas empresas que ofrezcan nueva contratación de personas de colectivos con dificultades de acceso al mercado laboral, programas de estabilidad de empleo, medidas concretas de prevención y salud laboral, planes de igualdad efectiva o planes de conciliación de la vida laboral.

Las posibilidades para incluir criterios sociales especialmente relacionados con la igualdad son múltiples y que dependiendo del contrato se podría valorar la existencia de planes de igualdad o incluso de posibilidad de conciliación familiar y aunque esta opción no existe en criterio legales[275] encontramos la Resolución n.º 17/2017 del Tribunal Administrativo de Contratación Pública de la Comunidad de Madrid sí lo admite.

El Ayuntamiento de Barcelona[276] realiza también la apuesta por medidas en este ámbito, mediante la inclusión de cláusulas que fomenten la igualdad de género, la conciliación del tiempo personal y familiar, aspectos de accesibilidad universal o la contratación de personas con discapacidad. Estas medidas de fomento de la contratación de personas con discapacidad se pueden configurar como condiciones especiales de ejecución

---

275 Pintos Santiago, J., "Cómo aplicar la igualdad de género en las distintas fases del procedimiento de contratación", *op. cit.*

276 Plan de Contratación Pública Sostenible del año 2018 del Ayuntamiento de Barcelona. Disponible en: https://ajuntament.barcelona.cat/contractaciopublica/sites/default/files/plan_de_contratacion_publica_sostenible_2018.pdf, consultado el 02/01/2023.

contractual[277], por tanto, suponen un ejemplo de buen gobierno en la contratación pública.

Otro elemento social más a considerar lo encontramos de nuevo en el Ayuntamiento de Valladolid, que anima, entre su paquete de medidas sociales en su plan de contratación, a fomentar la mejora salarial de los trabajadores adscritos al contrato y en especial evitar que durante la ejecución de sus contratos los trabajadores encargados adscritos a los mismos sufran mermas en sus derechos sociales.

Si bien, hay que recordar que estas medidas de mejora salariales y de derechos sociales no siempre han sido consideradas acordes por la doctrina administrativa, como expone Labella Cámara[278] que expone primero: "la posición que mantiene el Tribunal Superior de Justicia de Madrid-Sala de la Contencioso Administrativo. Son varias las sentencias al respecto (sentencias 181/2019, 136/2018 y 220/2017), todas ellas ponen de manifiesto que este Tribunal no es muy proclive a admitir este criterio". Los motivos parecen encontrarse en que la Directiva 2014/24/UE no parece encontrar medidas en este sentido, aunque la propia autora avanza que: "no todo es anulación de criterios, también existen otros pronunciamientos diametralmente opuestos que abren una mínima rendija interpretativa". De tal forma, la autora indica como el Tribunal Administrativo de la Contratación Pública de Madrid en su Resolución n.º 308/2018, de 3 de octubre de 2018, que sí se ha mostrado

277 Puerta Seguido, F. y Punzón Moraleda, J., "Contratación pública socialmente responsable y discapacidad. Especial referencia a la Comunidad Autónoma de Castilla-La Mancha", en *Contratación Administrativa Práctica*, n.º 159, 2019.

278 Labella Cámara, A., "La mejora salarial dentro del proceso de contratación, una condición social con luces y sombras en su aplicación", en *Gabilex: Revista del Gabinete Jurídico de Castilla-La Mancha*, n.º 23, 2020, p. 35.

favorable a la existencia de factores sociales que condicionen el proceso de adjudicación a un licitador.

Consideramos más adecuado posicionarnos en esta segunda vertiente que permite dichas mejoras salariales en los procesos de compra pública como forma de garantizar el buen gobierno local. También Lada Ferreras[279] considera la necesidad de apostar por estas mejoras en derechos laborales y sociales al considerar que: “el fin público de la contratación es la satisfacción del interés general, que se halla tanto en la calidad del servicio como en el logro de objetivos sociales”. En efecto, el autor se considera partidario de que con los criterios sociales pueda suponer incrementos salariales, ya que de lo contrario Lada Ferreras[280] expone que hubiera sido suficiente con la previsión de los artículos 100 y 120 LCSP para garantizar el cumplimiento de la legislación laboral. Por tanto, al incluirse el término de criterios sociales en la norma se pretende ir más allá de dicho cumplimiento simple de la legislación en la materia, un criterio que va en contra de algunos pronunciamientos, como el del Tribunal Administrativo Central de Recursos Contractuales en su Resolución n.º 235/2019, de 8 de marzo[281], pero aun así se considera conveniente y pertinente, ya que permite un buen

---

279 Lada Ferreras, A., “¿Ha fracasado la contratación pública como vehículo de mejora de las condiciones laborales y sociales?”, en *Contratación Administrativa Práctica*, n.º 172, 2021.

280 *Idem.*

281 Dicha Resolución n.º 235/2019, de 8 de marzo del Tribunal Administrativo Central de Recursos Contractuales, que como expone Lada Ferreras, generó polémica porque: “anuló los criterios de adjudicación basados en mejoras laborales (incrementos salariales) y sociales (planes de conciliación, ampliación permiso maternidad o paternidad, entre otros) del personal adscrito a la ejecución del contrato. El pronunciamiento no fue unánime, se formuló un voto particular, lo que evidencia la polémica en esta materia”.

gobierno local al perseguir más fines de interés general a la hora de realizar la contratación.

Por tanto, las mejoras salariales y laborales de los trabajadores adscritos al contrato suponen una forma idónea que tienen los planes de contratación locales para garantizar el buen gobierno en este ámbito y crear una contratación responsable.

Además del ámbito social, otro de los sectores que los planes de contratación local han querido incentivar ha sido los aspectos medioambientales. De esta forma, en el título cuarto de su instrucción, el Ayuntamiento de Valladolid incorpora aspectos medioambientales en la contratación. Así pues, mediante la inclusión de certificados o sellos de calidad de ámbito ecológico, el consistorio planifica su contratación para que a la hora de ejecutar los contratos tengan en cuenta los impactos en el medio ambiente.

Esta apuesta por los criterios medioambientales es lo que conocemos como contratación verde, que tiene en cuenta los materiales y productos adquiridos o utilizados[282].

Aunque la utilización de estos criterios medioambientales no ha resultado sencillo, pues en gran medidas dichos criterios pueden afectar a otro principio esencial en la contratación administrativa, como es la libre competencia, aunque la necesidad de contar con elementos que tenga en cuenta el medioambiente es una exigencia contemporánea de contratación, debido a la citada problemática la inclusión de dichos criterios no está siendo sencilla ni rápida[283].

---

282 López Toledo, P., "La contratación pública verde y su nueva regulación en el derecho de la Unión Europea", en *Contratación Administrativa Práctica*, n.º 134, 2014.

283 Fernández de Gatta Sánchez, D., "El régimen de la incorporación de criterios ambientales en la contratación del sector público: su

Si bien, hoy en día la protección del medio ambiente como elemento a considerar en la compra pública está más que implementado, en gran medida por las políticas de la Unión Europea en este ámbito, la tendencia viene siendo la apuesta por la compra pública verde frente a aquellos procesos de licitación que no tienen en cuenta criterios medioambientales[284].

Otro consistorio, como el de Barcelona, apuesta por los aspectos medioambientales estableciendo ejemplos de cómo realizar un mejor uso de la electricidad, la madera, los textiles, los equipos informáticos entre otras medidas ambientales en las contrataciones públicas. La preocupación por los materiales suministrados a la administración o que se utilizan en la prestación de un servicio u obra son un ejemplo idóneo para realizar una política medioambiental adecuada[285].

Esta apuesta por las cláusulas medioambientales como una oportunidad de realizar políticas ambiciosas en este ámbito, que se conseguirá con unos poderes adjudicadores con una visión estratégica (que se logrará con la planificación de la compra pública) y que permite una utilización correcta de productos sostenibles[286]. Por tanto, si existe una voluntad de planificar

---

plasmación en las nuevas leyes sobre contratación pública de 2007", en *Contratación Administrativa Práctica*, n.° 80, 2008, p. 41.

284 Valcárcel Fernández, P., "Un paso de gigante hacia una contratación pública ambientalmente sostenible: La obligación de comprar vehículos de transporte por carretera limpios y energéticamente eficientes", en *Contratación Administrativa Práctica*, n.° 112, 2011, p. 48.

285 Medina Arnáiz, T., "Las principales novedades en la normativa contractual del sector público. Comentario de los artículos 35, 37, 38, 85, 105, 106, disposiciones adicionales 6.ª y 20.ª, disposición transitoria 7.ª, disposiciones finales 16.ª, 32.ª, 55.ª, 59.ª y anexo a la disposición adicional 6.ª" en Bello Paredes, S. A. (dir.), *Comentarios a la Ley de economía sostenible*, Editorial la Ley, 2011.

286 Ibáñez Fresneda, J., "La contratación pública estratégica: la proyección medioambiental de la Ley de Contratos del Sector Público", en

procesos de compra pública que permitan proteger el medio ambiente habremos alcanzado altas cotas de eficiencia en el gasto público y por tanto una verdadera política de buen gobierno local.

En definitiva, la inclusión de cláusulas medioambientales en la contratación, a través de una adecuada planificación, al igual que ocurre con las cláusulas sociales, son una excelente herramienta para fomentar el interés general. Dichos criterios permiten construir: "con cimientos sólidos un modelo de contratación eficiente y económico, pero a su vez ético y socialmente responsable con el medioambiente"[287].

Por ello, es necesario que exista un claro compromiso para asegurar que la administración local siga incluyendo criterios sociales y medioambientales en sus procesos de compra, garantizando el derecho constitucional al buen gobierno.

5. PLANIFICACIÓN DE RECURSOS HUMANOS COMO HERRAMIENTA DE BUEN GOBIERNO LOCAL

5.1. La obligatoriedad de la planificación de personal constitucional y legalmente fijada

Al igual que sucede con los ámbitos ya expuestos de subvenciones, normativa y contratación, la gestión del personal de los consistorios locales exige de una adecuada planificación para que se realice de forma adecuada.

Diario La Ley, n.º 9972, 2021.

287 Pintos Santiago, J. y Cáceres Luarte, N., "Análisis particular de los criterios medioambientales a la luz de la situación española y chilena", en *Contratación Administrativa Práctica*, n.º 150, 2017.

Como expone la citada recomendación sobre planificación de la Agencia Valenciana Antifraude[288] en materia de personal: "Las herramientas de planificación y ordenación de los recursos humanos, tales como los Planes de Ordenación de los Recursos Humanos o las Relaciones de Puestos de Trabajo permiten optimizar y adaptar su capital humano a las cambiantes necesidades de toda organización, repensando perfiles profesionales, y valorando adecuadamente cada puesto, posibilitando mejorar los procesos de gestión y optimizar el dinero público asignado al mismo".

Así pues, el primer fundamento constitucional de la planificación lo encontramos, como expone la AVAF, en la necesidad de optimizar el gasto público en materia de personal, que supone una aplicación del artículo 31.2 CE que obliga a velar por los principios de eficiencia y economía en la planificación del dinero público, incluido el relativo a recursos humanos.

En este sentido, en la administración local un mayor control de los gastos de recursos humanos por parte del Estado central, lo que en la práctica supone un desarrollo del precepto constitucional citado[289]. Dicha limitación a los gastos de personal locales por parte del Estado viene amparada por el STC n.º 237/1992, de 20 de enero de 1993 expuso que: "las retribuciones del personal conforman uno de los componentes con mayor peso específico en el gasto público y en la política económica general". Por ello, resulta más que necesario una adecuada planificación del personal en los ayuntamientos para

---

288 Recomendación general. Planificación: herramienta clave para prevenir los riesgos de corrupción en las organizaciones. Disponible online: https://www.antifraucv.es/wp-content/uploads/2020/11/201103_Recomendacion_planificacion.pdf, consultado el 02/01/2023.

289 Palomar Olmeda, A., "Los derechos retributivos de los empleados públicos" en Ortega Álvarez, L. (dir.), *Estatuto Básico del Empleado Público*, Editorial La Ley, Madrid, 2007.

poder satisfacer los intereses generales locales sin sobrepasar estos límites de gasto constitucionalmente previstos.

Continúan los fundamentos constitucionales de la planificación de personal, como vuelve a exponer la AVAF[290], en los principios de mérito y capacidad. Previsto en el artículo 103.3 CE, este principio se materializa en todos los procesos selectivos de las administraciones locales y como expone la AVAF, resulta necesaria dicha planificación para evitar actuaciones precipitadas, que suelen dar paso a fraudes en materia de personal y, por tanto, la planificación es garantía absoluta para evitarlo.

También la ley obliga a planificar y lo hace con detalle el capítulo I del título V del Real Decreto Legislativo 5/2015, de 30 de octubre, por el que se aprueba el texto refundido de la Ley del Estatuto Básico del Empleado Público. En particular, el artículo 69 de dicha norma expone: "La planificación de los recursos humanos en las Administraciones Públicas tendrá como objetivo contribuir a la consecución de la eficacia en la prestación de los servicios y de la eficiencia en la utilización de los recursos económicos disponibles mediante la dimensión adecuada de sus efectivos, su mejor distribución, formación, promoción profesional y movilidad". En efecto, en adelante se expondrá cómo la planificación de personal se debe realizar para garantizar la mejor prestación de los servicios en los ámbitos expuestos por dicho artículo.

---

290 "Se considera una prioridad para minimizar la corrupción en las entidades públicas asegurar el respeto de los principios constitucionales de igualdad, mérito y capacidad en el acceso a la función pública y en el desempeño de la misma". Recomendación general. Planificación: herramienta clave para prevenir los riesgos de corrupción en las organizaciones. Disponible online: https://www.antifraucv.es/wp-content/uploads/2020/11/201103_Recomendacion_planificacion.pdf, consultado el 02/01/2023.

Dicha norma habla de la eficiencia en la planificación de personal, lo que permite garantizar el buen gobierno en este ámbito. Si bien, para lograr dicha eficiencia es necesario realizar efectivamente dicha programación de los recursos humanos, una idea que, aunque tenga sus exigencias constitucionales y legales, no siempre cala en las administraciones locales. Por ello, la cultura de la planificación es algo reciente que todavía debe introducirse en la administración, incluido en la gestión de los recursos humanos, de forma que conforme su mayor planificación las políticas de recursos humanos serán más eficaces y adaptadas a las circunstancias actuales[291].

En este sentido, la realidad actual nos muestra la ausencia de dicha planificación de personal en los consistorios, que justifica que se empiece ya con dicha política de programación para evitar que el interés general deje de aplicarse en este ámbito. En este sentido, encontramos arraigada una mala práctica de la planificación contractual[292], algo que incluso se trata de una tradición en los recursos humanos de la administración[293], por ello queda patente la necesidad de apostar por esta planificación de recursos humanos local como garantía de buen gobierno.

La búsqueda de dicha eficiencia mediante la planificación de los recursos humanos resulta fundamental, para conseguir

---

291 Carbonero Gallardo, J. M., "La planificación de los recursos humanos en las Administraciones Públicas. Especial referencia al ámbito local", en *El Consultor de los Ayuntamientos,* n.º 6, 1999, p. 923.

292 Nevado-Batalla Moreno, P. T., "La temporalidad en el empleo público como fallo activo en la administración", en *Documentación Administrativa,* n.º 8, 2021.

293 Dapena Gómez, M., "Planificación y procesos de elaboración de plantillas, relación de puestos de trabajo y oferta de empleo público", en *El Consultor de los Ayuntamientos,* n.º 5, 2019, p. 47.

una gestión del personal racional que sea eficiente y eficaz es necesario para saber "quiénes y cuántos queremos ser"[294].

Por concluir, el gran problema actual que supone la falta de planificación de recursos humanos en la administración local y cómo ésta resulta imprescindible para un correcto funcionamiento de los ayuntamientos; en efecto una gestión del personal exige un aprovechamiento y utilización efectiva de dichos recursos, donde no haya un dimensionamiento inadecuado de personal y que permita evitar la improvisación en materia de personal[295].

Por ello, es necesario abandonar las viejas costumbres de improvisación y que el ayuntamiento apueste por una correcta planificación de personal, ya que como se expuso, sin que exista dicha voluntad de cambio, se seguirán aplicando las costumbres preexistentes[296].

A continuación, abordaremos cómo diferentes consistorios españoles han abordado la planificación en materia de recursos humanos, estableciendo diferentes contenidos y aspectos en sus planes para conseguir este buen gobierno.

---

294 Gorriti Bontigui, M., "Gestión de Recursos Humanos: La gestión eficaz de la diferencia", en *El Consultor de los Ayuntamientos*, n.º 1, 2018, p. 55.

295 Díez Quesada, A. y González-Haba Guisado, V. M., "El Estatuto Básico del Empleado Público y sus posibilidades renovadoras del empleo público local" en Almonacid Lamelas, V. (dir.), Rodríguez Castaño, A. R. (coord.), Sánchez Sánchez, Z. P. (coord.) *Estudios sobre la modernización de la Administración Local: teoría y práctica*, El Consultor de los Ayuntamientos, Madrid, 2009.

296 En este sentido, puede consultarse el siguiente artículo propio donde abordamos la oportunidad de la planificación, entre otros, en el ámbito de los recursos humanos: Clemente Martínez, J., "La dirección y planificación en Ayuntamientos de menos de 500 habitantes para garantizar el buen gobierno local: oportunidades", en *La Ley*, n.º 6947, 2021.

5.2. Garantizar derechos a los empleados públicos a través de la planificación

Destacamos en primer lugar aquellos planes de personal locales que han pretendido incluir expresamente formas de garantizar los derechos de los empleados públicos. Muchos de ellos se encontraban reflejados en el TREBEP, pero era necesaria una actuación adicional de las entidades locales para que surtieran verdadero efecto.

El primer derecho a garantizar por los planes de recursos humanos locales es el de la progresión profesional, que se garantiza a todos los funcionarios en desarrollo del artículo 103.3 CE y se consigue mediante la aplicación de los principios de igualdad, mérito y capacidad y siendo transparentes en la evaluación de objetivos[297].

Como avanzábamos es necesaria una actuación que desarrolle este derecho a la progresión legalmente previsto por los ayuntamientos para que surta efectos el sistema creado por el TREBEP[298]. Encontramos, así pues, ejemplos de la voluntad expresa de garantizar la promoción profesional en el Plan de Ordenación de Personal del Ayuntamiento de Las Palmas de Gran Canaria[299].

---

297 Quesada Lumbreras, J. E., "El Estatuto Básico del Empleado Público: ¿Un nuevo modelo de carrera?" en Ballesteros Arribas, S. (dir.), *Administración local: estudios en homenaje a Ángel Ballesteros,* El Consultor de los Ayuntamientos, Madrid, 2011.

298 Palomar Olmeda, A., "Derecho a la carrera y promoción interna" en Sánchez Morón, M. (dir.), *Comentarios a la Ley del Estatuto Básico del Empleado Público,* Lex Nova, Madrid, 2008, p. 222.

299 Plan de Ordenación de Recursos Humanos del Ayuntamiento de Las Palmas de Gran Canaria. Disponible en: https://www.laspalmasgc.es/export/sites/laspalmasgc/es/transparencia/.galleries/galeria-documentos-transparencia/130320-Plan-de-Ordenacion-de-Recursos-Humanos.pdf, consultado el 02/01/2023.

Así mismo, no hemos de olvidar la adecuada gestión de esta carrera profesional, ya que debe hacerse siempre bajo la consideración de los principios constitucionales aplicables, puede generar una problemática al haber un exceso de discrecionalidad entre puestos[300].

Otra forma adecuada de establecer medidas para la promoción profesional la encontramos en el plan de ordenación de recursos humanos del Ayuntamiento de Sagunto[301], que se refiere a la posibilidad de que los funcionarios de carrera accedan a la mejora de empleo. Dicho instrumento está previsto en el artículo 122 de la Ley 4/2021, de 16 de abril, de la Función Pública Valenciana y permite acceder temporalmente a puestos cuyo desempeño requiere de poseer una titulación superior[302].

De esta forma, el funcionario realizará las funciones y percibirán las retribuciones de un puesto superior y así se permite a funcionarios de carrera de grupos más inferiores ocupar puestos de trabajo superiores de forma temporal, lo que les permite conseguir una promoción profesional, aunque sea temporal.

También se recoge como un elemento de mejora necesario en el plan director para la mejora continua de la gestión de los recursos humanos del Ayuntamiento de León[303], que cataloga como debilidad la nula presencia de sistemas de carrera profesional, que hacen que se desincentive el interés de

---

300 Cea Ayala, Á., "La carrera profesional de los funcionarios públicos", en *Actualidad Administrativa*, n.º 13, 2012, p. 1606.

301 Plan de Ordenación de Recursos Humanos del año 2020 del Ayuntamiento de Sagunto. Expediente n.º 463475Q.

302 Herrero Pombo, C., "Las formas de provisión de puestos de trabajo en la Administración Local. Referencia a la Comunidad Valenciana", en *El Consultor de los Ayuntamientos*, n.º 6, 2003, p. 1096.

303 Plan director para la mejora continua de la gestión de los recursos humanos del Ayuntamiento de León para el periodo 2017-2019.

los funcionarios por el trabajo y por tanto no se encuentren motivados para obtener los mejores resultados en aras de una mejor prestación del servicio.

De tal modo, resulta aconsejable optimizarse las posibilidades del TREBEP y establecer un sistema que permita estimular la motivación profesional y sirviera para que los empleados públicos encuentren su motivación en su desempeño diario y así conseguir una mejorar calidad en la prestación del servicio[304], lo que acaba redundando en beneficio de la ciudadanía. De hecho, se ha aprobado para el anteproyecto de Ley de la Función Pública de la Administración del Estado en acuerdo del Consejo de Ministros del 20 de diciembre de 2022[305], una norma que regula aspectos de la carrera profesional pero solo será aplicable para la Administración General del Estado pero no para las entidades locales, lo que supone una oportunidad perdida para poder dar un marco homogéneos a los ayuntamientos españoles para poder impulsar medidas de promoción profesional de sus empleados en aras a conseguir un mejor servicio para el vecindario municipal.

En el mismo sentido, de mejorar la calidad del servicio a la ciudadanía, encontramos medidas de promoción profesional destinadas a ello, como el caso de la carrera horizontal. El Ayuntamiento de Sagunto ha sido uno de los que ha incluido esta modalidad de carrera profesional horizontal del perso-

---

304 Galindo Meño, C., "La carrera profesional y la evaluación del desempeño en el nuevo Estatuto Básico del Empleado Público" en Ortega Álvarez, L. (dir.), *Estatuto Básico del Empleado Público,* Editorial La Ley, Madrid, 2007.

305 Puede verse el extracto de los acuerdos adoptados en el Consejo de Ministros del 20 de diciembre de 2022, donde se aprobó el citado anteproyecto, en el siguiente enlace: https://www.lamoncloa.gob.es/consejodeministros/referencias/Paginas/2022/refc20221220.aspx#funcionpublica, consultado el 03/01/2023.

nal. La idea de esta carrera horizontal es que se desarrollen las competencias del empleado, su formación permanente y se evalúe su puesto de trabajo[306]. Por tanto, el objetivo de esta carrera es permitir evaluar el trabajo de los empleados municipales e incentivar su adecuado empeño sin necesidad de que suban a una escala funcionarial superior.

También el Ayuntamiento de Valencia, que ha creado dicho sistema de carrera horizontal para entenderlo, como un instrumento que revierte en la ciudadanía al incentivar al funcionario a hacer mejorar las cosas[307]. Y es que los autores coinciden en indicar que el fundamento de estos procesos de promoción profesional, como este horizontal, es garantizar unos servicios de calidad a través de tres procesos de mejora: "la mejora de las personas que forman parte de la organización, la mejora de los procesos y actividades y la mejora de la gestión"[308]. En definitiva, dicha carrera horizontal, junto con el resto de medidas de promoción profesional, permite garantizar un buen gobierno local en materia de personal que no solo beneficie a la ciudadanía, sino que revierta en una mejor calidad de los servicios municipales.

El siguiente derecho que se viene a garantizar mediante los planes de recursos humanos locales es el derecho a la movilidad interadministrativa. Recogido expresamente en el artículo 84 TREBEP[309], de nuevo se necesita, como ocurre con la pro-

---

306 *Idem.*

307 Cortés Carreres, J. V. y Salvador Escoto, V. J., "La evaluación del rendimiento de los servicios, del desempeño y carrera profesional horizontal en el Ayuntamiento de Valencia", en *El Consultor de los Ayuntamientos,* n.º 12, 2020, p. 121.

308 *Idem.*

309 En concreto, el artículo 84.1 del Real Decreto Legislativo 5/2015, de 30 de octubre, por el que se aprueba el texto refundido de la Ley del Estatuto Básico del Empleado Público establece: "Con el fin de

moción profesional, una voluntad expresa de desarrollo por cada administración para lograr que se produzca.

Encontramos recogido este derecho en varios planes de personal, como por ejemplo el del Ayuntamiento de Manises[310], este último consistorio lo lleva a cabo mediante la apertura a funcionarios de otras administraciones de sus sistemas de provisión, para que puedan concursar a las plazas del consistorio en igualdad de condiciones respecto a aquellos funcionarios de carrera del propio ayuntamiento.

Para conseguir dicho derecho a la movilidad deben existir actuaciones concretas desarrolladas por el consistorio local, ya que sigue quedando en manos de cada administración la posibilidad de garantizar dicha movilidad al no haber consecuencia ante la falta de cumplimiento de dicha obligación[311]. Por lo que hasta que no exista una sanción a la administración que limite este derecho no se logrará verdaderamente blindar este derecho.

Dichas acciones concretas de movilidad interadministrativa pueden ir acompañadas de medidas para garantizar el citado

---

lograr un mejor aprovechamiento de los recursos humanos, que garantice la eficacia del servicio que se preste a los ciudadanos, la Administración General del Estado y las comunidades autónomas y las entidades locales establecerán medidas de movilidad interadministrativa, preferentemente mediante convenio de Conferencia Sectorial u otros instrumentos de colaboración".

310 II Plan de ordenación de personal del Ayuntamiento de Manises para el año 2020. Disponible en: https://manises.sedipualba.es/firma/infocsv.aspx?csv=JWAACXZQNXJMZMN9ZN2A, consultado el 02/01/2023.

311 Díez Quesada, A. y González-Haba Guisado, V. M., "El Estatuto Básico del Empleado Público y sus posibilidades renovadoras del empleo público local" en Almonacid Lamelas, V. (dir.), Rodríguez Castaño, A. R. (coord.), Sánchez Sánchez, Z. P. (coord.), *Estudios sobre la modernización de la Administración Local: teoría y práctica*, El Consultor de los Ayuntamientos, Madrid, 2009.

derecho de promoción profesional, pues resulta prácticamente imposible una completa carrera profesional, salvo en grandes corporaciones, lo cual se agrava en gran medida por la falta de movilidad interadministrativa que denota la falta de gestión de recursos humanos en las organizaciones[312]. Por ello, se observa como la garantía de ambos derechos puede ir de la mano, ya que planificar sistemas de movilidad interadministrativa debe hacerse de la mano con la planificación de la promoción profesional local.

La utilidad de esta movilidad interadministrativa la encontramos en permitir a los funcionarios desarrollar su vida profesional en aquella entidad pública en la que consideren que pueden realizar un mejor trabajo y por tanto sirve para que la ciudadanía vea mejorada la calidad del servicio y se logre así un buen gobierno local. Dicha movilidad permitirá incorporar a funcionarios especializados en cada administración lo cual lograría un funcionamiento mejor de la administración y una mejor respuesta a las demandas ciudadanas[313].

Garantizar derechos efectivos a los funcionarios, como el de la movilidad interadministrativa, les genera seguridad jurídica y por tanto ello es un incentivo para que desarrollen su trabajo como empleados públicos buscando la satisfacción del interés general de la ciudadanía local[314].

---

312 Serrano Pascual, A., "Las propuestas de los expertos sobre la reforma del empleo público local: una visión crítica desde el modelo constitucional español", en *El Consultor de los Ayuntamientos*, n.° 17, 2005, p. 2170.

313 Fondevila Antolín, J., "Provisión de puestos de trabajo y movilidad" en Ortega Álvarez, L. (dir.), *Estatuto Básico del Empleado Público*, Editorial La Ley, Madrid, 2007.

314 Alonso Alonso, I. G., "Exigencia de la condición de funcionario público. Descripción del puesto de trabajo", en *La Ley*, n.° 2757, 2019.

El siguiente derecho a garantizar por los planes locales de recursos humanos, en aras a un buen gobierno, ha sido la conciliación de la vida personal y familiar. Las medidas en este sentido ya fueron recogidas inicialmente por el texto refundido de la Ley del Estatuto Básico del Empleado Público, aprobado por Real Decreto Legislativo 5/2015, de 30 de octubre, que establece los siguientes: "permiso por parto, por adopción, por paternidad, por razón de violencia de género y por cuidado de hijo menor afectado por cáncer u otra enfermedad grave"[315].

Aunque esta previsión legal resulta necesaria, para conseguir verdaderas medidas de efectividad en este ámbito es necesario una voluntad más amplia por parte de las administraciones locales. Planes como el de Sagunto establece medidas de conciliación entre la vida personal y familiar de los empleados públicos fijando horas de reducción para los empleados que lo necesiten por situación familiar, reduciendo las horas extraordinarias de aquellos colectivos de empleados que tengan más necesidades de conciliación o incluso fomentando una mejor organización de las tareas para evitar jornadas de trabajo excesivamente largas.

La justificación de estas medidas de conciliación en el sector público resulta más que constitucionales (al amparo del artículo 14 CE) ya que es necesario propiciarlas para mejorar la conciliación de las responsabilidades laborales y familiares[316]. Si bien, querer cumplir con las medidas de conciliación no siempre resulta una tarea sencilla para las entidades locales, en la medida en que deben realizar una labor de qué entender

---

315 Domínguez, L., Ortega, C. y Martín, E., "Conciliación de la vida personal y laboral en la Función Pública", en *Enciclopedia de Administración Local,* n.º 1819, 2008.

316 Ramos Moragues, F., "La relación laboral especial del empleado público" en Ramos Moragues, F. (dir.), *El personal laboral de las Administraciones Públicas,* Editorial La Ley, Madrid, 2011.

por conciliación y qué actuaciones concretas lo favorecerán o no. Por tanto, para conseguir dicha conciliación será necesario fijar qué elementos propios del puesto de trabajo lo pueden dificultar.

En este sentido, destaca el derecho a la desconexión digital, recogido en el artículo 88.2 de la Ley Orgánica 3/2018, de 5 de diciembre, de Protección de Datos Personales y garantía de los derechos digitales y que resulta también aplicable a las administraciones públicas. Así pues, no garantizar este derecho adecuadamente puede generar un estrés tecnológico al funcionario que le impida conciliar, generando una "tecnoadicción"[317], lo que, evidentemente, le dificulta el descanso.

Para garantizar dicha conciliación la desconexión digital es fundamental, lo cual incluso hace que mejore la relación entre empleado y administración y por tanto acabe repercutiendo en una mejorar calidad del servicio público. En este sentido, es necesario respetar el derecho a la desconexión digital por el bien de la administración[318], ya que de lo contrario los empleados se desincentivan en su trabajo.

También se quiere garantizar en los planes de recursos humanos locales el derecho a la seguridad y salud en el trabajo. Así se recoge como fundamental en el Ayuntamiento de León que redireccione desde el plan de personal al plan de riesgos laborales, con el objeto de que se cumpla este derecho. Garantizar dicha protección de la seguridad en el trabajo de los empleados tiene su fundamento constitucional y es aplicable a las

---

317 Tascón López, R., "El derecho de desconexión del trabajador (potencialidades en el ordenamiento español)", en *Trabajo y Derecho*, n.º 41, 2018.

318 Davara Fernández de Marcos, L., "Desconexión digital y Administración Pública ¿Cómo llevarlo a la práctica?", en *Actualidad Administrativa*, n.º 12, 2021.

administraciones públicas[319], ya que de hecho es un derecho básico de los empleados públicos.

También el artículo 14.l del TREBEP obliga a dicha protección en el trabajo de los empleados públicos y para conseguir que sea efectiva dicha protección es necesario de nuevo una voluntad activa de la entidad local[320]. En definitiva, resulta de nuevo necesario que la administración incluya dentro de su planificación de personal los mecanismos para garantizar la seguridad y salud en el trabajo para conseguir un buen gobierno local.

También garantizan dichos planes de recursos humanos locales el derecho al teletrabajo de los empleados municipales. Aunque el principal auge de esta modalidad surgió con la pandemia el TREBEP lo ha recogido expresamente como una forma de trabajo aceptable para las administraciones públicas[321].

---

319 Romero Rey, C., "Derechos de los empleados públicos" en Ortega Álvarez, L. (dir.), *Estatuto Básico del Empleado Público,* Editorial La Ley, Madrid, 2007.

320 Así nos los exponen D'Anjou Andrés y D'Anjou González dicha protección a la seguridad en el trabajo implica el derecho de: "información, consulta y participación, formación en materia preventiva, paralización de la actividad laboral en caso de riesgo grave e inminente y vigilancia de su estado de salud. Para ello, la Administración ha de implantar las medidas de prevención sobre los principios de evitar riesgos", lo que, como indican los autores, implica también planificar en este ámbito. D'Anjou, J. y D'Anjou, G., "Derechos de los funcionarios" en *Personal de las Entidades Locales. Su Régimen Jurídico y Gestión en el Estatuto Básico del Empleado Público,* Editorial El Consultor de los Ayuntamientos, Madrid, 2009.

321 Lo ha hecho en el artículo 47 bis TREBEP, que establece: "Se considera teletrabajo aquella modalidad de prestación de servicios a distancia en la que el contenido competencial del puesto de trabajo puede desarrollarse, siempre que las necesidades del servicio lo permitan, fuera de las dependencias de la Administración, mediante el uso de tecnologías de la información y comunicación".

Dicho trabajo a distancia, tal y como se recoge en el TREBEP, acaba estando supeditado a los intereses generales y a que se garantice la prestación del servicio[322]. Por tanto, no se permitirá automáticamente dicho derecho de teletrabajo a los empleados si no queda garantizado que permite seguir garantizando el interés general, constitucionalmente previsto. Por ello, el interés general debe servir como principio informador de la autorización de teletrabajo a los empleados públicos, por lo que debe autorizarse en base al interés público[323].

Precisamente, Jiménez Asensio[324] nos expone como un elemento fundamental que debe tenerse en cuenta a la hora de regular el teletrabajo es determinar con precisión qué puestos de trabajo son susceptibles de ello para permitir así seguir garantizando la adecuada prestación de los servicios públicos: "la identificación de qué servicios públicos requieren ser prestados físicamente para garantizar plenamente la atención a la ciudadanía y los derechos de los ciudadanos a relacionarse con la administración pública mediante atención física (...). Es un tema crucial (...), siempre subordinado a las «necesidades del servicio», pero sobre todo a la prestación eficaz de servicios a la ciudadanía, además con la calidad y transparencia requeridas".

La regulación del teletrabajo en los planes de personal de los consistorios es numerosa, encontrándose el primer ejemplo en el plan de ordenación de recursos humanos del Ayun-

---

322 Almonacid Lamelas, V., "Regulado el teletrabajo para las AAPP: el nuevo artículo 47 bis del TREBEP", en *El Consultor de los Ayuntamientos*, n.º 11, 2020, p. 106.

323 Boltaina Bosch, X., "Zonas oscuras del teletrabajo en la Administración local: ¿por qué no funciona y qué debemos mejorar?", en *El Consultor de los Ayuntamientos*, n.º 5, 2020, p. 37.

324 Jiménez Asensio, R., "La nueva regulación sobre el teletrabajo y su aplicación al ámbito local", en *El Consultor de los Ayuntamientos*, n.º 5, 2020, p. 7.

tamiento de Gandía[325] (Valencia). Aunque como elemento disonante en dicho plan encontramos que no se permite el trabajo a distancia a los funcionarios que desempeñen puestos de dirección. Ello se trata de una posible diferenciación que puede no resultar justificante, debido a que si se permite el teletrabajo a la mayoría de funcionarios menos a los puestos directivos se puede producir la paradoja de que se esté presencialmente dirigiendo a trabajadores que están en teletrabajo. Por ello, medidas como las que propone el consistorio de Gandía podrían implicar un desincentivo para los empleados municipales que desempeñan tareas directivas, lo cual puede acabar perjudicando a los ciudadanos que son receptores del servicio público.

Así pues, el personal directivo que ejerce el teletrabajo debe hacerlo eficientemente, pero lograrlo "permitirá liderar a su organización al siguiente nivel"[326]. Por tanto, podemos concluir que resulta necesario incluir en las opciones de teletrabajo a los empleados municipales que lleven a cabo funciones directivas, ya que ello permite incluso favorecer el derecho a la conciliación, anteriormente expuesto e incluso puede acabar mejorando la calidad del servicio prestado a la ciudadanía al darse la flexibilidad a los funcionarios que necesitaban para trabajar con más motivación y empeño profesional.

También encontramos referencias al teletrabajo en el plan de recursos humanos del Ayuntamiento de Sagunto. Se tratan de regulaciones más que necesarias, ya que, aunque el teletrabajo es una modalidad válida de realizar la jornada laboral tradicionalmente existen barreras que le impiden a los emplea-

---

325 Plan de Ordenación de Recursos Humanos del Ayuntamiento de Gandía. Disponible en: https://gandia.sedelectronica.es/transparency/ff97fcfe-db97-46b4-b0a0-d78b675c219a/, consultado el 02/01/2023.

326 Martín Castaño, R., "Teledirección. Trabajo a distancia de las personas directivas", en *El Consultor de los Ayuntamientos*, n.º 5, 2020, p. 78.

dos públicos llevarlo a cabo[327]. Estas barreras culturales sobre el teletrabajo suelen consistir en la falsa creencia de algunas organizaciones de que ello impediría el control de los empleados públicos e incluso la reducción de su rendimiento laboral[328].

Si bien, es necesario apostar por eliminar dichas barreras que no quieren dejar paso al trabajo a distancia y lo defiende indicando que cada vez la ciudadanía solicita servicios de mayor calidad y para ello es necesario permitir el trabajo no presencial, ya que incentivará a los empleados a ofrecer mejores servicios a la población[329], lo que en la práctica no es más que conseguir un buen gobierno local.

La formación del personal es el siguiente derecho de los empleados públicos que se viene garantizando en los planes de recursos humanos locales. Recogido en el artículo 14.g TREBEP[330] la formación es un derecho legalmente previsto que permite garantizar un mejor servicio ciudadano al permitir tener unos recursos humanos más preparados para la gestión administrativa, lo que en la práctica viene a garantizar un buen gobierno.

Localizamos los primeros ejemplos de formación en los planes en el Ayuntamiento de Sagunto, que establecen unos criterios de gestión y selección de la formación continua pre-

---

327 Roca Mérida, R., "Teletrabajo y Administración Resiliente", en *El Consultor de los Ayuntamientos*, n.º 5, 2020, p. 173.

328 Carrodeguas Méndez, R., "Teletrabajo de los funcionarios de administración local con habilitación de carácter nacional en la nueva normalidad: ¿por qué no?", en *El Consultor de los Ayuntamientos*, n.º 10, 2020, p. 74.

329 *Idem.*

330 El artículo 14.g del TREBEP establece entre los derechos individuales de los empleados públicos: "A la formación continua y a la actualización permanente de sus conocimientos y capacidades profesionales, preferentemente en horario laboral".

miando para seleccionar, por ejemplo, a aquellos empleados que hayan tenido menos ausencias laborales en su jornada. En este caso el consistorio apuesta incluso por la creación de una mesa de formación para canalizar las necesidades de mejora profesional y personal de los empleados públicos.

Este se trata de un ámbito de gestión necesario en la medida en que muchas ocasiones los funcionarios y empleados públicos deciden no matricularse en cursos de formación por voluntad propia y por tanto es necesaria una labor ingente de los servicios de personal de los consistorios para persuadir a los empleados públicos de la necesidad de formación lo cual permite una mejor gestión diario de los expedientes administrativos.

Precisamente recordemos que, aunque la formación es un derecho (según el citado artículo 14.g TREBEP) también se configura como un deber previsto en el artículo 54.8 TREBEP[331], es necesario que las administraciones locales promuevan dicha formación en sus instrumentos de planificación[332].

También se establecen medidas formativas en el plan de ordenación de recursos humanos del Ayuntamiento de las Palmas de Gran Canaria, donde para mejorar las competencias profesionales se plantea una formación actualizada a las nuevas necesidades existentes. Además, se conecta esta acción formativa con los procesos de consolidación de empleo que se van a llevar a cabo de forma que no sólo sirva para actualizar profesionalmente aquellos que ya tienen una situación laboral o funcionarial estable, sino también para formar aquellos que

---

331 En concreto, el artículo 54.8 TREBEP establece que es un principio de conducta de los empleados públicos: "Mantendrán actualizada su formación y cualificación".

332 García Valderrey, M. A., "Sobre el procedimiento para la realización de cursos por los empleados municipales", en *El Consultor de los Ayuntamientos,* n.º 11, 2018, p. 128.

tienen que afrontar las pruebas selectivas para estabilizar su situación o incluso aquellos que optan a las promociones internas que pretende desplegar el consistorio local.

Igualmente, localizamos también medidas formativas en los planes de recursos humanos del Ayuntamiento de Gandía, donde aunque como se había expuesto anteriormente no se permitía el teletrabajo al personal directivo, la configuración que realiza dicho plan respecto a la formación de este colectivo es opuesta, ya que quiere fomentar en ellos al máximo la formación para conseguir "un equipo directivo profesionalizado y cohesionado y con una fuerte implicación en la organización administrativa y en el desarrollo de la ciudad".

Por tanto, la clave se encuentra en impulsar la formación de forma estratégica desde los planes de recursos humanos locales, ya que dejar a la improvisación la asignación de formación impide que los empleados puedan perfeccionarse en aquellas materias que realmente necesitan y lo que permite que dicha formación tenga "un retorno real a la institución"[333]. De esta forma, al planificar dicha formación del personal adecuadamente se conseguirá que dichos recursos humanos realicen de una mejor forma su trabajo y así garantizar un mejor servicio ciudadano que permita alcanzar las cuotas de buen gobierno local constitucionalmente previstas.

5.3. El cumplimiento de los principios constitucionales en la planificación de la selección y provisión de puestos en la administración local

Un elemento esencial a incluir en la planificación de personal es el sistema de selección de puestos de trabajo. Recogido

---

333 Navarrete Ibáñez, E. M., "Cuestiones actuales y desafíos en la formación del personal empleado público", *op. cit.*

principalmente en el capítulo I del título IV del TREBEP, la mayoría de dichos planes recogen aspectos sobre los procesos selectivos, ya que se trata de la puerta de entrada a la administración local.

En dicho acceso han de primar de forma determinante los principios constitucionales de igualdad, mérito y capacidad, como nos recuerda el artículo 55.1 TREBEP, que además deben complementarse con otros fijados en el artículo 55.2 TREBEP[334].

De hecho, parece que el legislador ha querido en este artículo dar un valor fundamental en todo caso a los principios constitucionales del 55.1 TREBEP que regirán los procesos selectivos y establecer unos instrumentos que ayuden a dichos procesos en el artículo 55.2 TREBEP[335].

En todo caso, téngase en cuenta que la aplicación de dichos principios en el acceso a los cargos públicos supone la mejor

---

334 En concreto, dicho artículo 55.2 TREBEP establece: "Las Administraciones Públicas, entidades y organismos a que se refiere el artículo 2 del presente Estatuto seleccionarán a su personal funcionario y laboral mediante procedimientos en los que se garanticen los principios constitucionales antes expresados, así como los establecidos a continuación:
a) Publicidad de las convocatorias y de sus bases.
b) Transparencia.
c) Imparcialidad y profesionalidad de los miembros de los órganos de selección.
d) Independencia y discrecionalidad técnica en la actuación de los órganos de selección.
e) Adecuación entre el contenido de los procesos selectivos y las funciones o tareas a desarrollar.
f) Agilidad, sin perjuicio de la objetividad, en los procesos de selección"

335 Fondevila Antolín, J., "El acceso al empleo público: principios y requisitos" en Fondevila Antolín, J., *Manual para la selección de empleados públicos*, El Consultor de los Ayuntamientos, 2021.

garantía para el buen gobierno local, al conseguir que el proceso selectivo incorpore a los mejores funcionarios posibles, que permitan satisfacer con éxito las demandas ciudadanas. Por tanto, dichos principios tratan de conseguir que: "al frente de los asuntos públicos estarán personas suficientemente capacitadas y, en consecuencia, que el interés general resultará debidamente salvaguardado"[336], para permitir cumplir los principios de mérito y capacidad constitucionalmente previstos.

Recordemos también que dichos principios de mérito y capacidad son, sin duda, el elemento fundamental en todo proceso selectivo local, no solo de los funcionarios sino también en los relativos al personal laboral que desempeña trabajo en las administraciones[337]. Pero como los autores advierten no son pocas las situaciones en las se ha escapado de dichas reglas constitucionales en dichos procesos selectivos, por ello es necesario no solo la existencia del cumplimiento de dichos principios a través de la normativa constitucional o legal, sino que se incluyan dentro de los planes de personal de los ayuntamientos como criterio informador de los procesos selectivos locales.

Existen referencias a los procesos selectivos locales en el plan de ordenación de recursos humanos del Ayuntamiento de Gandía. En este plan destaca como novedad establecer que en todo procedimiento selectivo se incluirá como una parte de éste un periodo de prácticas. El objetivo es promover el interés de la persona en prácticas en la adquisición de competencias propias del puesto, de forma que si no lo logrará no quedará incorporado de forma definitiva a la plantilla de personal del consistorio.

---

336 Sánchez Piquero, J., *Igualdad, mérito y capacidad en el acceso a la función pública docente no universitaria,* UNED. Universidad Nacional de Educación a Distancia, 2016, p. 328.

337 Quintana López, T. y Rodríguez Escanciano, S., "Principio de mérito y capacidad" en Santamaría Pastor, J. A. (dir.), *Los principios jurídicos del Derecho Administrativo,* Editorial La Ley, Madrid, 2010.

La utilidad de estos periodos de prácticas y curso selectivo dentro del proceso es muy elevada, ya que permite al futuro funcionario tener una visión totalmente real de cuáles van a ser las tareas a desarrollar para que cuando sea nombrado funcionario conozca de primera mano el trabajo a desempeñar.

Dichos cursos selectivos son poco utilizados o tienen poca relevancia en la selección, por lo que un impulso de los mismos a través de los planes de recursos humanos serviría para que el futuro funcionario conozca mejor las tareas que desarrollará[338] y por tanto acabe prestando un servicio de mejor calidad a la ciudadanía, lo que acaba suponiendo una actuación de buen gobierno en los ayuntamientos.

Encontramos también en los planes de recursos humanos de la administración local la forma de provisión de los puestos de trabajo. El capítulo III del título IV del TREBEP regula las formas de provisión, aunque resulta necesario un mayor desarrollo de este articulado a través de dichos planes de personal.

Encontramos regulación de la provisión de dichos puestos de trabajo en el plan de recursos humanos del Ayuntamiento de Las Palmas de Gran Canaria o en el Ayuntamiento de Manises. Destaca en este segundo caso, como el consistorio valenciano establece como modalidades de provisión válidas el concurso abierto a otras administraciones, de forma que a la hora de asignar un funcionario a cada puesto de trabajo se abra la posibilidad a que puedan acceder empleados de otras administraciones, lo cual garantiza el expuesto principio de movilidad interadministrativa y permite un adecuado reclutamiento del talento humano, en aras a un mejor servicio hacia la ciudadanía.

---

338 De Lessa Carvalho, F. L., *El acceso igualitario a la función pública, análisis del derecho español y brasileño,* Universidad de Salamanca, 2010, p. 598.

En todo caso, el primer elemento a considerar en este sistema de provisión es garantizar los principios esenciales fijados en el artículo 78.1 TREBEP, que son los de igualdad, mérito, capacidad y publicidad. Recordemos que estos se tratan de los principios constitucionales fijados en el artículo 103 CE y 23.2 CE, plasmados en este caso en los procesos para asignar puestos de trabajo a empleados públicos.

En este sentido, la aplicación de dichos principios resulta esencial para lograr satisfacer el interés general y que exista un buen gobierno, ya que son principios básicos en las convocatorias de empleo[339].

Aunque hay que tener en consideración de estos principios esenciales que se acaban aplicando con matices en el caso de la provisión de puestos, ya que, a la luz de la jurisprudencia constitucional, el Alto Tribunal lo aplica de una forma más laxa entiendo que la provisión es un proceso posterior a la selección, donde ya se ha aplicado en plenitud los citados principios[340].

Esta flexibilización de estos principios de igualdad, mérito y capacidad en la provisión de puestos también se pronuncia se justifica en una mayor eficacia en la gestión de los recursos humanos[341]. Recordemos que el principio de eficacia también es uno de los previstos dentro del elenco del buen gobierno, por lo que en principio dicha ductilidad de los citados principios parece justificada.

---

339 De las Marinas Alférez, F., "Provisión de puestos de trabajo de habilitación nacional. Principios de igualdad, mérito y capacidad", en *El Consultor de los Ayuntamientos*, n.º 20, 1999, p. 3119.

340 Arribas López, E., "¿Son constitucionales las permutas de puestos de trabajo entre funcionarios de la Administración General del Estado?", en *Actualidad Administrativa*, n.º 9, 2016.

341 Cea Ayala, A., "La carrera profesional de los funcionarios públicos", *op. cit.*

5.4. La correcta reestructuración de las relaciones de puestos de trabajo y de plantillas a través de la planificación

Para gestionar adecuadamente las estructuras de personal de la administración local resulta necesario que existan herramientas que permitan una adecuada organización de los recursos humanos. El instrumento para ello es la relación de puestos de trabajo (RPT), regulada en el artículo 74 TREBEP[342] para permitir dicha organización del personal.

Aunque esta relación de puestos de trabajo es un elemento diferenciador de los planes de recursos humanos, no podemos olvidar que se encuentra en el mismo título de la ley que regula la planificación de recursos humanos y de hecho dichos planes de personal regulan aspectos sobre dichas RPT.

El primer ejemplo lo encontramos en el plan de ordenación de recursos humanos del Ayuntamiento de Las Palmas de Gran Canaria, que propone modificar su relación de puestos de trabajo para determinar de forma más adecuada las relaciones jerárquicas y quién realiza funciones de coordinación y supervisión en cada área. Ya que, en muchas ocasiones, la dinámica municipal hace que se ejerza la jefatura por personas que no son las que corresponden, según la RPT, y por tanto es necesario fijar claramente en esta relación las situaciones de jerarquía más allá de las costumbres que puedan estar instauradas en el consistorio. Asimismo, también se plantea la modificación de la plantilla de forma que queden más evidenciados

---

342 El artículo 74 del TREBEP establece: "Las Administraciones Públicas estructurarán su organización a través de relaciones de puestos de trabajo u otros instrumentos organizativos similares que comprenderán, al menos, la denominación de los puestos, los grupos de clasificación profesional, los cuerpos o escalas, en su caso, a que estén adscritos, los sistemas de provisión y las retribuciones complementarias. Dichos instrumentos serán públicos".

los costes de personal dependiendo de cada unidad de gestión o servicio.

Dichas relaciones son fundamentales para organizar adecuadamente el personal local y por ello los planes de recursos humanos deben favorecer su creación o modificación para adecuarlo a las necesidades de cada consistorio. De hecho, de las más de 8.000 entidades locales en España en 2019 sólo un 30% tenían relación de puestos de trabajo[343], por ello, implementar adecuadamente dicha RPT permite mejorar considerablemente la gestión del personal y acabar aunando en un mejor gobierno local.

Como las necesidades de la ciudadanía de cada municipio van cambiando también deben poderse modificar las RPT conforme lo demande la sociedad local, para seguir satisfaciendo el interés general. Ante esta cuestión, surge el debate doctrinal de si debe considerarse dichas RPT como reglamento o acto administrativo, ya que ello afectará a la velocidad en la que se modifique. En este sentido dichas relaciones se consideran sólo como acto en la medida que son un instrumento técnico que exige una cierta flexibilidad[344].

De hecho, la consideración como acto y no como reglamento de dichas RPT afecta al régimen de garantías de dicho instrumento aunque ello también es una protección frente a aquellas administraciones que habían elaborado de forma fraudulenta, y por tanto con mal gobierno, las RPT y aprovechaban

---

343 Gómez Asensio, J. A., "Las Relaciones de Puestos de Trabajo en la administración local. Normativa legal", en *Diario La Ley*, n.º 9940, 2021.

344 Koninckx Frasquet, A. y Catalá Martí, J. A., "Naturaleza jurídica de la relación de puestos de trabajo y procedimiento para su aprobación o modificación. Especial referencia a la Comunidad Valenciana", en *El Consultor de los Ayuntamientos*, n.º 11, 2010, p. 1757.

dicha segunda instancia para seguir alargando la vida de una relación contraria a la norma y los intereses generales[345].

Otro consistorio que ha implementado las medidas de reestructuración de su personal a través de las RPT es el Ayuntamiento de Manises, que, por ejemplo, a través de su plan de personal se proponen la sustitución de un puesto de A1/A2, denominado para crear únicamente un puesto de A1. Esta podría considerarse, a priori, una situación que lejos de permitir una mejora clasificación de los puestos puede implicar un perjuicio para cubrir los puestos que se encuentran barrados y por tanto permiten ser cubiertos, ya que este caso al estar abierto tanto a A1 como a A2 pueden existir más posibilidades de evitar que el puesto quede vacante.

Sí bien es cierto en este supuesto que el hecho de varar un puesto en este caso de A1/A2, puede suponer también el impedimento de que el complemento de destino asignado a este puesto sea como máximo de 26, en la medida que es el tope para los puestos clasificados en A2. Por tanto, si verdaderamente las tareas asignadas a dicho puesto son merecedoras de una retribución superior, dicha reclasificación se entiende como una forma de adecuar el salario de un puesto a sus verdaderas funciones, así acaba beneficiando en la mejor prestación de los servicios al sentirse los empleados que ocupen dicho puesto adecuadamente valorados.

Por tanto, estas RPT son la forma de ordenar racionalmente los efectivos[346] y por ello son el eje central para conseguir satisfacer las necesidades de los servicios locales, lo cual permitirá

---

345 Andrés Segovia, B., "Relaciones de puestos de trabajo. ¿Reglamento o acto administrativo? STS de 05 de febrero de 2014 (JUR 2014\1572)", en *Revista De Estudios De La Administración Local Y Autonómica*, n.° 3, 2015, p. 224.

346 Sancho Calatrava, J. A., "Relaciones de puestos de trabajo y fraude de ley", en *El Consultor de los Ayuntamientos*, n.° 10, 2016, p. 1172.

mejorar la atención ciudadana. De hecho, toda administración que quiera modernizar sus estructuras debe afrontar el reto de modificar dicha RPT[347], por lo que la planificación de personal a través de las relaciones de puestos de trabajo es una herramienta fundamental para alcanzar una administración moderna con unos recursos humanos eficientes

El último elemento destacable en materia de reestructuración de plantillas de personal es realizar una previsión de las futuras jubilaciones que se producirán en el consistorio, algo que realiza el plan de personal del Ayuntamiento de Sagunto. Se trata de un elemento que en pocas ocasiones organizan los ayuntamientos, si bien, no hay duda de que resulta necesario realizar las previsiones de jubilación para poder estructurar adecuadamente las necesidades del servicio a medio plazo. Así pues, se hace una previsión de las personas que se jubilan del año 2020 al 2023 encontrándose el consistorio local con una previsión de hasta 47 jubilaciones, una cifra nada desdeñable y que demuestra la necesidad de los futuros procesos selectivos que, sin duda, se van a realizar en el Ayuntamiento de Sagunto en poco más de tres años.

Un elemento que se regula también es la posible concesión de prórroga o no al funcionario que se encuentra en la edad de jubilación. Se indica que el Ayuntamiento de Sagunto sólo concederá la prórroga en el servicio activo aquellas personas que lo soliciten y que en el momento de la edad de jubilación no hayan cumplido los años de cotización necesarios para poder percibir el 100% de la pensión de jubilación que le correspondiera. De hecho, se fomenta la jubilación voluntaria del personal a través de determinadas ayudas a los mismos reguladas en sus convenios o normativas reguladoras, ya que

---

347 Herrero Pombo, C., "La planificación y organización de los recursos humanos en la Administración Local", en *El Consultor de los Ayuntamientos,* n.º 18, 2007, p. 2943.

la planificación del personal permite establecer condiciones especiales de jubilación[348].

De esta forma, vemos cómo el consistorio de Sagunto pretende realizar una potenciación clara de la jubilación para permitir un traspaso generacional y dar la opción a que entren nuevos funcionarios, lo que en la práctica supone un elemento de buen gobierno al permitir una jubilación digna para aquellos empleados que les corresponde, esto hará que solo trabajen en los ayuntamientos aquellos funcionarios que se encuentren verdaderamente motivados para poder garantizar el servicio público con la mejor calidad posible.

5.5. La planificación de las retribuciones de los empleados públicos como parte esencial del buen gobierno local

Un aspecto fundamental en la gestión de los recursos humanos es la adecuada retribución del personal. Resulta un elemento básico en toda situación de empleo y podríamos presumir que "se da por superado" en la medida en que la regulación de dichas retribuciones es tan antigua como la creación del concepto de funcionario, en la práctica cada vez es más complejo realizar adecuadamente dicho pago a los empleados públicos para que se satisfaga adecuadamente el interés general local y se logre un buen gobierno.

Aunque externamente el ciudadano percibe a la administración y al funcionario como parte de un todo, cierto es que internamente existe una relación de servicio entre ambas[349], por tanto, así como el funcionario debe realizar adecuadamen-

---

348 Romero Alonso, L., "Adquisición y pérdida de la relación de servicio", *en El Consultor de los Ayuntamientos,* n.º 12, 2010, p. 1878.

349 Almonacid Lamelas, V., "Retribuciones y nóminas del personal al servicio de las Administraciones públicas para 2005. Especial referencia

te su trabajo el ayuntamiento debe abonar adecuadamente el mismo para que la relación no se vea mermada y se acabe perjudicando al ciudadano por una falta de servicio diligente.

El primer plan de personal que destaca por preocuparse por las retribuciones es el del Ayuntamiento de Sagunto, que aborda la cuestión de las diferencias retributivas entre funcionarios de un mismo Consistorio que realizan funciones similares. Ello genera consecuencias por una falta de planificación previa en la gestión de estas plantillas, de forma que se han ido creando puestos con unas retribuciones concretas sin parar a detenerse los consistorios en si ya existía previamente un puesto de naturaleza similar en el Ayuntamiento y por tanto las retribuciones entre ambos se debieran homogeneizar. Esto puede generar numerosas diferencias, no de poca cuantía, entre puestos de funcionarios similares y por ello el consistorio de Sagunto pretende, con ocasión de la aprobación del presupuesto en los próximos ejercicios, ir unificando las categorías similares de puestos de forma que las retribuciones sean similares.

En este sentido la STSJ de Madrid de 19 de noviembre de 2008 expone cómo: "en función de que se acredite la igualdad o desigualdad de las funciones desempeñadas, de modo que cuando se produce la identidad funcional la equiparación retributiva debe tener lugar". Por lo que, si no hay motivos objetivos para diferenciar dicho las retribuciones entre puestos de trabajo idénticos, el salario en ambos debería ser igual[350].

Esta labor de unificación exige de una planificación ingente en materia de gestión de recursos humanos, ya que dichas tareas de homogeneización generalmente se suelen realizar "al

---

a la Comunidad Valenciana", en *El Consultor de los Ayuntamientos,* n.º 7, 2005, p. 1115.

350 Rodríguez Duque, F., "Las retribuciones de los funcionarios locales", en *El Consultor de los Ayuntamientos,* n.º 12, 2018, p. 61.

alza", en el sentido de que en lugar de disminuir las retribuciones de aquellos puestos que las tienen notoriamente superiores a otros con naturalezas y funciones similares, los consistorios prefieren incrementar aquellas retribuciones de los puestos que tienen los salarios más bajos ante las mismas funciones. Esto puede generar un posible incumplimiento de los límites de incrementos retributivos previstos en la Ley de Presupuestos y por tanto si se quiere cumplir con la normativa vigente y al mismo tiempo equiparar retribuciones ante puestos de funcionarios similares, se debe realizar una planificación de cuándo se han incrementado estas retribuciones progresivamente porque de lo contrario esta labor de equiparaciones salariales resultará contraria a las disposiciones vigentes.

De hecho, en ocasiones las diferencias retributivas entre funcionarios pueden verse ocasionadas por actuaciones fraudulentas de las entidades locales y por ello planificar adecuadamente el correcto ajuste de dichas retribuciones resulta más que necesario. En este sentido, la STC n.º 79/2004, de 5 de mayo de 2004, expone un supuesto de mal gobierno local al haberse discriminado en el salario a un funcionario frente a otros con tareas similares ya que éste desempeñaba tareas sindicales.

Al margen de las posibles equiparaciones salariales entre puestos similares, también son numerosos los consistorios que deciden realizar un incremento retributivo a sus funcionarios. En líneas generales, esto choca frontalmente con los límites presupuestarios, puesto que el artículo 19. Dos.1 de la Ley 31/2022, de 23 de diciembre, de Presupuestos Generales del Estado para el año 2023[351] establece que los incrementos salariales no pueden superar el 2,5% respecto al 2022, con lo

---

351 En concreto, dicho artículo establece: "En el año 2023, las retribuciones del personal al servicio del sector público no podrán experimentar un incremento global superior al 2,5 por ciento respecto a las vigentes a 31 de diciembre de 2022, en términos de homogeneidad para los

cual cualquier subida superior cae en el atisbo de ser considerada ilegal.

Para evitar dicha prohibición existe la excepción del artículo 19. Siete LPGE 2023[352] que permite dicho incremento siempre y cuando se tratan de adecuaciones retributivas de carácter singular y excepcional. Una opción a la que se acogen, entre otros, el Ayuntamiento de Las Palmas de Gran Canaria, que a través de su plan de ordenación de recursos humanos plantea una modificación de la plantilla mediante la adecuación de las retribuciones que resulten imprescindibles conforme a la excepción legislativa citada. Si bien, dicha excepción se aplica de forma restrictiva y no puede abarcar a todos los puestos ya que: "la singularidad es contraria a la pluralidad; la excepcionalidad se vincula con lo peculiar y exclusivo; y la imprescindibilidad con lo forzoso, ineludible y necesario"[353].

En este sentido, como expone la STSJ de Andalucía n.º 111/2009 de fecha 16 de marzo de 2009 se debe justificar adecuadamente dicho incremento retributivo en cada puesto, sino sería contrario a la legislación de presupuestos generales del estado: "el Ayuntamiento (...) no especifica ni explica de forma singularizada cuales fueron las circunstancias que determinaron, con independencia de esta nueva valoración, la motivación en concreto en cada puesto de trabajo que han causado esta nueva valoración retributiva frente a la anterior".

---

dos períodos de la comparación, tanto por lo que respecta a efectivos de personal como a la antigüedad del mismo".

352 Dicho artículo establece: "Lo dispuesto en los apartados anteriores debe entenderse sin perjuicio de las adecuaciones retributivas que, con carácter singular y excepcional, resulten imprescindibles por el contenido de los puestos de trabajo, por la variación del número de efectivos asignados a cada programa o por el grado de consecución de los objetivos fijados al mismo"

353 Sancho Calatrava, J.A., "Relaciones de puestos de trabajo y fraude de ley", *op. cit.*

Resulta necesario entender dicho elemento de singularidad y excepcionalidad de forma restrictiva[354] y en consecuencia dicha justificación pormenorizada de la subida salarial en cada puesto es la garantía de cumplimiento de la ley estatal de presupuesto y por parte de un adecuado control del gasto público.

Si bien, algunos autores consideran dicho límite de la ley de presupuestos se entienda de forma tan restrictiva, pues ello podría impedir una correcta eficiencia de los servicios municipales y convertiría a las RPT en elementos inalterables, aunque, en todo caso, su modificación debe ser justificada[355].

Quizás es necesario un balance entre ambas posturas para alcanzar el buen gobierno local (en especial en referencia al control del gasto público conforme artículo 31.2 CE). de forma que no nos apoyemos en un formalismo exceptivo a la hora de justificar dichos incrementos, para evitar una ineficiencia en los servicios municipales que no pueden ver adecuadamente retribuido su trabajo; pero tampoco caer en la permisibilidad de un incremento generalizado injustificado, que suponga ir radicalmente contra todo límite de la ley de presupuestos y por tanto implique un derroche de gasto público.

---

354 Sobre esta cuestión de la importancia de justificar adecuadamente todo incremento retributivo de personal a la hora de reorganizar el personal de las entidades locales para evitar un desajuste con el principio constitucional de interés general ya nos detuvimos en: Clemente Martínez, J., "La garantía constitucional del buen gobierno local mediante el control de la legalidad por parte de las subdelegaciones del gobierno", en Fontestad Portalés, L. (dir.) y Jiménez López, M. N., *Justicia proceso y tutela judicial efectiva en la sociedad postpandemia,* Aranzadi Thomson Reuters, 2022.

355 Riesgo Boluda, J., "Las valoraciones de los puestos de trabajo en las entidades locales y los límites de las leyes de Presupuestos Generales", en *El Consultor de los Ayuntamientos,* n.º 15/16, 2008, p. 2703.

El siguiente elemento de gran trascendencia en la gestión de las retribuciones de los empleados públicos son las productividades. La regulación legal de dicho elemento la ubicamos en primer lugar en el artículo 24.c TREBEP[356] que establece como un elemento de las retribuciones complementarias la especial dedicación al trabajo de los funcionarios. Lo encontramos más desarrollado en el artículo 5 del Real Decreto 861/1986, de 25 de abril, por el que se establece el régimen de las retribuciones de los funcionarios de Administración Local[357], que ya define la retribución del especial empeño del funcionario como productividad.

Sin duda la adecuada regulación de la productividad es un preocupación muy activa, que podemos ver reflejadas, entre otros, en el plan de ordenación de personal del Ayuntamiento de Manises, que expone como la mayoría de los recursos humanos perciben un complemento de productividad, con carácter fijo y periódico, con lo cual dicha retribución ya no viene condicionada por el especial desempeño que puedan realizar en su trabajo los funcionarios, sino como un elemento más del salario que no tiene alteración. Es lo que se conoce como la "desnaturalización" de dicho complemento de productividad, cuyas consecuencias son la falta de motivación en el trabajo de los funcionarios (ya que hagan como hagan su trabajo percibirán igual dicho complemento) lo que puede acabar mer-

---

356 En concreto, dicho artículo 24.c TREBEP establece: "El grado de interés, iniciativa o esfuerzo con que el funcionario desempeña su trabajo y el rendimiento o resultados obtenidos".

357 Dicho artículo 5 del RD 861/1986, en sus apartado primero y segundo establece: "El complemento de productividad está destinado a retribuir el especial rendimiento, la actividad extraordinaria y el interés e iniciativa con que el funcionario desempeña su trabajo. La apreciación de la productividad deberá realizarse en función de circunstancias objetivas relacionadas directamente con el desempeño del puesto de trabajo y objetivos asignados al mismo".

mando en la calidad del servicio ciudadano y por tanto que no exista un buen gobierno local. Por tanto, si el complemento de productividad se convierte en fijo el mismo ha perdido su elemento subjetivo que lo justificaba[358] y por ello pierde su razón de ser.

Como expone la STSJ de la Comunidad Valenciana de fecha 19 de mayo de 2014, la problemática de la fijeza en dicho complemento de productividad hace que tampoco sea posible eliminarlo de forma directa: "en el momento actual, la práctica totalidad de los distintos Tribunales territoriales, viene entendiendo que, una vez desnaturalizado este complemento de productividad por parte de la propia Administración, debe quedar sometido al régimen propio de las retribuciones complementarias, periódicas, fijas y objetivas, de modo que procede su percepción cuando lo tenga asignado el puesto de trabajo del correspondiente funcionario".

Por tanto, queda evidenciado que una adecuada organización de los recursos humanos mediante una planificación evita considerablemente que se produzcan estas situaciones de inadecuación de las retribuciones por productividades.

De esta forma, para lograr que dicho complemento adquiera su verdadera función hay que ligarlo a los objetivos que pueda alcanzar dicho funcionario. En este sentido destaca el plan de personal del Ayuntamiento de Guarromán que para evitar que la productividad se venga percibiendo de forma periódica dicho consistorio ha realizado una serie de indicadores y programas que deberán cumplir los funcionarios dentro de cada departamento o área para poder obtener dicho complemento retributivo. Y es que la productividad debe necesaria-

---

358 Gil Guillén, E., "La desnaturalización del complemento de productividad y su «mutación» en una retribución fija", en *El Consultor de los Ayuntamientos*, n.º 21, 2011, p. 2495.

mente debe estar motivada y encaminada a valorar el esfuerzo del personal de la administración[359], ligado además a objetivos asignados.

Así pues, cada ayuntamiento debe establecer dicho programa de objetivos concreto que vaya configurado con la correspondiente asignación de la productividad[360]. En definitiva, debe articularse adecuadamente en cada ayuntamiento concreto conforme a las verdaderas necesidades de dicho consistorio, así se logrará una mayor satisfacción de los empleados públicos con su trabajo, lo que mejorará la calidad del servicio prestado y permitirá conseguir un buen gobierno al verse beneficiada la ciudadanía en última instancia de dicha mejora.

Estrechamente ligado a la retribución de las productividades encontramos la evaluación del desempeño. Prevista en el artículo 20 TREBEP[361] permite valorar la conducta profesional y los logros de los funcionarios locales. La regulación de estos

---

359 Valle Torres, J. L., "El complemento de productividad", en *El Consultor de los Ayuntamientos*, n.º 15/16, 2013, p. 1513.

360 Arribas López nos indica varias formas de lograrlo: nos expone algunas formas de hacerlo: "por ejemplo, en programas de productividad vinculados a la reducción del absentismo laboral; a la mejora de la calidad del servicio público, mediante la valoración de ciertos indicadores objetivos; o, en fin, a algo más prosaico, como puede ser el número de expedientes tramitados o resoluciones dictadas en el ámbito de una determinada unidad administrativa". Arribas López, E., "El complemento de productividad en la Administración General del Estado: alguna problemática práctica", en *Actualidad Administrativa*, n.º 19, 2012, p. 2105.

361 En concreto, dicho artículo 20 TREBEP establece: "La evaluación del desempeño es el procedimiento mediante el cual se mide y valora la conducta profesional y el rendimiento o el logro de resultados. Los sistemas de evaluación del desempeño se adecuarán, en todo caso, a criterios de transparencia, objetividad, imparcialidad y no discriminación y se aplicarán sin menoscabo de los derechos de los empleados públicos".

sistemas de evaluación al desempeño requiere, necesariamente, de una apuesta de cada corporación local por implementarlos y por ello deben incluirse expresamente en sus planes de personal para que verdaderamente surjan efecto, como ha hecho el plan de ordenación de recursos humanos del Ayuntamiento de Las Palmas de Gran Canaria.

Dicha evaluación del desempeño resulta muy beneficiosa para las entidades locales porque permite mejorar la calidad del servicio prestado[362], por tanto, deben establecerse sistemas de evaluación del desempeño para asegurar la sostenibilidad de las organizaciones[363]. Por ello, dicha evaluación permite garantizar principios de buen gobierno, al conseguir una mayor implicación en su trabajo de los empleados públicos y por tanto beneficiar a la ciudadanía en última instancia.

5.6. Temporalidad, estabilización y funcionalización de empleados como herramientas de buen gobierno

La temporalidad en el empleo público se trata de la gran asignatura pendiente en la gestión de los recursos humanos de los ayuntamientos. Como exponía ya hace años el Consejo Económico y Social[364]: "El nivel local de la Administración es

---

362 Cortés Carreras, J. V., Mínguez Manzano, M., González Giménez, A. M. y Cerezo Peco, F. "El sistema de evaluación del rendimiento de servicios, del desempeño y la carrera profesional horizontal en el ayuntamiento de València", en *Revista Vasca de Gestión de Personas y Organizaciones Públicas,* n.º 13, 2017, p. 103.

363 Rastrollo Suárez, J. J., "La evaluación del desempeño como instrumento para la prevención de riesgos en la función pública local", en *El Consultor de los Ayuntamientos,* n.º 4, 2018, p. 186.

364 Consejo Económico y Social., "La temporalidad en el empleo en el sector público (sesión ordinaria del Pleno de 22 de diciembre de 2004)", en *Informes del Consejo Económico y Social,* n.º 3, 2004, p. 52.

el que registra la mayor tasa de temporalidad de todo el sector público".

La preocupación por dicha situación hace que necesariamente los planes de personal de las distintas entidades locales deban incluir referencias a la necesidad de reducir dicha temporalidad. En este sentido, el Plan de Ordenación de Recursos Humanos del Ayuntamiento de Sagunto establece medidas de estabilización de empleo y un desarrollo incluso superior para el resto de acciones propuestas.

Se aborda, en primer lugar, medidas relacionadas con las ofertas de empleo público comparando las diferentes ofertas de empleo público que ha habido desde el año 2016 hasta el 2019 indicando que los esfuerzos para cubrir las plazas en propiedad no han sido suficientes para reducir la alta temporalidad del consistorio local. Por tanto, se proponen medidas como ahora la imposibilidad de cubrir interinamente las vacantes que no han sido previamente incluidas en la Oferta de Empleo Público, hacer que las bolsas de trabajo solo sirvan para cubrir necesidades estrictamente de carácter temporal, potenciar procesos de estabilización de los empleados, impulsar la promoción interna utilizando preferentemente el sistema de concurso-oposición y proceder a la cumplimentación definitiva de aquellos puestos que están cubiertos en comisión de servicios en lugar de por concurso. Todas estas medidas tratan de evitar la temporalidad de la administración, ya que la existencia de la misma, no permite conseguir adecuadamente la satisfacción de un Estado democrático y social[365].

Estas medidas referenciadas por el dictado plan aluden a la alta temporalidad que existe en el empleo público y en particular pretenden evitar la frecuente utilización de nombramientos

---

365 Nevado-Batalla Moreno, P. T., "La temporalidad en el empleo público como fallo activo en la administración", *op. cit.*, p. 117.

de funcionarios interinos o de personal laboral temporal para acabar cubriendo necesidades estructurales y permanentes de los consistorios locales. Así las cosas, recordemos que la Ley de Presupuestos establece en el artículo 20. Cuatro como límite a los nombramientos interinos y el personal laboral temporal que : "No se podrá contratar personal temporal, ni realizar nombramientos de personal estatutario temporal y de funcionarios interinos excepto en casos excepcionales y para cubrir necesidades urgentes e inaplazables".

A pesar de dicha restricción la mayoría de los consistorios locales utilizan la figura del personal laboral temporal o de los interinos de forma tan habitual que acaba desvirtuando el sentido de este límite impuestos por la legislación estatal. Tanto es así que no encuentra vacío de contenido la referencia expresa que hace el Ayuntamiento de Sagunto a la imposibilidad de nombrar personal laboral temporal si no es para necesidades estrictamente de carácter temporal, porque en la mayoría de las ocasiones se nombran a estos empleados no fijos para necesidades estructurales ante las vacantes existentes

Por tanto, es más que conveniente incluir, como una de las medidas de planificación, el deber de acreditarse adecuadamente en el expediente que dicho nombramiento temporal no es para una necesidad estructural, no se encuentra nada vacío de contenido, sino todo lo contrario es un elemento laudable para la correcta adecuación de los sistemas de provisión de puestos de este consistorio a la normativa vigente.

La utilización de dicha figura del funcionario interino se ha realizado en muchas ocasiones de forma fraudulenta: "desvirtuando su naturaleza"[366]. De hecho, esta situación lastra la

---

366 Brufao Curiel, P., "Funcionarios interinos y empleo público, análisis general de su controvertido régimen jurídico", en *Revista Vasca de Administración Pública,* n.º 120, 2021, p. 38.

calidad de los servicios públicos e impide cumplir con los principios de igualdad, mérito y capacidad[367]. Por tanto, queda evidenciado que el abuso de la interinidad en el empleo público local no hace más que mermar los citados principios constitucionales y por ende impedir un adecuado buen gobierno local al acabar perjudicando al servicio prestado a la ciudadanía.

Encontramos otros planes que quieren reducir la temporalidad, como el del Ayuntamiento de Guarromán[368], que pretende reestructurar la plantilla para evitar la alta temporalidad del consistorio, que se sitúa en el 22,22% y se quiere alcanzar el objetivo del 8%. También el Ayuntamiento de León trata de reducir dicha temporalidad en su entidad, que según un plan de personal está situada en el 45,38%.

En el caso del Ayuntamiento de Gandía, que también apuesta por reducir la temporalidad, se incluyen incluso las bases reguladoras de los principales procedimientos de selección por consolidación de empleo que se pretenden realizar, como herramienta de transparencia antes incluso de que se inicien dichos procedimientos y por tanto los interesados ya son conocedores de cómo deben enfocar su estudio para conseguir un puesto mediante el procedimiento de estabilización, algo que va en consonancia con el buen gobierno y con la transparencia en la actuación pública.

En efecto, la adecuada realización de la Oferta de Empleo Público, las bases reguladoras y otros instrumentos de selección de personal resultan fundamentales para lograr una me-

---

367 *Idem.*

368 Plan de Ordenacion de Recursos Humanos del Ayuntamiento de Guarromán. Disponible en: https://www.guarroman.es/plan-de-ordenacion-de-los-recursos-humanos-del-ayuntamiento-de-guarroman/, consultado el 02/01/2023.

jora gobernanza local[369]. Por ello, como expone el autor realizar una adecuada organización de dichos instrumentos, como puede ser a través de su correcta planificación, resulta fundamental para conseguir una gobernanza municipal de calidad.

La "pandemia" de la temporalidad en el empleo público local es uno de los elementos que requiere una urgente intervención y ante lo cual la planificación de los recursos humanos es imprescindible para subsanar dicha situación. Cierto es que ante la posible voluntad de un consistorio local de cubrir de forma definitiva un puesto de trabajo estructural, el Ayuntamiento se encuentra ante otro límite establecido en la Ley de Presupuestos de difícil solución.

Se trata de la tasa de reposición prevista en el artículo 20.1.a LPGE 2023, que actualmente se establece en un 110% para sectores no priorizados y 120% para los prioritarios. Por tanto, este límite impide la contratación de nuevo personal que supere dicha tasa. Es un límite elevado, pero especialmente gravoso, para aquellos consistorios medianos o pequeños en los que la plantilla de personal por la relación de puestos de trabajo existente consiste en dos o tres funcionarios. Por tanto, aunque se produzcan un aumento de cargas de trabajo sino se produce la jubilación u otro supuesto[370] no se van a poder cubrir nuevos puestos por funcionarios de carrera.

---

369 Cuenca Cervera, J. J., "La eficacia en la ordenación y planificación del empleo público local como fundamento de su innovación", en *El Consultor de los Ayuntamientos,* n.º 5 2019, p. 69.

370 Los supuestos legales que contempla la Ley de Presupuestos del 2022 para computar dicha tasa de reposición se establecen en el artículo 20.Uno.7: "se computarán los ceses por jubilación, retiro, fallecimiento, renuncia, declaración en situación de excedencia sin reserva de puesto de trabajo, pérdida de la condición de funcionario de carrera o la extinción del contrato de trabajo, o en cualquier otra situación administrativa que no suponga la reserva de puesto de trabajo o la

A pesar de que inicialmente podríamos pensar que dicha tasa de reposición permite un adecuado control del gasto público constitucionalmente previsto en el artículo 31.2 CE, lo cierto es que en la práctica dicha tasa no siempre acaba suponiendo un elemento de buen gobierno[371].

Por tanto, esta tasa de reposición, como avanzaba dicho autor, hace que se acabe acudiendo a la contratación temporal como forma de cobertura de puestos, a pesar del explicado límite de que los nombramientos interinos o de personal laboral temporal solo se pueden realizar para situaciones excepcionales, ésta acaba siendo la única vía de escape de los consistorios para poder cubrir adecuadamente las necesidades de su población local.

Si bien actualmente dicha tasa de reposición es del 110% para los sectores no prioritarios y ello es un mecanismo idóneo para la mejor cobertura de puestos, recordemos que dicha tasa sigue suponiendo un impedimento considerable para las entidades locales, puesto que si se produce un incremento en las competencias o tareas desempeñadas por la entidad local no puede contratarse a nuevo personal fijo para ello.

Sirva como ejemplo la ampliación de competencias propias de los ayuntamientos en materia de "Actuaciones en la promoción de la igualdad entre hombres y mujeres, así como contra la violencia de género"[372], que se incluyó mediante la disposi-

---

percepción de retribuciones con cargo a la Administración en la que se cesa".

371 Sobre esta cuestión véase: Canal Fernández, L., "Gastos de personal, oferta de empleo y tasa de reposición de efectivos: entre lo necesario, lo inaplazable, lo presupuestariamente posible y lo admisible", en *Actualidad Administrativa*, n.º 9, 2015.

372 Dicha competencia se incluyó como propia de las entidades locales en el artículo 25.2.o de la Ley 7/1985, de 2 de abril, Reguladora de las Bases del Régimen Local.

ción final 1ª del Real Decreto-ley 9/2018, de 3 de agosto, de medidas urgentes para el desarrollo del Pacto de Estado contra la violencia de género. En este supuesto se amplió dicha competencia estando en vigor la tasa de reposición de efectivos, que para entonces estaba fijada en el 75% dependiendo del sector y los objetivos de deuda pública, estabilidad presupuestaria y regla de gasto de la entidad local[373]. Ante esta situación, las entidades locales debieron realizar contrataciones temporales o bien sobrecargar a sus empleados fijos de nuevas tareas para cumplir con esta nueva competencia, algo que sin duda acaba generando un mal gobierno en la medida que se produjo una saturación de los servicios que afectó a las necesidades ciudadanas, todo ello fruto de la tasa de reposición.

La problemática que genera dicha tasa para recuperar por la entidad local los servicios públicos que prestaba anteriormente impedía incluso procesos de remunicipalización incluso cuando ello se hace para subsanar contratos que se estaban prestado de forma irregular[374].

Por todo ello, nos encontramos ante una coyuntura compleja de la estructuración de los sistemas de provisión de puestos de trabajo en los ayuntamientos y que resulta especialmente gravosa para aquellos más pequeños en los que es más improbable que tengan tasa de reposición y por tanto puedan cubrir los puestos mediante funcionarios de carrera. Lo que sin duda podemos concluir de estas afirmaciones es que la necesidad de planificación en materia de recursos humanos es más necesaria que nunca para lograr un buen gobierno; todos los límites establecidos por las leyes de presupuestos, para cumplirse adecuadamente, deben realizarse planes de gestión de recursos

---

373 Así se estableció en el artículo 19.Uno.Cuatro de la Ley 6/2018, de 3 de julio, de Presupuestos Generales del Estado para el año 2018.

374 Martínez Fernández, J. M., "La remunicipalización de servicios", en *El Consultor de los Ayuntamientos*, n.º 9, 2017, p. 1195.

humanos que permitan tener una visión a medio incluso a largo plazo para gestionar adecuadamente las plantillas y cumplir con la normativa vigente al mismo tiempo.

Como consecuencia de los límites producidos por la tasa de reposición, así como de una inadecuada planificación y gestión de los recursos humanos locales, los ayuntamientos han abusado considerablemente de la temporalidad. Por tanto, la primera preocupación de los nuevos planes de personal es tratar de estabilizar el empleo temporal.

Y es que como cita Martín Toro[375] en referencia a unas palabras de Cuenca Cervera[376]: "algo falla en la gestión de nuestro empleo público territorial cuando de modo recurrente hay que afrontar una cuestión cuyas consecuencias más visibles son las de unas plantillas públicas precarias, lo que imposibilita su gestión planificada". Por tanto, queda evidenciado que resulta más que necesario abordar el problema de la temporalidad mediante la estabilización.

Destaca en primer lugar el Plan de Ordenación de Recursos Humanos del Ayuntamiento de Sagunto, donde en su línea segunda de actuación profundiza más en las materias de estructuración del empleo público y establece la necesidad de la estabilización del empleo temporal, que en el caso del consistorio saguntino supone que el 49% de los efectivos la plantilla son funcionarios interinos o personal laboral temporal. Los motivos de esta situación los ubicamos en los ya expuestos límites

---

375 Martín Toro, J., "Cuestiones prácticas para el desarrollo de los procesos de estabilización del empleo temporal", en *El Consultor de los Ayuntamientos,* n.º 8, 2019, p. 127.

376 Cuenca Cervera, J. J., "Los entes locales y el Estado de sus plantillas: Cómo está afectando la legislación de estabilidad presupuestaria a los procesos de consolidación de empleo temporal ¿Cómo se puede consolidar la plantilla actual?", en *Seminario sobre relaciones colectivas de la Federación Catalana de Municipios,* 2006.

de la tasa de reposición, pero también se destaca entre otras razones la existencia de varias fundaciones y administraciones institucionales donde ha existido una "inercia en la gestión de los recursos humanos" que se apueste mayoritariamente por un sistema de empleo temporal frente a potenciar contrataciones fijas.

Para paliar esta situación es, sin duda, la principal medida que se puede optar por el consistorio y la planificación de los recursos humanos para prever cuándo se podrán convocar las ofertas empleo público dependiendo de la tasa de reposición existente en el consistorio local. Se plantea, también, la opción de acudir a procesos de consolidación y estabilización de empleo temporal previstos en la disposición transitoria cuarta del texto refundido del Estatuto Básico del Empleado Público que permite regularizar situaciones de empleo temporal que se vengan desempeñando con anterioridad al 1 de enero de 2005[377]. Se trata de unos procesos selectivos en los que tienen especial peso en la fase de concurso los méritos profesionales estrictamente relacionados con los puestos a cubrir.

Dicha herramienta de estabilización se utiliza, entre otros, en el plan de ordenación de recursos humanos del Ayunta-

---

377 Dicha DT4ª del TREBEP establece: "1. Las Administraciones Públicas podrán efectuar convocatorias de consolidación de empleo a puestos o plazas de carácter estructural correspondientes a sus distintos cuerpos, escalas o categorías, que estén dotados presupuestariamente y se encuentren desempeñados interina o temporalmente con anterioridad a 1 de enero de 2005. 2. Los procesos selectivos garantizarán el cumplimiento de los principios de igualdad, mérito, capacidad y publicidad. 3. El contenido de las pruebas guardará relación con los procedimientos, tareas y funciones habituales de los puestos objeto de cada convocatoria. En la fase de concurso podrá valorarse, entre otros méritos, el tiempo de servicios prestados en las Administraciones Públicas y la experiencia en los puestos de trabajo objeto de la convocatoria".

miento de Las Palmas de Gran Canaria. El objetivo de esa opción, así como de otras que permitan reducir la temporalidad, es dar estabilidad permanente al empleo[378] de los funcionarios públicos. Por tanto, aunque se prime en dicho proceso la fase de concurso no debe olvidarse el requisito de mérito, como indica el citado artículo de la carta magna.

Dichos mecanismos de estabilización de personal se siguieron implementando mediante los artículos 19.Uno.6 de la Ley 3/2017, de 27 de junio, de Presupuestos Generales del Estado para el año 2017 y 19.Uno.9 de la Ley 6/2018, de 3 de julio, de Presupuestos Generales del Estado para el año 2018, que autorización tasas de reposición adicionales para la estabilización de empleo temporal de las plazas que, estando dotadas presupuestariamente, hayan estado ocupadas de forma temporal e ininterrumpidamente al menos en los tres años anteriores a 31 de diciembre de 2016 (en el caso de la Ley 3/2017) y tres años anteriores a 31 de diciembre de 2017 (en el caso de la Ley 6/2018[379]). Se trata, en definitiva, de buscar soluciones a toda costa para tratar de estabilizar y evitar la temporalidad pública[380].

---

378 Sendín Katschner, C., "Procedimientos de consolidación de empleo", en *El Consultor de los Ayuntamientos,* n.° 24, 2006, p. 4444.

379 Aunque como expone el artículo 19.Uno.9 de la Ley 6/2018, en este caso la estabilización es solo para "los siguientes sectores y colectivos: personal de los servicios de administración y servicios generales, de investigación, de salud pública e inspección médica así como otros servicios públicos. En las Universidades Públicas, sólo estará incluido el personal de administración y servicios".

380 Monereo Pérez, J. L. y Ortega Lozano, P. G., "El problema de la temporalidad en la administración pública y las medidas equivalentes, efectivas y disuasorias para prevenir, sancionar y reparar el abuso y el ejercicio antisocial: ¿Es posible declarar al empleado «fijo»?", en *La Ley Unión Europea,* n.° 84, 2020.

Parece que la solución definitiva al problema ha llegado con la Ley 20/2021, de 28 de diciembre, de medidas urgentes para la reducción de la temporalidad en el empleo público, que en su artículo 2 autoriza una tasa adicional para las plazas estructurales: "hayan estado ocupadas de forma temporal e ininterrumpidamente al menos en los tres años anteriores a 31 de diciembre de 2020". Un mecanismo para estabilizar que se convierte en obligatorio para todas las administraciones para zanjar la temporalidad de forma definitiva y poner freno a la temporalidad. De hecho, Sala Franco[381] ve en estas nuevas medidas una esperanza para evitar esta situación de mal gobierno al indicar que podría permitir: "acabar con el "mal ejemplo" que supone un 30 por 100 de temporalidad, claramente estructural".

A pesar del cambio respecto a la situación anterior que supone la citada Ley 20/2021, cierto es que incluye algunos aspectos que no solucionan de forma definitiva la temporalidad en los ayuntamientos, al exigir un requisito de que la plaza haya sido ocupada de forma ininterrumpida; de forma que existe servicios estacionales que son estructurales, pero no podrán acreditar el requisitos de "ocupación ininterrumpida"[382].

El siguiente elemento abordado por los planes de empleo locales para tratar de mejorar el servicio prestado a la ciudadanía que realizan los ayuntamientos es tratar de funcionarizar al personal laboral. Esta se trata de una medida implementada, entre otros, por el plan de personal del Ayuntamiento de León o por el plan de ordenación de recursos humanos del Ayuntamiento

---

381 Sala Franco, T., "La temporalidad en el empleo público", en *Revista Crítica De Relaciones De Trabajo, Laborum*, n.º 1, 2021, p. 62.

382 Fondevila Antolín, J., "Breves consideraciones sobre la aparente contradicción de las Disposiciones adicionales sexta y octava Ley 20/2021, de 28 de diciembre, de medidas urgentes para la reducción de la temporalidad en el empleo público", en *El Consultor de los Ayuntamientos*, n.º 4, 2022, p. 81.

de Las Palmas de Gran Canaria, que establecen esta opción con el objetivo de que los empleados municipales que ejerzan potestades públicas tengan la condición de funcionario.

Recordemos que según el artículo 92.3 de la Ley 7/1985[383], solo el funcionariado de carrera puede ejercer tareas que supongan participar de forma directa o indirecta en las potestades públicas o en la salvaguardia de los intereses generales. También el artículo 9.2 del Texto Refundido de la Ley del Estatuto Básico del Empleado Público, aprobado por Real Decreto Legislativo 5/2015, de 30 de octubre, se establece que dichas potestades públicas deben ejercerla funcionarios de carrera[384].

Estas exigencias legales de que sólo los funcionarios de carrera puedan llevar a cabo las potestades públicas se justifica, en que son: "Funcionarios imparciales y neutrales"[385], lo que

---

383 En concreto, dicho artículo 92.3 LRBRL establece: "Corresponde exclusivamente a los funcionarios de carrera al servicio de la Administración local el ejercicio de las funciones que impliquen la participación directa o indirecta en el ejercicio de las potestades públicas o en la salvaguardia de los intereses generales. Igualmente son funciones públicas, cuyo cumplimiento queda reservado a funcionarios de carrera, las que impliquen ejercicio de autoridad, y en general, aquellas que en desarrollo de la presente Ley, se reserven a los funcionarios para la mejor garantía de la objetividad, imparcialidad e independencia en el ejercicio de la función".

384 En concreto, el artículo 9.2 del Texto Refundido de la Ley del Estatuto Básico del Empleado Público establece: "en todo caso, el ejercicio de las funciones que impliquen la participación directa o indirecta en el ejercicio de las potestades públicas o en la salvaguardia de los intereses generales del Estado y de las Administraciones Públicas corresponden exclusivamente a los funcionarios públicos, en los términos que en la ley de desarrollo de cada Administración Pública se establezca".

385 Chamorro González, J. M., "El ejercicio de potestades administrativas por funcionarios interinos", en *Actualidad Administrativa*, n.º 2, 2020.

les convierte en los mejores profesionales para llevar a cabo tareas públicas de gran calado.

También la STSJ de Andalucía n.º 2494/2019, de 19 de septiembre de 2019 indica respecto a los informes deben suscribirse por funcionarios, ya que supone la mayor garantía de buen gobierno porque dichos informes deben ser: "situados en una posición de mayor objetividad".

Por tanto, solo mediante unos empleados públicos que no puedan ser removidos de su puesto de trabajo (al ser funcionarios de carrera) se consigue la total objetividad que resulta necesaria para poder llevar a cabo un servicio público con la calidad propia del buen gobierno local.

El gran volumen de personal laboral en la administración hace que resulta más que necesario actuaciones mediante planes de personal para poder regularizar esta mala gestión de recursos humanos; en el caso del citado Ayuntamiento de León el número total de laborales sobre el total de la plantilla es del 71,06%, hecho que hace que resulte más que urgente la funcionalización del personal.

El proceso para iniciar dicha funcionalización viene establecido en la disposición transitoria segunda del TREBEP[386].

---

386 Dicha disposición transitoria segunda del TREBEP viene a establecer que: "El personal laboral fijo que a la entrada en vigor de la Ley 7/2007, de 12 de abril, estuviere desempeñando funciones de personal funcionario, o pasare a desempeñarlos en virtud de pruebas de selección o promoción convocadas antes de dicha fecha, podrá seguir desempeñándolos. Asimismo, podrá participar en los procesos selectivos de promoción interna convocados por el sistema de concurso-oposición, de forma independiente o conjunta con los procesos selectivos de libre concurrencia, en aquellos Cuerpos y Escalas a los que figuren adscritos las funciones o los puestos que desempeñe, siempre que posea la titulación necesaria y reúna los restantes requisitos exigidos, valorándose a estos efectos como mé-

Dichos procesos de funcionalización permiten una función pública más eficiente y que se logre un buen gobierno, conforme a los principios constitucionales, al dotar de la mejor relación posible (la de funcionario de carrera) a los empleados públicos para asegurar la continuidad y un servicio de calidad[387].

5.7. Mejora en herramientas organizativas del personal para lograr el derecho constitucional al buen gobierno local

Para lograr un buen gobierno local en materia de personal las entidades locales deben realizar todas las opciones posibles para poder conseguirlo, no solo aquellas medidas que legalmente se establezcan sino también otras que permitan una mejor gestión de los recursos humanos.

En primer lugar las entidades locales han establecido en sus planes mejorar el uso de las herramientas informáticas que gestionan el personal, este es el caso del plan de personal del Ayuntamiento de Sagunto, que establece la implementación de un mejor registro de personal y un uso de herramientas informáticas para mejorar la gestión de los recursos humanos en el consistorio, ya que el gran volumen de empleados que gestionan un consistorio de tamaño medio, como es el caso de Sagunto, si no dispone no servicios de personal de una herramienta ágil de recursos humanos el sobreesfuerzo es inmenso y por tanto es necesario racionalizar los sistemas y hacerlos más avanzados para poder planificar mejor.

---

rito los servicios efectivos prestados como personal laboral fijo y las pruebas selectivas superadas para acceder a esta condición".

387 Boltaina Bosch, X., *Los procesos de funcionarización del personal laboral al servicio de las Administraciones Públicas*, Universitat Autònoma de Barcelona, 2005, p. 133.

Si bien la exigencia de los registros de personal es algo ya previsto legalmente en el artículo 90.3 LRBRL, que debe contener una relación de empleados con indicación de sus circunstancias personales y profesionales[388]. A pesar de dicha exigencia, resulta más que conveniente que se implementen medidas de mejora informática en la gestión de personal, porque ello permite llevar un mejor control de los mismos, lo que permite una efectiva planificación y por tanto alcanzar adecuadas cuotas de buen gobierno local.

También el consistorio de Gandía incluye en su plan de personal la necesidad de establecer un registro de personal más avanzado para alcanzar una tecnologización de la gestión de las personas mediante las correspondientes herramientas informáticas. Y es dichos datos resultan de gran utilidad para la gestión diaria del personal y para unificar dicha gestión integrada de recursos humanos[389], lo que contribuye a mejorar la eficiencia en dichas tareas y por tanto propicia dicho buen gobierno municipal.

Para conseguir una gestión integrada y adecuada del personal resulta también necesario que exista una mejor coordinación entre los recursos humanos de cada ayuntamiento, de forma que no se produzcan solapamientos ni conflictos internos

---

388 D'Anjou González, J. y D'Anjou Andrés, G., "La planificación de los recursos humanos: objetivos e instrumentos de planificación" en *Personal de las Entidades Locales. Su Régimen Jurídico y Gestión en el Estatuto Básico del Empleado Público*, Editorial el Consultor de los Ayuntamientos, Madrid, 2009.

389 Almonacid Lamelas, V., "El nuevo personal al servicio de la Administración municipal: tipología, descripción, valores y aptitudes" en Almonacid Lamelas, V. (dir.), Rodríguez Castaño, A. R. (coord.), Sánchez Sánchez, Z. P. (coord.), *Estudios sobre la modernización de la Administración Local: teoría y práctica*, El Consultor de los Ayuntamientos, Madrid, 2009.

fruto de la falta de coordinación, lo que acaba implicando una pérdida en la calidad del servicio público.

En este sentido, el plan director para la mejora continua de la gestión de los recursos humanos del Ayuntamiento de León establece como medida la mejora de la comunicación e información internas de personal. Esta necesaria coordinación interna debe tomar como referencia la obligatoria coordinación externa que realizan las diferentes administraciones en materia de gestión de personal[390], lo que ayuda a conseguir los intereses generales de la sociedad adecuadamente.

Sin duda, la adecuada planificación de personal ayuda en gran medida a conseguir gestionar de forma integrada y coordinada dichos recursos humanos y evitar el gran problema que suele existir que es la urgencia y la improvisación. La urgencia, junto con el individualismo, son problemas detectados por el Ayuntamiento de León para gestionar los recursos humanos, en la medida en que muchas ocasiones cuando se gestionan recursos humanos se organiza todo en base a cómo solucionar problemas urgentes y se obvia lo importante. Para ello, la planificación permite no solo solucionar los problemas de personal existentes, sino evitar que surjan nuevos en el futuro. En definitiva, toda apuesta por la planificación permitirá a las administraciones huir de las improvisaciones y prisas en las que se suele incurrir en materia de personal[391].

---

390 Morcillo Moreno, J., "Cooperación entre las Administraciones Públicas" en Ortega Álvarez, L. (dir.), *Estatuto Básico del Empleado Público,* Editorial La Ley, Madrid, 2007.

391 Díez Quesada, A. y González-Haba Guisado, V. M., "El Estatuto Básico del Empleado Público y sus posibilidades renovadoras del empleo público local" en Almonacid Lamelas, V. (dir.), Rodríguez Castaño, A. R. (coord.), Sánchez Sánchez, Z. P. (coord.) *Estudios sobre la modernización de la Administración Local: teoría y práctica,* El Consultor de los Ayuntamientos, Madrid, 2009.

Precisamente el propio consistorio leonés plantea cómo la ausencia de dicha planificación genera un verdadero coste y lo expone como una necesidad esencial para evitar un derroche público fruto de la improvisación. Como indica la recomendación general de planificación de la Agencia Valenciana Antifraude[392]: "sin planificar las políticas públicas y su gestión, no se pueden priorizar los intereses generales (pues prevalece la cultura de la improvisación y de lo "urgente" frente a lo "importante") ni tampoco protegerlos de injerencias particulares, abriendo la puerta a sendos riesgos de corrupción".

---

392 Recomendación general. Planificación: herramienta clave para prevenir los riesgos de corrupción en las organizaciones. Disponible online: https://www.antifraucv.es/wp-content/uploads/2020/11/201103_Recomendacion_planificacion.pdf (consultado el 02/01/2023), p. 6.

Conclusiones

Finalizado el análisis del buen gobierno local, que se ha abordado con un estudio de los principios, los códigos y la planificación de políticas que permiten alcanzarlo, procede ahora extraer las principales conclusiones de este trabajo:

I

Aunque la regulación principal del buen gobierno nace con la Ley 19/2013, de 19 de diciembre, de Transparencia, Acceso a la Información Pública y Buen Gobierno, lo cierto es que recoge unas actuaciones que se pueden encontrar inferidas en el resto de normas del ordenamiento jurídico. Por lo que realmente las normas sobre buen gobierno local no serían necesarias si verdaderamente los cargos electos y gestores públicos tuvieran un alto compromiso ético con su administración, una circunstancia que no siempre ha sucedido vistos los casos de corrupción que ha sufrido España, especialmente en el ámbito municipal.

Se ha de matizar que el concepto de buen gobierno local no tiene una definición establecida de forma clara y concreta por la normativa, ya que se fundamenta en la aplicación de una serie de principios. Por ello, la doctrina a la hora de aproximarse al concepto, establece definiciones que no son idénticas: algunas de ellas centradas más en los principios y otras más en entender que es necesario alejar la corrupción de los gobernantes. En todo caso, todas las definiciones indicadas se complementan entre ellas y nos aproximan a un concepto que se encuentra en constante cambio, ya que dependerá de las demandas ciudadanas sobre cómo de ética e íntegra ha de ser la conducta de los gobernantes públicos locales.

En referencia al ámbito subjetivo de aplicación de la normativa de buen gobierno prevista en la Ley 19/2013, es necesario precisar que no se trata de un elemento pacífico, ya que existen discrepancias sobre a quiénes se les aplican dichos principios y su régimen sancionador. En referencia a los concejales, la interpretación parece decantarse hacia que solo será de aplicación a aquellos que tengan funciones delegadas de alcaldía. En materia de empleados públicos, el ámbito subjetivo de aplicación todavía plantea más dificultades, ya que no existe consenso sobre a qué tipo de funcionarios y personal laboral se les debería aplicar; si bien nos mostramos partidarios de entender que no sería de aplicación a los órganos directivos municipales esta normativa, en la medida en que la legislación estatal no lo prevé expresamente y ni siquiera un reglamento orgánico principal de un ayuntamiento podría hacerlo, ya que ello podría infringir el principio de legalidad en materia sancionadora (puesto que la eventual aplicación de la normativa de buen gobierno lleva aparejado la posibilidad de incurrir en infracciones derivadas del incumplimiento de los principios). En este sentido, resultaría altamente aconsejable que la LTBG estableciera de forma clara el ámbito subjetivo en las entidades locales, ya que de nuevo nos encontramos ante una regulación pensada principalmente para la Administración General del Estado y donde no parece que legislador haya tenido demasiado en cuenta el ámbito local a la hora de regular el buen gobierno.

Es necesario matizar que la regulación sobre buen gobierno no puede prever cada situación específica en la que pueda encontrarse un cargo electo y de esta manera establecer un "manual de instrucciones" preciso con cuáles deben ser los pasos correctos que debe realizar cada sujeto obligado. Sino que más bien el buen gobierno se configura a través unos principios inspiradores que cada operador de las entidades locales debe aplicar a cada caso concreto para garantizar una actuación íntegra y que satisfaga el interés general de la ciudadanía. Se tratan, por tanto, los principios de buen gobierno de conceptos jurídicos indeterminados que deberán concretizarse en cada ocasión en la que un cargo público va a ejecutar una política pública local.

De hecho, a la hora de abordar estos principios de buen gobierno se observa la gran interconexión entre diferentes conceptos estrechamente ligados con el buen gobierno, como, por ejemplo, la transparencia o la objetividad, entre otros que se encontraban regulados incluso en otras normativas, pero que es necesario reiterar mediante un buen gobierno para conseguir su efectiva aplicación.

Por lo que respecta a la diferente normativa que regula el buen gobierno local, además de la citada Ley 19/2013, existe diversa normativa autonómica en la materia, aunque no todas las autonomías lo han establecido. Algunas han fijado normas de buen gobierno, pero no resultan aplicables a las entidades locales de su comunidad autónoma, sino solo al gobierno autonómico, otros órganos estatutarios y/o sus entidades directamente dependientes, como es el caso del Principado de Asturias, Islas Baleares, Galicia y La Rioja. Por tanto, las únicas autonomías que han establecido normas sobre buen gobierno que resultan aplicables a las entidades locales son Castilla La Mancha, Cataluña, Extremadura, Madrid, la Región de Murcia, la Comunidad Foral de Navarra, País Vasco y la Comunidad Valenciana[1], lo que suponen solo el 41% de las comunidades autónomas españolas.

---

1 Deben indicarse tres matices a dicha lista, en primer lugar, Madrid que según el artículo 2.1.f y la Disposición adicional octava de su Ley 10/2019, de 10 de abril, de Transparencia y de Participación de la Comunidad de Madrid solo son aplicables los preceptos de dicha norma (incluidos los referidos al buen gobierno) siempre y cuando dichos preceptos no vayan en contra de la autonomía local. Por otro lado, debe matizarse también el caso murciano donde el artículo 51.2

En este sentido, hemos de indicar que ello supone una oportunidad perdida para las entidades locales de dichas comunidades autónomas, ya que resulta oportuna una regulación autonómica del buen gobierno local para complementar el escaso ordenamiento estatal. En efecto, el buen gobierno local a nivel estatal se encuentra muy brevemente desarrollado en la Ley 19/2013, con solo ocho artículos dedicados a la materia frente a la publicidad activa y el derecho a acceso, que ocupan la mayoría de la ley. De tal forma, la regulación sobre

---

de la Ley 12/2014, de 16 de diciembre, de Transparencia y Participación Ciudadana de la Comunidad Autónoma de la Región de Murcia establece que la normativa de buen gobierno de la norma sólo será aplicable a los cargos electos locales en aquellos aspectos expresamente recogidos en la ley. En último lugar, el caso del País Vasco, ya que, aunque no existe una norma específica sobre transparencia, participación ciudadana y/o buen gobierno sí que se establece la obligatoriedad de que las entidades locales aprueben un código de conducta, basado en principios éticos, conforme el artículo 35 de la Ley 2/2016, de 7 de abril, de Instituciones Locales de Euskadi.
Así mismo, procede hacer también una referencia a la situación de Ceuta y Melilla, las cuales como ciudades autónomas no tienen ninguna de ellas aprobado un Código de Buen Gobierno (según información obtenida en solicitudes de información en expediente nº75994/22 de la Ciudad Autónoma de Ceuta y expediente n.º 5/2023/SIP de la Ciudad Autónoma de Melilla), lo que ha supuesto también una oportunidad perdida de poder regular por dichas entidades medidas para complementar los principios de buen gobierno en el caso estatal. Si bien, en el caso de Melilla, resulta destacable como la Disposición Adicional Tercera del Reglamento del Gobierno y de la Administración (Boletín Oficial de la Ciudad Autónoma de Melilla n.º extraordinario 2, de 30 de enero de 2017) sí aborda cuestiones de buen gobierno al establecer el ámbito subjetivo de aplicación en dicha Ciudad de la Ley estatal 19/2013, de forma que dicho Reglamento sí establece una determinación de los sujetos aplicables, con lo cual sirve para suplir la gran indeterminación del ámbito subjetivo del buen gobierno en el caso local que habíamos apuntado anteriormente.

buen gobierno solo supone el 20% del articulado de la norma estatal.

Asimismo, no parece que a corto plazo esto vaya a remediarse, ya que, si bien se encuentra actualmente en proceso de reforma dicha Ley 19/2013, por lo que se observa del reparto de ponencias del subgrupo de trabajo[2] no existe previsión de que se reforme el apartado de buen gobierno de la norma.

Es por ello que nos encontramos ante un escenario desolador en lo que se refiere a la normativa de buen gobierno aplicable las entidades locales, y por ello, la elaboración de los códigos, como elemento que complemente esta materia, resulta esencial para garantizar el interés general municipal.

II

Un elemento común en los principios de buen gobierno regulados tanto a nivel estatal como autonómico es la necesidad de conseguir una actuación imparcial y objetiva (así se indica, por ejemplo, en el artículo 26.2.a.3.º y 4 y artículo 26.2.b.5.º LTBG), ya que una de las principales lacras que arrastra la administración española son casos de corrupción donde los dirigentes públicos actúan de forma subjetiva, tratando de beneficiar intereses particulares, suyos o de familiares o conocidos. Por ello una actuación imparcial consigue alcanzar altas cotas de buen gobierno.

---

2 Puede verse las ponencias del Subgrupo de Trabajo de la reforma de la Ley 19/2013, de 9 de diciembre, de transparencia, acceso a la información pública y buen gobierno del Foro de Gobierno Abierto aquí: https://transparencia.gob.es/transparencia/transparencia_Home/index/Gobierno-abierto/Grupo-Trabajo-de-Reforma-Ley-de-Transparencia.html, consultado el 21/03/2023.

Entre los principios de buen gobierno referidos a la ausencia de conflicto de intereses y el no incurrimiento en causas de incompatibilidad (artículo 26.2.b.1.º LTBG), donde precisamente la normativa ha hecho especial hincapié ante la eventual posibilidad de que un cargo público incurra en un supuesto incompatible que le generaría un conflicto de interés manifiesto. En estos casos la ley, no espera a que efectivamente el conflicto de interés genere un agravio para la entidad local, sino simplemente con el hecho de que presumiblemente pueda producirse ya se prohíbe la posibilidad de compatibilizar el cargo público con la circunstancia que generaría la incompatibilidad. Por tanto, en estos supuestos nos referimos a una actuación principalmente preventiva por parte de la ley.

Un elemento incluido también en la regulación sobre buen gobierno es la calidad (artículo 26.2.a.5.º LTBG) algo que nos hace presumir que si la normativa en esta materia ha tenido que regular la exigencia calidad será porque la misma no siempre ha estado garantizada en todas las administraciones. En efecto, se trata de un ámbito pendiente de desarrollo y desde la administración no siempre se ha preocupado excesivamente por garantizar unos servicios públicos adecuados para la ciudadanía, ya que recordemos que una administración que simplemente busca un cumplimiento de la legalidad no tiene necesariamente porqué prestar un servicio ciudadano de máxima calidad. Ello es así porque, aunque, indudablemente, no puede prescindirse en ningún caso de un cumplimiento rígido la norma, ello no quita para que la administración, dentro del margen legalmente previsto, adopte medidas más proactivas para ayudar a la ciudadanía en aquellos trámites que realizan ante la administración. En esta misma línea, encontramos el concepto de administración amable, entendida como aquella que trata de ser una ayuda y no una traba, de forma que el vecindario local sienta que pueda acudir a su ayuntamiento para que le faciliten sus relaciones con la administración pública y le ayuden en aquello que quiere solicitar de ésta. Por tanto, la exigencia de tratar adecuadamente la ciudadanía se encuentra también en el artículo 26.2.a.6.º LTBG donde se establece la existencia de un trato esmerado y correcto, que es precisamente esta necesidad imperiosa de que la administración atienda la ciudadanía tan cordialmente como se merece.

Destaca también de la normativa de buen gobierno la relativa a la necesidad de que los cargos públicos asuman las responsabilidades de las decisiones adoptadas (artículo 26.2.a.7.º LTBG). De nuevo un ámbito donde, como ocurría con el caso de la calidad, la inclusión de este precepto nos hace sospechar que los cargos públicos puedan, en ocasiones, tratar de eludir las responsabilidades que les corresponden. Tengamos en cuenta que un buen concejal debe asumir las responsabilidades administrativas, contables, penales y cuales otras le correspondan en el ejercicio de su cargo, no pudiendo tratar de responsabilizar a funcionarios u otros cargos de una decisión que adoptaron bajo su exclusiva responsabilidad. Podríamos incluso entender este principio como la obligación de los altos cargos de asumir las responsabilidades de las decisiones antes incluso de que se haya instruido un expediente administrativo o una causa penal en la materia.

De esta forma, ante este principio de buen gobierno se exige se exige a los cargos electos la actitud valiente de no eludir en ningún caso la responsabilidad y asumirla cuando corresponda. Si bien, en la práctica, resultará de difícil aplicación este principio en la medida en que acabarán asumiendo la responsabilidad de las decisiones únicamente cuando haya finalizado la citada instrucción o investigación administrativa judicial que se le atribuya, por ello, a pesar de la buena intención del principio, a nuestro juicio, acabaría resultando de escasa utilidad.

En referencia al principio del artículo 26.2.b.2.º LTBG referido a la obligación de poner en conocimiento de los órganos competentes cualquier actuación irregular, se trata de nuevo de un principio que exige una conducta denodada a los cargos públicos, de "no mirar hacia otro lado" y notificar cualquier posible corruptela que detecten. Sin duda, se trata de un principio que trata de proteger el Estado de Derecho, pero que se ha encontrado como principal problemática el no establecer, hasta hacia bien poco, un sistema de protección hacia dichos cargos públicos alertadores. Por tanto, solo a partir de la aprobación de la Ley 2/2023, de 20 de febrero, reguladora de la protección de las personas que informen sobre infracciones normativas y de lucha contra la corrupción, se garantiza a dichos cargos públicos que puedan ejecutar este principio de buen gobierno de poner en conocimiento irregularidades sin futuras represalias. Ahora bien, en el momento de la aprobación de la LTBG y hasta febrero de 2023 en que se aprobó dicha norma no existía una protección a dichos alertadores. Por tanto, el cumplimiento de este principio se ha visto en gran medida limitado por la escasa protección que el sistema ha previsto a dichos denunciantes. Es por ello, que no solo les pedía una actitud valiente, sino incluso heroica, algo que no debería exigirse a los cargos públicos, ni a cualquier ciudadano, y por ello, la aplicación de este principio de buen gobierno se ha podido ver coartada por el motivo expuesto.

El principio de un gobierno relativo a la obligación de no aceptar regalos que superen los habituales previsto en el artículo 26.2.b.6.º LTBG encuentra, como principal problema, la ausencia de una definición legal de qué se entiende por un regalo que supere dichos usos. De nuevo, se deja en manos de los propios concejales que reciben los regalos decidir por sí mismos la interpretación de dicho artículo. Se trata por tanto éste de un supuesto donde el concepto jurídico indeterminado genera inseguridad en la correcta aplicación del buen gobierno, ya que el sistema deja en manos de un cargo electo la decisión, cuando en este caso se podría haber concretizado algo más. Algunos códigos analizados sí establecen un límite de a partir de qué cifra no pueden aceptarse regalos, pero parece dejar en manos del propio concejal la valoración económica del presente. Quizá en este ámbito resultaría recomendable que un comité del ayuntamiento realizase dicha valoración económica para que el concejal pudiera aceptar el regalo, de esta forma se garantiza que se interpreta el principio de actuación de una forma adecuada.

III

Uno de los elementos que se reitera en muchos códigos de buen gobierno local es el valor del interés general, se trata de un elemento de gran calado, en la medida que es necesario alejarse de la persecución de intereses particulares y tratar de buscar el interés conjunto de la ciudadanía en todas las actuaciones públicas. De hecho, se trata este un elemento nuclear que permea el resto de las normas de buen gobierno y que va especialmente en consonancia con lo establecido en el artículo 103 de la Constitución española, que trata de buscar una administración que persiga de interés general, lo que en la práctica se acaba traduciendo en un buen gobierno local.

Una cuestión de calado que regulan generalmente los códigos de buen gobierno son las retribuciones económicas de los altos cargos, especialmente para evitar que los concejales locales perciban una retribución que supere los límites legales o, en su caso, compaginen dicha retribución con otra que resulte incompatible, según la correspondiente normativa. En este sentido, es necesario realizar un control exhaustivo del salario percibido por los cargos electos, de forma que el mismo no se aleje de una retribución justa a las labores que desempeñan, ya que un incremento desmedido de dicho sueldo no solo implicaría alejarse de los intereses generales, sino crear una sensación de desapego de la ciudadanía hacia su administración. En todo caso, resulta necesario indicar que no debe impedirse que un alto cargo perciba la retribución por el trabajo que desempeña, amparándose precisamente en motivos de buen gobierno, pues ello dificultaría que las personas con un bajo nivel económico se dedicaran a la actividad pública. Por ello mismo, nos mostramos partidarios de que los cargos electos locales reciban, en todo caso, una retribución por las funciones que desempeñan, ya que incluso en aquellos municipios de menor tamaño asumen una responsabilidad que debe ser retribuida de forma justa y no desproporcionada.

Asimismo, resulta llamativa la inclusión en los códigos de buen gobierno de la necesidad de mejorar las relaciones con el resto de fuerzas políticas. De nuevo, podría pensarse que se tratase de un ámbito de innecesaria regulación en la medida en que entra dentro de una actitud diligente, como cargo público, el saber relacionarse adecuadamente con el resto de fuerzas políticas. Si bien, la práctica nos ha demostrado como en el ámbito local los equipos de gobierno no siempre mantienen un trato esmerado con sus oponentes políticos. De esta forma, incluir a la oposición política en las negociaciones de los principales asuntos de la entidad local y recabar su opinión sobre políticas concretas e incluso permitirles su participación en órganos colegiados (donde anteriormente tenían vetada la entrada) son ejemplos de cómo se puede mejorar adecuadamente las relaciones con todas las fuerzas políticas, y como se indica ello favorece notoriamente la satisfacción que tiene la ciudadanía sobre sus políticos locales. Ello evita caer en un clima de crispación, sino en un entendimiento mutuo en aras a conseguir el conjunto de los intereses ciudadanos municipales.

También resulta destacable en los códigos la adecuada comunicación entre responsables políticos y personal de la entidad local. De nuevo un ámbito, donde podría pensarse que carece de sentido que un código regule cómo deben comportarse en su día a día concejales y empleados públicos, ya que se presume que debe poderse llegar a un entendimiento mutuo a la hora de realizar las gestiones municipales. De nuevo, nos encontramos ante un ámbito donde la conflictividad es elevada y, por ello, los códigos tratan de potenciar las buenas relaciones entre ambos colectivos. Así pues, es necesario para garantizar un buen gobierno que ambos entiendan el papel de los otros: por un lado, los políticos deben comprender el criterio técnico de los empleados como garante de la legalidad y, por otro lado, los empleados deben asumir que los cargos electos que gobiernan tratan de conseguir un interés ciudadano y por ello exigen a los funcionarios y personal laboral de la entidad local la actuación lo más diligente posible que beneficie a la ciudadanía. En definitiva, un ámbito donde si se logra un buen entendimiento, se alcanza al mismo tiempo, una mayor eficiencia y eficacia en la resolución de los expedientes administrativos, lo que, evidentemente, logra conseguir el interés general.

La inclusión de una administración más participativa es otro de los elementos de buen gobierno, incluido en la mayoría de códigos elaborados por los ayuntamientos. Por tanto, se incluye como parte esencial para lograr un gobierno adecuado la realización de actividades que permitan conocer la opinión de la ciudadanía durante todo el periodo de la legislatura como, por ejemplo, presupuestos participativos o asambleas ciudadanas para abrir el diálogo entre gobierno local en ciudadanía municipal. Aunque se tratan de elementos propios del ámbito de la participación ciudadana, la mayoría de códigos los incluyen, lo cual refuerza la idea anteriormente expuesta de que el buen gobierno se encuentra estrechamente relacionado con otros conceptos como la transparencia o la participación que, aunque sean independientes "deben ir todos de la mano" para garantizar en el ámbito local un interés general adecuado y, por tanto, una satisfacción de la ciudadanía con su administración municipal.

A pesar de que las entidades locales han realizado dichos códigos para reforzar las obligaciones de buen gobierno, se han advertido algunos elementos de mejora que podrían añadirse a la hora de elaborarlos y que se no en incluyen el elenco de códigos estudiados en el presente trabajo. En primer lugar, se ha propuesto como medida de mejora para futuros códigos la elaboración de comités locales que supervisen diversos aspectos relacionados con el buen gobierno. En concreto, se ha realizado como propuesta que dichos comités realicen un muestreo aleatorio de expedientes de la entidad local para revisar si en los mismos se ha cumplido adecuadamente el interés general y no conflictos de intereses particulares. Dicha revisión aleatoria supone una oportunidad para realizar un estudio de detalle sobre los conflictos de intereses que pueden existir en un asunto municipal; un análisis que se suele realizar con poca frecuencia y que, de hacerse, ayuda notoriamente a evitar actuaciones contrarias al interés general.

Asimismo, también se ha propuesto que dichos comités realicen un seguimiento por muestreo en materia de eficiencia de gastos públicos para tratar de optimizar los recursos y analizar de qué forma se hubiera podido realizar una política pública, teniendo en cuenta no solo criterios políticos, sino también técnicos. Como no podía ser de otro modo, también tres de los principales ámbitos de actuación de las entidades locales, que son la contratación administrativa, la gestión del personal y de las subvenciones también deberían estar fiscalizadas en materia de buen gobierno a través de un comité que realizará dicha auditoría aleatoria sobre los expedientes para verificar el cumplimiento de los principios generales y de actuación en los mismos. También se propone la creación de un comité específico de seguimiento de gastos de campañas electorales, que haga un primer filtro de control en esta materia y complemente el trabajo que posteriormente realiza el Tribunal de Cuentas y sus órganos equivalentes en las comunidades autónomas.

La creación de dichos comités, que efectúan dicho muestreo aleatorio sobre expedientes, se debe a que el cumplimiento del buen gobierno queda muchas veces únicamente "en manos" de los dirigentes públicos, que deben tener una alta profesionalidad y principios éticos para aplicarlos adecuadamente. Por ello, la creación de dichos comités supone un órgano de vigilancia al buen gobierno que, de incluirse en un código, implica un gran compromiso con la ciudadanía de querer avanzar en una adecuada rendición de cuentas sobre las políticas públicas municipales.

Junto a la creación de los citados comités también se proponen como elemento de mejora en los códigos de buen gobierno la creación de la figura del defensor del vecindario. Dicha propuesta se realiza sobre todo para garantizar los derechos ciudadanos que muchos códigos incluyen para su población, si bien dicho defensor también puede realizar una labor de vigilancia sobre el resto de principios y elementos de buen gobierno. De hecho, complementan el trabajo realizado por el Defensor del Pueblo estatal y sus equivalentes autonómicos, que con dificultad pueden llegar a efectuar un control efectivo sobre todas las entidades locales de su ámbito de aplicación. Por ello, contar con un defensor específico para el ayuntamiento permitiría proteger mucho mejor el interés general local.

El siguiente elemento de mejora a incluir en los códigos de buen gobierno es el establecimiento de procesos de participación ciudadana para las grandes decisiones de las entidades locales. Procesos, que cómo se ha advertido, aunque ya se garantizan mínimamente a través de procedimientos de información pública o trámites de audiencia previstos en la normativa de este procedimiento administrativo, lo cierto es que muchas veces resultan poco accesibles para el ciudadano, y por ello, establecer proceso más dinámicos y atractivos (sobre todo a través de redes sociales), puede ayudar mucho a mejorar la legitimidad que le otorga la ciudadanía a su entidad local. De esta forma, la ciudadanía se sentirá mucho más representada si se le consultan activamente las grandes políticas públicas locales.

La última propuesta añadida en unos códigos de buen gobierno es la obligatoriedad de la realización de notas de prensa, como forma de mejorar adecuadamente las relaciones con los medios de comunicación. Esta es una práctica que, aunque realizan mayoritariamente ayuntamientos de mayor población, es más escasa en entidades locales de menor tamaño. Sin embargo, el control que realizan sobre estas los medios de comunicación no debería ser menor, ya que todas llevan a cabo actuaciones que afectan a los ciudadanos y, por tanto, todas deben someterse adecuadamente al escrutinio de la prensa

Es destacable y laudable cómo dicha regulación de los códigos de buen gobierno realizada por los ayuntamientos puede ampliar sustancialmente los principios generales y de actuación previstos en la normativa estatal y los principios de buen gobierno que puedan prever las respectivas normativas autonómicas. Si bien, hay que indicar en la mayoría de entidades locales españolas no existe ninguna obligación jurídica de que se elabore un código de buen gobierno, salvo que la normativa autonómica lo establezca. Encontramos algunas excepciones, como en la Comunidad Valenciana, donde sí se obliga a los ayuntamientos a crear dichos códigos (artículo 55 Ley 1/2022, de 13 de abril), pero dicha obligación no ha sido establecida de forma genérica para todas las entidades locales españolas por la LTBG. En consecuencia, en la práctica, los códigos de buen gobierno se encuentran en aquellos ayuntamientos en los que ha habido una clara voluntad política de querer actuar de una forma íntegra, por tanto, nos encontramos con la necesidad de que exista una intención expresa por parte de los concejales de querer someterse a unos principios éticos en su gestión pública más exigentes que los que son aplicables al resto de cargos públicos locales. Por ello, la regulación del buen gobierno local mediante códigos sigue siendo una asignatura pendiente en la mayoría de las entidades locales, que no han querido voluntariamente someterse a la disciplina de un código y por tanto, solo se ven vinculados por la normativa estatal y autonómica que pueda existir en la materia. En consecuencia, sería recomendable obligar a todas las entidades locales a elaborar un código de gobierno con un contenido mínimo que garantice unos principios de buena gestión pública o en su caso, a que se elabore un código-propuesta por parte de la administración estatal y que las entidades locales deban adherirse obligatoriamente al mismo.

IV

La planificación de las actuaciones públicas locales se ha venido demostrando como una forma eficaz para lograr los objetivos de buen gobierno. Dicha previsión de cómo ejecutar las principales políticas públicas evita la improvisación, que es la que deja margen de maniobra a las actuaciones corruptas, pues la necesidad de actuar de forma inmediata puede acabar favoreciendo los intereses particulares de un colectivo en lugar del interés general que debe garantizarse constitucionalmente, ya que es necesario un análisis de todas las necesidades del municipio, y, por tanto, se requiere una planificación con antelación suficiente.

Sin duda, la actuación y planificación debe realizarse en toda actuación pública que lleva a cabo un ayuntamiento, pero se ha optado en este trabajo por analizar la planificación en aquellos aspectos que se consideran nucleares de la gestión local y que, en todo caso, precisan de una adecuada planificación para que el interés general municipal se consiga. Estos ámbitos donde resulta imprescindible programar son la planificación normativa en materia de subvenciones, en materia de contratación y en materia de recursos humanos. Mediante una organización adecuada de las actuaciones locales en estos ámbitos se consigue, en nuestro juicio, un buen gobierno en la medida en que estos recogen gran parte de las actuaciones de los ayuntamientos y además suponen el porcentaje más elevado de gasto de estas entidades locales.

Como se ha expuesto, la falta de un plan normativo no tiene por qué considerarse, en todo caso, causa de nulidad, entre otros aspectos porque podría suplirse mediante una memoria de análisis del impacto normativo. A nuestro juicio, ello se trata de un elemento que rompe el sentido de la planificación normativa, en la medida en que podría, en cualquier momento, realizarse dicha modificación, y, por tanto, aprobar o modificar un ordenanza o reglamento no previsto en el plan anteriormente indicado. De hecho, la modificación de las normativas fuera de todo plan está pensada principalmente con motivos electoralistas; como, por ejemplo, con una bajada de impuestos o una nueva regulación en un ámbito municipal polémico. Por ello mismo, la planificación normativa evitaría estas actuaciones improvisadas que, lejos de querer garantizar el interés general, tratan, en muchas ocasiones, de persuadir a futuros votantes hacia el partido del gobierno.

A la hora de regular los planes normativos, no solo debería cumplirse con dicha obligación, sino que sería recomendable que normativamente se estableciera un contenido mínimo sobre qué deben regular dichos planes, ya que en el artículo 132 LPACAP simplemente se hace una referencia a la necesidad de crearlos, pero no al contenido de los mismo. Así pues, poco sentido práctico acabará teniendo un plan normativo que simplemente se refiere a las ordenanzas que se van a modificar sin indicar los motivos que el equipo de gobierno considera válidos para justificar el cambio o el contenido de la ordenanza que se pretende alterar, ya que será esta justificación la que permita a la ciudadanía realizar un verdadero control de la actuación del equipo de gobierno para valorar si verdaderamente redundará dicho cambio normativo en beneficio municipal.

En el ámbito de la planificación subvencional ésta resulta altamente relevante, en la medida en que una urgencia de la misma limita notoriamente la concurrencia ya que acaba suponiendo la realización de subvenciones nominativas o diseñadas solamente para aquellas entidades que han efectuado una mayor influencia sobre los cargos públicos o funcionarios, encargados de la actividad de fomento. De hecho, la ausencia de plan de subvenciones acaba siendo, lamentablemente, una situación frecuente en el ámbito local que, sin duda, ocasiona perjuicios en las arcas públicas, al realizarse una ineficiente gestión de las ayudas públicas alejándose notoriamente de los intereses generales.

Se plantea en el ámbito de los planes de subvenciones una correcta gestión de las aplicaciones informáticas como herramienta para vigilar el control del gasto público en materia de ayudas y evitar subvenciones duplicadas o falsedades en materia subvencional. Se trata ésta de una asignatura pendiente que ayudaría, en gran medida, a una mejor gestión de las subvenciones, si se conectara y existiera una adecuada interoperabilidad entre las diferentes administraciones que las otorgan, evitando subvencionar, doblemente, aspectos ya indicados o incluso realizando convocatorias de subvenciones agrupadas que impedirían un mayor gasto público y permitirían, por tanto, un buen gobierno en este ámbito.

Un ámbito donde también es especialmente importante la planificación es en la contratación pública, ya que aquellas actuaciones más corruptas en la administración aprovechan la falta de eficiencia a la hora de ejecutar las políticas públicas para adjudicar contratos con ausencia de concurrencia competitiva; o bien se adjudican a un precio que más alto del de mercado o con una calidad superior.

El principal "caballo de batalla" para conseguir un buen gobierno en el ámbito de la contratación sigue siendo la importancia de evitar el uso, o, mejor dicho, el abuso del contrato menor en los ayuntamientos. Esta forma de adjudicación es, sin duda, el polo opuesto a una adecuada planificación contractual, y es que con frecuencia se utiliza para cubrir necesidades estructurales y permanentes de la entidad local que perfectamente podían haber sido previstas, pero por falta de organización se ha tenido que acudir al contrato menor para solventar la adquisición de esas obras, servicios o suministros. Se puede afirmar que el principal reto que debe afrontar el buen gobierno en este ámbito es persuadir a la administración local de que no utilice el contrato menor como forma habitual, algo que sigue ocurriendo en la gran mayoría de las entidades locales, lo que en la práctica generan adjudicaciones ineficientes y frecuentemente llenas de conflictos de intereses. Ello es así porque se conceden a personas que forman parte del círculo de los responsables públicos o funcionarios encargados de la contratación. Una medida para disuadir a los ayuntamientos de la utilización de estas adjudicaciones (que se alejan de los principios de planificación contractual) pasaría por una reforma legislativa que limitara el número de contratos menores de las entidades a un porcentaje mínimo y/o se vigilara activamente por parte de un organismo de ámbito nacional, con carácter independiente, los contratos menores que realizan las entidades locales para verificar si en efecto podrían haberse planificado. Así se lograría evitar el abuso de esta forma de adjudicación directa que debería ser, en principio, excepcional.

La composición de las mesas de contratación es otra circunstancia que ocasiona frecuentes situaciones peligrosas para el buen gobierno en las entidades locales. Como se expone en el texto, la normativa permite que la composición de estas mesas se realice con un porcentaje de cargos electos locales. Se propone aquí, la total tecnificación y, por tanto, profesionalización de los componentes de las mesas, de forma que solo pueden ser empleados públicos, los cuales actuarán con independencia y objetividad en mayor medida que un cargo electo que, evidentemente, puede estar más tentado a verse influido por intereses políticos. Además, resultaría necesario en este ámbito un apoyo de las diputaciones provinciales a la hora de componer las mesas de contratación de los ayuntamientos, ya que la gran parte de los ayuntamientos pequeños no disponen de suficiente personal para componer adecuadamente una mesa de contratación y por ello debería priorizarse la asistencia de personal de la Diputación, antes que utilizar cargos electos en la composición de las mesas. Ello evitaría futuros conflictos de intereses, y, por tanto, un buen gobierno en este ámbito de la contratación, al contar con personal en dichas mesas que se preocupa exclusivamente por lograr la mayor eficiencia e interés general en dichas mesas, consiguiendo así unas adjudicaciones más justas que beneficien al conjunto de la ciudadanía municipal.

La inclusión de criterios sociales en las contrataciones administrativas se considera una muy buena práctica de buen gobierno, en la medida en que permite que, mediante los procesos de compra pública, que tienen que realizar frecuentemente las entidades locales, se aproveche para fomentar aquellos colectivos más desfavorecidos o favorecer la inclusión de cláusulas medioambientales. Todo ello permite una alineación de las entidades locales con los Objetivos de Desarrollo Sostenible previstos para el año 2030 y por tanto favorecerá esta circunstancia al interés general municipal. De nuevo, resultaría altamente recomendable en este ámbito, el apoyo técnico del personal de las diputaciones provinciales, a la hora de elaborar los pliegos administrativos y técnicos que incluyan dichas cláusulas sociales y medioambientales, ya que debe pensarse que en las entidades locales no siempre el personal está acostumbrado a trabajar con este tipo de cláusulas y, por tanto, frecuentemente no se incluyen ante el desconocimiento de cómo deben utilizarse. En este sentido, una oficina encargada en las diputaciones de ayudar a los ayuntamientos a la inclusión de dichas cláusulas y asesorarlos en el proceso de adjudicación del contrato, beneficiaría notoriamente al buen gobierno de todas y cada una de las entidades locales que forman dicha provincia.

La planificación del personal quizás es uno de los ámbitos que se encuentran más pendientes en la administración local, pero que resulta de vital importancia para una adecuada calidad de los servicios públicos prestados. En la práctica, la ausencia de planes en materia de recursos humanos acaba generando una improvisación en las contrataciones que impide la selección de aquellos perfiles más adecuados para atender adecuadamente las demandas ciudadanas. Asimismo, la ausencia de planificación acaba generando la realización de contrataciones temporales que no permiten garantizar el buen gobierno, ya que además de afectar a la calidad de los servicios prestados, supone una falta de seguridad jurídica para los empleados públicos que no están estabilizados en la administración en la que prestan servicios y ello también les desincentiva a mejorar en su trabajo en la administración local.

Para realizar la planificación de los recursos humanos es sustancial abordar una reforma integral de las relaciones de puestos de trabajo y de las plantillas municipales. Dicho abordaje completo de los citados instrumentos es fundamental, ya que, en la práctica, cuando se trata de modificar dichos instrumentos de ordenación de personal se hace sectorialmente, afectando sólo a algunos puestos de trabajo concretos. Ello suele ser así porque, en la mayoría de ocasiones, son puestos ocupados por personas a las cuales se pretende mejorar sus condiciones de trabajo frente al resto de empleados municipales. Así pues, el buen gobierno en materia de personal implicaría, a nuestro juicio, una restructuración integral de las plantillas municipales para adaptarlas las necesidades ciudadanas y, por tanto, no modificar dichas plantillas y RPT con base en intereses particulares de empleados públicos, sino conforme a los intereses de la ciudadanía, que al fin y al cabo, es el objetivo final de la administración local.

V

Como conclusión final, debemos indicar que el buen gobierno local se trata todavía de una institución que requiere de mucha concienciación para que sea plenamente efectiva en el conjunto de ayuntamientos españoles. Se basa en unos principios que tienen como dificultad sustentarse en conceptos jurídicos indeterminados, lo que impide establecer *a priori* con precisión cómo debe efectuar cada conducta cada cargo público. Aunque se ha visto complementado también en base en códigos elaborados por las entidades locales éstos se encuentran, de nuevo, con el gran problema de la ausencia de obligatoriedad de que la mayoría de entidades locales elaboren un código o si lo hacen qué contenido debe establecerse.

La planificación de las políticas públicas es, sin duda, una de las principales herramientas para conseguir un adecuado cumplimiento de los principios de buen gobierno local, pero tiene como hándicap superar que la ausencia de programación, a pesar de ser una exigencia legal, no genera gravosas consecuencias para las entidades locales incumplidoras. En consecuencia, no se logra persuadir a los ayuntamientos de la importancia de programar sus principales actuaciones y por ello siguen actuando de manera improvisada, con lo cual la planificación de políticas públicas locales como forma de buen gobierno sigue siendo una tarea pendiente.

En consecuencia, observamos que en la práctica la existencia de un buen gobierno local acaba dependiendo, en última instancia, de la voluntad de los dirigentes públicos y de los técnicos de querer cumplir adecuadamente con una política pública íntegra y que tenga en cuenta el interés general de la ciudadanía. Por ello, resulta necesario que el legislador implemente medidas para hacer efectivos, en la práctica, los principios de buen gobierno en el ámbito local. Dichas actuaciones deben consistir en un desarrollo legislativo o reglamentario del buen gobierno aplicable a las entidades locales, que permita verificar de forma efectiva el cumplimiento de estos principios éticos indicados y no se trate simplemente de una declaración de intenciones. Así mismo, para lograr esto resultaría de gran interés una mayor dotación de medios a las entidades locales, especialmente a las de menor tamaño, donde existen unas costumbres de “mal gobierno” arraigadas que necesitan no solo de una voluntad política y técnica para suprimirlas, sino de un esfuerzo elevado por verificar el cumplimiento de los principios que deberán realizar los operadores jurídicos de los ayuntamientos. En definitiva, resultaría más necesario un apoyo técnico por parte de administraciones territoriales superiores (estatales y autonómicas) para permitirles implementar a las entidades locales un cambio efectivo que logre un buen gobierno local que, en última instancia, acabe beneficiando al vecindario municipal.

Bibliografía

Abellán López, M.A y Pardo Beneyto, G., "Las políticas públicas simbólicas para el buen gobierno y la calidad democrática en la Comunitat Valenciana", en *INGURUAK, Revista Vasca de Sociología y Ciencias Política,* n.º 62, 2017, pp. 39-54.

Adnane, A., "La regla de estabilidad presupuestaria y la posible involución del estado social autonómico", en *Nuevas políticas públicas: anuario multidisciplinar para la modernización de las administraciones públicas,* n.º 8, 2013, pp. 111-127.

Agudo González, J., "El fraccionamiento de los contratos: invalidez y fraude de ley", en *Revista de Estudios Locales (CUNAL),* n.º 161, 2013, pp. 147-181.

Almodóvar Iñesta, M., "Las cláusulas sociales en la contratación pública", en Fernández Salmerón, M. y Martínez Guitérrez, R., *Transparencia, innovación y buen gobierno en la contratación pública,* Tirant lo Blanc, 2018, pp. 387-422.

Almonacid Lamelas, V., ¿Qué es buen gobierno?, *Nosoloaytos,* 2015. Disponible en línea:https://nosoloaytos.wordpress.com/2015/04/18/que-es-buen-gobierno/

Almonacid Lamelas, V., "El nuevo personal al servicio de la Administración municipal: tipología, descripción, valores y aptitudes" en Almonacid Lamelas, V. (dir.), *Estudios sobre la modernización de la Administración Local: teoría y práctica,* El Consultor de los Ayuntamientos, Madrid, 2009, pp. 403-453.

Almonacid Lamelas, V., "El personal directivo profesional en la Administración Local" en *El Consultor de los Ayuntamientos,* n.º 17229/2012, 2012.

Almonacid Lamelas, V., "La potestad reglamentaria de los Ayuntamientos", en *Nosoloaytos,* 2015. Disponible en línea: https://nosoloaytos.wordpress.com/2015/07/28/como-ejercer-la-potestad-reglamentaria-en-los-ayuntamientos/

Almonacid Lamelas, V., "Regulado el teletrabajo para las AAPP: el nuevo artículo 47 bis del TREBEP", en *El Consultor de los Ayuntamientos,* n.º 11, 2020, p. 106.

Almonacid Lamelas, V., "Retribuciones y nóminas del personal al servicio de las Administraciones públicas para 2005. Especial referencia a la Comunidad Valenciana", en *El Consultor de los Ayuntamientos,* n.º 7, 2005, p. 1115.

Alonso Alonso, I. G., “Exigencia de la condición de funcionario público. Descripción del puesto de trabajo”, en *La Ley*, n.º 2757, 2019.

Álvarez Suárez, M., “La mejora de la regulación en España como política pública: análisis y evolución”, en *Gestión y Análisis de Políticas Públicas,* n.º 17, 2017, pp. 26-39.

Andrés Segovia, B., “Relaciones de puestos de trabajo. ¿Reglamento o acto administrativo? STS de 05 de febrero de 2014 (JUR 2014\1572)”, en *Revista De Estudios De La Administración Local Y Autonómica,* n.º 3, 2015, pp. 221-230.

Antelo Martínez, A. R., “Elaboración de disposiciones de carácter general en la Administración Local, tras la entrada en vigor de la Ley 39/2015”, en *Revista De Estudios De La Administración Local Y Autonómica,* n.º 6, 2017, pp. 105-121.

Aragón Román, A., “La eficiencia en la administración local: «proceso reflexivo para un rol responsable»” en *El Consultor de los Ayuntamientos,* n.º 2, 2021, p. 126.

Araguàs Galcerà, I., “La planificación normativa”, en *Revista General de Derecho Administrativo,* n.º 56, 2021.

Aranda Álvarez, E. “Una reflexión sobre transparencia y buen gobierno”, en *Cuadernos Manuel Giménez Abad,* n.º 5, 2013, p. 216.

Arenas Ramiro, M., “El Gobierno y la Administración: el principio de paridad democrático”, en Ventura Franch, A. y Iglesias Bárez, M. I., (coord.), *Manual de Derecho Constitucional español con perspectiva de género,* Universidad de Salamanca, 2020, pp. 317-348.

Arenas Ramiro, M., “Transparencia, acceso a la información pública y democracia: elementos inseparables”, en *Revista transparencia & sociedad,* n.º 4, 2016, pp. 113-131.

Arenilla Sáez, M., García Vargas, R., y Llorente Márquez, J., “Participación ciudadana y planificación estratégica. Los planes especiales de inversión y actuación territorial (PEI) de Madrid”, en *Contribuciones a las Ciencias Sociales,* 2007.

Arias Martín, J. L., “Códigos éticos y de buen gobierno”, en *Revista Digital CEMCI,* n.º 28, 2015, p. 5.

Arias Martínez, M. A., “La libre concurrencia en la contratación administrativa (Sentencia n.º 853 de 18 de Mayo de 2000, Sala de lo Contencioso-Administrativo del Tribunal Superior de Justicia de Galicia, Sección 1ª)”, en *Revista xurídica galega,* n.º 27, 2001, pp. 13-24.

Arias Rodríguez, A. y Riera López, M,, "Mejora de la gestión y control de ayudas públicas y subvenciones a través del compliance" en Campos Acuña, C. (dir.), *Guía práctica de compliance en el sector público,* El Consultor de los Ayuntamientos, 2020, pp. 403-453.

Arias Rodríguez, A. y Riera López, M., "Mejora de la gestión y control de ayudas públicas y subvenciones a través del compliance", en Campos Acuña, C., (dir.), Guía práctica de compliance en el sector público, *El Consultor de los Ayuntamientos,* 2020.

Ariño Ortiz, G., "Principios de descentralización y desconcentración", en *Documentación Administrativa,* n.º 214, 1988, pp. 11-34.

Arribas López, E., "¿Son constitucionales las permutas de puestos de trabajo entre funcionarios de la Administración General del Estado?", en *Actualidad Administrativa,* n.º 9, 2016.

Arribas López, E., "El complemento de productividad en la Administración General del Estado: alguna problemática práctica", en *Actualidad Administrativa,* n.º 19, 2012, p. 2105.

Arribas Reyes, E., "Pactos de integridad", en *EUNOMÍA. Revista En Cultura De La Legalidad,* n.º 19, 2019, pp. 328-348.

Arroyo Zapatero, L. y Nieto Martín, A., "El fraude de subvenciones en la UE y en el CP", en *Manuales de formación continuada,* n.º 14, 2001, pp. 1-47, p. 28.

Arroyo Zapatero, L., *Delitos contra la Hacienda Pública en materia de subvenciones,* Ministerio de Justicia, 1987.

Ayllón, J.R., *Ética razonada,* Editorial Palabra, Madrid, 2012, p. 11.

Ballester Espinosa, A., "La evolución de la administración electrónica en los ayuntamientos españoles. El caso del Plan de Modernización de los Ayuntamientos de la provincia de Alicante", en REALA, n.º 1, 2014, pp. 161-174.

Ballina Díaz, D., "El Directivo en la Administración Local", en *El Consultor de los Ayuntamientos,* n.º 22, 2012, p. 2544.

Barba Ramos, F.J., Martínez López, F.J., "Los Consejos Económicos y Sociales locales" en *Temas Laborales: revista andaluza de trabajo y bienestar social,* n.º 77, 2004, pp. 125-172.

Barberán González, J., "Apuesta por un modelo definitivo para la valoración del criterio precio", en *Contratación Administrativa Práctica,* n.º 162, 2019.

Barea, J., "La necesidad de transparencia en la gestión pública", en *Auditoría Pública,* n.º 33, 2004, pp. 13-24.

Barrène Unzueta, M.A., "La irrupción de la igualdad de género en la Administración local (a propósito de la «Ordenanza Municipal para la Igualdad de Mujeres y Hombres» del Ayuntamiento de Tolosa)", en *Revista Vasca de Administración Pública. Herri-Arduralaritzako Euskal Aldizkaria,* n.º 81, 2008, pp.237-294.

Bastardo Yustos, F. M., "Balance, tras quince años de la Ley de Subvenciones", en *El Consultor de los Ayuntamientos,* n.º 1, 2019, p. 27.

Batet Jiménez, M. P., "La compra pública de innovación", en *Contratación Administrativa Práctica,* n.º 175, 2021.

Bejarano Lucas, J. M., "La implementación de la planificación normativa y de la denominada «better regulation» en el ámbito municipal", en *El Consultor de los Ayuntamientos,* n.º 21, 2016, p. 2402.

Bejarano Lucas, J. M., "Obligaciones de buen gobierno en el ámbito local", en *Gabilex: Revista del Gabinete Jurídico de Castilla-La Mancha,* n.º 19, 2019, p. 37.

Benítez Palma, E. J., "El control externo del gasto público en el Estado automatizado", en *Revista española de control externo,* vol. 22, n.º 65, 2020, pp. 96-109.

Bernal Conesa, J. A., De Nieves Nieto, C. y Briones Peñalver, A. J., "Implantación de la Responsabilidad Social en la Administración Pública: el caso de las Fuerzas Armadas Españolas", en *Revista de responsabilidad social de la empresa,* n.º 18, 2014, pp. 101-124.

Biosa López, F. J., "La apariencia de control en la administración local por los habilitados estatales", en A*uditoría pública: revista de los Órganos Autónomos de Control Externo,* n.º 52, 2010, pp. 71-78.

Blasco Díaz, J. L., "Los derechos de los ciudadanos en su relación electrónica con la administración", en *Revista española de derecho administrativo,* n.º 136, 2007, pp. 791-821.

Boix Palop, A., "Deberes municipales en materia de retirada de reconocimientos como resultado de la Ley de Memoria Histórica", en *Diario de Derecho Municipal,* 1-8, 24 de octubre de 2012.

Boltaina Bosch, X., "Zonas oscuras del teletrabajo en la Administración local: ¿por qué no funciona y qué debemos mejorar?", en *El Consultor de los Ayuntamientos,* n.º 5, 2020, p. 37.

Boltaina Bosch, X., *Los procesos de funcionarización del personal laboral al servicio de las Administraciones Públicas,* Universitat Autònoma de Barcelona, 2005.

Bosch García, M. T., "Alicia en el laberinto de la modernización y los principios que encontró allí", en *El Consultor de los Ayuntamientos,* n.º 9, 2018, p. 106.

Botana García, G. A., "Condenado un Ayuntamiento por no impedir la contaminación acústica provocada por un establecimiento de hostelería", en *Práctica de Derecho de Daños de Editorial LA LEY,* n.º 41, 2006, p. 57.

Bouazza Ariño, O., "Principio de coordinación" en Santamaría Pastor, J.A. (dir.), *Los principios jurídicos del Derecho Administrativo,* La Ley, 2010, pp. 921-944.

Brufao Curiel, P., "Funcionarios interinos y empleo público, análisis general de su controvertido régimen jurídico", en *Revista Vasca de Administración Pública,* n.º 120, 2021, pp. 19-60.

Bruno Carlos, T., Paricio Esteban, P., Alonso Romero, E. y García Alcober, M.P., "Webs y portales de transparencia para la participación ciudadana en la gestión de las relaciones públicas con los stakeholders locales", *en Profesional de la información,* v.29, n.º 3, 2020, pp.1-17.

Bueno Armijo, A. M., "La concesión directa de subvenciones", en Revista de administración pública, n.º 204, 2017, pp. 269-312.

Bueno Junquero, A., "Acerca del fenómeno legal de la simplificación administrativa, ¿facilidad o restricción?", en EUNOMÍA. Revista en Cultura de la Legalidad, n.º 16, 2019, pp. 146-157.

Burgar Arquimbau, J. M., "Adaptación de la normativa municipal al nuevo procedimiento administrativo: modificación de ordenanzas y reglamentos locales", en *El Consultor de los Ayuntamientos,* n.º 8, 2016, p. 913.

Cáceres Luarte, N. y Pintos Santiago, J., "Enfoque de género en materia de contratación pública: desarrollo, situación actual y la promoción de éste en la legislación española y chilena", en *Contratación Administrativa Práctica,* n.º 154, 2018.

Calleja Salado, M., "El Estado complejo y el Estado simple en la encrucijada de los principios de identidad y diferencia. Una reflexión sobre la descentralización", en Carrasco Surán, M., Pérez Royo, F.J., Urías Martínez, M. y Terol Becerra, J. (coords.), *Derecho constitucional para el siglo XXI: actas del VIII Congreso Iberoamericano de Derecho Constitucional,* vol. 2, pp. 4595-4603.

Camacho Muñoz, R., "Transparencia y contratación pública. Buenas prácticas a nivel municipal", en *Contratación Administrativa Práctica,* n.º 166, 2020.

Camarasa Casterá, J.J., "La Calidad en la Administración Pública", *en Educar en el 2000*, 2004, pp. 9-20.

Campos Acuña, C., "Transparencia en la contratación pública y prevención de los conflictos de intereses" en Campos Acuña, C. (dir.), *La nueva contratación pública en el ámbito local: claves para una contratación electrónica y transparente*, Dykinson, 2018, pp. 171-203.

Campos Acuña, C., "Transparencia en la contratación pública y prevención de los conflictos de intereses", en *El Consultor de los Ayuntamientos*, n.º 18012, 2017.

Campos Acuña, M. C., "¿Quién es alto cargo en la Administración Local? A propósito del régimen sancionador del Buen Gobierno" en *El Consultor de los Ayuntamientos*, n.º 2, 2017, p. 199.

Campos Acuña, M. C., "De la iniciativa legislativa y de la potestad para dictar reglamentos y otras disposiciones" en Campos Acuña, M. C. (dir.), *Comentarios a la Ley 39/2015 de procedimiento administrativo común de las administraciones públicas*, El Consultor de los Ayuntamientos, 2017.

Campos Acuña, M.C. y Caamaño Alegre, J., Documento 2/2015. *Abriendo puertas y ventanas de los ayuntamientos gallegos. Más transparencia para un mejor gobierno local*, Red localis, 2015, p. 9.

Campos Acuña, M.C., "El papel de las oficinas municipales de lucha contra el fraude y la corrupción", en *El Consultor de los Ayuntamientos*, n.º 4. 2017, p. 459.

Campos Acuña, M.C., "Radiografía del ejercicio del derecho de acceso a la información pública: la encuesta del Defensor del Pueblo", en *El Consultor de los Ayuntamientos*, n.º 18, 2017, p. 2224.

Campos Jiménez, A., *Participación ciudadana y administración local*, Universidad de Castilla-La Mancha, 2014.

Campos Monge, C. E., "Contratación pública y corrupción (un análisis particular de los principios rectores de la contratación administrativa)", en *Revista de Ciencias Jurídicas*, n.º 112, 2007, pp. 171-218.

Canal Fernández, L., "Gastos de personal, oferta de empleo y tasa de reposición de efectivos: entre lo necesario, lo inaplazable, lo presupuestariamente posible y lo admisible", en *Actualidad Administrativa*, n.º 9, 2015.

Canales Aliende, J. M. y Romero Tarín, A., "Algunas consideraciones sobre la transparencia pública y el buen gobierno", en *Revista Española de Transparencia*, n.º 7, 2015, pp. 115-127.

Candela Talavero, J. E., "Efectos de los principios generales de la contratación sobre el recurso especial" en Candela Talavero, J. E., *El recurso especial en materia de contratación en el ámbito local,* La Ley, Madrid, 2020.

Candela Talavero, J. E., "El fraccionamiento del objeto de los contratos públicos y la fraudulenta utilización del contrato menor", en *Auditoría Pública,* n.º 53, 2011, pp. 85-94.

Canosa Usera, R., *Sinopsis artículo 22,* Congreso de los Diputados, 2003. Disponible en línea:https://app.congreso.es/consti/constitucion/indice/sinopsis/sinopsis.jsp?art=22&tipo=2

Canosa Usera, R., *Sinopsis artículo 23.* Congreso de los Diputados, 2003. Disponible en línea en:https://app.congreso.es/consti/constitucion/indice/sinopsis/sinopsis.jsp?art=23&tipo=2

Carazo, J.A., "Ayuntamiento de Las Palmas, la tecnología al servicio del empleado y del ciudadano", en *Capital Humano de Editorial Wolters Kluwer,* n.º 334, 2018.

Carbonero Gallardo, J. M., "La planificación de los recursos humanos en las Administraciones Públicas. Especial referencia al ámbito local", en *El Consultor de los Ayuntamientos,* n.º 6, 1999, p. 923.

Carceller Stella, J., "Análisis de impacto normativo. Proceso y metodología en perspectiva autonómica", en Aymerich Ojea, I., García Mahamut, M.R. (coord..) y Fernández Hernández, A., *Ética, transparencia, buen gobierno y sistema electoral. Propuestas de mejora de la normativa valenciana,* 2019, pp. 97-142.

Cárdaba Pérez, A., "La participación ciudadana y el modelo de gobernanza como 'praxis' de acción de gobierno para la sostenibilidad económica y reforzamiento de la legitimidad democrática en los gobiernos locales" en Marco Marco, J. y Nicasio Varea, B. (coord.), *LA REGENERACIÓN DEL SISTEMA: reflexiones en torno a la calidad democrática, el buen gobierno y la lucha contra la corrupción,* AVAPOL: Asociación Valenciana de Politólogos, 2015.

Carmona Garias, S., "La permanente renovación administrativa y la necesidad de regenerar la democracia: reinterpretación del panóptico a través del Open Government", en *Revista Vasca de Administración Pública,* n.º 99-100, 2014, pp. 783-806.

Carro Fernández-Valmayor, J. L., "Una introducción a la idea de modernización administrativa", en *Dereito,* pp. 5-20.

Carrodeguas Méndez, R., "Teletrabajo de los funcionarios de administración local con habilitación de carácter nacional en la nueva normalidad: ¿por qué no?", en *El Consultor de los Ayuntamientos,* n.º 10, 2020, p. 74.

Casado Casado, L., "La aplicación del trámite de consulta pública previa en el procedimiento de elaboración de normas locales dos años después de su entrada en vigor", en *Revista Aragonesa de Administración Pública,* n.º 52, 2018, pp. 159-210.

Casado Casado, L., "La incidencia de la Ley del Procedimiento Administrativo Común de las Administraciones Públicas sobre la potestad normativa local", en *Revista Vasca de Administración Pública. Herri-Arduralaritzako Euskal Aldizkaria,* n.º 107, 2017, pp. 87-141.

Casado Casado, L., "Los efectos jurídicos de la omisión del trámite de consulta pública previa en el procedimiento de elaboración de las disposiciones administrativas de carácter general: ¿nulidad de pleno derecho de la norma aprobada?", en *Revista De Estudios De La Administración Local Y Autonómica,* n.º 14, 2020, pp. 29-48.

Casares Marcos, A., "Comercio justo y fomento de la contratación pública Socialmente Responsable", en *Contratación Administrativa Práctica,* n.º 123, 2013.

Casellas Puigdemasa, A., "Gobernabilidad, participación ciudadana y desarrollo económico: adaptaciones locales a estratégicas globales", en *Scripta Nova: Revista electrónica de geografía y ciencias sociales,* n.º 11, 2007, p. 229-255.

Castel Galán, S., "El buen gobierno y la buena administración", en Canales Aliende, J.M. y Valencia Sáiz, A. (dir.), *Estrategias para la calidad y la regeneración de la democracia,* 2018, Comares, pp. 95-118.

Castellanos Claramunt, J. "El derecho humano a participar: estudio del artículo 21 de la Declaración Universal de Derecho Humanos", en *UNIVERSITAS. Revista de Filosofía, Derecho y Política,* n.º 1, pp. 33-51.

Castellanos Claramunt, J., "Transparencia y participación ciudadana: la lucha contra la corrupción como eje vertebrador del proceso democrático", en *Revista española de la transparencia,* n.º 15, 2022, pp. 107-129.

Castellanos Claramunt, J., *La participación ciudadana en el ámbito local. La integración democrática de lo local y de lo global en la era digital,* Corts Valencianes, Valencia, 2020.

Cea Ayala, Á., "La carrera profesional de los funcionarios públicos", en *Actualidad Administrativa,* n.º 13, 2012, p. 1606.

Cerezo Peco, F., "La innovación pública sorprende a la sociedad. Oportunidades inmediatas desde la Ley 39/2015 para una desburocratización radical" en *El Consultor de los Ayuntamientos,* n.º 8, 2016, p. 876.

Cerrillo Martínez, A., "Contratación electrónica y transparencia: fundamentos necesarios de la contratación abierta", en *Cuadernos de derecho local (QDL)*, n.º 48, 2018, pp. 121-149.

Cerrillo Martínez, A., *La integridad y la transparencia en la contratación pública*, Universitat Oberta de Catalunya, 2018, p. 77-127.

Cerrillo y Martínez, A., "La integridad como instrumento para la prevención de los conflictos de intereses en la contratación pública", en *Revista Digital de Derecho Administrativo*, n.º 25, 2021, pp. 371-401.

Chamorro González, J. M., "El ejercicio de potestades administrativas por funcionarios interinos", en *Actualidad Administrativa*, n.º 2, 2020.

Chamorro González, J. M., "Recusación y abstención de funcionarios públicos en procesos selectivos de acceso a la función pública", en *Actualidad Administrativa de Editorial La Ley*, n.º 3, 2016.

Chamorro Zarza, J. A., "La protección jurídica de las subvenciones públicas y la defensa del interés social frente a la corrupción" en Rodríguez García (coord.) y Fabián Caparrós, E. A., *Corrupción y delincuencia económica*, Universidad Santo Tomás, 2008, pp. 71-100.

Chaparro López, M., "Simplificación administrativa, reducción de cargas y mejora de la regulación en materia urbanística", en *RIPS: Revista de investigaciones políticas y sociológicas*, n.º 3, 2003, pp. 123-142.

Chaves García, J. R., "El reintegro de subvenciones por incumplimiento: tensiones y soluciones", en *El Consultor de los Ayuntamientos*, n.º 1, 2019, p. 210.

Chaves García, J.R. y López de la Riva Carrasco, F.A., "El sentido de la ley y el sentido del deber de los funcionarios públicos y especialmente, de los Secretarios, Interventores y Tesoreros municipales", en *El Consultor de los Ayuntamientos- Diario La Ley*, n.º 9041, 2017.

Cidoncha Martín, A., "El significado constitucional de la autonomía local", en López Castillo (dir.), *Garantías y límites de la autonomía local*, 2022, Fundación Democracia y Gobierno Local, pp. 59-96.

Cierco Seira, C., "La Administración electrónica al servicio de la simplificación administrativa: luces y sombras", en *Revista Aragonesa de Administración Pública*, n.º 38, 2011, pp. 155-219.

Clavo del Castillo, V., "Los gastos de tramitación anticipada, los plurianuales y el principio del devengo", en *El Consultor de los Ayuntamientos*, n.º 4, 2020, p. 39.

Clemente Martínez, J. "El acceso a los trámites de la administración desde los pequeños ayuntamientos: una exigencia constitucional y de buen gobierno local", en *Revista Española de la Transparencia,* n.° 15, 2022, pp. 131-156.

Clemente Martínez, J., "La dirección y planificación en Ayuntamientos de menos de 500 habitantes para garantizar el buen gobierno local: oportunidades", *en La Ley,* n.° 6947, 2021.

Clemente Martínez, J., "La garantía constitucional del buen gobierno local mediante el control de la legalidad por parte de las subdelegaciones del gobierno", en Fontestad Portalés, L. (dir.) y Jiménez López, M. N., *Justicia proceso y tutela judicial efectiva en la sociedad postpandemia,* Aranzadi Thomson Reuters, 2022, pp. 1-15.

Clemente Martínez, J., "La incompatibilidad del artículo 178.2.b) LOREG entre los cargos de concejal y empleado de una misma entidad local: una difícil ponderación de intereses constitucionales", en *Cuadernos de Derecho Local (QDL),* n.° 60, 2022, pp. 270-294.

Clemente Martínez, J., "Los principios de buen gobierno de la nueva ley valenciana 1/2022", en *Estudios De Deusto,* vol. 70, n.° 2, 2022, pp. 115-52.

Codina García-Andrade, X.C., "La modificación objetiva de los contratos del sector público en la nueva LCSP", *en Contratación Administrativa Práctica de Wolters Kluwer,* n.° 153, 2018.

Colón de Carvajal Fibla, B., "Caso de éxito de El Consultor-Diputación Provincial de Castellón", en *El Consultor de los Ayuntamientos,* n.° 4, 2016, p. 446.

Conde-Pumpido Tourón, M. T., Cutrín Domínguez, M. y López Corral, J. C., "Igualdad de género y contratación administrativa", en *Revista española de la función consultiva,* n.° 12, 2009, pp. 137-154.

Corchero, M. y Sánchez Pérez, L., "Régimen sancionador en materia de transparencia y buen gobierno local" en *El Consultor de los Ayuntamientos,* n.° 12, 2015, p. 1434.

Cortes Abad, Ó., "Ayuntamientos 2.0: ¿cómo tener una presencia de éxito en redes sociales?, en *El Consultor de los Ayuntamientos,* n.° 8, 2014, p. 933.

Cortés Carreras, J. V., Mínguez Manzano, M., González Giménez, A. M. y Cerezo Peco, F. "El sistema de evaluación del rendimiento de servicios, del desempeño y la carrera profesional horizontal en el ayuntamiento de València", en *Revista Vasca de Gestión de Personas y Organizaciones Públicas,* n.° 13, 2017, pp. 82-105.

Cortés Carreres, J. V. y Salvador Escoto, V. J., "La evaluación del rendimiento de los servicios, del desempeño y carrera profesional horizontal en el

Ayuntamiento de Valencia", en *El Consultor de los Ayuntamientos,* n.º 12, 2020, p. 121.

Cotino Hueso, L., "Ética, valores y principios del «open data» y los retos futuros de la apertura de datos públicos", en *El Consultor de los Ayuntamientos,* n.º III, 2020, p. 147.

Criado, J.I. y Villodre, J., "Comunicando datos masivos del sector público local en redes sociales. Análisis de sentimiento en Twitter", en *El profesional de la información,* v.27, n.º 3, 2018, pp. 614-623.

Cruz-Rubio, C. N., "Revisando la política de la evaluación de las políticas públicas" en *Más poder local,* n.º 31, 2017, pp. 8-11.

Cuba Vila, B., "Contratos reservados: centros especiales de empleo y empresas de inserción", en *El Consultor de los Ayuntamientos,* n.º 10, 2017, p. 1325.

Cubillo Rodríguez, C., "El Reglamento General de Subvenciones", en *El Consultor de los Ayuntamientos,* n.º 1, 2007, p. 50.

Cuenca Cervera, J. J., "La eficacia en la ordenación y planificación del empleo público local como fundamento de su innovación", en *El Consultor de los Ayuntamientos,* n.º 5 2019, p. 69.

Cuenca Cervera, J. J., "Los entes locales y el Estado de sus plantillas: Cómo está afectando la legislación de estabilidad presupuestaria a los procesos de consolidación de empleo temporal ¿Cómo se puede consolidar la plantilla actual?", en *Seminario sobre relaciones colectivas de la Federación Catalana de Municipios,* 2006.

D'Anjou González, J. y D'Anjou Andrés, G., "La planificación de los recursos humanos: objetivos e instrumentos de planificación" en *Personal de las Entidades Locales. Su Régimen Jurídico y Gestión en el Estatuto Básico del Empleado Público,* Editorial El Consultor de los Ayuntamientos, Madrid, 2009.

D'Anjou, J. y D'Anjou, G., "Derechos de los funcionarios" en Personal de las Entidades Locales. Su Régimen Jurídico y Gestión en el Estatuto Básico del Empleado Público, Editorial *El Consultor de los Ayuntamientos,* Madrid, 2009.

D'oleo Seiffe, O., "Las potestades de la administración en la contratación pública. Un estudio comparado de la perspectiva de la república dominicana y el reino de España, en relación con los modificados contractuales", en *Gabilex: Revista del Gabinete Jurídico de Castilla-La Mancha,* n.º 23, 2020, p. 61.

Dal Molin, R., "Gestión de la calidad en la administración municipal", en *Tiempos de Gestión*, n.º 11, 2011, pp. 73-94.

Dapena Gómez, M., "Planificación y procesos de elaboración de plantillas, relación de puestos de trabajo y oferta de empleo público", en *El Consultor de los Ayuntamientos*, n.º 5, 2019, p. 47.

Davara Fernández de Marcos, L., "Desconexión digital y Administración Pública ¿Cómo llevarlo a la práctica?", en *Actualidad Administrativa*, n.º 12, 2021.

De Juan Casero, L. J., "Perfil del Contratante y Plataforma de Contratación del Sector Público", en *Contratación Administrativa Práctica*, n.º 137, 2015.

De la Rosa, M., "Liderazgo femenino: hacia la igualdad real en la Administración Pública", en *Capital Humano de Wolters Kluwer*, n.º 351, 2020.

De las Marinas Alférez, F., "Provisión de puestos de trabajo de habilitación nacional. Principios de igualdad, mérito y capacidad", en *El Consultor de los Ayuntamientos*, n.º 20, 1999, p. 3119.

De Lessa Carvalho, F. L., *El acceso igualitario a la función pública, análisis del derecho español y brasileño*, Universidad de Salamanca, 2010.

De Miguel, Ribes, y Del Val Segarra, "El buen gobierno en la administración pública española: principios incluídos y excluidos", en *XV Congreso Nacional de Ética de la Economía y de las Organizaciones El Buen Gobierno de las Organizaciones*, 2007, p. 6. Disponible en línea:http://www.eben-spain.org/docs/Papeles/XV/deMiguelRibesdeMigueldelVal.pdf

Del Río Fernández, A. L., "La estrategia de transparencia en las redes sociales y el Gobierno Abierto. Retos de futuro", en *El Consultor de los Ayuntamientos*, n.º 18, 2015, p. 2051.

Delgado Fernández, M. R., "La necesidad de la planificación de la contratación como garantía de transparencia, del uso estratégico de la contratación pública y del uso adecuado de los procedimientos de contratación.", en *Gabilex: Revista del Gabinete Jurídico de Castilla-La Mancha*, n.º E2, 2019, p. 30.

Delgado Fernández, M. R., "La necesidad de la planificación de la contratación como garantía de transparencia, del uso estratégico de la contratación pública y del uso adecuado de los procedimientos de contratación.", en *Gabilex: Revista del Gabinete Jurídico de Castilla-La Mancha*, n.º E1, 2019, p. 30.

Delpiazzo, C., "Contratación Pública electrónica en Europa y América Latina", en *Derecho PUCP: Revista de la Facultad de Derecho*, n.º 66, 2011, pp. 147-167.

Descalzo González, A., "Buen gobierno, altos cargos y derecho disciplinario (comentario a los artículos 25, 27, y a la disposición final segunda)" en Troncoso Reigada, A. (dir.) *Comentario a la ley de transparencia, acceso a la información pública y buen gobierno,* 2017, Civitas, pp. 1566-1569.

Díaz Hernández, R. F. y Parreño Castellano, J. M., "Territorio, participación ciudadana y nivel de confianza en las instituciones oficiales", en *Scripta Nova: Revista electrónica de geografía y ciencias sociales,* n.° extra 12, 2008.

Díaz y Díaz, M.C., *El empleado público ante el procedimiento administrativo: deberes y obligaciones de buena administración,* Universidad de Salamanca, 2010.

Diego Bautista, Ó., "Los códigos éticos en el marco de las Administraciones Públicas contemporáneas: Valores para un Buen Gobierno", en *Revista de las Cortes Generales,* n.° 65, 2005, pp.123-154.

Díez Getino, J. E. y Torija Herrero, S., "Modelo de estrategia para fomentar la integridad y prevenir la corrupción", en *Revista Internacional de Transparencia e Integridad,* n.° 2, 2016, p. 2.

Díez Quesada, A. y González-Haba Guisado, V. M., "El Estatuto Básico del Empleado Público y sus posibilidades renovadoras del empleo público local" en Almonacid Lamelas, V. (dir.), Rodríguez Castaño, A. R. (coord.), Sánchez Sánchez, Z. P. (coord.) *Estudios sobre la modernización de la Administración Local: teoría y práctica,* El Consultor de los Ayuntamientos, Madrid, 2009, pp. 455-502.

Díez Quesada, A. y González-Haba Guisado, V. M., "El Estatuto Básico del Empleado Público y sus posibilidades renovadoras del empleo público local" en Almonacid Lamelas, V. (dir.), Rodríguez Castaño, A. R. (coord.), Sánchez Sánchez, Z. P. (coord.), *Estudios sobre la modernización de la Administración Local: teoría y práctica,* El Consultor de los Ayuntamientos, Madrid, 2009.

Díez Quesada, A. y González-Haba Guisado, V. M., "El Estatuto Básico del Empleado Público y sus posibilidades renovadoras del empleo público local" en Almonacid Lamelas, V. (dir.), Rodríguez Castaño, A. R. (coord.), Sánchez Sánchez, Z. P. (coord.) *Estudios sobre la modernización de la Administración Local: teoría y práctica,* El Consultor de los Ayuntamientos, Madrid, 2009.

Díez Sastre, S., "La clàusules sociales en la contratación pública", en *Anuario de la Facultad de Derecho de la Universidad Autónoma de Madrid,* n.° 21, 2017, pp. 195-219.

Domínguez Jiménez, M., "Presente y futuro de la administración local en España", en *Nuevas Políticas Públicas: anuario multidisciplinar para la modernización de las administraciones públicas,* n.° 9, 2014, pp. 41-51.

Domínguez, L., Ortega, C. y Martín, E., "Conciliación de la vida personal y laboral en la Función Pública", en *Enciclopedia de Administración Local,* n.º 1819, 2008.

Doncel Rodríguez, C., "El plan de mejora de contratación pública local. Una oportunidad para los pequeños y medianos municipios", en *El Consultor de los Ayuntamientos,* n.º 3, 2020, p. 68.

Duart Rosa, Y., "La contratación pública responsable como dimensión estratégica para la implementación de políticas públicas", en *El Consultor de los Ayuntamientos,* n.º 2, 2020, p. 57.

Escrihuela Morales, J., "Los contratos del Sector Público" en Escrihuela Morales, J., *La contratación del sector público. Especial referencia a los contratos de suministros y de servicios,* 4ª edición, Editorial La Ley, Madrid, 2012.

Fanlo Loras, A., *Fundamentos constitucionales de la autonomía local,* Centro de Estudios Constitucionales, Madrid, 1990.

Fernández Acevedo, R, "Medidas de garantía de cumplimiento normativo y de compromisos con la entidad concedente: «compliance» y contratos y concesiones" en Fernández Acevedo, R., *La gestión de los servicios públicos locales,* El Consultor de los Ayuntamientos, Barcelona, 2019.

Fernández Ajenjo, A., "La política del fraude de subvenciones y su incidencia en las Entidades Locales", en *El Consultor de los Ayuntamientos,* n.º 1, 2019, p. 194.

Fernández Ajenjo, J.A. y Rivero Ortega, R. (dir.), *El control de las Administraciones Públicas y la lucha contra la corrupción: especial referencia al Tribunal de Cuentas y a la intervención general de la Administración del Estado,* Universidad de Salamanca, 2010, p. 215.

Fernández de Gatta Sánchez, D., "El régimen de la incorporación de criterios ambientales en la contratación del sector público: su plasmación en las nuevas leyes sobre contratación pública de 2007", en *Contratación Administrativa Práctica,* n.º 80, 2008, p. 41.

Fernández Delpuech, L., *Una reconstrucción de los principios de mérito y capacidad en el acceso al empleo público,* Biblioteca Jurídica del Boletín Oficial del Estado, 2015.

Fernández Ruiz, M.J., Morlan Plo, V. y Notivol Bezares, R., "Los datos: un activo estratégico en las Administraciones Públicas", en *El Consultor de los Ayuntamientos,* n.º III, 2020, p. 208.

Ferney Moreno, L. y Gallo Aponte, W.I., "De la simplificación administrativa a la calidad regulatoria", en *Revista de Derecho Administrativo,* n.º 17, 2019, Perú, pp. 246-271.

Ferrete Sarrià, C., *Ética ecológica como ética aplicada. Educación cívica y responsabilidad ecológica,* Ediciones de las Ciencias Sociales, Madrid, 2010.

Folguera Fondevila, R., "La fiscalización de los conflictos de interés", en Auditoría Pública, n.º 70, 2017, pp. 97-103.

Fondevila Antolín, J., "Algunas propuestas para una necesaria revisión de la cuestionable doctrina judicial del reconocimiento, al personal laboral temporal y funcionarios interinos, de la condición de "indefinidos no fijos", *en Gabilex: revista del Gabinete Jurídico de Castilla-La Mancha,* n.º 13, 2018, pp. 15-83.

Fondevila Antolín, J., "Breves consideraciones sobre la aparente contradicción de las Disposiciones adicionales sexta y octava Ley 20/2021, de 28 de diciembre, de medidas urgentes para la reducción de la temporalidad en el empleo público", en *El Consultor de los Ayuntamientos,* n.º 4, 2022, p. 81.

Fondevila Antolín, J., "El acceso al empleo público: principios y requisitos" en Fondevila Antolín, J., Manual para la selección de empleados públicos, *El Consultor de los Ayuntamientos,* 2021.

Fondevila Antolín, J., "Provisión de puestos de trabajo y movilidad" en Ortega Álvarez, L. (dir.), *Estatuto Básico del Empleado Público,* Editorial La Ley, Madrid, 2007.

Font i Llovet, T. y Galán Galán, A., "Racionalización y sostenibilidad de la Administración Local: ¿es esta la reforma?", en *Anuario del Gobierno Local,* n.º 1, 2012, pp. 11-43.

Fueyo Bros, M., "Fortalecimiento de la función interventora y del control interno y externo", en *El Consultor de los Ayuntamientos,* n.º 23, 2014, p. 2535.

Furió Durán, V., "Los contratos menores en las entidades locales inferiores a 5.000 habitantes" en Pintos Santiado, J. (dir.) *Todo sobre el contrato menor,* El Consultor de los Ayuntamientos, 2020.

Galán Galán, A. y Prieto Romero, C., "El ejercicio de funciones públicas por entidades privadas colaboradoras de la Administración" en *Anuario de Derecho Municipal,* n.º 2, 2008, pp. 53-104.

Galán Juárez, M., "Formas del estado de derecho y delimitación del derecho al buen gobierno", en *Arbor: Ciencia, pensamiento y cultura,* n.º 745, 2010, pp. 901-915.

Galindo Meño, C., "La carrera profesional y la evaluación del desempeño en el nuevo Estatuto Básico del Empleado Público" en Ortega Álvarez, L. (dir.), *Estatuto Básico del Empleado Público,* Editorial La Ley, Madrid, 2007.

Gallego Alcalá, J. D., "Conciliación de la transparencia y la protección de datos personales en la publicidad de los beneficiarios de subvenciones", en *El Consultor de los Ayuntamientos,* n.° 11, 2018, p. 88.

Gallego Alcalá, J. D., "No es asunto de menor discusión el controvertido deber de incorporar un informe jurídico en el expediente de adjudicación de un contrato menor", en *El Consultor de los Ayuntamientos,* n.° 12, 2021, p. 105.

Gallego Alcalá, J. D., "Sobre el régimen legal del Plan Actual Normativo", en *El Consultor de los Ayuntamientos,* n.° 8, 2018, p. 80.

Gallego Córcoles, I., "La contratación local ante las sucesivas reformas de la Ley de Contratos del Sector Público", en *Anuario de Derecho Municipal,* n.° 4, 2010, pp. 133-166.

Gamero Casado, E., "Introducción" en Wisner Glusko, D.C., (coord..), *Administración Electrónica. Retos jurídicos y tecnológicos de su implantación en Andalucía,* Fundación San Pablo Andalucía CEU, 2018, pp. 9-13.

Garcés Sanagustín, M., "Los contratos menores en la Ley 9/2017, de 8 de noviembre, de Contratos del Sector Público", en *Revista española de control externo,* vol. 20, n.° 60, 2018, pp. 99-116.

García Aranda, S., *La autonomía local en la Constitución de 1978,* Dykinson, Madrid, 2015.

García Fernández, A., "La evaluación de la gestión de los recursos públicos: análisis crítico de la situación actual, descripción de una experiencia y propuestas", en *Auditoría Pública,* n.° 3 5, 2005, pp. 37-46.

García Mahamut, M. R. y Rallo Lombarte, A., "Neutralidad y pluralismo en los medios de comunicación en las campañas electorales: la reforma de la LOREG de 2011", en *Revista española de derecho constitucional,* n.° 98, 2013, pp. 201-240.

García Mahamut, M. R., "Del Reglamento general de protección de datos a la LO 3/2018 de Protección de Datos Personales y garantía de los derechos digitales", en García Mahamut, M. R. y Tomás Mallén, B. (edit.), *El Reglamento General de Protección de Datos: un enfoque nacional y comparado. Especial referencia a la LO 3/2018 de Protección de Datos y garantía de los derechos digitales,* Tirant lo Blanch, 2019, pp. 95-132.

García Mahamut, M. R., "La problemática jurídico-constitucional que plantea el segundo Estado de alarma y el final de su vigencia", en *Teoría y realidad constitucional,* n.° 48, 2021, pp. 239-264.

García Mahamut, M. R., "Partidos políticos y derecho a la protección de datos en campaña electoral: tensiones y conflictos en el ordenamiento español"; en *Teoría y realidad constitucional,* n.° 35, 2015, pp. 309-338.

García Rodríguez, M. F., "Tecnologías digitales para el control de la contratación pública", en *Auditoría pública: revista de los Órganos Autónomos de Control Externo,* n.º 79, 2022, pp. 88-101.

García Trevijano, E., Sinopsis artículo 103. Congreso de los Diputados, 2003. Disponible en línea en: https://app.congreso.es/consti/constitucion/indice/sinopsis/sinopsis.jsp?art=103&tipo=2

García Valderrey, M. A., "Sobre el procedimiento para la realización de cursos por los empleados municipales", en *El Consultor de los Ayuntamientos,* n.º 11, 2018, p. 128.

García-Escudero Márquez, P., "Iniciativa legislativa del gobierno y técnica normativa en las nuevas leyes administrativas (leyes 39 y 40/2015)", en *Teoría y realidad constitucional,* n.º 38, 2016, pp. 433-452.

Garrido Mayol, V., "El principio de buena administración y la gobernanza en la contratación pública", en *Estudios de Deusto: revista de Derecho Público,* vol. 68, n.º 2, 2020, pp. 115-140.

Gil Guillén, E., "La desnaturalización del complemento de productividad y su «mutación» en una retribución fija", en *El Consultor de los Ayuntamientos,* n.º 21, 2011, p. 2495.

Giménez Soler, M. J., "El proceso de elaboración de las ordenanzas locales. Anulación de ordenanzas por defectos en su elaboración. A propósito del caso «Madrid Central»", en *El Consultor de los Ayuntamientos,* n.º 11, 2021, p. 79.

Gimeno Feliu, J. M., "La reforma comunitaria en materia de contratos públicos y su incidencia en la legislación española. Una visión desde la perspectiva de la integridad" en Gimeno Feliu, J. M., *Las nuevas directivas de contratación pública,* Aranzadi–Observatorio de los Contratos Públicos, 2014, pp. 37-107.

Gimeno Ruiz, A., *Las cartas de servicio en las páginas web municipales como instrumento de información al ciudadano,* Universidad de Valencia, Valencia, 2015. p. 123.

Gómez Asensio, J. A., "Las Relaciones de Puestos de Trabajo en la administración local. Normativa legal", en *Diario La Ley,* n.º 9940, 2021.

González Alonso, B., "Los procedimientos de control y exigencia de responsabilidad de los oficiales regios en el Antiguo Régimen (Corona de Castilla, siglos XIII-XVIII)", en *Anuario de la Facultad de Derecho de la Universidad Autónoma de Madrid,* 2000, p. 258.

González Esteban, C., "La experiencia de participación del Ayuntamiento de Madrid", en *Fundación Manuel Giménez Abad de Estudios Parlamentarios y del Estado Autonómico,* 2008.

González García, J. V., "Ley de Contratos del Sector Público y Entidades Locales: la exigencia de planificación de la contratación", en *Cuadernos de derecho local (QDL),* n.º 48, 2018, pp. 247-264.

González Ríos, I., "La transparencia como principio vertebrador de la contratación pública: significado y problemas de articulación normativa", en *Revista de Estudios de la Administración Local y Autonómica: Nueva Época,* n.º 12, 2019, pp. 6-25.

González Vaqué, L, "La ley de racionalización y sostenibilidad de la administración local: de la duda a la incertidumbre", en *Revista CESCO de Derecho de Consumo,* n.º 8, 2013, pp. 496-501.

Gorriti Bontigui, M., "Gestión de Recursos Humanos: La gestión eficaz de la diferencia", en *El Consultor de los Ayuntamientos,* n.º 1, 2018, p. 55.

Herrero González, E., "Las subvenciones nominativas", en *El Consultor de los Ayuntamientos,* n.º 1, 2019, p. 47.

Herrero López, M.R., "Atención al ciudadano en las administraciones públicas e inspección de educación. Retos de la administración electrónica", en *Supervisión 21. Revista de educación e inspección,* n.º 47, 2018, p.4.

Herrero Pombo, C., "La planificación y organización de los recursos humanos en la Administración Local", en *El Consultor de los Ayuntamientos,* n.º 18, 2007, p. 2943.

Herrero Pombo, C., "Las formas de provisión de puestos de trabajo en la Administración Local. Referencia a la Comunidad Valenciana", en *El Consultor de los Ayuntamientos,* n.º 6, 2003, p. 1096.

Huergo Lora, A., ¿Es realmente libre la "libre designación"?, Almacén de Derecho, 2017. Disponible en línea en: https://almacendederecho.org/realmente-libre-la-libre-designacion

Ibáñez Fresneda, J., "La contratación pública estratégica: la proyección medioambiental de la Ley de Contratos del Sector Público", en *Diario La Ley,* n.º 9972, 2021.

Iglesias Alonso, A. "La Planificación Estratégica como instrumento de gestión pública en el gobierno local: Análisis de caso", en *Cuadernos de Gestión,* vol.10, n.º 1, 2010, pp. 101-120.

Iglesias Río, M. A. y Medina Arnáiz, T., "Herramientas preventivas en la lucha contra la corrupción en el ámbito de la Unión Europea.", en *Anuario de Derecho Constitucional Latinoamericano,* 2004, pp. 49-69.

Ignacio Criado, J. y Rojas Martín, F. (eds.), *Las redes sociales digitales en la gestión y las políticas públicas. Avances y desafíos para un gobierno abierto,* Escola D'Administració Pública de Catalunya, Barcelona, 2013, p. 97.

Jareño Leal, A., "La justificación del contrato público y el control del expediente de contratación como formas de prevenir los delitos de corrupción.", en *Revista internacional de transparencia e integridad,* n.° 9, 2019, pp. 1-8.

Jimena Quesada, L., "Democracia de calidad y exigencias de buen gobierno tras la crisis pandémica", en *Revista Galega de Administración Pública,* n.° 63, 2022, pp. 115-182.

Jimena Quesada, L., "Los derechos sociales de la juventud: el papel de los entes locales y regionales", en *Lex social: revista de los derechos sociales,* vol. 10, n.° 1, 2020, pp. 465-501.

Jimena Quesada, L., "Perfiles actuales del buen gobierno como imperativo de calidad democrática: Una visión desde Europa y España", en *Anuario de la Red Eurolatinoamericana de Buen Gobierno y Buena Administración,* n.° 1, 2020.

Jimena Quesada, L., "Título II. Buen gobierno: Artículo 25. Ámbito de aplicación, Artículo 26. Principios de actuación, Artículo 27. Código de buen gobierno, Artículo 28. Obligaciones", en Díez Sánchez, J.J. y García Macho, R. J. (coords.), *Comentarios a la Ley 2/2015 de 2 de abril, de Transparencia, Buen Gobierno y Participación Ciudadana de la Comunitat Valenciana,* Reus, 2019, pp. 205-252.

Jiménez Asensio, R., "Ética pública, política y alta administración. Los códigos éticos como vía para reforzar el buen gobierno, la calidad democrática y la confianza de la ciudadanía en sus instituciones", en *Revista Vasca de Gestión de Personas y Organizaciones Públicas,* n.° 5, 2013, pp. 46-67.

Jiménez Asensio, R., "La nueva regulación sobre el teletrabajo y su aplicación al ámbito local", en *El Consultor de los Ayuntamientos,* n.° 5, 2020, p. 7.

Jiménez Asensio, R., "Prevenir o lamentar: un primer análisis del Código Ético y de Conducta del Ayuntamiento de Barcelona", *en Revista internacional de transparencia e integridad,* n °4, 2017.

Jiménez Meroño, S., "El viaje de los gobiernos en busca de la participación ciudadana", en *El Consultor de los Ayuntamientos,* n.° 5, 2017, p. 669.

Jiménez Rius, P., "El papel esencial del Tribunal de Cuentas en el nuevo régimen de control interno de las Entidades Locales", en *El Consultor de los Ayuntamientos,* n.° 2, 2018, p. 161.

Jiménez Sánchez, F., *40 años de ayuntamientos democráticos: es hora de desmontar los incentivos para la corrupción,* Instituto de Derecho Local de la Universidad Autónoma de Madrid, 2019. Disponible online:https://

www.idluam.org/blog/40-anos-de-ayuntamientos-democraticos-es-hora-de-desmontar-los-incentivos-para-la-corrupcion/ .

Jiménez Vacas, J. J., "Planes estratégicos de subvenciones: especial referencia a la Comunidad de Madrid", en *Diario La Ley*, n.º 7961, 2012.

Josa Arbonès, N., "Las actuaciones de control interno de la actividad subvencional de las Entidades Locales", en *El Consultor de los Ayuntamientos*, n.º 1, 2019, pp. 76-94.

Koninckx Frasquet, A. y Catalá Martí, J. A., "Naturaleza jurídica de la relación de puestos de trabajo y procedimiento para su aprobación o modificación. Especial referencia a la Comunidad Valenciana", en *El Consultor de los Ayuntamientos,* n.º 11, 2010, p. 1757.

Labella Cámara, A., "La mejora salarial dentro del proceso de contratación, una condición social con luces y sombras en su aplicación", en *Gabilex: Revista del Gabinete Jurídico de Castilla-La Mancha,* n.º 23, 2020, p. 35.

Lada Ferreras, A., "¿Ha fracasado la contratación pública como vehículo de mejora de las condiciones laborales y sociales?", en *Contratación Administrativa Práctica,* n.º 172, 2021.

Lanza Suárez, P., "40 meses a bordo de la Base de datos nacional de subvenciones", en *El Consultor de los Ayuntamientos,* n.º E-1, 2019, pp. 177-193.

Latore Boza, E., "Aplicación de criterios sociales como elemento de la contratación pública sostenible", en *Contratación Administrativa Práctica,* n.º 106, 2011, p. 36.

Legaz Lacambra, L., "La lealtad política", en *Revista de estudios políticos,* n.º 210, 1976, pp. 5-30.

Leguina Roig, F., *Organización y comunicación en las elecciones municipales en Málaga (1979-1995),* Universidad de Málaga, Málaga, 2016, p. 658.

Lesmes Zabalegui, S., "Contratación pública y discriminación positiva. Cláusulas sociales para promover la igualdad de oportunidades entre mujeres y hombres en el mercado laboral.", en *Lan Harremanak-Revista de Relaciones Laborales,* n.º 13, 2005, pp. 53-86.

Lladó Martínez, A., La consulta pública previa del artículo 133 LPACAP en la elaboración de normas reglamentarias de las universidades, en *Revista española de derecho administrativo,* n.º 219, 2022, pp. 1-13.

Llavador Cisternes, H., "Las Oficinas de Información y Atención al Ciudadano en la Administración Local", en *El Consultor de los Ayuntamientos,* n.º 20, 2000, p. 3315.

Llavador Cisternes, H., "Los derechos de los ciudadanos, herramienta jurídica de trabajo en las oficinas de información y atención al ciudadano", en *El Consultor de los Ayuntamientos,* n.º 14, 2003, p. 2538.

López Benítez, M., "El principio constitucional de jerarquía en materia organizativa" en López Benítez, M., *Los principios jurídicos del Derecho Administrativo,* Editorial La Ley, Madrid, 2010.

López Donaire, B., "Los códigos de conducta en el ámbito local: pieza clave de un sistema de integridad", en *El Consultor de los Ayuntamientos,* n.º V, 2019, p. 216.

López Escolano, C., y Rodríguez Beltrán, M. del M., "Un caso de análisis para la planificación urbana en el contexto del COVID-19: el Acuerdo por el Futuro de Zaragoza (España)", en *Revista de urbanismo,* n.º 46, 2022, pp. 3-21.

López Pagán, J., La ventana de oportunidades del gobierno abierto en España: un análisis desde el ámbito local, Universidad Rey Juan Carlos, Madrid, 2016, p.316.

López Toledo, P., "La contratación pública verde y su nueva regulación en el derecho de la Unión Europea", en *Contratación Administrativa Práctica,* n.º 134, 2014.

Magro Servet, V., "¿Puede existir delito de tráfico de influencias en la actuación de un "lobby" ante la administración pública?", en *Diario La Ley,* n.º 9926, 2021.

Malaret García, E., "Bon govern, transparència i rendició de comptes. Reforçant i completant la legitimitat democràtica dels poders públics", en *Revista Catalana de Dret Públic,* n.º 55, 2017, pp. 23-47.

Malaret García, E., "El nuevo reto de la contratación pública para afianzar la integridad y el control: reforzar el profesionalismo y la transparencia", *en Revista Digital de Derecho Administrativo,* n.º 15, 2016, pp. 21-60.

Maldonado-Meléndez, M. A., "La doctrina de los actos propio como ejercicio del principio de buena administración", en *Anuario de la Red Eurolatinoamericana de Buen Gobierno y Buena Administración,* n.º 2, 2022.

Manteca Valdelande, V., "Comprobación y reintegro de subvenciones públicas", en *El Consultor de los Ayuntamientos,* n.º 9, 2010, p. 1444.

Manteca Valdelande, V., "Los procedimientos de concesión de subvenciones", en *El Consultor de los Ayuntamientos,* n.º 7, 2009, pp. 992-1004.

Marcos Sagarzazu, I. y Arranz Molinero, J., "Ejercicio del derecho de acceso y participación. El rol de los servicios de atención a la ciudadanía", en *El Consultor de los Ayuntamientos,* n.º 18, 2015, p. 2018.

Marcos Sagarzazu, I., “Hacia un nuevo Modelo de Atención Ciudadana”, en *El Consultor de los Ayuntamientos,* n.º 5, 2017, p. 621.

Martín Castaño, R., “Teledirección. Trabajo a distancia de las personas directivas”, en *El Consultor de los Ayuntamientos,* n.º 5, 2020, p. 78.

Martín Fernández, J. M., “Medidas para la transparencia material en todas las fases de la contratación pública como antídoto contra la corrupción”, en *Diario la Ley,* n.º 8607, 2015.

Martín Lorenzo, B., “La elaboración de normas en Castilla y León: impacto de la reforma administrativa tras la Ley 39/2015 y la STC 55/2018”, en *Gabilex: revista jurídica de Castilla y León,* n.º 46, 2018, pp. 101-142.

Martín Toro, J., “Cuestiones prácticas para el desarrollo de los procesos de estabilización del empleo temporal”, en *El Consultor de los Ayuntamientos,* n.º 8, 2019, p. 127.

Martínez Fernández, J. M., “La imprescindible necesidad de anticipación para afrontar las limitaciones a los contratos menores que impone la nueva ley de contratos del sector público”, en *El Consultor de los Ayuntamientos,* n.º 20, 2017, p. 2425.

Martínez Fernández, J. M., “La Instrucción 1/2019 de la OIReScon: una visión positiva y práctica para completar el «cerco» a los contratos menores”, en *El Consultor de los Ayuntamientos,* n.º 6, 2019, p. 100.

Martínez Fernández, J. M., “La remunicipalización de servicios”, en *El Consultor de los Ayuntamientos,* n.º 9, 2017, p. 1195.

Martínez Fernández, J. M., “Los criterios de adjudicación y su valoración”, en *El Consultor de los Ayuntamientos,* n.º 23, 2017, p. 2197.

Martínez Fernández, J. M., *Transparencia versus corrupción en la contratación pública. Medidas de transparencia en todas las fases de la contratación pública como antídoto contra la corrupción,* Universidad de León, 2015.

Martínez Giner, L. A., *El reintegro de las subvenciones públicas,* Tirant lo Blanch, 2010.

Martínez Guitérrez, R. *El Régimen Jurídico del Nuevo Procedimiento Administrativo Común,* Aranzadi, 2016.

Martínez Gutiérrez, R., “Carácter esencial y consolidación de la e-Administración en los Ayuntamientos en tiempos del COVID-19”, en *El Consultor de los ayuntamientos,* n.º 6, 2020.

Martínez Gutiérrez, R., “Elementos para la configuración de la administración digital”, en *Revista de Derecho Administrativo,* n.º 20, 2021, pp. 212-233.

Martínez Laguna, L., *La transparencia en la publicidad de subvenciones : un estudio empírico de la eficiencia y productividad en las empresas beneficiarias de subvenciones y la evaluación del impacto social,* Universidad San Pablo CEU.

Martínez Laguna, L., Urquía Grande, E. y Palomo Zurdo, R., "¿Son transparentes las empresas que reciben subvenciones?: El impacto social en España y su evaluación", en *REVESCO: revista de estudios cooperativos,* n.º 138, 2021, pp. 213-238.

Martínez Manzaneque, D., "Evolución y análisis de la buena gestión de subvenciones públicas: del sometimiento a los requisitos jurídicos tradicionales a las nuevas demandas sociales", en *Revista española de control externo,* n.º 66, 2020, pp. 94-117.

Marzo Portera, A.M., "Protección de datos y transparencia, reutilización de la información y plataformas de comunicación de las Administraciones Públicas", en *El Consultor de los Ayuntamientos,* n.º III, 2019, p. 151.

Medina Arnáiz, T., "La necesidad de reformar la legislación sobre contratación pública para luchar contra la corrupción: las obligaciones que nos llegan desde Europa", en *Revista Vasca de Administración Pública,* n.º extra 104, 2016, pp. 77-113.

Medina Arnáiz, T., "Las principales novedades en la normativa contractual del sector público. Comentario de los artículos 35, 37, 38, 85, 105, 106, disposiciones adicionales 6.ª y 20.ª, disposición transitoria 7.ª, disposiciones finales 16.ª, 32.ª, 55.ª, 59.ª y anexo a la disposición adicional 6.ª" en Bello Paredes, S. A. (dir.), *Comentarios a la Ley de economía sostenible,* Editorial la Ley, 2011, pp. 119-163.

Merino Estrada, V., "Calidad en la gestión de los servicios locales. Las cartas de servicios", en Carbonero Gallardo, J.M. (dir.), Teoría y práctica para la gestión de los servicios públicos locales", *El Consultor de los Ayuntamientos,* Madrid, 2010.

Merino García, B., "La evaluación de políticas de gasto en el ámbito de las Fuerzas Armadas. Impacto de la evaluación en los presupuestos del Ministerio de Defensa" en *Diario La Ley,* 2019.

Mínguez Macho, L., "Obligaciones de buen gobierno y régimen jurídico de los altos cargos en la Administración Local" en *El Consultor de los Ayuntamientos,* n.º 2, 2019, p. 174.

Molins López-Rodó, J. M., "El Estado, el interés general y los grupos de interés" en *Gestión y Análisis de Políticas Públicas,* n.º 5-6, 1996, pp. 189–192.

Monereo Pérez, J. L. y Ortega Lozano, P. G., "El problema de la temporalidad en la administración pública y las medidas equivalentes, efectivas y disuasorias para prevenir, sancionar y reparar el abuso y el ejercicio antisocial: ¿Es posible declarar al empleado «fijo»?", en *La Ley Unión Europea*, n.º 84, 2020.

Montero Caro, Mª D., *Gobierno abierto como oportunidad de cambio*, Dykinson, Madrid, 2020.

Montouto González, O. y Yustos Gutiérrez, J.L., "¿Cómo participaron los ciudadanos de los municipios de Albacete en sus procesos de Agenda 21 local?", en *Ecosostenible de Wolters Kluwer*, n.º 56, 2009.

Monzón Mayo, M. J., "Régimen jurídico de las subvenciones en el ámbito local; la Ley 38/2003 General de Subvenciones, y su reglamento de desarrollo" en Ballesteros Arribas, S. (dir.), Administración local: estudios en homenaje a Ángel Ballesteros, El Consultor de los Ayuntamientos, Madrid, 2011, pp. 507-574.

Mora de la Viña, M. J., "Gestión y control de subvenciones", en *Presupuesto y gasto público*, n.º 86, 2017, pp. 23-38.

Mora de la Viña, M. J., "Justificación y comprobación de subvenciones", en *El Consultor de los Ayuntamientos*, n.º I, 2019, p. 95.

Morata Casellas, H., "Especialidades de la contratación local en la Ley 9/2017, de 8 de noviembre, de Contratos del Sector Público", en *Revista de Derecho de la UNED (RDUNED)*, n.º 1, 2022, pp. 411-430.

Morcillo Moreno, J., "Cooperación entre las Administraciones Públicas" en Ortega Álvarez, L. (dir.), *Estatuto Básico del Empleado Público*, Editorial La Ley, Madrid, 2007.

Moreno Cegarra, J.L., *Evaluación del gobierno electrónico del Ayuntamiento de Cartagena en la atención ciudadana*, Universidad Politécnica de Cartagena, Cartagena, 2012.

Moreno Molina, J. A., "La utilización de medios electrónicos, informáticos y telemáticos en la nueva Ley de Contratos del Sector Público" en Moreno Molina, J. A., *La nueva Ley de Contratos del Sector Público*, Editorial La Ley, Madrid, 2009.

Moreno Molina, J. A., "Novedades en relación con los principios generales de la contratación pública", en *El Consultor de los Ayuntamientos*, n.º 23, 2017, p. 2799.

Moreno Molina, J.A., "Principios generales de la planificación y racionalización de la compra pública", en Pintos Santiago, J. (dir.), *Planificación y racionalización de la compra pública*, Aranzadi, 2020, pp. 77-96.

Moro Cordero, M. A., "El efecto mariposa… en la Agenda 2030 para el Desarrollo Sostenible", en *El Consultor de los Ayuntamientos,* n.º 2, 2019, p. 78.

Moro Marroig, T., "Los convenios. Distinción entre las tres figuras jurídicas: subvención, contrato, convenio", en *Auditoría Pública,* n.º 50, 2010, pp. 75-86.

Morón Urbina, J. C., "Los principios inspiradores de la Contratación administrativa y sus aplicaciones prácticas", en *THEMIS: Revista de Derecho,* n.º 52, 2006, pp. 189-210.

Muñoz Juncosa, A., *El interventor en la administración local: control interno y responsabilidad contable,* Universitat de Barcelona, 2017, p. 142, disponible en línea en:https://www.tdx.cat/bitstream/handle/10803/665622/AMJ_TESIS.pdf?sequence=1&isAllowed=y

Navarrete Ibáñez, E. M., "Cuestiones actuales y desafíos en la formación del personal empleado público", en *El Consultor de los Ayuntamientos,* n.º 1, 2020, p. 58.

Navarro, A., Alcaraz, F.J. y Ortiz, D., "La divulgación de información sobre responsabilidad corporativa en administraciones públicas: un estudio empírico en gobiernos locales", en *Revista de Contabilidad- Spanish Accounting Review,* v. 13, n.º 2, pp. 285-314.

Nevado-Batalla Moreno, P. T., "La temporalidad en el empleo público como fallo activo en la administración", en *Documentación Administrativa,* n.º 8, 2021, pp. 115-136.

Nieto Martín, A., "De la ética pública al public compliance: sobre la prevención de la corrupción en las administraciones públicas.", en *El Consultor de los Ayuntamientos,* 2018.

Nieto Rueda, J. y García-Royo Díaz, J., "La Oficina Independiente de Regulación y Supervisión de la contratación y la estrategia nacional de contratación: nuevos controles sobre la contratación pública: el remarcado papel de la CNMC", en *Contratación Administrativa Práctica,* n.º 159, 2019.

Núñez Lozano, M. C., "El Plan anual normativo para el año 2017", en *Administración de Andalucía: revista andaluza de administración pública,* n.º 97, 2017, pp. 427-435.

Ochoa Monzó, J. y Martínez Gutiérrez, R., "La permeabilidad de la actividad administrativa al uso de las tecnologías de la información y de la comunicación: hacia la administración electrónica y el procedimiento administrativo electrónico", en Fabra Valls, M. J y Blasco Díaz, J. L, (coord.), *La administración electrónica en España: experiencias y perspectivas de futuro*, Universitat Jaume I de Castelló, 2007, pp. 71-121.

Ochoa Monzó, J., "¿Hacia la 'ciberadministración' y el 'ciberprocedimiento'?" en Sosa Wagner, F., Ramón Martín Mateo, R. (coords.), *El derecho administrativo en el umbral del siglo XXI: homenaje al profesor Dr. D. Ramón Martín Mateo*, vol. 1, 2000, pp. 151-172.

Ochoa Monzó, J., "El derecho administrativo sancionador en la legislación española de transparencia y buen gobierno", en *Derecho & Sociedad*, n.º 54, pp. 95-111.

Ochoa Monzó, J., "La responsabilidad social como parte del sistema de integridad institucional de las administraciones públicas", en *Revista General de Derecho Administrativo*, n.º 61, 2022.

Ochsenius Robinson, I., "El control en la contratación pública" en Ochsenius Robinson, I., *Mecanismos de control, mejora y calidad en la contratación pública*, El Consultor de los Ayuntamientos, 2019.

Ochsenius Robinson, I., "Qué es necesario recordar de la eficiencia y eficacia en la contratación pública exigida hoy en día? Conceptualización y diferencias", en *Contratación Administrativa Práctica*, n.º 152, 2017.

Oller Rubert, M., "Artículo 47. Participación ciudadana en la elaboración de normas, planes, procedimientos y otros instrumentos de planificación", en Díez Sánchez, J. J. y García Macho, R. J. (coord.), *Comentarios a la Ley 2/2015, de 2 de abril, de Transparencia, Buen Gobierno y Participación Ciudadana de la Comunitat Valenciana*, Reus, 2019, pp. 339-343.

Oller Rubert, M., "La inclusión de cláusulas ambientes en la contratación pública", en *Revista Catalana de Dret Ambiental*, v. 1, n.º 1, 2010, pp. 1-34.

Oller Rubert, M., "Notas sobre la gobernanza en la contratación pública: el perfil del contratante como instrumento de transparencia", en *Contratación administrativa práctica: revista de la contratación administrativa y de los contratistas*, n.º 135, 2015, pp. 46-54.

Ortega Montero, R., "¿Pero el secretario del Ayuntamiento es realmente controlador de la legalidad?", en *El Blog de espublico*, 2010, disponible en línea:https://www.administracionpublica.com/%C2%BFpero-el-secretario-del-ayuntamiento-es-realmente-controlador-de-la-legalidad/

Palomar Olmeda, A., "Derecho a la carrera y promoción interna" en Sánchez Morón, M. (dir.), *Comentarios a la Ley del Estatuto Básico del Empleado Público*, Lex Nova, Madrid, 2008, p. 222.

Palomar Olmeda, A., "Los derechos retributivos de los empleados públicos" en Ortega Álvarez, L. (dir.), *Estatuto Básico del Empleado Público*, Editorial La Ley, Madrid, 2007.

Paricio Esteban, M.P. y Bruno Carlos, T., "La gestión de las relaciones con los medios en los gabinetes de comunicación de los ayuntamientos valencianos", en *Communication Papers – Media Literacy & Gender Studies,* v. 7, n °15, 2018, pp. 213-230.

Pauner Chulvi, C., "La configuración constitucional del deber de contribuir al sostenimiento de los gastos públicos", en *Revista Vasca de Administración Pública,* n.° 59, 2001, pp. 191-220.

Pereira García, J., "Hacia una racionalización de la Administración Local", en *Revista de administración pública,* n.° 27, 1958, pp. 203-216, p. 2013.

Pérez Delgado, M. y Rodríguez Pérez, R. P., "El órgano de contratación no puede formar parte de la mesa", en Contratación Administrativa Práctica, n.° 175, 2021.

Pérez Delgado, M. y Rodríguez Pérez, R. P., "La ausencia de Plan de Contratación no determina la nulidad de los Pliegos", en *Contratación administrativa práctica: revista de la contratación administrativa y de los contratistas,* n.° 174, 2021, pp. 58-59.

Pérez Delgado, M. y Rodríguez Pérez, R.P, "Posibilidades de participación en la mesa de contratación, los redactores de la documentación técnica de un contrato", en *Contratación Administrativa Práctica de Editorial Wolters Kluwer,* n.° 156, 2018.

Pérez Francesch, J.L., "La exigencia ética y política de proximidad, atención y buen trato. Introducción a la sección monográfica "La administración pública y el cuidado de las personas", en *Revista catalana de dret públic,* n.° 62, 2021, pp. 1-5.

Pérez Monguio, J. M., "Buen gobierno y procedimiento sancionador" en Troncoso Reigada, A. (dir.), *Comentario a la Ley de Transparencia, Acceso a la Información Pública y Buen Gobierno,* Thomson Reuters, Navarra, 2017, pp. 1615-1635.

Pezo Castañeda, E., "Los principios de buen gobierno como principios rectores de la gestión y de las políticas del gobierno nacional y de los gobiernos regionales y locales en el marco de la descentralización", en *Derecho y Cambio Social,* n.° 28, 2012, pp.1- 14.

Pineda Nebot, C., "Los Presupuestos Participativos en España: un nuevo balance" en *REALA. Revista de Estudios de la Administración Local y Autonómica,* n.° 311, 2009, pp. 279-301.

Pintos Santiago, J. y Cáceres Luarte, N., "Análisis particular de los criterios medioambientales a la luz de la situación española y chilena", en *Contratación Administrativa Práctica,* n.° 150, 2017.

Pintos Santiago, J., "Cómo aplicar la igualdad de género en las distintas fases del procedimiento de contratación", en *El Consultor de los Ayuntamientos,* n.º 2, 2020, p. 49.

Pleite Guadamillas, F., "¿Es posible la inclusión de cláusulas de discriminación positiva en los pliegos? Junta Consultiva de Contratación Administrativa del Ministerio de Hacienda. Informe 44/2004, de 12 de noviembre", en *Contratación Administrativa Práctica,* n.º 41, 2005, p. 17.

Pleite Guadamillas, F., "Un contrato no tan menor", en *Actualidad Administrativa,* n.º 12, 2018.

Poncé Solé, J. "La prevención de la corrupción mediante la garantía del derecho a un buen gobierno y a una buena administración en el ámbito local (con referencias al Proyecto de Ley de transparencia, acceso a la información pública y buen gobierno)", en *Anuario del Gobierno Local,* 2012, pp. 93-140.

Ponce Solé, J., "El derecho a una buena administración y el derecho administrativo iberoamericano del siglo XXI. Buen gobierno y derecho a una buena administración contra arbitrariedad y corrupción", en Alonso Regueira, E. M. (dir.), *El control de la Actividad Estatal, Asociación de Docentes de la Facultad de Derecho y Ciencias Sociales de la Universidad de Buenos Aires,* Buenos Aires, 2016, pp. 219-247.

Ponce Solé, J., "Innovación para la calidad normativa al servicio del buen gobierno y la buena administración", en Ponce Solé, J. y Cerrillo Martínez, A. (coord.), *Innovación en el ámbito del buen gobierno regulatorio: ciencias del comportamiento, transparencia y prevención de la corrupción,* Instituto Nacional de Administración Pública, 2017, pp. 87-145.

Poncé Solé, J., "La prevención de la corrupción mediante la garantía del derecho a un buen gobierno y a una buena administración en el ámbito local: (con referencias al Proyecto de Ley de transparencia, acceso a la información pública y buen gobierno)", en *Anuario de Gobierno Local,* 2012, pp. 93-140.

Porro Gutiérrez, J. M., "Participación ciudadana en el ámbito local: aproximación a la estructura normativa desde los reglamentos de participación ciudadana.", en *Revista Aragonesa de Administración Pública,* n.º 39, 2012, pp. 387-401.

Povedano, D, "El talento, de nuevo el talento y las PYMEL" en el *blog El nuevo funcionario con habilitación de carácter nacional,* 2020. Disponible en:https://elnuevofuncionarioconhabilitaciondecaracternacional.wordpress.com/2020/02/15/el-talento-de-nuevo-el-talento-y-las-pymel/

Prats Català, J., "La lucha contra la corrupción como parte integrante del Derecho, el deber y las políticas de buena administración", en *Cuadernos de Derecho Público,* n.º 31, 2007, pp. 13-29.

Prieto Romero, C., "La planificación y la evaluación normativa en la ley del procedimiento administrativo común de las Administraciones Públicas", en *Revista jurídica de la Comunidad de Madrid,* 2018.

Prieto Romero, C., "Medidas de transparencia y ética pública: los códigos éticos, de conducta o de buen gobierno", en *Anuario del Gobierno Local,* 2011, pp. 315-347.

Puerta Seguido, F. y Punzón Moraleda, J., "Contratación pública socialmente responsable y discapacidad. Especial referencia a la Comunidad Autónoma de Castilla-La Mancha", en *Contratación Administrativa Práctica,* n.º 159, 2019.

Quesada Lumbreras, J. E., "El Estatuto Básico del Empleado Público: ¿Un nuevo modelo de carrera?" en Ballesteros Arribas, S. (dir.), *Administración local: estudios en homenaje a Ángel Ballesteros,* El Consultor de los Ayuntamientos, Madrid, 2011, pp. 893-936.

Quintana López, T. y Rodríguez Escanciano, S., "Principio de mérito y capacidad" en Santamaría Pastor, J. A. (dir.*), Los principios jurídicos del Derecho Administrativo,* Editorial La Ley, Madrid, 2010.

Rallo Lombarte, A., "El nuevo derecho de protección de datos", en *Revista española de derecho constitucional,* n.º 116, 2019, pp. 45-74.

Ramallo Massanet, J., "El poder de gasto del Estado: Subvenciones y orden competencial", en *Documentación administrativa,* n.º 232-233, 1992-1993, pp. 403-422.

Ramos Carvajal, E., "La planificación contractual pública en tiempos de coronavirus", en *Presupuesto y gasto público,* n.º 100, 2020, pp. 121-136.

Ramos Carvajal, E., "Principales áreas de riesgo en las Entidades Locales", en *El Consultor de los Ayuntamientos,* n.º 4, 2018, p. 33.

Ramos Moragues, F., "La relación laboral especial del empleado público" en Ramos Moragues, F., *El personal laboral de las Administraciones Públicas,* Editorial La Ley, Madrid, 2011.

Ramos-Pérez Olivares, A., "Las cláusulas sociales en la regulación de los contratos del sector público tras el RDLeg. 3/2011", *en Contratación Administrativa Práctica,* n.º 119, 2012, p. 30.

Rastrollo Suárez, J. J., "La evaluación del desempeño como instrumento para la prevención de riesgos en la función pública local", en *El Consultor de los Ayuntamientos,* n.º 4, 2018, p. 186.

Requero Ibáñez, J. L., "Nota sobre la nueva Ley general de subvenciones", en *Cuadernos de Derecho Local (QDL),* n.º 5, 2004, pp. 39-49.

Riba Ciurana, J., "La responsabilidad penal de los secretarios de administración local. Los nuevos parámetros de potencial imputación, a la luz del RD 128/2018 de 16 de marzo", en *El Consultor de los Ayuntamientos,* n.º II, 2019, p. 217.

Riera López, M. y Arias Rodríguez, A., "Dos críticas recurrentes desde las ICEX sobre la concesión de subvenciones: el plan estratégico y la transparencia", en *El Consultor de los Ayuntamientos,* n.º 1, 2019, p. 68.

Riesgo Boluda, J., "Las valoraciones de los puestos de trabajo en las entidades locales y los límites de las leyes de Presupuestos Generales", en *El Consultor de los Ayuntamientos,* n.º 15/16, 2008, p. 2703.

Roca Mérida, R., "Teletrabajo y Administración Resiliente", en *El Consultor de los Ayuntamientos,* n.º 5, 2020, p. 173.

Rodríguez Castaño, A. R., "El establecimiento de subvenciones. Planificación estratégica. Requisitos para el otorgamiento de subvenciones. Bases reguladoras. Publicidad de las subvenciones", en Garcés Sanagustín, M. (coord.), Palomar Olmeda, A. y Arteagabeitia Gómez, I. A., *Derecho de las subvenciones y ayudas públicas,* 2018, pp. 1-45.

Rodríguez Castaño, A. R., "Propuestas para la mejora de la gestión económico-financiera de las corporaciones locales" en Almonacid Lamelas, V. (dir.), Rodríguez Castaño, A. R. (coord.), Sánchez Sánchez, Z. P. (coord.), *Estudios sobre la modernización de la Administración Local: teoría y práctica,* El Consultor de los Ayuntamientos, Madrid, 2009.

Rodríguez Duque, F., "El personal directivo de las Entidades Locales en la actualidad", en *El Consultor de los Ayuntamientos,* n.º 4, 2020, p. 62.

Rodríguez Duque, F., "Las retribuciones de los funcionarios locales", en *El Consultor de los Ayuntamientos,* n.º 12, 2018, p. 61.

Rodríguez García, J. M., *Límites para ser beneficiario de subvenciones,* Universidad de Valladolid, 2011.

Rodríguez Martín-Retortillo, M. del C., "La planificación y programación de los contratos en la Ley 9/2017, de contratos del sector público", *en Anuario da Facultade de Dereito da Universidade da Coruña,* n.º 22, 2018, pp. 329-356.

Rodríguez Martín-Retortillo, M. del C., "Sugerencias para una reforma de la Ley de Contratos del Sector Público", en *Contratación Administrativa Práctica,* n.º 174, 2021.

Rodríguez Pérez, R. P., "Instrumentos de control de la contratación", *en Auditoría Pública*, n.º 72, 2018, pp. 27-36.

Rodríguez-Arana Muñoz, J., "El derecho fundamental a la buena administración y la centralidad del ciudadano en el Derecho Administrativo", en Sánchez Blanco, A., *El nuevo derecho administrativo: libro homenaje al prof. Dr. Enrique Rivero Ysern*, Ratio Legis Librería Jurídica, 2011, pp.407-427.

Rodríguez-Arana Muñoz, J., "La buena administración como principio y como derecho fundamental en Europa", en *Misión Jurídica*, n.º 6, 2013, pp. 23-56.

Rodríguez-Arana Múñoz, J., "Profesionalización en la contratación pública", en *Anuario da Facultade de Dereito da Universidade da Coruña*, n.º 25, 2021, pp. 243-264.

Rodríguez-Arana Muñoz, J., *El Buen Gobierno y la Buena Administración de Instituciones Públicas*, Thomson Aranzadi, 2006, p. 11.

Rodríguez-Arana Muñoz, J., *El ciudadano y el poder público: el principio y el derecho al buen gobierno y a la buena administración*, Editorial Reus, 2012, p. 13.

Rodríguez-Arana, J., "El derecho fundamental al buen gobierno y a la buena administración de instituciones públicas", en *Revista de derecho público*, n.º 113, 2008, pp. 31-42.

Rodríguez-Arana, J., *El buen gobierno y la buena administración de las instituciones públicas*, Thomson-Aranzadi, Pamplona, 2006.

Rodríguez-Ramos Ladarias, G., "La nueva configuración del fraude de subvenciones", en *Diario La Ley*, n.º 9399, 2019.

Romero Alonso, L., "Adquisición y pérdida de la relación de servicio", en *El Consultor de los Ayuntamientos*, n.º 12, 2010, p. 1878.

Romero Canales, L., "La regulación de la dirección pública profesional en la administración local: una asignatura pendiente", en *El Consultor de los Ayuntamientos*, n.º 7, 2021, p. 94.

Romero Rey, C., "Derechos de los empleados públicos" en Ortega Álvarez, L. (dir.), *Estatuto Básico del Empleado Público*, Editorial La Ley, Madrid, 2007.

Rozados Oliva, M. J., "Las sanciones por infracciones en materia de buen gobierno en la Ley 19/2013, de 9 de diciembre, de Transparencia, Acceso a la información pública y buen gobierno", en Troncoso Reigada (dir.) *Comentario a la Ley de Transparencia, acceso a la información pública y buen gobierno*, Thomsons – Reuters, Navarra, 2017.

Ruiz-Rico Ruiz, G.,"La dimensión constitucional del principio de transparencia y el derecho de información activa", en *Revista de Derecho Político*, n.° 110, 2021, pp. 47–78.

Sala Franco, T., "La temporalidad en el empleo público", en *Revista Crítica De Relaciones De Trabajo, Laborum*, n.° 1, 2021, pp. 49-62.

Saldaña Torres, M., "El sistema de gobernanza de la contratación pública en Aragón", en *Revista Aragonesa de Administración Pública*, n.° E18, 2018, pp. 325-354.

San Martín Mora, M. A., "El marco normativo de la transparencia para las entidades locales aragonesas. Las obligaciones de publicidad activa", *en Anuario aragonés del gobierno local*, n.° 7, 2015, pp. 345-392.

Sánchez Acevedo, M. E., *El derecho a la buena administración electrónica*, Universitat de València, 2015, p.166.

Sánchez del Águila, M. A., "Marco normativo del control de subvenciones", en *Auditoría pública*, n.° 11, 1997, p. 20.

Sánchez García, A., "La planificación de los contratos públicos como posible fuente de transparencia administrativa", en *Revista española de la transparencia*, n.° 8, 2019, pp. 101-119.

Sánchez Piquero, J., *Igualdad, mérito y capacidad en el acceso a la función pública docente no universitaria*, UNED. Universidad Nacional de Educación a Distancia, 2016, p. 328.

Sánchez Sánchez, L. C., "El impacto de la actividad fiscalizadora de las entidades públicas de control en el buen uso de los recursos públicos", en *Revista española de control externo*, n.° 22, pp. 33-56.

Sancho Calatrava, J. A., "Relaciones de puestos de trabajo y fraude de ley", en *El Consultor de los Ayuntamientos*, n.° 10, 2016, p. 1172.

Sardina Cámara, P., "La nueva regulación de las cláusulas sociales en la contratación pública y su aparente contradicción con la normativa laboral vigente", en *Contratación Administrativa Práctica*, n.° 156, 2018.

Sendín Katschner, C., "Procedimientos de consolidación de empleo", en *El Consultor de los Ayuntamientos*, n.° 24, 2006, p. 4444.

Seoane Pesqueira, F., "Problemática de la convocatoria de subvenciones Fernando", en *El Consultor de los Ayuntamientos*, n.° 1, 2019, p. 298.

Serrano Ortega, J., "El incumplimiento de las reglas fiscales por las Corporaciones locales españolas", en *El Consultor de los Ayuntamientos*, n.° I, 2020, p. 126.

Serrano Pascual, A., "Las propuestas de los expertos sobre la reforma del empleo público local: una visión crítica desde el modelo constitucional español", en *El Consultor de los Ayuntamientos,* n.º 17, 2005, p. 2170.

Sesma Sánchez, B., "El control financiero de subvenciones públicas en la nueva Ley 38/2003, de 17 de noviembre, General de Subvenciones", *en Auditoría Pública,* n.º 35, 2005, pp. 21-36.

Sieira Mucientes, S., "La necesaria objetividad en la evaluación ex ante de la calidad de las normas. Estudio de la memoria de análisis del impacto normativo en la familia", en *Revista De Las Cortes Generales,* n.º 107, 2019, pp. 137-1194.

Soler Vilar, A. y Oller Rubert, M., "Capítulo II. Acción administrativa para la igualdad. Comentarios preliminares", en García Ninet, J.G (dir.), *Comentarios a la Ley de Igualdad,* CISS, 2007, pp. 263-266.

Soley Gutiérrez, D., "Democracia en el buen gobierno instituciones, inversión social y desarrollo humano" en *Quórum: revista de pensamiento iberoamericano,* n.º 21, 2008, pp. 39-44.

Sosa Wagner, F., "La autonomía local", en Martín-Retortillo, S. (coord.), *Estudios sobre la Constitución española. Homenaje al profesor Eduardo García de Enterría,* vol. IV, 1991, pp. 3185-3225.

Suero Salamanca, J. A., "El papel de los Consejos Económicos y Sociales a nivel local", en *Actualidad Administrativa,* n.º 11, 2005, p. 1294.

Tapia Vega, R., "Reflexiones sobre Buen Gobierno y Medio Ambiente sano en México", en González Ibarra, J., Tapia Vega, R. y Apolinar Valencia, B. (coord.), *Derecho y Buen Gobierno,* Cámara de Diputados, México, 2017, pp. 21-46.

Tasa Fuster, V., "Las alternativas políticas en torno al reconocimiento de la diversidad lingüística propia y los derechos lingüísticos, y sus consecuencias en la interpretación o reforma de la Constitución española", en *Revista Boliviana de Derecho,* n.º 25, 2018, pp. 680-705.

Tascón López, R., "El derecho de desconexión del trabajador (potencialidades en el ordenamiento español)", en *Trabajo y Derecho,* n.º 41, 2018.

Tejedo-Romero, F. y Ferraz J.F., "Transparencia en los municipios españoles: determinantes de la divulgación de información", en *UAEM,* n.º 78, 2018, pp. 153-174.

Tejeiro Lillo, M. E., "La transparencia y su implantación en la Administración Local", en Zambonino Pulito, M., *Buen gobierno y buena administración. Cuestiones claves,* pp. 61-94.

Tomás Mallén, B, "¿"Pactos entre caballeros" frente al transfuguismo? La adopción de códigos de conducta política", en *Debates constitucionales,* n.º 1, 1999, p. 11.

Tomás Mallén, B. y Oller Rubert, M., *Informe. Aplicación de la Ley 2/2015, de 2 de abril, de la Generalitat de transparencia, buen gobierno y participación ciudadana de la Comunidad Valenciana en los municipios de la provincia de Castellón. 2016-2019,* Universitat Jaume I de Castellón, 2021, p. 34.

Tomás Mallén, B., *El derecho fundamental a una buena administración, Instituto Nacional de Administración Pública,* Madrid, 2004, pp. 68-70.

Tomás Mallén, B., "El derecho a una buena administración. Nuevos perfiles de una vieja aspiración ciudadana", en Peces-Barba Martínez, G., Fernández García, E., Asís Roig, R., Ansuátegui Roig, F. J., Fernández Liesa, C. R. (dirs.), *Historia de los Derechos Fundamentales. Tomo IV (Siglo XX), Volumen VI (El derecho positivo de los derechos humanos), Libro III (Los derechos económicos, sociales y culturales),* Dykinson, 2014, pp. 2171-2234.

Tomás Mallén, B., "La noción de buen gobierno en el Tribunal de Justicia de la Unión Europea", en *Anuario de la Red Eurolatinoamericana de Buen gobierno y Buena Administración,* n.º 2, 2022.

Torralba Mena, I., "Artículo 132. Planificación normativa", en Recuerda Girela, M.A. (dir.), *Régimen jurídico del sector público y procedimiento administrativo común,* Aranzadi, 2016, pp. 68-872.

Toscano Gil, F., Autonomía y potestad normativa local, Comares, 2006, p. 191

Valcárcel Fernández, P., "Un paso de gigante hacia una contratación pública ambientalmente sostenible: La obligación de comprar vehículos de transporte por carretera limpios y energéticamente eficientes", en *Contratación Administrativa Práctica,* n.º 112, 2011, p. 48.

Valle Torres, J. L., "El complemento de productividad", en *El Consultor de los Ayuntamientos,* n.º 15/16, 2013, p. 1513.

Vañó Vañó, M. J., "Limitaciones a la aplicación de cláusulas sociales en la contratación pública desde la perspectiva del derecho de la competencia", en *CIRIEC-España, revista de economía pública, social y cooperativa,* n.º 87, 2016, pp. 1-26.

Vázquez Fernández, B., "La contratación pública al servicio de las pequeñas y medianas empresas", en *Gabilex: Revista del Gabinete Jurídico de Castilla-La Mancha,* n.º E1, 2019, pp. 1-37.

Vázquez Fernández, B., "La problemática del contrato menor", en *Contratación Administrativa Práctica,* n.º 159, 2019.

Vázquez Fernández, B., "Sobre la necesidad de una interpretación unánime y un uso eficiente del contrato menor" en Pintos Santiago, J. (dir.), *Todo sobre el contrato menor,* El Consultor de los Ayuntamientos, 2020.

Vázquez Garrazno, J., "Planificación y bases reguladoras de las subvenciones", en *Revista española de control externo,* vol. 14, n.º 41, 2012, pp. 203-248.

Vega de Herrera, M., "Aplicación de los principios de igualdad y transparencia en la contratación pública de España y de Colombia", en *Derechos y Valores,* vol. 8, n.º 16, 2005, pp. 67-78.

Vega García, C. A., "La Base de Datos Nacional de Subvenciones en la Administración Local", en *El Consultor de los Ayuntamientos,* n.º 19, 2011, pp. 2267-2271, p. 2267.

Velasco Caballero, F., "El "Plan anual normativo" de los ayuntamientos", en *Revista Estudios Locales (Cunal),* 2022.

Vercher Noguera, A., "Algunas consideraciones sobre la recepción del principio «el que contamina paga» en el sistema legal español para la protección del medio ambiente", en *Diario La Ley,* 1998.

Viguri Cordero, J.A., "La adopción de instrumentos de certificación como garantía eficiente en la protección de los datos personales", en *Revista Catalana de Dret Públic,* n.º 62, 2021, pp. 160-176.

Viguri Cordero, J.A., "Las normas ISO/IEC como mecanismos de responsabilidad proactiva en el Reglamento General de Protección de Datos", en *Revista de Internet, Derecho y Política,* n.º 33, 2021, pp. 1-12.

Villanueva Cuevas, A., "Novedades en la contratación menor introducidas por la Ley 9/2017", en Pintos Santiago, J., (dir.), *Todo sobre el contrato menor,* El Consultor de los Ayuntamientos, 2019, pp. 53-67.

Villanueva Turnes, A., "Los principios constitucionales en el procedimiento de concesión de subvenciones en España", en *Estado, gobierno, gestión pública: Revista Chilena de Administración Pública,* n.º 28, 2016, pp. 101-128.

Villoria Mendieta, M. y Izquierdo Sánchez, A., *Ética pública y buen gobierno,* Tecnos, Madrid, 2020, p. 438.

Villoria Mendieta, M., "El buen gobierno", en Troncoso Reigada, A. (dir.), *Comentario a la Ley de Transparencia, Acceso a la Información Pública y Buen Gobierno,* 2017, Cizur Menor, pp. 126-162.

Yánez Sánchez, G., "Comunidades virtuales de profesionalización en contratación pública", en *Gabilex: Revista del Gabinete Jurídico de Castilla-La Mancha,* n.º E1, 2019, pp. 21-42.

Yáñez Sánchez, G., "Contratación electrónica y centralización de la contratación como mecanismos de ahorro", en *El Consultor de los Ayuntamientos*, n.º 11/12, 2012, p. 1399.

Zambonino Pulito, M., "La igualdad efectiva de mujeres y hombres y la contratación de las Administraciones públicas en la Ley Orgánica 3/2007, de 22 de marzo", en *Revista de administración pública*, n.º 175, 2008, pp. 463-488.

Zurutuza-Muñoz, C. y García-Herrer, I., "Comunicación y participación ciudadana en municipios de concejo abierto: un caso de estudio", en *adComunica. Revista Científica de Estrategias, Tendencias e Innovación en Comunicación*, n.º 21, pp. 161-182.